Gerhard Tersteegen

Geistliche und erbauliche Briefe über das inwendige Leben und wahre Wesen des Christentums

Gerhard Tersteegen

Geistliche und erbauliche Briefe über das inwendige Leben und wahre Wesen des Christentums

ISBN/EAN: 9783742893444

Hergestellt in Europa, USA, Kanada, Australien, Japan

Cover: Foto ©Lupo / pixelio.de

Manufactured and distributed by brebook publishing software (www.brebook.com)

Gerhard Tersteegen

Geistliche und erbauliche Briefe über das inwendige Leben und wahre Wesen des Christentums

Geistliche
und
Erbauliche
Briefe

über das

Inwendige Leben

und

wahre Wesen des Christenthums

von weyland

Gerhard Tersteegen.

Samt

dessen Lebens-Beschreibung

zum gemeinen Nutz gesammlet und ins
Licht gegeben.

Zweiter Band. III. Theil.

Solingen,
zu finden bey Peter Daniel Schmitz.
1 7 7 5.

Lebensbeschreibung

des seligen
Gerhard Tersteegen.

Vorbericht.

Man erfüllet hiemit das Versprechen, welches man von dieser Lebensbeschreibung in der Vorrede zu dem ersten Bande der deutschen Briefe gegeben hat.

Hätte man der Neigung des Seligen durchaus folgen wollen, so würde der geliebte Leser diesen Aufsatz entbehren müssen; er achtete sich viel zu gering, als daß er an eine Lebensbeschreibung hätte denken sollen. Wie sehr ihn auch einige Freunde kurz vor seinem Ende darum ba-

ten,

ten, so wies er sie doch liebreich ab, und
vertröstete sie mit diesen Worten auf die
Ewigkeit: (*) "Da werdet ihr meine
"Brüder, mein Leben sehen, da werdet
"ihr mit mir leben, und da wollen wir
"einer dem andern zum ewigen Lobe GOt=
"tes unsere Lebensbeschreibungen erzäh=
"len." Diesem ungeachtet hat man den
Freunden hiesiger Gegend, vorzüglich den
Auswärtigen, die unsern Tersteegen nie
von Person gekannt, eine etwaige Nach=
richt von seinem Herkommen, Lebensart
und Umständen nicht versagen können.

Der alte Freund, dessen bereits in
eben erwähnter Vorrede gedacht worden,
hat zu dieser Nachricht den nöthigen Stof
an die Hand gegeben. Was er selbst in
seinem 42 jährigen Umgang mit dem Se=
ligen gesehen und gehört, hat er gewissen=
haft aufgezeichnet: Ausserdem hat er nebst
verschiedenen, die viele Jahre hindurch
einen vertrauten Umgang mit Tersteegen
hatten, einen gewissen Freund, der dem=
selben bey 44 Jahre und bis zum Ende
seines Lebens gedient, zu Rathe gezogen.

Hier=

(*) Siehe des sel. G. Tersteegens hinterlassene
Erklärung seines Sinnes, Seite 8. und 9.

Hieraus ist der Inhalt gegenwärtiger
Nachricht entstanden, von deren Zuver-
läßigkeit der geliebte Leser völlig gesichert
seyn kan.

Sollte derselbe mehr Ordnung und
Auswahl erwarten, so darf er sich nur
erinneren, daß man die eingegangene
Nachrichten, so viel möglich gerne alle
beybehalten wollen.

** ** **

Tersteegens Geburt und Herkommen.

Der sel. Gerhard Tersteegen ward gebohren, den 25ten Novembr. 1697 in
der Haupt-Stadt des Fürstenthums Mörs.
Sein Vater, den er wegen seines frühzeitigen
Hintritts nicht kennen gelernt; aus dessen
Papieren er aber nachgehends ersehen, daß er
mit auswärtigen Frommen einen starken Briefwechsel geführt, und der Gottseligkeit ergeben
gewesen, war Heinrich Tersteegen ein Bür-
ger und Kaufmann in besagter Stadt; seine
Mutter Maria Cornelia Triboler. a)

(a) 3 Vor-

a) Von acht Kindern, sechs Söhnen und zwo Töchtern
war unser Gerhard der jüngste; einer seiner Brüder
ward Prediger, die andern Kaufleute; unter welchen
einer Namens Johannes, der ebenfalls ein begnadig-
ter Mann war, dieser seinen jüngsten Bruder vorzüglich liebte.

Vorzügliche Fähigkeit.

Er besaß eine vorzügliche Fähigkeit und ward deswegen von seiner Mutter in die Lateinische Schulen gethan; die er alle durchging. Er übte sich mit vielem Fleiß so wohl im Griechischen und Hebräischen, als im Latein; in Letzterm brachte er es so weit, daß er bey einer öffentlichen Solennität eine lateinische Rede in Versen mit allgemeinem Beyfall aller Gegenwärtigen hielt, und eine vornehme Magistratsperson daher Anlaß nahm seiner Mutter zu rathen, daß sie diesen ihren Sohn dem Studiren widmen möchte.

Tersteegen tritt in Condition.

Die Mutter entschuldigte sich mit ihren häuslichen Umständen, und bestimmte ihn zur Kaufmannschaft; er trat deswegen im 15ten Jahr seines Alters bey seinem Schwager M. B. einem Kaufmann in Mülheim an der Ruhr, auf 4 Jahre in Condition.

Wird von der Gnade ergriffen.

Hier war es, wo er bereits in dem 16ten Jahr von der Gnade gerührt ward. Von den eigentlichen Mitteln dazu läßt sich nichts ausführliches sagen; so viel aber weiß man, daß er in Mülheim mit einem erweckten Kaufmann bekannt geworden, von welchem er viel gute Erinnerungen gehört; Auch hat man aus seinem Munde, daß er einst, über dem Lesen eines wichtigen Dankgebäts von einem

from-

frommen sterbenden Prediger, tief gerühret
worden; bey solchen und unstreitig weit mehreren Veranstaltungen der weisen Güte, em-
pfand er so starke Gnadenzüge, daß er seine
Sinnesänderung sehr ernstlich suchte, und
deswegen ganze Nächte mit Lesen, Bethen,
und guten Uebungen zubrachte. Der folgende
Umstand scheint fürnemlich seiner Seelen heilsam gewesen zu seyn: Er ward einmal nach
Duisburg gesandt; in dem Duisburger Wal-
de überfielen ihn so heftige Colicschmerzen,
daß er nichts als den Tod vermuthete. Er
ging ein wenig aus dem Wege, und bath
GOTT herzlich um Befreyung von diesen
Schmerzen, und um Fristung seines Lebens,
damit er Zeit haben möchte sich auf die Ewigkeit gehörig zuzubereiten; hierauf verschwunden
die Schmerzen auf einmal, und er ward aufs
kräftigste bewogen, sich dem so guten und
gnädigen GOtt ganz zu übergeben, ohne den
mindesten Vorbehalt.

Er verwechselt die Kaufmannschaft mit einem stillern Gewerbe.

Um diese Zeit ward ihm die gänzliche Nichtigkeit aller irrdischen, vergänglichen Dinge,
und das grosse Gewicht der ewigen und himmlischen, sehr klar entdecket; er bemerkte zugleich, daß die Kaufmannschaft und der beständige Umgang mit allerley Menschen ihm viele
Zerstreuungen verursachte, und ihn an dem
Wachsthum in der Gnade hinderte: Des-

wegen erwählte er, ob er gleich obgemeldte
vier Jahre bey der Handlung aushielt, dennoch nach Verflieſſung derſelben ein ſtilleres
Gewerbe. Die Bekanntſchaft, in welche er
damals mit einem frommen Leinenweber gerieth, brachte ihn zu dem Entſchluß, deſſen
Profeßion zu lernen; allein ſeine ſchwache Lei-
besbeſchaffenheit, und öftere Haupt- und Co-
licſchmerzen nöthigten ihn davon abzuſtehen.
Er erwählte das Bandmachen, und hielt nie-
manden um ſich, als das Mägdchen, das
ihm die Seide wickelte, doch blieb er, ſo wie
auch die übrige Zeit ſeines Lebens, zu Mülheim an der Ruhr wohnen.

Lebt ſehr eingeſchränkt.

Bey dieſer neuen Verfaſſung lebte er in
der größſten Verläugnung aller Sinnlichkeit;
ſeine Kleidung war ſchlecht, ſeine Speiſen,
die er ſich oft ſelbſt bereitete, gering, und
beſtunden meiſtens in Mehl, Waſſer und
Milch. In den erſteren Jahren ſeines ein-
ſamen Lebens aß er gar nur einmal des Tages, und trank weder Thee noch Caffee.

Geräth bey ſeiner Wohlthätigkeit in groſſe Ar-
muth und Elend.

Wie gering ſein Einkommen ſeyn mochte,
ſo bewies er ſich doch ausnehmend freigebig
gegen die Armen. Zur Abendszeit wann er
nicht geſehen werden konnte, ging er in die
Häuſer der Dürftigen und Kranken, und
theilte

theilte ihnen mit, was er von seinem Verdienst nur immer entbehren konnte. Bey
der Theilung seiner mütterlichen Erbschaft wie-
sen ihm seine b) Miterben ein Haus zu, um
zu verhüten, daß er nicht alles weggeben
möchte; er nahm aber von seinem Bruder
Johannes den Werth dieses Hauses, an
baarem Gelde vor und nach ein, und gab
dies Geld ebenfalls größtentheils an Arme hin.
Weil hiedurch seine Anverwandten immermehr gegen ihn aufgebracht wurden, und er
zum öftern viele Wochen nacheinander krank
lag, ohne etwas verdienen zu können, so
gerieth er selbst in die äusserste Armuth und
Noth; Der folgende Auszug aus einem Briefe, welchen er 1766 den 24ten Octobr. von
der Armuth einer sicheren Freundinn geschrieben, kann davon zeugen. ”Es lässet sich, schreibt
”er unter andern, noch gut von der Armuth re-
”den, so lange man mit reichen und geneigten
”Freunden umgeben ist. Schreiber dieses hat im
”Anfange Zeiten erlebt, da er bis morgen kaum
”Brod wußte, und ohne Freunde war, die von
”seinen Umständen Nachricht hatten. Von Mor-
”gens 5 Uhr bis 9 Uhr Abends wirkte er, lag
”auch wohl bis 10 à 12 Wochen krank zu Bette,
”oder auf dem Boden, ohne daß auch Freunde,
”bey denen er im Hause war, und Kostgeld zahl-
”te, nur eine ihrer müßigen Mägde hinauf ge-
(a) 5 ”schickt

b) Sein Wandel in der Nachfolge des armen Lebens JEsu
machte ihn bey seinen Anverwandten so verächtlich,
daß sie ihn auch kaum mochten nennen hören; Sie
würdigten ihn nicht einmal nach dem Absterben seiner
Mutter, bey der Theilung ihrer Nachlaßenschaft zugegen zu seyn.

"schickt hätten, mir einen Trunk Wasser zu rei-
"chen: Ich aber dachte immer, es müßte so seyn."
In einem andern Briefe an einen Freund schrieb
er: "Ich lag einst krank zu Bette, an einem hitzigen
"Fieber, und meynte vor Durst und Hitze zu ver-
"brennen. Ich bath die Magd meines Bruders,
"bey welchem ich krank lag, mir für einen halben
"Stüber dünnes Bier zu holen. Die Magd aber
"war unachtsam, und indem ihr ihre Frau etwas
"anders befahl, vergaß sie meiner. Ich lag oben
"im Hause allein, und Niemand dachte mehr an
"mich. Ich mußte also vom Morgen, bis weit
"in den Nachmittag, so im heissen Durst liegen,
"ohne einen Tropfen zu meiner Erquickung zu ha-
"ben. Endlich hörete ich das Mägdchen auf der
"Treppen kommen: Da bath ich GOtt, daß er
"mich doch in der Sanftmuth erhalten möchte."

Er wird von dem HErrn sehr unterstützt.

In solchen Prüfungen blieb sein kindliches
Vertrauen auf des himmlischen Vaters Vorsorge vest und unbeweglich; hierzu ward er
in seinem Inwendigen kräftig aufgefodert;
wie er einst bemerkte, daß eines seiner Klei-
dungsstücke abgenützet war, und nicht wußte
woher er Geld nehmen sollte, um sich was
neues anzuschaffen: So ward ihm mit vieler
Kraft aufs Gemüth gedrückt: Er sollte nur
nicht sorgen; diß stärkte ihn in dem Har-
ren auf die Güte GOttes ausnehmend, und
diese Güte versorgte ihn, wie sich nachgehends zeigen wird, reichlich, sie ließ es ihm
an keinem Guten fehlen.

Ueber-

Ueberhaupt genoß unser Seliger zu dieser Zeit eine wahre Zufriedenheit, "Ich kan nicht "aussprechen, sagte er einmal zu einer Freundinn hierüber, "wie vergnügt ich da gewesen, als "ich allein wohnete, ich dachte oft, kein König "in der Welt könnte so zufrieden leben, als ich "damals lebte. Ich wußte ja nicht, wann ich aß, "was es war, und wie es schmäckte, auch sahe "ich oft in acht Tagen keinen Menschen, als nur "das Mägdchen, so mir die Speise brachte."

Geräth in innere Leiden und wird erlöset.

Allmählig führte ihn der HERR in innere Leiden. Er mußte durch manche Dunckelheiten, Versuchungen und Proben gehen; GOtt entzog ihm seine empfindliche Gnade, um seine Treue und ausharrende Geduld zu prüfen, und ihn auf seine zukünftige Wirksamkeit vorzubereiten. Fünf Jahre lang daurete diese Finsterniß. Endlich aber ging ihm auf einer Reise zu einer benachbarten Stadt das Licht wieder auf; die versöhnende Gnade JEsu Christi ward ihm so gründlich und überzeugend bloß gelegt, daß sein Herz völlig beruhigt ward. Bey dieser Gelegenheit setzte er das schöne Lied auf: Wie bist du mir so innig gut, mein Hoherpriester du! c) Man erinnert sich hiebey eines merkwürdigen Vorfalls, den er mehrmalen erzählt: Durch Nachsinnen über die mancherley Secten in der Christenheit, gerieth er einmal in eine so schwere Versuchung, daß er fast zweifelte,

ob

_____

c) S. Blumengärtlein, Seite 318. der 7ten Ausgabe.

ob ein GOtt sey? Aus dieser Versuchung
rettete ihn aber der HErr gar bald, nicht
allein durch eine gründliche Erleuchtung seines Verstandes, sondern auch durch eine
Mittheilung GOttes in seinem Inwendigen,
die er mit Worten nicht ausdrücken konnte.
Hiedurch ward er in der wesentlichen Erkänntniß GOttes, unseres Heylandes, so bevé-
stigt, daß er nachher mit einer so gründlichen
Erfahrung, mit so grosser Kraft und Salbung davon hat reden und schreiben können.
Um diese Zeit wird es vermuthlich gewesen
seyn, als er mit seinem eigenen Blut die edele
Verschreibung an den HErren JEsum auf-
setzte, welche bereits in der Vorrede zu dem
ersten Bande abgedruckt ist.

**Nimmt einen Freund zum Stubengesellen an,
und wird in seiner Lebensart minder
eingeschränkt.**

Etwa ein Jahr nach dieser Verschreibung
(1725) nahm er den Heinrich Sommer,
auf dessen vielfältiges Anhalten zu einem Stubengesellen an, um ihm das Bandmachen
zu lehren; wiewohl nicht ohne grossen Ge-
genstand seines Gemüths; weil er seine angenehme Einsamkeit gar ungern verlohr; in
der Gesellschaft dieses Freundes ward er auf
Zureden des frommen Candidaten W. Hofmann in seiner Lebensart etwas minder eingeschränkt, so daß er mit Sommer ein wenig Caffee trank, dieses Caffeetrinken geschahe

schaße unter Lesung eines Stücks aus dem Neuen Testament, nachdem vorher ein Lied war abgesungen worden. Nach dem Trinken that unser Selige ein kurzes Gebeth, und demnächst gingen beyde in der Stille an ihre Arbeit.

Eintheilung ihrer Zeit.

Ueberhaupt ward der Tag bey ihnen so eingetheilt: Des Morgens um 6 Uhr kamen sie zusammen und arbeiteten bis 11 Uhr; hierauf sonderten sie sich ein Stündchen ab, um dem Gebeth obzuliegen. Um 1 Uhr gingen sie wieder an die Arbeit, die bis Abends 6 Uhr währete, demnächst machten sie Feir-Abend, und verwendeten abermal ein Stündgen zur Absonderung, und zum Gebethe; eine Lebensart, die ungefähr 3 Jahre so fortging. Die Zeit nach 6 Uhr brauchte Tersteegen zur Uebersetzung erbaulicher Bücher, z. E. des Handbüchleins der wahren Gottseligkeit; des verborgenen Lebens mit Christo in GOtt, u. d. m. d) Um diese Zeit schrieb er auch der From-

---

d) Schon im Jahr 1724, als er seines Bruders und seiner Schwester Kinder unterwies, schrieb Tersteegen diesen Kindern zur Anleitung, einen unpartheiischen Abriß Christlicher Grundwahrheiten in Frag und Antwort; er gab diesen Abriß nicht von sich; der Werth desselben aber mag einiger massen aus folgendem Vorfall beurtheilet werden: Ein frommer reformirter Prediger sahe diesen Tractat, nach des sel. Verfassers Absterben; er wünschte ihn zu lesen, und bezeugte nachgehends einem Freunde, der ihn über dem Lesen antraf, daß er einen nicht geringen Nutzen für sich darin finde.

Frommen Lotterie und legte den Grund zu
dem Geiſtlichen Blumengärtlein.

Terſteegen redet mit Segen in Privat-Verſammlungen.

Nicht lange hernach e) fing der Selige an
in Privat-Verſammlungen zu reden. Die
Veranlaſſung dazu gab der vorhin ſchon genannte gottſelige Candidat Wilhelm Hofmann; dieſer redete nicht allein in der Verſammlung, die der gottſelige Prediger Theo-
dor Undereick zu Mülheim geſtiftet, ſondern
auch bey andern Gelegenheiten, die er etwa
ums Jahr 1725 beſonders 1727, da in daſigen Gegenden, vorzüglich im Bergiſchen,
viele Seelen erweckt wurden, fand: Weil
nun Hofmann Terſteegens gegründete Ein-
ſicht und Erfahrung kannte, ſo drung er ihn
zu Mülheim und anderwärts ein Wort der
Erbauung vorzutragen; mit wie vielem Se-
-gen das geſchah, bewies die Frucht; viele
Unveränderte die Terſteegen nur einmal hörten, wurden von der durchdringenden Kraft
ſeiner Rede ſo gerührt, daß ſie zu einer gründlichen und daurhaften Bekehrung gelangten.
Viel Erweckte wurden durch ſeine ſüſſe Reden ſo eingenommen, daß ſie in allerley Verſuchungen, Proben und Anfechtungen mit
dem größten Zutrauen ſich bey ihm Raths
erholten; wobey ſie durch ſeine weiſe Anleitung in ihrem Zutrauen geſtärkt wurden.

Findet

e) Wenigſtens geſchahe es ſchon 1727.

Findet sich genöthiget seine Profeßion nieder zu legen, hat aber doch Unterhalt.

Die grosse Menge der Seelen, die sich nicht nur mündlich sondern auch schriftlich Raths bey ihm erhohlten, und dann seine Leibesschwachheit, die durch sein nächtliches Lesen und Uebersetzen um ein Grosses vermehrt worden war, nöthigten ihn gegen diese Zeit seine Profeßion gänzlich nieder zu legen; und woher nahm er dann seinen Unterhalt? Er hatte bisher verschiedene großmüthige Aner=bietungen liebreich ausgeschlagen, einst kam ein Kaufmann zu ihm, der ihm aus Liebe einen lebenslänglichen Unterhalt anbot; eine gottselige Jungfer, die ihn niemals gesehen, setzte ihn in ihrem Testament zu einem Ver=walter über 40000 Fl. mit dem Bedinge ein, daß er seine eigene Bedürfnisse davon nehmen sollte; ein Holländischer Herr bot ihm eine Aßignation von 10000 Fl. an, und bath ihn mit Thränen, sie doch anzunehmen; alle diese und mehrere Offerten wies der Selige ab; wie er aber zu seiner Handarbeit unbe=quemer ward, nahm er die Liebesgeschenke einiger wenigen Freunde, von denen er herz=lich geliebt ward, und die er gleichfalls mit besonderem Zutrauen liebte, an; ausserdem vermachten ihm andere Freunde in ihren Te=stamenten gewisse Summen zum Eigenthum; hiedurch ward er nicht nur in den Stand gesetzt, seine eigene Nothdurft zu bestreiten, sondern auch gegen die Dürftigen auf man=

cherley

cherley Art seine Wohlthätigkeit zu beweisen;
selbst blieben bey seinem Tode baare Gelder
übrig, die alsbald auf seine Anordnung an
geringe GOtt suchende Freunde ausgetheilt
wurden, wovon seine Anverwandten nebst den
Mobilien auch noch etwas mit empfiengen.

Verfertiget Arzneyen.

Ob er indessen gleich seine Profeßion niederlegte, so behielt er doch eine Art von Hand-
geschäfte bis zu seinem sel. Ende bey; er hatte
schöne Einsichten in der Arzneywissenschaft;
er verfertigte deßwegen einige Medicinen, die
er an gute Freunde besonders an Arme umsonst hin gab, und die am Ende so häufig
begehrt wurden, daß er einen gewissen noch
lebenden Freund zum Gehülfen annehmen
mußte.

Reden in Versammlungen hören auf, und Ter- steegen reiset jährlich nach Holland.

Ungefähr um das Jahr 1740 hörten die
Donnerstagsversammlungen, die von dem
sel. Herrn Undereick gestiftet worden, auf,
um so viel mehr ward unser seliger Freund
durch Herausgebung verschiedener Schriften
in der Ferne bekannt, und von vielen Freunden besucht; Auch erhielt er eine Veranlas-
sung jährlich nach Holland zu reisen. Ein
gewisser f) Freund hatte von unserm Seligen
durch

f) Dieser Holländische Freund war von einem hohen Stande, und stund in einer sehr vornehmen Bedienung,

durch ſeine Briefe und Bücher Nachricht bekommen, und ihn daher beſonders lieb gewonnen: Er nöthigte ihn deswegen öfters zu
ſich. Weil aber unſer Seliger gleichwohl nicht
kam: ſo entſchloß ſich dieſer Herr ſelbſt eine
Reiſe nach Mülheim zu thun. Terſteegen,
der hiervon heimlich Nachricht bekam, und
befürchtete, daß jener Freund geſonnen ſeyn
möchte, ſich mehrere Tage bey ihm aufzuhalten: entſchloß ſich dieſen Beſuch nicht ab-
zuwarten, ſondern eine Reiſe zu ihm zu thun,
um alsdann nach einem kurzen Beſuch wieder nach Haus zurück zu kehren; ſeitdem
ging er jährlich nach Holland, um bey dieſem Freund einige Wochen Ruhe und Stille
zu genieſſen; welches aber nicht lange währete. Seine Ankunft ward gemeiniglich gar
bald bekannt: darum kamen von verſchiedenen Städten einige Freunde herbey, ihn zu
beſuchen, und ſich ihres inneren Zuſtandes
wegen mit ihm zu unterreden: wie er dann
bis an ſein Ende viele Herzensfreunde daſelbſt gehabt, mit denen er einen beſtändigen
Briefwechſel geführet und eine genaue Freundſchaft unterhalten.

Terſtee-

dennoch legte er ſeine Bedienung, Stand, Reichthum,
Kutſchen und Bedienten, ꝛc. zu den Füſſen unſeres
liebſten Heylandes nieder, und führte in einem kleinen
ſchlechten Hauſe in Amſterdam bis an ſein Ende ein
abgeſchiedenes und mit Chriſto in GOtt verborgenes
Leben.

Zweit. B. III. Th.   (b)

Terstegen bezieht mit Freunden ein ganzes Haus.

Bis um das Jahr 1746 wohnete Tersteegen bey andren im Hause in ein paar Ober-
zimmere, und ließ sich zu Mittag das Essen
reichen; in benenntem Jahr bezog er ein ganzes Haus, blieb aber mit seinem Freunde
oben wohnen, und eine Freundinn samt ihrem
Bruder und Bruders Frau wohneten unten,
wovon die erstere ihn mit Essen und Trinken versehen, auch auf seine Kosten für viele
Arme und Kranke kochen mußte.

Sein Freund, der Candidat Hofmann stirbt.

In eben diesem Jahr ward sein lieber Bruder der mehrgemeldte Candidat Hofmann an
einem offenen Brustschaden krank, der ihn
nach einem Lager von etlichen Wochen in
die frohe Ewigkeit führte. Bey dieser Gelegenheit gab ihm unser sel. Terstegen viele
Proben seiner Liebe; er half seine Wunden
verbinden und erquickte ihn mit seinen öftern
Besuchen, tröstlichen Zureden und gesalbten
Gebethern, bis an sein Ende. g) Nach er-
folgtem

g) Hofmann hatte unsern sel. Freund ersucht, nach seinem Absterben mit den vertrautesten Freunden in seinem Häuschen für seine gnädige Auflösung dem HErrn
zu danken. Wie dieses geschehen, zeigt folgender
Bericht den Terstegen einer auswärtigen lieben Freundinn unterm 30ten Aug. darüber mitgetheilt; "Weil
"der sel. Freund Hofmann, schreibt er, inständigst er-
"sucht hatte, daß ich einige Tage nach seinem Ab-
"schied aus dieser Zeit, die vertrauteste Freunde ein-
"laden möchte; um in dem Haus, worinnen er ge-
"wohnet und gelitten hatte, dem HErrn auch für
"die ihm erwiesene Gnade und endliche Erlösung aus

folgtem Absterben miethete er von des Ver=
storbenen Anverwandten sein Häuschen, und
ließ in demselben die auswärtige Freunde,
die ihn besuchten logiren und bewirthen, da=
her es bis hierzu die Pilgerhütte genannt
wird.

Tersteegen wird im B....n bekannt.

Auffer den vielen Bekanntschaften, die
Tersteegen im Bergischen, zu Mettman,
Homberg, Heiligenhaus, und mehreren
Orten hatte, wurde er auch im Barmen nä=
her bekannt, und reisete im Jahr 1747 auf
inständiges Ersuchen zum Erstenmal dahin.

(b) 2   Unter

"allen Elenden zu danken: So wollte ich diesem fei=
"nen Begehren ein Gnügen leisten, auf den — —
"Allein, ich wurde überrumpelt; der eine sagte es
"dem andern, wodurch die Sache in zwo Stunden
"Zeit ruchtbar ward, und ich fande da wenigstens,
"nach meinem Bedünken, mehr als 150 Menschen
"versammelt, welches mich anfänglich bestürzt machte;
"allein ich mußte mich übergeben, und anstatt eines
"Dankgebäts, redete ich unter dem Beystande der
"Gnade GOttes bey zwo Stunden lang über Vers
"20. und 21. aus dem Brief Judä. Alle Zuhörer
"wurden sehr bewegt, aber die sinnliche Rührungen
"sind, aufs beßte genommen, nur Blüte und noch
"keine Frucht. Indessen könnet ihr hieraus schliessen,
"daß hier noch Hunger unter den Leuten sey. Hätte
"ich es sowohl zween Tage, als zwo Stunden vor=
"her bekannt werden lassen, man würde nicht Platz
"genug haben finden können, um alle Menschen un=
"ter zu bringen. Ich fühle aber weder Ruf noch
"Sendung zu solcher Arbeit, weil ich selbst ein ar=
"mes unwissendes Kind bin, das nichts weiß, noch
"hat, als nur in dem HErrn, und das nicht dispo=
"niren kann, über die Güter eines anderen." Vom
sel. Hofmann siehe noch ein mehreres, N. 73, 74
im 3ten Theil der Briefe.

Unter göttlichem Segen wurden daſelbſt viele
Seelen durch ihn erweckt, die er in den folgenden Jahren noch dreymal beſuchte, und
ebenfalls von ihnen häufig beſucht ward;
auch dieſe können des ſel. Mannes ſonderbare
Geiſtesgaben nicht genug rühmen. Seine
Liebe; ſeine Tragſamkeit und Geduld mit
den Schwachen und Strauchlenden, ſeine
beſondere Weisheit, einen jeden zur Offenhertzigkeit zu bringen, ſeine hülfliche Hand in
allerley Proben und Verſuchungen, wie auch
ſeine kräftige Fürbitte, bleibet ihnen unaus-
löſchlich ins Herz geprägt. Von obgemeld-
ter Reiſe gab er einer ſehr vertrauten Freun-
Dinn dieſe Nachricht: "Ich habe mich bewegen
"laſſen, der unaufhörlichen Einladung eines alten
"Kaufmanns und ſeiner Frau zu folgen, die acht
"Stunden von hier wohnen, und durch meine
"Schriften glauben zur Ueberzeugung gekommen
"zu ſeyn, und weil ſie nicht hieher kommen kön-
"nen, ſo haben ſie ſchon bey anderthalb Jahr
"darauf angedrungen, daß ich ſie einſt beſuchen
"ſollte. Ihre beyde Söhne ſind auch dem Guten
"gänzlich zugethan, und kommen bisweilen mich
"zu beſuchen. Ich wollte zwar dieſe Reiſe (nem-
"lich ins Bergiſche) incognito thun; doch das war
"unmöglich, weil nicht allein an dem Orte, wo
"ich war, verſchiedene Menſchen, ſo ich vorhin
"noch nie geſehen, erweckt und ziemlich tief ge-
"rühret wurden, ſo daß ich unter den überflüſſi-
"gen Thränen anfangender Gemüter kaum mann-
"haft bleiben, und von ihnen abkommen konnte,
"ſondern ich mußte auch eilf Tage in dem Bergi-
"ſchen herum reiſen, und war vom Morgen bis
"in den Abend, mit Menſchen umringt. Ich
"dachte einſt von einem gewiſſen Orte eine Stunde
"weit

"weit auf dem Wege zu seyn; allein man paſſete
"mir unterweges auf, und brachte mich in eine
"Kornſcheuer, in welcher bey zwanzig Perſonen,
"die mir meiſt unbekannt, meiner erwarteten und
"begierig waren, ein gutes Wort von mir zu hö-
"ren. Ihr könnet denken, liebe Schweſter! daß
"ich mich ſelber ſehr muß vergeſſen, nach Leib
"und Seel, doch müßte ich auch ſehr undankbar
"ſeyn, wann ich nicht erkennete, daß mich der
"HErr nach beyden Theilen ſehr unterſtützet, und
"mir (zum wenigſten dem Anſehen nach) einigen
"Segen gibt. In den letzten Tagen bekam ich
"fieberhafte Anfälle, und wurde ſo verkältet, daß
"man meine Stimme kaum verſtehen konnte. Der
"HERR zeigte dann, daß ich nach Haus ſollte.
"Den Morgen aber, ungefähr acht Uhr, wie ich
"mich aufs Pferd ſetzen wollte, waren zum wenig-
"ſten wieder fünf und zwanzig Menſchen beyſammen,
"die ich doch nur ganz kurz grüſſen konnte, von
"welchen etliche bereits einige Stunden weit waren
"gegangen, dann es war auf dem Land. — —
"Sehet nun! wie ſeltſam, ja meiner Grundnei-
"gung zuwider, meine Lebensweiſe iſt! Meine in-
"nige Neigung nach Abgeſchiedenheit und Stille,
"ſcheinet mir zu dem Ende gegeben zu ſeyn, um
"mir das Gegentheil beſchwerlicher zu machen;
"doch auch vielleicht, um mich durch diß Gegen-
"gewicht zu bewahren, daß ich mich nicht zu ſehr
"ausſchütte, oder Leben nehme in den äuſſern
"Wirkſamkeiten. — — Ueberall iſt viel Hunger
"unter den Menſchen, und Niemand iſt da, der
"ihnen Speiſe reichte. Die gewöhnliche Speiſe
"ſättigt ſie nicht mehr. Wer Gnade hat zu bethen,
"der mag den HErrn der Erndte wohl bitten, daß
"er Arbeiter in ſeine Erndte ausſtoſſe. Den 3ten
"Octobr. 1747."

Durch

Durch einen Studenten werden viele erweckt,
und kommen zu Terſteegen.

Nachdem das öffentliche Reden einige
Jahre ausgeſtellt geweſen, ſo wurde ungefähr ums Jahr 1750 in Duisburg ein Stu-
dent erweckt, der zu Spelldorf, Styrum,
auch zu Mülheim Uebungen hielt, und die
Menſchen ſehr zur Buſſe ermahnete. Viele
Seelen geriethen dadurch in eine heilſame
Bekümmerniß, und kamen häufig zu unſerm
ſel. Terſteegen, um ihm ihren ſündlichen Zuſtand zu entdecken, und eine tröſtliche Anweiſung zur Erlangung der Gnade zu bekommen. Sein Zureden ward bey vielen
unter ihnen ſo geſegnet, daß ſie durch einen
ernſtlichen Bußkampf zum Glauben an den
HErrn JEſum übergingen, und durch deſſen Gnade bis auf dieſe Stunde beſtändig
geblieben ſind. Die Nachrichten die unſer
ſel. Freund ſelbſt um die Zeit zu verſchiedenen malen einer mehr gemeldten Freundinn im
Vertrauen gegeben, verdienen hier angeführt
zu werden.

"Ich bin (ſchreibt er unter andern) einige
"Tage her, wieder ganz nicht wohl, und denke
"daß es von der Verkältung herkommen, oder
"vielleicht auch von der wenigen Ruhe, die ich
"ſeit drey bis vier Wochen gehabt habe; dann
"die Aufweckung, die in verſchiedene Menſchen
"zu kommen ſcheint, verurſachet mir ziemlich
"viel Beſuch. Am zweyten Chriſttag, da ich
"mich redlich wohl befand, fand ich Freyheit
"bey mir, in eine Verſammlung zu gehen, und
"da

"da was zu Reden, welches ich in mehr als ei=
"nem ganzen Jahr nicht gethan hatte. Nie=
"mals habe ich hier so viele Menschen in einer
"Versammlung gesehen. Durch dies Reden
"scheine ich mir noch mehr Besuch verursacht
"zu haben. Ich muß mich so hingeben. Es
"wäre ja auch ein Geringes, wenn man seine
"Gesundheit, oder gar sein Leben in die Wag=
"schale stellete, um GOttes Wohlgefallen aus=
"zurichten, und andern zu dienen. Doch ich
"bekenne, daß ich auch hier keine Gewißheit
"habe. Ich thue so, wie ich vor die Zeit kann,
"und bitte GOtt um Vergebung, wenn ich an=
"dern zum Schaden seyn möchte. Eines weiß
"ich, daß ich mich nehmlich, meiner Neigung
"nach, lieber ganz entziehen wollte, wenn ich
"Freyheit darzu in mir fände. Der HErr re=
"giere uns nur in allem! den 14ten Jan. 1746.

In einem andern Schreiben sagt er:
"Es ist GOtt Lob! hier viel Erweckung und
"Bewegung unter den Menschen. Seit eini=
"gen Wochen hinter einander hat immer vom
"Morgen bis an den Abend der eine auf den
"andern warten müssen, um mich sprechen zu
"können. Manche müssen fünf bis sechsmal
"wieder umkehren, ehe ein Viertelstündchen kann
"gefunden werden, mich allein zu sprechen.
"Es ist wohl geschehen, daß ich zehn, zwanzig,
"ja bis dreyßig und mehr bekümmerte Seelen
"zugleich bey mir hatte. Das Sprechen von
"N. ob es schon einfältig ist, so ist es doch
"für manchen gut, die dadurch aufgeweckt wer=
"den. Auf sein und vieler hungriger Seelen
"Anhalten, ließ ich mich zu Anfang dieses Mo=
"nats dazu bewegen, eine öffentliche Ver=
"sammlung mit ihm zu halten. Ich hatte lan=
"ge nicht öffentlich gesprochen. Da kamen wohl
"300 bis 400 Menschen beysammen, und weil

"das

"das Haus bis an die Thür voll war: so nah-
"men sie Leitern, um damit in die Fenstere zu
"steigen. Es verursachte viele Bewegung, und
"ich vertraue, daß es nicht ohne Segen ge-
"wesen.

"Unsere Prediger wurden hierauf in Allarm
"gebracht, sowohl die drey Reformirte, als der
"Luthersche. Ja zween von den Ersten gingen
"zu der Regierung, klagten und bathen, daß
"es möchte verbothen werden. Ich wußte nichts
"darum, vermuthete aber doch so was, und
"fand mich gedrungen, einen Brief an unsern
"Amtmann zu schreiben, um ihm von der vor-
"gefallenen Versammlung Bericht zu geben, und
"ihn zu ersuchen, sich nicht in die Sache zu
"mengen. Siehe! da war der Befehl schon
"bey dem Secretario, um abgeschrieben, und
"des folgenden Tages publiciret zu werden. Der
"Amtmann, der mir sehr gewogen ist, und
"nicht wußte, daß ich mit in der Sache begrif-
"fen war, ließ den Befehl von dem Secretario
"wieder abholen, und sandte mir ihn heimlich
"zu, mit einem eigenhändigen sehr freundschaft-
"lichen Schreiben. Ich schrieb darauf an drey
"von unsern Predigern, und stellete ihnen mit
"Ernst und Freundlichkeit ihr unbilliges Ver-
"fahren vor Augen, erboth mich auch, mit N.
"unter ihrem Vorsitz sprechen zu wollen, mit
"Versicherung, daß, wenn sie solches mit auf-
"richtigem Herzen zustimmeten, sie gar bald die
"Kirche wieder voller Menschen haben würden,
"weil das Volk alsdann sähe, daß sie der gu-
"ten Sache zugethan seyen, wo im Gegentheil
"jetzt die Kirche leer stünde. Sie schienen sich
"damals noch auf unsern Richter zu verlassen,
"der ein Feind der Versammlungen war. Ich
"schrieb dann auch an diesen einen ziemlich schar-
"fen Brief, und hielte ihm darinnen vor, wie
"übel

"übel er thun würde, wann er gute Versamm=
"lungen verbieten, und indessen Quacksalbers,
"Seiltänzer, Spiel= und Saufgelagen erlauben
"wollte! Ich stellete ihm vor, wie er auf sei=
"nem Todtbette dißfalls dächte gesinnet zu seyn?
"Kurz, der Richter sowohl, als die andern
"von der Regierung gaben nach, und gestun=
"den, daß ich Recht hätte. Den 1ten Jan.
"1751."

Zu einer andern Zeit schreibt er: Die
"Erweckung hier und hiesiger Orten hält noch
"immer an. Von Zeit zu Zeit werden noch
"mehrere hinzu gethan, und ich muß mich bey=
"nahe vom Morgen bis an den Abend dahin
"geben, um mich entweder mit einzelnen guten
"Seelen, oder mit mehreren zugleich in ein Ge=
"spräch einzulassen. Ich hab doch seit letzt nur
"ein einziges mal ausser dem Haus in einer öf=
"fentlichen Versammlung gesprochen. Ich denke,
"daß ich dabey wohl 400 Zuhörer gehabt. Mit
"einzelnen, oder mit kleinen Gesellschaften habe
"ich beständig Werk. Verwichenen Donnerstag
"um acht Uhr, nachdem ich kaum, und das
"mit Mühe, aufgestanden war, um auf ein
"Brieflein zu antworten, das ich durch einen
"Expressen empfangen, so ward mir gesagt,
"daß ein ganzer Trupp Baurenleute ins Haus
"kämen, die mich sprechen wollten. Es daurete
"auch keine halbe Stunde, oder ich hatte bey
"funfzig Menschen beysammen, die haben woll=
"ten ich sollte was zu ihnen reden, welches
"ich auch dann that, und über Jesaia 55, 10.
"seq. sprach. Unter dem Reden entstund bey
"den Zuhörern eine gewaltige Bewegung, und
"wenn ich ihm nicht unvermerkt, durch einen
"Umweg, vorgekommen wäre, es würde alles
"in Allarm gerathen seyn; wie dann bereits
"zween Menschen an ein starkes Beben gekom=

"men

"men, und hingesunken waren. Allein ich suche
"dergleichen Dinge allezeit in Stille zu verhin=
"dern, wenn es nur möglich ist. Unter dem
"Sprechen kam just einer von unsern Predigern
"mich zu besuchen. Man sagte ihm unten im
"Hause: Daß ich eben am Sprechen seye, weil
"ich unvermuthet viele Freunde zum Besuch
"bekommen hätte, er möchte nur so gut seyn
"und hinauf gehen, und mein Sprechen an=
"hören, weil es doch schiene, daß er gegen
"dergleichen Versammlungen in einem Vorur=
"theil stände. Allein der Prediger entrüstete
"sich darüber, und antwortete: Wer das sage,
"daß er etwas wider mein Sprechen habe?
"und ginge so wieder hin. Denselben Nachmit=
"tag aber kam er doch zu mir. Ich erzählte
"ihm, daß ich des Vormittags gesprochen hät=
"te, und worüber. Er bezeugte darauf, nichts
"wider mein Sprechen zu haben. Mir wollte
"mans gerne zulassen, aber nicht dem N. N.
"u. s. f. — — Ich hatte es den Leuten vorhin
"geweigert, sie des Sonntags unter der Pre=
"digt, in so starker Anzahl zu mir kommen zu
"lassen, darum scheinet es, daß sie es mit ein=
"ander abgesprochen hatten, mich auf einen
"andern Tag zu überrumpeln. Nach dem Spre=
"chen ließ ich einige sehr bekümmerte Gemüther
"allein zu mir kommen, worunter sich eine Witt=
"we befand, die erschröcklich beängstiget aussahe.
"Diese warf sich für meine Füsse nieder, zur
"Erden, ich hieß sie aber den Augenblick auf=
"stehen. Da bekannte sie ungefragt ihre Sün=
"den, wovon ich gestehe, daß sie schwer waren.
"Weil sie mir nun so desperat vor kam, so mu=
"thigte ich sie an, mir alles zu sagen, was
"ihr auf dem Herzen liege, mit der Versiche=
"rung, es geheim zu halten, 2c. Was? sagte
"sie, geheim halten? Sagt es nur der ganzen
"Welt

"Welt. Ich fürchte die Schande vor den
"Menschen nicht, ich unterwerfe mich allem
"Leiden, und wann ich auch als ein Tooten=
"gerippe auszähren sollte, wenn ich nur Gna=
"de bey GOtt finde.

"Was es indessen unter so vielen Seelen von
"hier und andern benachbarten Orten zu thun,
"und zu leyden gebe, könnet ihr einiger massen,
"von selbst ermessen. Kleine Kinder von zehn,
"zwölf und vierzehn Jahren, werden aufgeweckt.
"Nur Ein Exempel davon anzuführen: So kam
"letzt eine gewisse, schon einige Zeit erweckte
"und begierige Frau, mit ungefähr vierzehn
"anderen zu mir, und brachte ihr Söhnlein
"von eilf Jahren mit. Wie ich nun beym Ab=
"schied nehmen den andern die Hand gegeben,
"so gabe ich diesem Kinde die Hand auch, und
"fragte: Ob es auch Lust habe, ein frommes
"Kind zu werden? Wobey ich noch einige
"Worte hinzu fügte, nach des Kindes Fähig=
"keit eingerichtet; doch das Kind schien keine
"Lust zu haben, mich anzuhören. Wie es aber
"zu Hause war, sagte es zu seiner Mutter:
"Der Teufel wollte es doch nicht zulassen,
"daß ich hören sollte, was Tersteegen sagte,
"indessen habe ich doch alles gut gehöret, und
"mich dem Teufel widersetzet, 2c. Und von
"diesem Tage an, ist dieses Kind sehr still, ge=
"het viel allein ins Heu, oder wo es sonst ver=
"borgen seyn kan, um zu bethen, und weint
"im Verborgenen dergestalt über seine Sünden,
"daß selbst der Vater, der wider das Gute
"war, sehr davon gerühret und geschlagen zu
"seyn scheinet. Mein Haupt, und meinen gan=
"zen Cörper muß ich dabey mit Gewalt anstren=
"gen, um nicht ganz nieder zu sinken. Ich
"kann nicht läugnen, daß mir der HErr auf
"vielerley Weise sehr gut und gnädig ist, und
"mir

„mir unter aller Unruhe und Mannigfaltigkeit
„von auſſen, mehr Frieden und Einfältigkeit
„von innen gibt, als ich je hätte erwarten
„können. Doch von etwas Empfindliches kann
„ich nichts ſagen. Ich lebe bisweilen ſo, als
„ob ich todt wäre.‚‚ Den 23ten Febr. 1751.

Weiter ſchreibet er alſo: „Seit meinem
„Vorigen hat man mich faſt nimmer in Ruhe
„gelaſſen. Ich probiere es bisweilen, mich
„mit Gewalt zu entziehen, aber es hilft mich
„doch nichts. Verwichenen Sonntag war ich
„kaum aus dem Bette aufgeſtanden, da mußte
„ich vor mehr als 60 Perſonen, die ins Haus
„gedrungen waren, ſprechen; wie ich dann
„auch that, über Matth. 21, 5. Nachdem ich
„mit Sprechen gethan hatte, mußte ich ein=
„zelne Perſonen zu mir laſſen, bis an den
„Abend. Und geſtern, als am Mittwoch frühe,
„nachdem ich die ganze Nacht in einem Fieber
„gelegen, verſammleten ſich auf dem Kornboden
„des Hauſes, und dem nächſt daran gelegenen
„Gemach zum wenigſten 250 Menſchen, vor
„denen ich unter dem Beyſtand der Gnade GOt=
„tes über Gal. 1, 3. und 5. ſprach. Heut
„morgen frühe hab ich ſchon wieder müſſen
„ſprechen, ohne daß ichs eine Viertelſtunde vor=
„her wußte. Nun aber bin ich doch recht ab=
„gemattet. Heute ſprach ich über die letzte
„Worte des HErrn JEſu: Es iſt vollbracht,
„und tröſtete mich ſelbſt mit der Hofnung, daß
„alle Mühe und Arbeit bald vollbracht ſeyn
„würde. Nun meyne ich doch, daß ich die
„Dinge ſo werde einrichten können, daß ich
„von dem förmlichen Sprechen ein wenig frey
“werde. Stellete ich die Verſammlungen or=
„dentlich an, wie einige es gerne ſähen, dann
„würde der Platz überall zu klein werden.
„Zwiſchen beyden habe ich entweder Beſuch,

„oder

„oder ich muß nach auswärtigen Orten schrei-
„ben, ꝛc. Den 9ten April 1751.

Anderswo lässet er sich also vernehmen:
„Es ist mir seit meinem Letztern so wunderlich
„und sonderlich ergangen, daß ich nicht ehen-
„der, als Heute auf euer Angenehmes vom
„9ten Jul. habe antworten können. Wie meine
„Reise nach dem B. abgelaufen, die wegen
„dem starken Zulauf der Menschen eine Woche
„länger gewähret hat, als mein Vornehmen
„war, werdet ihr zum Theil mündlich vom
„Freund S. vernommen haben. Ich habe da
„gegen meinen Sinn, auch verschiedene malen
„öffentlich Sprechen müssen. Nachdem ich hier
„wieder zurück gekommen, war ich auf ein
„Mittel bedacht, mir die Last was zu vermin-
„dern, und machte deswegen die Einrichtung,
„die Versammlung, wann es der HErr so ge-
„ben würde, alle vierzehn Tage zu halten, da
„ich sonst sprechen mußte, so oft nur Men-
„schen kamen. Weil nun aber die Menschen in
„ihren Gedanken, die Zeit wissen, wenn ich
„denke zu sprechen, so macht dieses den Zulauf
„so groß, daß ich damit verlegen bin. Den
„Tag nach Fr. S. Abreise von hier, fing der
„größte Zulauf an, so daß ich nun doch noch
„zu wenig Platz habe, ungeachtet ich bey sechs-
„hundert Menschen unterbringen kann, indem
„die Leute fünf, sechs, und mehr Stunden
„weit mit grosser Begierde herbey gelaufen kom-
„men. Man hatte bereits unsere Obrigkeit sehr
„ins Harnisch gebracht, welches doch nun wie-
„der vorüber ist. Ich sagte zu unserer Obrig-
„keit: Findet ihr Freyheit in eurem Gewissen,
„mir das Sprechen zu verbiethen, so finde
„ich Freyheit, euch den Augenblick zu gehor-
„samen; welches ich nicht thun würde, wann
„ich bey mir selbst eine Gewißheit davon hätte,

„daß

„daß es ein göttlicher Ruf seye. Man wollte
„mirs aber nicht verbieten, sondern sagte nur:
„der Zulauf sey zu groß. Ich antwortete:
„Ich heisse Niemand kommen, werde aber auch
„Niemand heissen wegbleiben. Endlich so woll-
„te man mich wohl Sprechen lassen, aber M.
„und andere nicht. Ich halte mich stille, bin
„auch nicht um meinetwillen, oder weil man
„mich hätte rufen lassen, sondern freywillig,
„und um ein Uebel zu verhüten, das für andere
„geschmiedet wurde, zur Obrigkeit gegangen.„
Den 20ten Aug. 1751.

In einem weitern Schreiben an diese
Freundinn meldet er folgendes: „Noch muß
„ich euch was besonders erzählen. Des andern
„Tages nach Abgang meines jüngsten an euch,
„sandten die Freunde von C.....d ganz un-
„vermuthet eine Kutsche an den Rhein, um
„mich abzuholen. Weil ich nun ziemlich schwach
„und auf dem Bette war: so sandte ich den
„Freund S. mit einem Brieflein dahin, und
„schlug es gänzlich ab. Da kamen die Freunde
„mit der Kutschen bis hieher, und ich mußte
„des andern Tages resolviren, dahin zu reisen.
„So bald es nun ruchtbar ward, daß ich in
„der Stadt seye, kam das Consistorium der
„Mennoniten zusammen, ohne daß ich davon
„wußte. Sie sandten dann ihre beyde Prediger
„zu mir, und liessen mich ersuchen, einen Tag
„zu bestimmen, wenn ich in ihrer Kirche predi-
„gen wollte, dann sie wußten, daß ich nicht
„über den Sonntag bleiben wollte. Dieses Er-
„suchen kam mir, wie ihr leicht denken könnet,
„fremd vor; gleichwohl resolvirte ich in GOttes
„Namen, es als einen Wink von seiner Hand
„anzunehmen. Des Mittwochs Morgens, als
„den 25ten Aug. kamen die Prediger und beglei-
„teten mich nach der Kanzel. Wie ich in die
„Kirche

„Kirche kam, war sie gepropft voll, von aller-
„ley Religionen, doch meist Reformirten und
„Mennoniten, und GOtt gab mir zu reden,
„über 2 Petr. 3, 11. Wann ich mit dieser mei-
„ner Vermessenheit GOtt so gut gefallen habe,
„als den Zuhörern, so wird es wohl gut gehen.
„Die Menschen waren sehr gerührt, und einige
„so stark, daß man hoffen kann, daß es haften
„bleiben wird, ꝛc. „

Tersteegen redet wiederum in Versammlungen.

Von der Zeit an, daß der erweckten und
hungerigen Seelen so viele wurden, ward der
selige Mann bewogen, wiederum in öffentlichen Versammlungen zu reden. Mit welchem Nachdruck, Salbung und Geisteskraft
das geschah, davon sind noch viel lebendige
Zeugen. Im Jahr 1751 schrieb er selbst eine
seiner Reden auf, über die Worte 2 Cor. 5,
14. Die Liebe Christi dringet uns also,
und ließ sie drucken. Hiedurch ward das
Verlangen nach denselben so groß, daß sich
acht Schreiber oben im Haus an einen abge-
sonderten Ort, wo sie alles wohl hören konnten, satzten, und die Worte aus seinem Munde
aufschrieben. Durch dies Mittel hat man
von 1753 bis 56 dreißig solcher Reden gesammlet, und nachgehends unter dem Titel:
Geistliche Brosamen dem Druck übergeben.
Folgende Briefe des Seligen können von seinen damaligen vielen Reden und überhäuften
Besuchen einige Nachricht geben.

„Bis dato, sagt er, kann ich Haupt und
„Augen kaum gebrauchen, und die Hand bleibet
„sehr

„ſehr bebend; die wenige Ruhe, welche ich wegen
„des Zulaufs der Menſchen habe, mag vieles
„darzu beytragen; wozu noch der ſtarke Brief-
„wechſel kommt. Ich weiß nicht, was die Men-
„ſchen bey einem ſo armen Kinde ſuchen. Ohn-
„längſt kam ein ganz unbekannter, aber rechter
„Nathanael 64 Stunden weit zu Fuß in ziemlich
„ſchlechtem Wetter mich zu beſuchen, welchem
„ich doch kaum zwo Stunden Zeit geben konnte.
„Wer kann ſich aber bey dergleichen Gelegenhei-
„ten entziehen? Den 25ten Febr. bekam ich wie-
„der auswärtigen Beſuch, zum wenigſten von
„zwölf Menſchen. Wie die hieſige Freunde die-
„ſes ſahen, oder höreten, hatte ich bald das
„ganze Haus voll, ſo daß ich unter einigen Hun-
„derten ſprechen mußte, über den Lobgeſang
„Simeóns. Einige ſagen, ich weiß nicht aus
„was Urſachen, daß ich meine eigene Leichenpre-
„digt gehalten hätte. Ich wünſche zum wenig-
„ſten, von allem Troſt der Creatur geſchieden,
„und der Führung des Geiſtes GOttes gänzlich
„unterworfen, mit Simeon nur zu warten auf
„den Troſt Iſraels. Und wenn ich auch Sime-
„ons Gerechtigkeit, Gottesfurcht, Offenbarun-
„gen und alle Gaben hätte, ſo will ich es im
„Leben und Sterben mit ihm gern alles Vergeſ-
„ſen und dahinten laſſen, um das Kindlein JE-
„ſus, den einigen Troſt Iſraels, dafür zu ver-
„tauſchen. Es iſt auch wunderbar, anbethens-
„und liebenswerth, wenn man erweget, wie der
„HErr uns alles ſo kann aus den Händen fal-
„len laſſen, es wird alles ſo geringe, ſo unzu-
„länglich, man hat ſo wenig mehr darinnen; es
„flieſt ſo als oben überhin, auch ſolche geiſtliche
„und gute Dinge, worüber man vorhin ſo er-
„freuet war, und die man ſo veſt hielt, die aber
„auch eben darum Vermittelung verurſachten,
„und gebrechlich wurden, weil man ſie ſo veſt
„hielt.

„hielt. JEsus allein iſt genug; aber auch
„nicht genug, wenn er nicht gantz allein umhäl-
„ſet wird. O, daß es dem HErrn gefiele, viele
„kümmerlich, und Jahr aus Jahr ein ſuchende
„arme Seelen in dieſen Tagen mit uns recht
„andächtig und unterworfen zu machen, an die
„Führung ſeines Geiſtes in- und über ihnen,
„der ſie zu ſeiner Zeit in den wahren Tempel
„GOttes bringen würde, da ſie JEſum weſent-
„lich mit ihren Geiſtesarmen umfaſſen könnten.
„Den 20ten Merz 1753.

„Mit Bekümmerniß ſahe ich dem Weynachten
„entgegen, weil ich bang war vor Beſuch; ließ
„es auch deßtwegen hin und wieder wiſſen, daß
„ich nicht würde im Stande ſeyn, Beſuche ab-
„warten zu können. Wenige Tage vor dem
„Chriſttag aber, wurde ich etwas beſſer. Da
„kam ſehr viel Beſuch, meiſt von Orten, von
„welchen ichs nicht erwartete, und die zum Theil
„noch nie hier geweſen waren. Der HErr gab
„mir dann, daß ich mit vieler Ruhe zween Tage
„nach einander Verſammlung halten konnte,
„(wiewohl ich des Nachts im Fieber liegen
„mußte,) über Jeſ. 9, 6. Ein Kind iſt uns
„gebohren, ꝛc. Alles war voller Menſchen,
„worunter auch alle beyde Tage der Rath war,
„der hier gegenwärtig das Haupt der Regierung
„iſt. — — Er ließ fragen: Ob ich auch würde
„ſprechen? Ich ſagte: ich dächte ja! Darauf
„ſandte er ſeinen Bedienten, und ließ erſuchen,
„einen Platz für ihn offen zu halten. Wie das
„Sprechen gethan war, ſo ſagte er unter an-
„dern zu mir: Ich habe kein einiges Wort auf
„die Erde fallen laſſen; ich werde Morgen
„wieder euer Gaſt ſeyn. Er zielte auf die Ein-
„theilung des Textes, da ich aus demſelben vor-
„ſtellte: 1) Die erquickliche Milch-Speiſe der
„Menſchheit JEſu, 2) die nahrhafte Kraftſpeiſe

„seiner Gottheit, und 3) das Ehrengericht seiner
„königlichen Herrschaft. Da ich dann den letz=
„ten Theil des Verses für den folgenden Tag
„bewahrte, nämlich: Den lieblichen Confect
„seines heiligen Namens, ꝛc. Er bezeugte, daß
„es ihm sehr gut gefallen, und soll gegen andere
„gesagt haben: Die nun noch lästern, die müs=
„sen nur thun, wie ich, und hören es an, ꝛc.

„Ich kann nicht sagen, daß ich wegen mei=
„nes Abscheids aus dieser Zeit einige Ahndung,
„oder besondern Eindruck von GOtt habe, ich
„rede, und denke so, wie ich mich vors Gegen=
„wärtige in meiner Schwachheit fühle, oder wie
„ich auch mit meinem Verstande die Folgen von
„diesem oder jenem Ungemach ansehe; wiewohl
„ich mit meinem Verstande vielmals dabey zu
„kurz komme, uud nicht begreifen kann, wie ich
„so wunderbar getragen werde. Es gereiche
„nur zu GOttes Verherrlichung. Die grosse
„Anzahl der Freunde hier und anderer Orten
„macht, daß ich immer viel zu thun habe, und
„ich bin, vornemlich bey Kranken oder angefoch=
„tenen Personen, leicht Scrupulos, mich zu
„entziehen, so daß ich mich dann dabey wage.
„Weil man auch ein Schauspiel der Engeln und
„der Menschen ist, und, wie ihr leicht denken
„könnet, unter den Seelen allerhand vorfällt,
„so kann ich mich nicht immer so in acht neh=
„men und sparen. Hierbey fällt mir ein, daß
„ich in der letzten Versammlung (welches die
„Erste in diesem Jahr war) auf die letzt bey dem
„Neujahrswunsch, mich unter andern noch
„folgender Gestalt ausgedrückt: „ „Muß ich
„ „dann auch, als ein kleines und schwach
„ „schimmerndes Sternlein noch was stehen
„ „bleiben, an dem Himmel dieser unserer Kir=
„ „che: So will ich mich auch ganz nicht ent=
„ „ziehen. Ich weiß, wer ich bin, und wie
„ „sehr

„ „sehr ich von dem HErrn abhangen muß;
„ „aber Menschenfurcht, und fleischliche Absich-
„ „ten sollen mir den Mund nicht stopfen. Ich
„ „hoffe, daß euer aller Gewissen mir nun, und
„ „vor GOttes Angesicht das Zeugniß wird
„ „geben müssen, daß ich euch auf Christum,
„ „und nicht auf mich gewiesen, ꝛc. Gebet mir
„ „dann auch vor dem HErrn aufs neue die
„ „Hand; unterstützet mich mit eurer Fürbitte,
„ „und durch euren treuen Wandel in dem
„ „HErrn. Ich muß es doch sagen, lieben Freun-
„ „de! daß etliche unter euch mir in dem ver-
„ „flossenen Jahr das Herz oft schwer, und
„ „den Muth oft klein gemacht haben. Das
„ „ist doch nicht gut. Der HErr thue Ver-
„ „söhnung darüber! ꝛc. Diese letzte Worte
„sind einigen was schwer aufs Herz gefallen,
„die mich mit Thränen um Vergebung zu bitten,
„zu mir gekommen, ꝛc. — —

Tersteegen wird zum öffentlichen Reden und Ausreisen unfähig.

Um das Jahr 1756 da der Zulauf der
Menschen so groß ward, daß er fünf bis sechs
Zimmer in seinem Haus mit seiner Stimme
erfüllen mußte: Bekam der Selige über dem
starken Reden einen Leibesschaden, er mußte
deswegen sein öffentliches Reden in grossen
Versammlungen, wie auch seine Reisen in
die Ferne beschliessen. Nur in die Nähe, nach
Duisburg, Spelldorf und Essen ritte er
noch bisweilen, um seinem schwachen Körper
eine Bewegung zu machen, und zugleich die
Freunde daselbst zu besuchen. Bisweilen
machte er sich auch mit andern Schwachen

bey angenehmen Frühlings- oder Sommerta-
gen eine Bewegung zu Fusse, zumal wann
ihn liebe Freunde aus der Ferne besuchten. Er
verfügte sich mit denselben in einen eine halbe
Stunde entfernten Wald, wo man unter
seinen erbaulichen und gottseligen Gesprächen
den Thee trank, auch wohl ein geistliches
Lied absung, worauf er mit einem Gebethe den
Schluß machte.

Nähere Nachricht von Tersteegens wahrem Werthe.

Man könnte hier die Lebensbeschreibung
des Seligen endigen, und gerade zu der Erzählung seiner letzten Stunden übergehen. Es
wird aber der wesentlichste Dienst für den geliebten Leser seyn, wenn man ihn einiger massen in den Stand setzt, Tersteegens sonderbare
Gaben, die grosse ihm geschenkte Gnade, und
seine edle Gesinnungen von Nahem kennen zu
lernen.

Sein grosses Licht.

Mit welchem hohen Licht sein Verstand
erleuchtet gewesen, und welche trefliche Einsichten in die heilige Schrift er von dem HErrn
empfangen, beweisen seine gesamte Schriften
zur Gnüge, sonderlich seine erbauliche, unter
dem Titel: geistliche Brosamen gedruckte
Reden, in welchen er seine Leser nicht lange
mit den Schalen menschlicher Weisheit aufhält, sondern ihnen geradezu den Kern vor-
leget.

Erfah-

Erfahrungserkänntniß.

Eben so klar leuchtet aus seinen Schriften seine grosse Erfahrungserkänntniß von GOtt und dessen Wegen hervor; man lese unter andern das erhabene Lied: Ach GOtt man kennet dich nicht recht, rc. Desgleichen das in spätern Jahren von ihm aufgesetzte wichtige Lied: GOtt ist, GOtt ist, Hallelujah! Man erwäge dabey des sel. Verfassers stille und recht göttliche Gedanken von GOtt, dessen Wesen, Eigenschaften und Vollkommenheiten in ruhiger Andacht: So wird man von dieser Erfahrungserkänntniß die angenehmste Proben finden. Er konnte, wie bey verschiedenen Gelegenheiten geschehen, den vielbedeutenden Ausdruck thun: Ich danke GOtt, daß er mich so lange hat leben lassen, daß ich ihn habe kennen lernen! Worte, die er unter andern auch im Jahr 1738 da er ohne die geringste Hofnung der Genesung krank lag, zu einem Freunde, der Abschied auf die Ewigkeit von ihm nahm, mit grossem Nachdruck wiederholte, und diß hinzu fügete: „Ich bin ganz beruhigt in GOtt, auch über meine „Schriften, so ich euch hinterlasse. Ich fühle dar= „über gar keine Sorge, noch Bestrafung, als ob „etwas Verdächtiges oder Irriges darin enthalten „wäre. Ich habe alles was ich geschrieben, als „wichtige Wahrheiten an mir selbst erfahren, und „kann daher der Ewigkeit getrost entgegen gehen.

An einem gewissen Ort schreibt er: „Wann ich in die Ewigkeit gehe, so gehe ich „hinein, als ein Armer, Unwürdiger, der auf

„eine

„eine mehr als gemeine Weiſe, aus Barmher-
„ßigkeit angenommen zu werden verlanget, ja
„gänzlich vertrauet. Inzwiſchen danke ich dem
„HErrn, daß er mich ſo lange leben laſſen,
„daß ich ihn erkannt habe, auf eine gewiſſe
„innige Weiſe; ſolches darf ich, aller meiner
„Elenden unangeſehen, nicht läugnen, zum Ruhm
„der freyen Gnade GOttes. Ich wünſche mir
„eine Ewigkeit, GOtt dafür gebührend zu ver-
„herrlichen. Ach welch ein Gut iſt es, alle Em-
„pfindungen, Lichter und Gnadengaben beyſeit
„geſetzt, nur allein zu wiſſen, daß GOtt iſt
„derjenige, der er iſt! Ja es iſt das ewige Le-
„ben, den GOtt zu erkennen. Die Begierde
„der Menſchen, vieles zu wiſſen, wäre es auch
„im Geiſtlichem, iſt ein kräftiger Beweis, daß
„ſie GOtt nicht erkennen: GOTT iſt auf alle
„Weiſe allgenugſam; er kann allein, er kann
„völlig, er kann auf ewig, die unglaublich groſſe
„Faßlichkeit unſeres Verſtandesauges vergnügen
„und beſeligen.„

Beſtätigung ſeiner Erfahrungserkänntniß.

Dem geliebten Leſer kann es nicht anderſt
als angenehm ſeyn, wann man ihm aus h)
gewiſſen Briefen des Seligen folgende Aus-
züge, als nähere Merkmale ſeiner ausnehmenden Erfahrungserkänntniß vorlegt.

„Durch

h) Die gegenwärtige und hernach folgende Briefe ſchrieb
Terſteegen an eine ſeiner vertrauteſten Freundinnen in
Amſterdam, gegen welche er ſich am meiſten über ſeine
eigene Gemüthsbeſchaffenheit ausließ. Dieſe Freundinn
war von vornehmem Stande, aber ein kindliches und
GOtt ganz ergebenes Herze. Bey ihrem 1755 erfolg-
ten ſeligen Hintritt, ließ ſie ſämtliche Briefe dem
Schreiber wieder zuſtellen, nach deſſen Abſterben ſie
dem alten Freunde, der den meiſten Stoff zu dieſer
Lebensgeſchichte hergegeben, zugefallen ſind.

„Durch diese Zeilen wollte ich euch wissen
„lassen, daß es dem HErrn gefallen, mich krank
„danieder zu legen. — — In den ersten Tagen
„meiner Krankheit lag und saß ich als ein dum-
„mes Thier da, ohne Gefühl, ja fast gar ohne
„Besinnung von GOtt, noch von meiner Seele
„zu haben. Anjetzo wird mein Verstand darauf
„gelenket, mit einem sehr friedsamen Wohlge-
„gefallen zu beschauen, daß GOtt ist, wie auch
„seine Güte, Weisheit, Macht, Liebe, Hei-
„ligkeit, rc. welche unendliche Vollkommenheiten,
„im höchsten Grad vollkommen liebens- und an-
„bethungswürdig sind, daß es also sehr die
„Wahrheit ist, daß GOtt, und was in ihm ist,
„auch alle seine Werke und Wege die eigentliche
„Speise und Seligkeit eines geschaffenen Geistes
„seye. In ihm ist all unser Gut.„ Den 1ten
Febr. 1746.

„Wir wissen, daß GOtt allein unendlich
„Gut ist; daß er sein Geschöpf, und seine Kin-
„der in Christo mit wunderbarer Barmherzigkeit
„träget; mit unbegreiflicher Herunterlassung zu-
„bereitet, und mit vieler Zärtlichkeit liebet.
„Nichts desto weniger sind wir so geneigt, in
„uns selber sitzen zu bleiben, und zu uns selber
„wieder zu kehren, daß ich mich öfters über
„meine eigene Schwachheit verwundern muß.
„Ich gehe schon so lange bey dem beßten Mei-
„ster in die Schule, und werde schon gebraucht,
„andern ihre Lectionen aufzugeben, und bleibe sel-
„ber ein so gebrechlich Kind. Gegenwärtig kann
„ich mich, und alles, wie mich deucht, so ein-
„fältig dem HErrn anvertrauen, ich kann es al-
„les so lassen fallen, und so ruhig dabey seyn.
„Ich bin arm, aber in einer ruhigen Weite, ich
„bin gebrechlich, ja sehr gebrechlich, aber sehr
„zufrieden. Das Werk, die Leyden, Proben
„und Gefahren, die mir allemal als Berge vor-

„kommen

„kommen würden, wenn mich der HErr nicht
„im Gegenwärtigen hielte, kann ich nunmehro
„ziemlich vergessen, und ängstigen mich dieselbe
„nicht mehr, so wie mirs doch sonsten eigen ist.
„Doch ich muß es nicht zu schön beschreiben;
„vielleicht ist es vor dem HErrn anderst; ich
„übergebe es ihm, es seye so wie es wolle. Es
„ist auch wenig daran gelegen, wie es ist, wann
„es nur so ist, daß es dem HErrn gefällt; ich
„kann und will auf nichts vertrauen, als auf
„ihn allein. „ Den 9ten Febr. 1748.

„Wann ich sagen sollte, wie mir in meiner
„Schwachheit inwendig zu Muthe: so müßte ich
„sagen: Ich weiß es nicht, und habe es vielleicht
„nie weniger gewußt. Ich glaube (wie mir deucht
„ziemlich tief, o ja, ziemlich tief, die allgemeine
„Nichtigkeit meiner selbst, und aller Creaturen,
„nach Geist und Natur, nach dem Grund aber
„bin ich nicht unruhig, noch beängstiget, noch in
„Furchten; ohne zu wissen, warum. Vielmals kann
„ich durch Schwachheit meines Haupts, weder an
„GOtt, noch an meine Seele denken. Ich weiß
„aber, daß GOtt ist, und daß er der grosse, der
„gute und selige GOtt ist. Die blosse Erin-
„nerung davon ist mir sehr erquicklich, wann
„GOtt sie giebet, und macht, daß alle Schwie-
„rigkeit alsbald verschwindet. Wie sehr muß
„es uns nicht gefallen, daß er ein solcher GOtt
„ist, daß er alles Gute ist, vollkommen und
„unendlich herrlich, und selig, und genugsam,
„um alles gut und selig zu machen in uns. „
Den 8ten Merz 1748.

„Wie wunderlich, wie unbegreiflich sind nicht
„die Wege GOttes! Es gehet immer anderst,
„als man gedacht. Man wird immer wieder
„aufgejagt, Jerem. 16, 16. wann man meynte
„Athem zu schöpfen. Es gehet immer ins Ver-
„lieren, und wieder ins Verlieren, bis man so
„arin

„arm ist, daß man nichts mehr zu verlieren
„hat, und so beschämt, daß man das Umsehen
„aufgeben muß. Nun, nur fort in GOttes Na=
„men! Er herrsche, er lebe nur! Er werde nur
„vergnügt, damit wir uns selbst in der Wahr=
„heit da lassend, in sein Vergnügen, in seine
„Ruhe, und in seine Freude eingehen mögen!
„Man muß doch endlich nur so unschuldig zuse=
„hen, als ein Kind in der Wiegen; man muß
„so inniglich zustimmen, so tief anbethen, und
„so herzlich sagen: Der HErr ist sehr gut und
„liebenswürdig, und alle Wege des HERRN
„sind eitel Güte und Wahrheit. So muß man
„sagen, ohne bisweilen zu sehen, worauf sich
„dieses Sagen gründet. Man ist so äusserst
„arm und elend, und sollte doch wohl wünschen,
„daß alle Seelen so arm seyn möchten. O!
„wie selten findet man Seelen, die GOttes
„sind! Aber wie glücklich sind nicht dieselbe?
„Der HErr will gern ihr Gut, ihr Theil, und
„ihr Alles seyn. Daß dieses so in uns werde,
„wünsche ich so inniglich. Bethet doch auch für
„mich, liebe Schwester! und saget es in meinem
„Namen den andern Kindern, daß sie es auch
„thun; ich habe es nöthig. Den 22ten Octobr.
„1751.

„Ich muß so anbethen und mich verlieren,
„wann ich daran gedenke, daß GOtt einen sol=
„chen Weg zur Seligkeit erkohren hat, der dem
„Geschöpfe so alles wegnimmt, und es GOtt
„gibt, und uns folglich so glücklich nöthigt, ihm
„aufs tiefste anzuhangen, in ihm zu bleiben,
„aus und in ihm zu leben, und allezeit arm
„zu bleiben, um in der Wahrheit alles zu haben;
„Ein Weg für die Kinder, aber für die nackte
„Kinder; die Klugen sehen darüber hin. So
„lange man will, haben und halten, ist er eng,
„und wers ferne sucht, der läuft ihn vorbey,

(c) 5   „wer

„wer aber dem zugeworfenen Seil der Liebe folgt,
„der findet es nahe bey. Der HErr JEsus sel-
„ber predige dieses angenehme neue Jahr den
„Armen!„ — — —

    „Wir sehen einander mit leiblichen Augen
„nicht viel, und doch sagt uns unser Herz, daß
„wir zusammen und in eine Gesellschaft gehören.
„unser Herz freuet sich darinnen, daß wir noch
„mit einander auf dem Wege sind, und daß
„wir aneinander haben, was wir haben. Ich finde
„es zum wenigsten so in mir, und schreibe es
„nächst GOTT der Fürbitte seiner Kinder zu,
„daß ich noch bin, der ich bin. GOtt muß
„wohl ein recht beseligendes Gut seyn; dann ich
„weiß, daß alle, die ihn nur ein wenig aus Er-
„fahrung haben kennen lernen, nicht anderst
„können, dann ihn lieben, und sehr liebenswür-
„dig anpreisen; und müßten sie hernach auch
„Jahre lang durch dürre und dunkele Wege
„wandeln. Ein wenig weiß ich auch davon zu
„sagen. Ich seufze auch wohl einmal auf dem
„Wege unter meinem Päcklein, so schwer fällt
„es mir bisweilen zu tragen. Das Schwerste
„wird von aussen wenig gesehen. Es gehet mir
„nach beyden Theilen auch wohl einmal recht
„kümmerlich, ob gleich andere, die mich hören,
„bisweilen denken mögen, ich hätte allezeit schön
„Wetter. Allein, was kann ich doch anderst, als
„Gutes von meinem GOtt sagen, der auch in der
„grösten Blösse des Glaubens dem Geist Speise
„geben kann, und in der That gibt, um auf
„dem Wege nicht zu verschmachten? (1 Kön.
„19, 8.) Wer sich nur gut kann übergeben,
„und es auf GOtt wagen, der wird nie zu kurz
„kommen, und GOtt wird dadurch geehret,
„wann wir viel und alles auf ihn wagen. In
„uns ist nichts als Schwachheit und Elend.
„(Wie wenige glauben dieses in der Wahrheit,
                            „und

„und mit friedsamer Geringschätzung ihrer selbst!)
„In JEsu aber ist alles überflüßig, was wir
„bedürfen. Wie so sehr ist auch dies die Wahr‐
„heit! die doch nur erkannt wird, nach dem
„Maaß, als das Erste in der Wahrheit er‐
„kannt wird.„ Den 8ten Merz 1754.

„Bis hieher hat der HErr auch mir gehol‐
„fen, und seine Hülfe bis hieher, gibt auch
„guten Muth auf seine Hülfe, bis ans Ende.
„O der gute und getreue GOtt! Sollten wir
„ihn nicht lieben? In seinem Namen nicht alles
„wagen? Und uns mit geschlossenen Augen sei‐
„ner Führung blindlings überlassen? GOTT
„siehet wohl, daß unsre Herzen am beßten durch
„Liebe können überwunden und an ihn verbun‐
„den werden, darum thut er so viel an uns.
„Ein jeder kann seine grosse Rechnung von
„GOttes Liebe, Gunst und Wohlthaten für
„sich selbst am beßten einsehen. GOtt bevesti‐
„get Röm. 5, 8. (nach dem Griechischen)
„GOtt empfiehlet seine Liebe gegen uns in
„so vielen Absichten; und das ist GOttes größ‐
„ter und letzter Versuch bey den Menschen.
„Kann die Liebe GOttes und so viel Wohltha‐
„ten, die aus dieser Liebe fliessen, uns nicht zur
„herzlichen Gegenliebe und muthigen Fortgang
„bewegen, so wird es auch gewiß kein ander
„Mittel thun. Mein Herze ist noch voller Er‐
„känntlichkeit für alles das Gute und Erquick‐
„liche, wie auch für allen Beystand, den ich
„von GOtt auf dieser meiner Reise, und für
„den, welchen wir, da wir beysammen waren,
„unter einander genossen haben, und das be‐
„wegt mich, so zu schreiben; und aus eurem
„Angenehmen ersehe ich, daß ihr, liebe Schwe‐
„ster! und andere bey euch, das nehmliche bey
„sich fühlen. Nun der HErr bereite sich selbst
„dafür einen Lobgesang, Dank und Verherr‐
. . „lichung

„lichung in unfern Herzen, und in unferm gan-
„zen Wandel. Ich fühle wohl, daß mehr von
„meinem Herzen da geblieben ift, als je vor
„diefem, und daß unfere leibliche Abwefenheit
„keine Scheidung machet, noch machen wird.,,
Den 5ten Julii 1754.

„Ich kann es nicht ausdrücken, liebe Schwe-
„fter! wie nichtig und geringfchäßig mir diefes
„Leben und die Dinge diefer Zeit, je länger
„je mehr vorkommen; und dann kann ich mich
„manchmal als ein Kind darüber betrüben, daß
„die Menfchen, und auch fromme Menfchen fo
„viel mit Poppen fpielen, und ihre köftliche
„Zeit nicht beffer anwenden. Es kann mich
„dann fo jammeren, daß fo ein GOtt, fo ein
„innig gegenwärtig, und wefentlich-fättigendes
„Gut ift, und daß es doch fo wenig gefucht,
„erkannt, geliebet und verherrlichet wird, wie
„es fich geziemte. Dann dringt mich das Mit-
„leyden wohl einmal, daß ich davon fpreche.
„Ein andermal follte ich wohl alles wollen auf-
„geben, um nicht aus felbft meine Zeit zu ver-
„fäumen, und mehr für GOtt und für die
„Ewigkeit zu leben. Allein GOttes Wille muß
„meine Speife feyn, worin ich mich auch oft
„kann verlieren, und allen kindlichen Kummer
„kann vergeffen. Ich hab doch auch noch ver-
„fchiedene, ja nicht wenig Seelen hier herum,
„an welche ich mit Freuden und Dank gegen
„GOtt kann gedenken. O ja! der HErr ift
„gut, und auch feinem Ifrael gut, Pfalm 73.
„Er ift liebenswürdig in ihm felber, und auch
„liebenswürdig in feinen Kindern. Pfalm 16,
„2. und 3.,, Den 1ten Nov. 1754.

**Terfteegens lauterer Sinn, nach der Wahrheit
des Evangelii.**

So groß des Seligen Einficht und Erfahrung war, fo lauter war fein Sinn in
den

den zur Heilsordnung gehörigen evangelischen
Wahrheiten.   Um sich dessen zu versichern,
darf man nur seine Schriften, sonderlich den
Weg der Wahrheit mit einem unpartheyischen Gemüthe im Zusammenhange durchlesen.
Selbst von dem ersten Anfange seiner Bekehrung an, dachte er, in den Grundwahrheiten
des Christenthums rein und schriftmäßig. Hier
sind einige Proben davon: Ein noch lebender
glaubwürdiger Freund erzählt; als er unsern
Seligen im Jahr 1727 zum Erstenmal besucht, und von ihm auf seiner Rückreise ein
Stückwegs begleitet worden; so hätte ihm
derselbe beym Abschiednehmen folgende Stücke
nachdrücklich empfohlen.   1) JEsu Versöhnung, 2) JEsu Worte, 3) JEsu
Geist, 4) JEsu Fürbild.   Ein klarer
Beweis, daß er diejenige, die mit ihm umgegangen, einzig und allein auf JEsum Christum verwiesen, und ihnen denselben jederzeit,
als die einzige Ursache unseres Heils und unserer ganzen Seligkeit angepriesen habe. Noch
eine Probe: Da ein gewisser Freund den Seligen beschuldigte, daß sein Sinn nicht lauter genug seye, antwortete er dies : „O wie
„freuet sich mein Innerstes, o wie glückselig schätze
„ich mich, wann ich gewürdiget werde von die-
„sen gewissen, wesentlichen, überköstlichen Wahr-
„heiten, des sowohl bey vielen Frommen, als
„Unfrommen so verdächtigen inwendigen Christen-
„lebens Zeugniß zu geben! Mich deucht, es wür-
„de mir ein ganz unglaublich grosser Trost seyn,
„wann ich in meinem Sterbstündlein, in dem
„Augen-

„Augenblick, da ich vor GOttes Angesicht erschei=
„nen soll, noch zu guter letzt allen Creaturen zu=
„rufen könnte: GOTT allein ist die Quelle des
„Lebens, und es ist kein anderer Weg diesen
„GOTT zu finden und zu geniessen, als dieser
„durch Christi Tod eröfnete, und eingeweihte
„schmale Weg des inneren Bethens, Sterbens
„und geheimen Lebens mit Christo in GOtt.„
Man lese auch noch in dem Blumengärtlein
unter andern die geist= und glaubensvolle Lie=
der: Wie bist du mir so innig gut, 2c. Fer=
ner: Anbätungswürdigs Lamm! 2c. auch:
Mein JEsu, der sich mir zu gut, 2c. Sie
werden zeigen, daß des sel. Verfassers Ein=
sicht und Absicht, ja sein ganzer Glaubens=
grund rein und lauter gewesen.

Beständigkeit in der Erkänntniß.

So lauter Tersteegen in der Erkännt=
niß der Heilswahrheiten war, so beständig
war er in derselben. Die Erfahrungsvolle
Einsicht, die ihm nach seiner fünfjährigen
Finsterniß gegeben ward, blieb nachgehends
unverändert; nur daß er in derselben noch im=
mer mehr gegründet und bevestiget ward. Man
lese die deutsche Briefe von den ersten und von
den letzten Jahren, so wird man überall eine
genaue Uebereinstimmung finden; nur daß
die von den letzten Jahren, noch immer mil=
der und gesalbter zu werden scheinen. Der
Selige ward fast von allen Secten aufgesucht;
allein er wollte mit keiner Parthey sich vereini=
gen, als nur mit der, welche nach dem ge=
schriebenen Worte GOttes, und nach der
Zucht

Zucht der Gnade zu leben, sich ernstlich be-
strebte. Er ließ sich das Licht und die Erkänntniß nach der Wahrheit nicht verdunkeln,
wanns ihm gleich übel genommen ward. Einem Reformirten Prediger dem er wegen der
H. H. Gemeinde eine Erinnerung gegeben,
die aber nicht zum beßten gedeutet wurde,
schrieb er zum andernmal also:

„Soll ich anderst reden, wie mirs ums Herze
„ist, (wie es jetzt der Brauch ist?) Ich lese,
„ich prüfe dieses Brieflein (so er nemlich vor-
„hin an diesen Prediger geschrieben) vor GOtt.
„Daß ich aber sagen sollte, ich erkenne Unrich-
„tigkeiten darinnen, das kann ich nicht, darf
„ich nicht, will ich nicht, und wenn auch alle
„Welt, wie du in deinem Brief zu thun schei-
„nest, diese Parrhesie, oder diese Vesthaltung
„an den Grundwahrheiten, für eine Parthey-
„lichkeit, und Mangel der Armuth des Geistes
„halten sollte. Nein, mein GOtt! laß es
„nicht zu, daß ich meine dir bekannte Elen-
„den noch vermehre, mit einer so schändlichen
„Untreue, daß ich auch nur ein Haar breit
„von der mir so theuer anvertrauten Beylage
„deiner Wahrheit, aus Heucheley, oder Weich-
„lichkeit abweiche, und nachgeben sollte, weil
„etwa dieser oder jener auch guter Mensch
„oder ansehnlicher Haufe derselben zuwider
„wäre.„

Gabe, die Geister zu prüfen.

So vest konnte er in der Erkänntniß seyn,
weil ihm eine besondere Gabe zur Prüfung
der Geister gegeben war; wenige Beweise
davon können dem Leser nicht unangenehm
seyn.

seyn. Schon in seinen erstern Jahren wurde
er von fremden Geistern und Wirkungen angefallen, welches er selbst dem Umgang mit
einigen Inspirirten, zuschrieb. Wann er zu
dieser Zeit sich von der Arbeit in die Stille
zum Gebeth begab: So ward er in eine Bewegung gebracht, wovon alle Glieder zitter-
ten. Weil ihm aber GOTT und dessen
sanftes und seliges Wesen auf eine innigere
Weise bekannt war: So gab er dieser fremden, unruhigen und schreckhaften Wirkung
keinen Raum, sondern ging wieder an seine
Arbeit. Nachdem dies einige malen geschehen, hörete das Zittern auf, und diese Versuchung nahm ein Ende. Noch eins:

Eine gewisse kränkliche Person glaubte,
sie würde von einer ausserordentlichen Stimme gerufen, um zum Gebeth aufzustehen, ihr
schwacher Cörper konnte das aber bey den
damaligen Wintertagen fast nicht mehr aus-
stehen; deswegen befragte sie sich dißfalls
bey unserm Seligen; er gab ihr den Rath,
sie sollte in der Kälte nicht aufstehen, sondern wann sie wieder gerufen zu werden vermeynte, sollte sie sich anstatt aufzustehen, ins
Bette setzen, und zum Gebeth wenden. Wie
sie das that, hörete sie die ausserordentliche
Stimme nicht mehr, und andere sonderbare
Dinge, die ihr begegneten, höreten auch auf.
Hieher gehöret noch folgendes: Ihn besuchte
einst ein Freund, der einen vertrauten Umgang mit einer kindlichen GOTT ergebenen

Seele

Seele pflegte, die aber dabey viel auſſeror=
dentliche Vorfälle und Erſcheinungen hatte,
auch viel erbauliche Sachen und Begeben=
heiten erzählte, deren einige nach ihrem Tode
geſchehen ſollten.   Dieſe Dinge eröfnete be=
ſagter Freund unſerm Seligen; derſelbe er=
theilte ihm aber folgende Antwort: Gehe
doch alle dieſe auſſerordentliche Sachen
vorbey, wobey nur viele Gefahr und
Aufenthalt iſt. Ich liebe ihr weſentliches
Gutes, das durch die Gnade GOttes
in ihr gewirket iſt, herzlich, aber du
wirſt es mit mir noch erleben, das von
allen dieſen Sachen, die ich zwar mit
wünſchen möchte, nichts erfolgen wird.
Der Ausgang beſtätigte dieſe Worte; da
nun jener Freund nach dem Tode beſagter
Perſon ihn abermal beſuchte, und ſeine Reue
darüber bezeugte, daß er ſeinem treuen Rath
nicht beſſer nachgekommen, ſagte er: Dieſe
Begebenheit wird dir nun ins Künftige
noch zum Nußen und Bewahrungsmit=
tel dienen, daß du dich nicht ſo wieder
von ſonderbaren und auſſerordentlichen
Sachen einnehmen laſſen, ſondern ſolche
vorbey gehen wirſt.   Der ſelige Mann
verachtete zwar keine auſſerordentliche Gaben,
Lichter und Erſcheinungen, aber ſein Rath
ging dahin, daß ſie gar gründlich und behut=
ſam mußten geprüfet werden, weil Perſonen,
die damit umgingen, gar leicht von fremden
Geiſteskräften betrogen werden könnten.

Anwendung dieser Prüfungsgabe, an die H. H.
Gemeine.

Des Seligen Prüfungsgabe, bewies sich
sonderlich an der vorhin genannten H. H.
Gemeine: Diese Gemeine gab sich alle er-
denkliche Mühe, um Tersteegen auf ihre
Seite zu bringen, in der Hofnung, daß ihm
noch viele andere Seelen folgen würden. GOtt
aber ließ ihn auch hier nicht ohne seines Lich-
tes Beystand, und schenkte ihm zur Prüfung jener Gemeine die nöthige Gnade. Der
G. Z. suchte ihn zwar, wie er nur immer
konnte an sich zu ziehen. Anfänglich versuch-
te er es durch Briefe, die er aufs zärtlichste
abfassete, und ihm durch die Brüder offen
zusandte. Endlich kam gar im Jahr 1737
einer ihrer vornehmsten Lehrer J. M. D.
ein sehr geschickter Mann, der sich unserm
Seligen, um ihm auf diese Weise sein Herz
zu stehlen, zu Füssen warf, und ihn um seinen Segen bath; allein der Selige blieb bey
allem dem ganz unbeweglich in seinem Grunde; er ließ sich durch dergleichen Liebkosungen
so wenig blenden, daß er vielmehr viele Seelen, die sich zu dieser Gemeine schon wirklich begeben hatten, zur bessern Einsicht brachte, indem er ihnen die grosse Gefahren, die
aus derselben leicht entstehen könnten, so
klar vor Augen legte, daß sie solche wieder
zu verlassen keinen Anstand nahmen.

Da der selige Mann von einem auswärtigen Freund in Oberdeutschland, einem Re-
formir-

formirten Prediger, der mit dieser Secte
Gemeinschaft hatte, vieles leyden mußte,
schrieb er demselben im Jahr 1750 den 6ten
Merz unter andern folgendes:

„Ich glaube, daß die Secte der H. H. nicht
„nach GOttes Herze seye, ich glaube eben das
„von derselben, was ich dir mündlich gesagt,
„und was ich davon an dich geschrieben habe.
„Und, damit ich mich kurz erkläre, und dich
„nicht durch Besonderheiten ärgere, und auf=
„bringe: ich glaube, daß es Wahrheit und
„nicht erdichtet seye, was der liebe Abt Stein=
„metz, noch in dem letzten dir bekannten Schrei=
„ben von ihnen angeführet, und daß man ih=
„nen dessen und noch eines weit mehreren mit
„Grund Schuld gibt, welcherley Irrthümer und
„Leichtsinnigkeit ich nimmermehr approbiren und
„zugeben kann. — — Warum ich aber keine
„Freyheit finde, mit H. H. ferner Briefe zu
„wechseln, geschiehet nicht, wie du schreibest,
„daß ich mich ihres verdächtigen Namens schä=
„mete, vielweniger um dadurch alle gute See=
„len unter ihnen, (wie du auch unrecht denkest)
„aus meiner Gemeinschaft auszuschliessen; son=
„dern eines theils, wegen der Abneigung von
„ihren gnugsam bekannten Hauptirrthümern,
„und der Furcht für einem breitern Wege, als
„mein Heyland und alle Heiligen gegangen und
„gelehret, u. s. f. Daß ich aber so gar mit
„solchen, die viel mit ihnen umgehen, oder in
„Verbindung stehen, nicht correspondire, geschieht
„auch mit darum, weil (gleichwie ich brüder=
„lich und familiär schreibe) es dann bey den H.
„H. überall heisset, ich seye nun völlig mit ih=
„nen eins, und dann muß mein Schreiben eine
„Lockspeise seyn, andere, die mich lieben, da=
„mit zu fangen. So ist es mir, so ist es an=
„dern mehrmalen mit ihnen ergangen, ꝛc. Ich

„hoffe

„hoffe zwar, daß sie allgemach ihren Vergang
„einsehen, und sich bessern werden, wozu das ih=
„nen so überaus unbekannte Geheimniß des äus=
„sern und innern Creutzes, vielleicht eine heil=
„same Arzeney zur Demüthigung seyn möchte.
„Ich weiß zwar schon direct aus H. Haag, wie
„es jetzt da aussiehet, und was in Betref der
„Besserung vor neue Order und Einrichtungen
„gemacht worden: Allein da die grundstürzende
„Irrthümer nicht nur von ihren Widerwärti=
„gen, sondern von ihren Hauptarbeitern selbst
„mit dürren und unverdrählichen Worten, durch
„öffentlichen Druck aller Welt bekannt gemacht,
„auch die groben Leichtsinnigkeiten der Arbeiter
„und Glieder leyder! offenbar und unläugbar
„sind, zur Schmach des theuren Bluts und
„Wunden JESU Christi: so wird man sich
„schwerlich auf die gewöhnliche Art heraus
„wickelen können. Plattes Abläugnen, auf
„Schrauben gesetztes Antworten, lächlendes Ueber=
„hinhüpfen, ja auch blosses Bessermachen wird
„im geringsten nicht mehr aus dem Labyrinth
„helfen; sondern wollen sie GOtt seine Ehre
„wieder geben, wollen sie Ruhe in ihrem Ge=
„wissen, und bey verständigen Menschen Glau=
„ben finden: so müssen sie ihre Irrthümer und
„ihren Vergang demüthig und öffentlich beken=
„nen, widerruffen und das gegebene Aergerniß
„abbitten.„

Unpartheyischer Sinn.

An eben derselben vorhin genannten Ge=
meine bewies Tersteegen aber auch, wie un=
partheyisch er gegen erweckte und begnadigte
Seelen von verschiedenen Religionen war.
Er fand sich 1741 bey einem wichtigen Vor=
fall bewogen, von besagter Gemeine, die
ihm

ihm sehr nachging, seinen unpartheyischen Sinn kürzlich aufzusetzen; er drückte sich dabey unter andern also aus:

„Mein Sinn und meine Religion ist diese,
„daß ich, als ein durch Christi Blut mit GOtt
„Versöhneter, mich im täglichem Sterben, Ley=
„den und Bethen durch den Geist JEsu heraus
„führen lasse, aus mir selbst, und allem Ge=
„schaffenen, um GOtt ganz allein zu leben in
„Christo JEsu, und diesem meinem GOtt durch
„Glauben und Liebe anhangend, hoffe ich mit
„demselben Ein Geist zu werden, und aus seiner
„puren Erbarmung in Christo die ewige Selig=
„keit zu erlangen. Mit allen, die unter aller=
„ley Volk also gesinnet sind, habe ich einerley
„Religion, und liebe sie als Kinder GOttes
„eben so herzlich, als die, welche in meiner
„Erbreligion also gesinnet seyn mögen. Im
„übrigen kann ich mich schon darin finden, daß
„in den Nebensachen ein jeder einen solchen
„Weg einschlage, den er am füglichsten und
„förderlichsten erachtet, zum Ziel zu gelangen;
„ja ich kann auch einen jeden darinnen lieben,
„wann er nur ohne Heucheley und Sectirerey
„hierinnen zu Werke gehet. Die nun, welche
„unter den sogenannten H. H. auch also gesin=
„net sind, wie jetzt gemeldet worden, die liebe
„ich auch also, und bin mit ihnen als Kindern
„GOttes vereinigt. Dasjenige aber, wodurch
„solche unter den H. H. sich von andern Kindern
„GOttes unterscheiden, solches ist meine Sache
„nicht, und ich vereinige mich damit keineswe=
„ges. Ich bedaure es gar sehr, daß in der
„Christenheit schon so viele Spaltungen sind,
„aber unvergleichlich mehr, wenn man noch
„neue Spaltungen machet.

(D) 3   Eben

Eben diese Unpartheylichkeit bewies unser Seliger überhaupt: Da er mit drey frommen Reformirten Predigern, mit denen er
auch bis an sein seliges Ende einen brüderlichen Umgang und Briefwechsel gehabt, bekannt geworden, und von einem derselben
einst befraget wurde, aus welcher Religion
die Seelen wären, die zu ihm kämen?
Antwortete er: Ich frage nicht, von wan-
nen sie kommen, sondern wohin sie wollen. i)

Tiefer Eindruck von GOttes Gegenwart.

Gleichwie nun Tersteegen eine tiefe Erkänntniß von GOtt und seiner Wahrheit
hatte, so floß dieselbe auch in seine Gesinnungen gegen GOtt ein. Dessen Gegenwart schien ihm tief ins Herz geprägt zu
seyn; sein ganzer Wandel ward dadurch mit
einer Liebesehrfurcht erfüllet. Er glaubte mit
voller Gewißheit, daß GOtt auf eine besondere Weise in seinem Herzen gegenwärtig
sey. Er wußte: GOtt schaut in mich hinein. Darum legte er dieser göttlichen Gna-
densonne sein Inneres offen, um durch ihre
Strahlen erleuchtet, erwärmet und belebet
zu werden. Deßwegen kamen auch alle seine
Thaten und Bewegungen nicht aus eigener
Anstrengung und gesetzlichem Zwange, sondern flossen durch diese Liebesgegenwart aus
freyem

---

i) Siehe hiervon ein mehreres, in dem 76 Brief des 2ten
Theils, pag. 228.

freyem und sanftem Triebe: Dabey übte er
sich beständig im Schauen auf GOtt allein, damit er durch dies Anschauen immer
mehr erleuchtet werden, und immer neue
Lebensfäfte aus dem innigstnahen GOtt und
Heyland empfangen möchte. Auch anderen
pries er die Gegenwart GOttes in der Seele,
als eine besondere Gnade an, und erinnerte
dabey, daß nicht aus eigenem Wirken, sondern durch diese süsse, kräftige und beleben-
de Gegenwart das neue Leben in uns müßte
hervor gebracht werden; welches er auch in
allen seinen Schriften den Seelen aufs kräftigste einzuschärfen gesucht. Dabey erinnerte
er weislich, daß man ausser der besondern
Gegenwart GOttes in uns, noch eine Allgemeine glauben müsse; GOtt erfülle Himmel und Erde, er seye um uns, bey uns,
auch in allen Vorfällen und Begebenheiten
habe er seine Hand. „Es kommen zwar Zei-
„ten, sagte er, da uns GOtt vor eine Weile
„seine liebliche Gegenwart entziehet, oder da uns
„dieselbe, durch äussere Nöthen, grosse Schmer-
„zen, durch Furcht und Schrecken gleichsam zu-
„gedecket wird: Dann ist es aber nöthig zu glau-
„ben, da man nichts fühlet, daß auch GOtt in
„diesen Vorfällen gegenwärtig seye, und seine Lie-
„beshand alles zu unserm Beßten lenke, auch vieles
„Unglück abwende, und durch alles gnädig durch-
„helfe. „

Abhänglichkeit von GOtt und dessen Führung.

Er lebte zugleich in einer beständigen Abhänglichkeit von GOtt, und seiner Führung, man sieht es aus diesen Briefen.

(D) 4   „GOttes

„GOttes Verheiſſung, Hoſea 2, 6. Ich will
„deinen Weg mit Dornen vermachen, ꝛc. daß
„ſie ihren Steig nicht finden ſoll, werde an
„uns erfüllet! Lieber mit GOtt tauſend Kreu‐
„tze, als unſere eigene Wege gewandelt, und
„wäre es auch auf eine ganz ſubtile Weiſe; die
„ſo eben erwähnte Verheiſſung GOttes habe
„ich, in verſchiedenen Ständen und Zeiten ver‐
„ſchiedéntlich an mir erfüllt gefunden. Im An‐
„fang fühlte ich öfters Angſt, Verjagtheit und
„Unruhe, wann ich abgewichen war, bis daß
„ich ſtill ſtund, und gewahr wurde, daß ich in
„etwas war eingegangen, ſo dem HErrn zuwi‐
„der. Hernach bekam ich eine innige Neigung,
„die mich durch ihre Salbung ganz befriedigte,
„und ſtillete, und die Ungenugſamkeit, die ich
„in allem andern fand, war der verſchloſſene
„Weg, der mich wieder umkehren machte. Zu
„andern Zeiten fand ſich noch ſo was anderſt
„bey mir. Jetzt weiß ich eigentlich nichts mehr
„davon zu ſagen; ich lebe ſo hin, ſo gut ich
„kann, und habe durchgängig wenig Gewißheit,
„ob ich recht gehe, und was es eigentlich iſt,
„das mich ſo einſchränkt und bewahrt. Mich
„deucht gleichwohl, daß ich wirklich bewahret
„werde. Wann ich mit meiner Armuth, mit
„meinem Unvermögen, ꝛc. und ſo als ich juſt
„in dem Augenblick bin, zufrieden ſeyn kann,
„dann iſt es, als ob ich daheim, und in Ruhe
„bin; ich habe es dann gut und nach Wunſch,
„ob ich ſchon nicht allezeit GOttes Wirkungen
„deutlich in mir gewahr werde. Bleibe ich
„aber nicht auf dem Plätzchen meines Nichts,
„oder ſuche, und will ich etwas auſſer dem,
„worin ich bin: ſo werde ich in allem, was
„ich thue, als wie verwirret, und alles iſt mir
„finſter und beſchwerlich, ohne daß ich weiß,
„warum? bis daß ich wieder kehre. Dieſe
„Verwirrung, Beſchwerlichkeit, ꝛc. ſind dann
„die

„die Dornen, vor welchen ich am meisten be=
„wahrt werde, wann ich am wenigsten in mir
„selber vermag. Ich will dann gern schwach
„seyn, um nicht ohne GOtt zu laufen, damit
„Seine Kraft und Herrlichkeit in meinem Nichts
„vollbracht werde. Ehre, Dank und Liebe sey
„unserm GOtt, der unser getreuer Leitsmann
„ist, und uns die Wahrheit unseres Nichts,
„und seines Alles je länger je gründlicher lieb
„gewinnen läßt! Den 15ten Jan. 1745.

„JEsus leite uns selbst durch seinen Geist
„den Weg in alle Wahrheit ein! (Joh. 16,13.
„nach dem Grundtext) dann wir sind dumme
„Kinder, die, wenn sie allein gehen, beständig
„von dem Weg abirren, und auf die Lichter
„von Gestern uns nicht verlassen können. Mich
„deucht auch, daß ich alle Tage dummer und
„unwissender werde, und darum bin ich ver=
„wundert, daß ich noch zu etwas tauge, oder
„es noch in einigem Dinge recht mache. Doch
„die Erfahrung wirds uns lehren, daß die
„Abhänglichkeit von dem inwendigen Führer im
„gegenwärtigen Augenblick uns den ganz gera=
„den Weg leiten wird, auch wann wir solches
„nicht denken, und daß wir alles nur verder=
„ben und beflecken, wann wir nicht bloß auf
„ihn vertrauen, und nach eigener Weisheit oder
„Licht uns selbst führen wollen. Den 14ten
„Jan. 1746.„

„Ich wünsche getreu, und nicht saumselig
„erfunden zu werden, in dem, was der HErr
„zeiget, das er von mir will. Ich wünsche
„aber auch bereit zu stehen, allen meinen soge=
„nannten guten Willen, gute Vorsätze, und
„Neigungen beständig wieder aufzuopfern, loß
„zu lassen, und in GOtt gleichsam zu verlieren.
„O! was gibt das gutwillige Loßlassen nicht
„grossen Frieden! Dann hat man alles im
„Nichtwollen, oder im GOTT nur wollen.

(d) 5   „Ich

„Ich denke, und sage es auch wohl bisweilen:
„Alles, was ich noch wünsche auser dem Ort
„und Zeitpunkt, worin ich den Augenblick bin,
„das muß noch von mir weg. Träge Naturel=
„len, und ungetreue Seelen, können sich manch=
„mal auch in so was verbilden, und es wollen
„nachmachen: Allein ihr wisset es, sowohl als
„ich, daß JEsus Geist allein die wahre Beug=
„samkeit, wie auch alle andere gründliche und
„wahre Tugend geben kann. Der lautere Ein=
„fluß dieser Lebenskraft, die so innig nahbey
„ist, ist allein vermögend, das Eigene zu töd=
„ten, und das heftige Naturfeuer zu mildern
„und zu besänftigen, daß man kann laufen in
„Geduld, Hebr. 12, 1. und stille sitzen ohne
„Trägheit, Joh. 11, 28. 29. Weil JESUS
„also unser Wollen, unser Leben, und alle
„unsere Lust wird. Wie glücklich sind darum
„nicht die Seelen, die auf dem Herzenspfad
„wandlen, und in der Stille einkehren in ihr
„Innerstes, bethend, wartend und Raumge=
„bend dem GOtt der allein Leben gibt! — —
„Es stehet vielleicht nicht lange mehr an, so
„werden wir einander in dem Vaterland der
„seligen Ewigkeit mit unaussprechlicher Freude
„antreffen, zu unendlichem Dank und Ver=
„herrlichung unsers GOttes, der uns gerufen
„hat, und einander auch in diesem fremden
„Land hat antreffen lassen. Amen JEsu! Den
„3ten Aug. 1753.
    „Ich kann so ruhig niedersitzen, wann mein
„Werk gethan ist; was wird es nicht einst
„dorten seyn? Wir wollen dann nicht müde
„werden, in dem Dienst eines so guten und
„getreuen Herrn, dessen Dienst an und für sich
„selbst bereits Seligkeit für den Menschen ist.
„Es ist wohl wahr, alles unser Thun ist sehr
„schlecht, wenig und gebrechlich; wir wollens
„aber auch nicht in Rechnung bringen, und un=
                                „ser

„ſer Thun nicht ſo ſehr als Pflicht, ſondern
„als Glück und Seligkeit anſehen. Wollten
„wir nicht eher Gutes thun, als bis wir es
„vollkommen thun könnten, ſo würden wir all-
„zulange warten. Ich halte ſo viel davon, daß
„die Seelen nur immer fort gehen, wenn es
„auch gleich gebrechlich iſt. Nur ſtets bethen,
„leyden, verläugnen, getreu ſeyn, ꝛc. Wenn
„auch gleich noch viel mit unterläuft, das noch
„weg muß. So müſſen wir ohnedem allezeit
„denken. Das Kinderherz will es gerne alle
„Tage beſſer machen, und freuet ſich noch dazu,
„wann uns Vater oder Kinder unſere Gebre-
„chen anweiſen. Der HERR leitet doch die
„Sanftmüthigen, (die ſich wollen ſagen laſſen)
„beſtändig wieder zurecht. Pſalm 25. Und läu-
„tert die Aufrichtigen, daß ſie ein beſtändig
„Weſen erlangen. Prov. 2, 7. Der aufrichtige
„und muthige Entſchluß und Vorſatz, dem
„HErrn dienen zu wollen, macht das Herze
„ſchon ſo froh und frey; was wird nun nicht
„erſt der Fortgang und das Ende thun? Es
„iſt bey aufrichtigen Gemüthern eine ſchädliche
„Verſuchung des Feindes, daß ſie durch das
„unglaubige, (ich hätte bald geſagt hochmüthi-
„ge) Sehen auf ihre Gebrechlichkeit im Guten
„öfters ganz wie liegen bleiben. Man müßte
„nur Schuld bekennen, ſich demüthigen, und
„dann weiter fortgehen. Wer nur das Gebeth
„liebet und übt, der wird zu ſeiner Zeit ſchon
„allmählig aus dem unlautern eigenen Wirken,
„in das Wirken durch GOtt und für GOtt
„verſetzet. Ich wünſchte nur, daß die Seelen
„alle, auch von dem Anfang ihres Weges an,
„die Gottſeligkeit oder den Dienſt GOttes mit
„rechten Augen möchten anſehen, nehmlich als
„Glück und Seligkeit, wozu wir gerufen, und
„deren wir gewürdiget werden; und daß je
„eher, und je mehr man ſich ſelbſt und die
„Crea-

„Creatur, durch Gebeth und Verläugnung ver=
„läßt, man auch so viel eher GOtt nahet, (und
„wenn mans auch so nicht sähe, noch fühlte)
„und folglich seliger wird, dann GOtt ist we=
„sentlich unsere Seligkeit und unser Ende. Je
„inniger und völliger wir für GOtt leben, so
„viel seligere Menschen werden wir von Nun
„an. O! dieses ist so sehr die Wahrheit;
„aber, wer nicht durchs Gebeth mit GOtt ge=
„meinsam zu werden suchet, der kann es nicht
„behörend verstehen. Den 11ten Merz 1755.

Ueberlassung an GOtt.

Eben so sehr lebte er mit seinem Ganzen
an GOtt überlassen.

„Ich weiß nicht viel von mir zu sagen; es
„ist mir zu dunkel; ich überlasse es dem HErrn.
„Ich muß beständig viel schreiben, viel reden,
„und viel thun, das mit meiner Gemüthsfassung
„nicht überein zu stimmen scheinet. Ich suche
„nichts, mag aber auch keinem entfliehen. Ich
„will in allem nur dem HErren folgen, kann
„aber nicht sagen, ob ich es thue, und bin fern
„davon zu denken, daß ich lauterlich durch den
„HErrn zu Werk gehe, wiewohl ich es begehre,
„so zu thun. Vielleicht werde ich durch den Um=
„gang und Briefwechsel, mit andern guten See=
„len aufgehalten? Daran darf ich nicht denken.
„Ich muß mich loßlassen. Hab ich Verdienste:
„so sind es meine Schwachheiten und Elenden;
„dann diese scheinen mir sehr geholfen zu haben,
„und noch zu helfen, mich gründlich GOtt zu
„übergeben, nachdem ich vergeblich einige Stüze
„in meiner Treue gesucht habe. Ich sehe anders
„nichts in mir; bin aber darüber nicht unruhig,
„vielmehr trage ich einen sehr zarten, doch all=
„gemeinen Eindruck in mir von der unendlichen
„Güte, und Liebenswürdigkeit GOttes, und
„doch

„doch schmäcke ich nichts. Den 27ten Febr.
„1742. „

„JEsu! schließ du selber unsere Augen zu,
„daß wir im Leben und im Sterben, nicht mehr
„nach uns selbst, noch nach dem Unseren umsehen,
„sondern mit einer willigen und wahren Zustim=
„mung in unser Nichts, dir uns bloß, blind
„und ganz anvertrauen, und also in der un=
„schuldsvollen Unbekümmertheit des Glaubens
„mit dir und in dir leben und sterben mögen.
„Amen! den 29ten Aug. 1741.

„Je mehr Seel und Geist durch das lebendige
„und kräftige Wort GOttes Hebr. 4. und dessen
„Gericht und Läuterung geschieden werden, desto
„mehr kann der Friede auch unter allen Mannig=
„faltigkeiten (wo GOtt nur in dieselbe einführt)
„ungestöhrt bleiben. Doch, was mich angehet,
„so finde ich mich in allem gebrechlich. Ich
„mache es, oder will es machen, so gut ich
„kann. Ich wünsche nicht mir selbst, sondern
„dem HErrn zu folgen, und zu leben. Ich er=
„fahre, daß er mir unter allem unbegreiflich gut
„ist. Oefters sehe ich, als im Vorbeygehen,
„daß mein Innerstes im Frieden ist, oft aber
„weiß ich nichts davon, und muß nur so hin le=
„ben. Den 25ten Jan. 1748.

”So lange die Vereinigung sinnlich ist, so
”geschiehet die Mittheilung auch nur durch die
”Sinnen. Ich befinde mich so schwach und ent=
”blößt, daß, in Ansehung meiner, lieber nichts
”von solchen innigen Sachen schreiben wollte.
”Indessen ist es doch wahr, was ich bisweilen
”von einer dergleichen geistlichen Mittheilung
”scheine zu erfahren, welches mir gar kostbar ist,
”doch währet es gemeiniglich nur einige Augen=
”blicke. Wir müssen nichts machen noch vesthal=
”ten wollen, sondern uns und alles in die Hand
”des HErrn überlassen. Das Gute ist das Sei=
”ne,

"ne, das mag er geben oder nehmen, nach sei-
"nem Wohlgefallen. Mich deucht bisweilen,
"das Gute würde mir nicht mehr gut vorkommen,
"wenn ich es hätte. Es gefällt mir aber unend-
"lich wohl, daß der HErr allein gut ist. Viel-
"leicht sage ich hierinnen zu viel von mir, das
"will ich nicht; aber ich darf mich auch darüber
"nicht bekümmern, sondern der HErr gibt mir,
"daß ich mich und alles ruhig in seine Hand
"kann fallen lassen, so wie ich bin, und so, wie
"es ist. O er sey geliebet und verherrlichet in
"Ewigkeit! Amen. Den 4ten Novembr. 1742.

"Ich wünsche euch viel Gnade, euch selber
"so kindlich loßlassen und vergessen zu können,
"um von und in dem HErrn aufgenommen, und
"bis ans Ende bewahret zu werden. Ja Schwe-
"ster! in dem HErrn allein ist unser Heil. Er
"ist selber unser Heil, und unsere ganze Herr-
"lichkeit. Fühlet ihrs nicht auch? Was verlan-
"get er mehr von seiner Creatur, als daß sie sich
"so wie sie ist, in seine Hand übergebe, und
"eben so wenig mehr nach sich umsehe, als nach
"einer Sache, die man weggegeben hat. Wird
"Er nicht gnug für uns sorgen? Wird Er uns
"nicht besser erlösen und heiligen, als wir uns
"selbst? Wird uns auch was mangeln in seiner
"Hand? Möchten es doch die Seelen, die beküm-
"merte und im Streit liegende Seelen wissen!
"O HErr gib es ihnen! und gib es uns bis ans
"Ende! Amen. Den 8ten May 1753.

"Sehet, meine liebe Schwester! macht es der
"HErr nicht gut? Behandelt er mich nicht ge-
"lind und väterlich? O ja! ich würde es wirk-
"lich ziemlich gemächlich und ruhig haben, wenn
"ich nur von aussen in Ruhe gelassen würde.
"Doch nein! so muß ich nicht sagen; sondern
"wann ich nur mehr ein willenloses und unschul-
"diges Kind wäre, das nicht zu viel überlegte,
"was

"was gut oder schädlich; was es könnte oder
"nicht könnte; sondern so einfältig in GOttes
"Hand überlassen, auf Kosten seiner Gnade so
"hinlebte, glaubend in- und mit ihm thun und
"leyden zu können, was seine Vorsehung von
"Augenblick zu Augenblick, zu thun und zu ley-
"den geben möchte. Ich hab wohl bey meinen
"gegenwärtigen schwächlichen Umständen keine
"so merkliche Mittheilungen in meinem Inwendi-
"gen, und denke bisweilen nicht einmal so viel
"an mich selber; doch bin ich GOtt Lob! ziem-
"lich ruhig und wohl in GOtt." Den 20ten
May 1755.

"Es ist seltsam mit mir gestellt, mehr als ich
"weiß oder sagen kann, und vielleicht wäre es
"besser, wann ich ganz und gar nichts davon
"wüßte, oder sagte. Bisweilen bin ich verwun-
"dert über meine Armuth und Schwachheit, daß
"es kein Mensch so glauben sollte. Ein anderes
"mal bin ich verwundert über meine Kraft, und
"daß ich so ruhig bin, zc. Die eine, ja die
"meiste Zeit bin ich so unwissend in allem, daß
"ich, (wann ich Ueberlegungen machen wollte,)
"in der mindsten Gelegenheit über mich selbst
"verlegen werden sollte: und ehe ichs mich ver-
"sehe, rede und handle ich wieder, als einer,
"der mit viel Licht und Gewißheit zu Werk ge-
"het. Ich hab ganz keine Durchsicht von mei-
"nem Weg, und weiß nicht, daß ich je, der-
"gleichen gelesen habe. Ueber einen merklichen
"Fehler fühle ich so viel nicht, als über eine
"einzige Ueberlegung meines Standes, oder über
"eine Sorge für mich selbst, oder über einen
"Versuch mir selbst zu helfen; hierauf folgt nichts
"als Bestrafung und Unruh: Vergesse ich mich
"aber, und lebe so in der Einfalt auf GOttes
"Gnade hin. Dann bin ich den Augenblick ru-
"hig und zufrieden, als einer, der auf seinem
"Platz

”Platz iſt. Ja es ſcheinet dann, was Edles und
”Groſſes nahbey zu ſeyn, eine Kraft in der
”Schwachheit, ein Wiſſen im Nichtwiſſen, und
”eine Einheit in der Mannichfaltigkeit. Ich
”weiß wohl, daß einige heilige Seelen Stände
”getragen haben, die ſie vielleicht auch in etwa
”ſo ausgedrückt haben würden: Aber nein! ſo
”iſt es mit mir nicht. Ich bin nicht heilig, ſon-
”dern ſehr elend, das ſiehet der HERR. Ich
”würde davor erſchrecken, wann ich meinen
”Stand mit dem Stande der Heiligen verglei-
”chen ſollte. Ja, indem ich dieſes ſchreibe,
”fürchte ich wirklich, werthe Schweſter! ihr
”möchtet allzu groſſe Gedanken von meinem Stand
”faſſen. Iſt es nicht wunderlich, ſo ſehr von
”einander unterſchiedene, und gleichſam gegen
”einander ſtreitige Dinge in einem und dem-
”ſelben Menſchen zu ſehen? Wo wollet ihr doch
”damit hin? Oder wie wollet ihr dieſes überein
”bringen? Ich muß dann nur die Rechnung wie-
”der damit ſchlieſſen: GOtt iſt vollkommen
”Alles; das Geſchöpf ein armes Nichts, und
”zum beßten und ruhigſten wieder kehren, das
”ich weiß, nemlich: mich ſelbſt, ſo gut ich kann,
”zu vergeſſen, und ſo einfältig auf GOttes
”Gnade hin zu leben. HErr beveſtige uns in
”der Ueberlaſſung, daß wir nimmer zu uns ſel-
”ber wieder kehren, und alles, was in uns iſt,
”mit Hanna, deiner Dienſtmagd ſinge: Es iſt
”niemand heilig, wie der HErr; auſſer dir iſt
”keiner. Amen! 1 Sam. 2, 2.” Den 11ten
Julii 1747.

Beruhigung in GOttes Wohlgefallen.

In allem beruhigte er ſich in GOttes
weiſem und gütigem Wohlgefallen.

”Dies iſt mein Werk ohne Werk, daß ich in
”meinem Nichts und in meiner Armuth ruhe,
”ſo

„so wie es in jedem Augenblick ist, wünschend
„allein in und durch die Liebe zu leben. Jetzt
„scheine ich so auszusehen, und dann wieder an=
„derst. Jetzt scheine ich einiger Maaßen ein Held
„zu seyn, und dann bin ich wieder die Schwach=
„heit und Armuth selber, daß ich Mitleyden mit
„mir selber sollte bekommen, wann ich dabey
„dörfte stehen bleiben. Aber dem HErrn sey
„gedankt, daß er mir solches nicht lange zuläßt,
„und öfters ein süsses Mitwohlgefallen in mir
„erwecket, an dem, was er ist, und daß er es
„allein ist." Den 11ten Octobr. 1746.

„Alles, was in mir ist, neiget sich zur Ab=
„geschiedenheit, Stille, Bildlosigkeit und Einig=
„keit, in und mit GOtt. O das heißt Leben,
„so leben zu können! Da deucht mich, ist mein
„Plätzchen, meine Speise, das Ziel meiner Be=
„rufung, um von allem ausgeleeret, und abge=
„schieden, einsam mit dem GOtt im Geist leben
„zu können, alles was von dem Menschen ist,
„ruhen und schweigen zu lassen, um GOtt und
„dem Göttlichen Raum zu geben, welches allein
„Wahrheit, Kraft, Leben und Seligkeit giebt.
„Wie theuer sind mir die Augenblicklein, die
„mir dazu übrig bleiben! Allein es ist, als ob
„man mich meine Speise nicht mit Ruh und
„Frieden geniessen lassen könnte. Indem ich an=
„dern etwas gebe, oder vielmehr zu geben scheine,
„ists, als ob ich zuweilen auch ein Bröcklein mit
„empfange. Ich weiß wohl, GOttes Wille muß
„und kann meine Speise seyn: Wo habe ich aber
„den Willen GOttes? Ich will sagen, den Willen
„GOttes sehe ich nicht allezeit, im Gegentheil
„steigen wohl manchmal die Gedanken in mir
„auf: Ob so ein Mensch, wie ich bin, wohl
„recht daran thut, daß er seine Zeit so für an=
„dere anwendet? Doch ich bin meines Klagens
„auch schon müde, und hoffe, daß ich euch da=

Zweiter B. III. Th.   (e)   „durch

"durch bewegen werde, mich dem HErrn in eu-
"rem Gebeth ſo viel mehr aufzuopfern, daß ich
"ihm nur in allem gefallen möge; dann anderſt
"begehre ich nichts; ja ich ſage noch einmal: An-
"ders begehre ich nichts, als GOtt zu gefallen,
"GOttes zu ſeyn, und GOtt zu leben in Zeit und
"Ewigkeit; und dieſes will ich lieber mit aller
"Laſt, Schmerz und Ungemach, als für mich ſel-
"ber zu leben, und alles Vergnügen und Ruhe
"zu haben, wann ſolches möglich wäre. Ich
"mache keine Ueberlegungen darüber, ob dieſes
"wahrlich und lauterlich bey mir ſo zum Grunde
"liegt, und ob nicht noch ganz was anderſt
"kann darunter ſtecken? Diß alles befehl ich
"GOtt, von welchem allein mein Heil iſt, und
"mein Geiſt bereitet ſich im Wohlgefallen dar-
"über aus, daß allein von ihm und in ihm das
"Heil und die Herrlichkeit meiner Seelen iſt,
"Amen! O laſſet uns nur auf Gnade fortwan-
"deln, als einfältige Kinderchens, und dem
"HErrn thun, was uns vor die Hand kommt,
"ohne viel nach uns ſelber, und nach unſerm
"Thun umzuſehen. Den 5ten Octobr. 1748."

    "Ich wünſche zu leben und zu leiden nach
"dem Wohlgefallen GOttes. Ich weiß mich zu
"erinneren, daß ich leiden konnte, ſo zu reden,
"wie ein Held, itzt aber muß ich es machen, wie
"ein Kind, das auch wohl einmal, jammert und
"weint, wann es Pein hat, und das kein Bild
"hat von der Geduld. Und wann ich ſo ganz
"ſchwach im Haupt bin, dann weiß ich manch-
"mal nicht, wo ich mit meinem Gemüthe bin,
"ſondern ich muß ſo natürlich hin leben. Bis-
"weilen werde ichs wohl gewahr, daß ich in
"einer guten Hand bin; die meiſte Zeit aber weiß
"ich nichts davon, wiewohl ichs auch alsdann
"nicht anderſt ſollte wollen. Ich weiß nicht,
"daß ich einig Geſuch mehr auf Erden habe,
                                                "oder

"oder auch einigem Geſuch Plaß zu geben be=
"gehre, als dem vom Paulo 2 Cor. 5, 9. wie=
"wohl nicht in der Vollkommenheit Pauli, nem=
"lich: GOtt nur wohlzugefallen, es ſey, daß
"ich daheim bin, oder walle. Bey welcher Ge=
"legenheit ich ſehe, daß es auch eine heilige Am=
"bition oder Ehrbegierde gibt. Dann das grie=
"chiſche Wort heißt: wir ſind ſehr begierig da=
"heim ſeyende, ꝛc. oder nach dem Buchſtaben:
"wir ſind ambitieus, daheim ſeyende, oder ꝛc.
"Die Eigenliebe denkt: Was kann ich mehr, als
"in dem Himmel ſeyn? und will denſelben nicht
"gern zu theuer kaufen; aber die göttliche Liebe
"beäuget einen ſolchen Himmel nicht. GOTT
"wohlgefällig zu ſeyn, iſt ihr Himmel, ihre Ehre
"und ihre Herrlichkeit. Dies iſt es eigentlich,
"was die göttliche Liebe ihrer Art und Natur
"nach beäuget, und die heilige Ambition dieſer
"Liebe ſtöſſet ſie beſtändig ſanft aber doch kräftig
"an, dem HErrn immer mehr und mehr zu ge=
"fallen, und weiß in Zeit und Ewigkeit von kei=
"nem gröſſern Glück, noch Ehre, als ihm zu ge=
"fallen, man ſeye daheim, oder walle. " "O
" "HErr gib uns dieſe deine Liebe, und gib ſie
" "uns lauterer, damit wir dir würdiglich die=
" "nen, und nicht, wann wir uns ſelbſt veſt
" "halten, dich und deinen göttlichen Frieden
" "entbehren müſſen! Amen." " Den 14ten
Aug. 1750.

Vertrauen auf GOtt.

Unſer Seliger hatte zugleich ein veſtes
Vertrauen auf GOtt! Folgende Briefe
können davon Beweiſe geben.

"Nach dem Inwendigen (ſchrieb er einmal)
"lebe ich ſo auf GOttes Gnade hin. Ich muß
"nichts wollen, und nichts machen, und GOtt

”mit mir walten laſſend, ſo kindlich zufrieden
”ſeyn. Alles Sehen auf mich ſelber, macht
”mich verwirrt; oder ich muß von GOtt darauf
”gebracht werden. Es iſt ſonderbar, daß man
”ſo nichts, und ſo elend ſeyn, und doch dabey
”ſo auf GOtt Vertrauen kann. O das gute
”Weſen! O die weſentliche Güte! uns liebend
”ſieht er nicht das Unſere an, und ihn liebend,
”will er auch, daß wir uns ſelber vergeſſen ſol-
”len. Er iſt das Ganze, das uns ruhig und
”ſelig macht. Zu einer Zeit läßt er uns, uns
”ſelber ſehen und fühlen. Zur andern Zeit läßt
”er uns ſehen und erfahren, was er uns iſt, und
”in uns thut. Und noch zu einer andern Zeit
”hält er ſeinen Weg, und ſein Werk in und
”über uns, vor unſern Augen verborgen, um
”uns zu vereinfältigen, zu reinigen, und zu
”machen, daß wir nichts als ihn anſchauen und
”uns gründlicher in ſeine Hände loß laſſen. Den
”3ten Decembr. 1745.

”Alle Wahrheit werde je länger je mehr
”Wahrheit in uns, nach unſerm Maaß, und
”nach dem liebenswürdigen Vornehmen GOttes
”in Chriſto über uns! Ich mag ſo elend ſeyn,
”als ich will; ſo muß ich doch bekennen, daß
”ich je länger je mehr etwas darinnen ſehe,
”und bisweilen ſollte ich wohl ſagen ſchmäcke,
”daß ſo überſchön, erwünſcht und ſelig iſt,
”darin nemlich: daß unſer groſſer Erlöſer es
”ſo allmählig mit ſeinem Weg über uns dahin
”zu lenken weiß, daß der Creatür ſo alles ab-
”genommen, und GOtt gegeben wird, und daß
”ſo aller Grund zum Vertrauen und zur Er-
”wartung in uns weg falle, und GOTT ſo
”bloß, allein unſere Stütze, Erwartung und
”ewiges Heil wird. Wie iſt das nicht ſo gut!
”Wie ſehr muß das nicht unſerem Herzen wohl-
”gefallen! Könnte man einen Grund in ſich ſel-
                                        ”ber

"ber finden, (das doch nicht möglich ist) so sollte
"man billig wünschen, daß er umfiel, um das Glück
"zu haben, auf GOtt allein zu vertrauen. Die
"Seligkeit wirklich als ein Gnadengeschenk zu
"empfangen, das deucht mich), ist erst Selig=
"keit. Aber mein GOtt! wer verstehet dies?
"Ob mans gleich meynet zu verstehen? Was
"uns betrift, die wir in userm Maaß dieses
"wissen, daß der Weg GOttes, der uns dazu
"bringt, nicht allezeit nach unsern Gedanken,
"und nach userm Geschmack ist: O wie sollte
"uns das nicht verpflichten, uns nur so blind,
"bloß und ohne Vorbehalt zu überlassen, und
"ohne nach uns umzusehen, unsern liebsten Hey=
"land mit uns walten zu lassen. Nun er muß
"es geben, und er wird es ausführen, wozu
"wir von ihm berufen sind. Gesegnet sey sein
"Name in der Ewigkeit! Amen. Den 17ten
"Nov. 1750.

"Mich deucht, das Kindlein JEsus ruft
"uns liebreich zu sich, uns seine Fülle zeigend,
"und gleichsam fragend: Ob nicht genug in
"ihm zu finden sey? O könnten wir das um=
"her sehende Auge besser schliessen, und uns
"loßlassen, ja uns selbst und allen Dingen
"entsinken! so würden wir in der nackenden
"Unschuld des Glaubens gar bald ein ander
"Wesen finden, und durch nichts in uns selber
"zu sehen, noch zu finden, als Armuth und
"Mangel, unsere Lust an dem HErrn haben
"können, in welchem wir alles, was unser
"Herz wünschet, haben würden, und welchem
"wir auch so unbekümmert unsere Wege befeh=
"len können. Psalm 37. Doch ihr müßt euch,
"meine liebe Schwester! aus diesem meinem
"Schreiben kein so schönes Bild von mir ma=
"chen, als ob ich es immerdar so gut, und so
"im Ueberfluß hätte, und allezeit im Genuß

(e) 3   "stünde.

„ſtünde. O nein! das wiſſet ihr auch wohl
„beſſer. Doch habe ich es GOtt Lob! gut ge-
„nug, auch wann ich nichts habe. Ich kann
„auch nicht ſagen, daß ich ſo ſonderlich viel
„Genuß hier auf Erden verlange. Mein täg-
„lich Brod iſt mir genug. Ich weiß doch,
„(GOtt ſey ewig Dank!) daß ein ſolcher GOtt
„iſt; ich weiß, daß er der GOtt unſers Her-
„zens iſt, und daß in ihm alles iſt: Darum
„kann ich mich öfters ſo unſchuldig erfreuen,
„als ob das alles meine eigene Reichthümer
„wären, von denen ich weiß, daß ſie der HErr
„beſitzet, und welche ich ihn auch am liebſten will
„beſitzen laſſen; ja ich preiſe andern in den Ge-
„legenheiten, dieſe Reichthümer ſo an, daß ſie
„mich ohne Zweifel für einen reichen Mann
„halten werden, da ich doch ſo bloß und arm
„bin; ja ich mache mich manchmal wohl ſelbſt
„noch ärmer, wann ich mich nicht einfältig ge-
„nug vergeſſen kann, dann auch dieſes habe
„ich nicht in meiner Macht. Ihr verſtehet
„mich wohl, und werdet mit den andern lieben
„Kindern, doch nicht vergeſſen, mich dem
„HErrn aufzutragen, der ich ſolches auf alle
„Weiſe ſo nöthig habe. Ich vereinige mich
„aufs neue, ſowohl mit euch, als auch mit
„den andern, die ihr kennet, in dieſem neuen
„Jahr, und kann beſonders von euch liebe
„Schweſter! mit dem Apoſtel ſagen: Ihr ſeyd
„in unſerm Herzen, um zuſammen zu leben und
„zuſammen zu ſterben. Amen! HErr JEſu
„halt uns noch ein wenig veſt! Den 31ten Dec.
„1753.

„Ich bin ſchwach, aber der HErr iſt ſtark,
„und kann es auch nach ſeinem Gefallen in
„uns ſeyn. Mich deucht, es ſchickt ſich am
„beſten, und iſt unſer rechtes Plätzchen: ſchwach
„ſeyn, arm ſeyn, nichts ſeyn, damit ſich unſer
„Alles

„Alles beuge in seinem Namen, der allein kann
„sagen: Ich bin. O daß wir nur ihn anse-
„hen, und in ihm unser Wohlgefallen und un-
„sere einzige wahre Ruhe suchen möchten bis
„in Ewigkeit!„ Den 10ten Aug. 1753.

Geistes Armuth.

So vielen Reichthum Tersteegen in GOtt
fand, so viele Armuth fand er in sich selbst!
Verschiedene vorhergehende Briefe zeigen es
schon, besonders folgende:

„Ich weiß nicht, wie es mit mir ist. GOtt
„läßt mir nicht das Mindeste mehr übrig, wor-
„auf mein Fuß ruhen könnte. Ich will sagen,
„daß ich mich so in nichts mehr mit Lust oder
„Leben best setzen kann. Ich muß so schweben.
„Ich habe, wie es scheint, so keinen besten
„Stand, noch einig bestes und gesetztes Werk:
„Ich muß nicht weiter sehen, oder denken, als
„wo mein Fuß stehet. Ich werde so fort ge-
„schlept. Ich bin voller Elend und Gebrechen;
„es wird mir aber, so zu reden, keine Zeit
„gelassen, um darnach umzusehen. Ich will
„wohl dem HErrn dienen, und ihn vergnügen,
„wie fern es aber die lautere Wahrheit ist,
„weiß ich auch nicht, re. Sehet, liebe Schwe-
„ster! was für einen wunderlichen Weg ich
„habe, und wie nöthig es ist, daß ihr und
„andere für mich bethet. Man siehet mich für
„einen ganz andern Menschen an, als ich bin;
„doch GOtt weiß es, der nur alles zu seiner
„Verherrlichung wolle ausschlagen lassen.„ Den
15ten Aug. 1749.

„Ich kann übrigens nicht anderst sagen, als
„daß mir der HErr gut gewesen, und noch
„ist, indem er mir durchgehends die Gnade
„verleihet, daß ich mich selber, als eine nichts
(e) 4   „nützige

„nützige Sache, so kann da laſſen, und vorbey
„ſehen, und durch ein wahrhaftig und ruhig
„Zuſtimmen in mein Nichts mir ſelbſt gleichſam
„entkomme, mit einem unſchuldigen Wohlgefal-
„len darinnen ruhend und zuſtimmend, daß GOtt
„der GOtt iſt, der er iſt. O daß iſt eine ſo
„groſſe Sache, eine ſo wichtige, ſo anbethungs-
„würdige Sache, die ſo ganz allein, und alles
„in allem ſo vollkommen ſättiget, und befrie-
„diget. Meine liebe Schweſter! wie ſind wir
„ſo arm, nichtig und verdorben in uns ſelber!
„Wer ſollte es glauben? Und wer ſollte das
„Geſicht davon ertragen können, wenn GOtt
„nicht ein Glaubensgeſicht (ohne Geſicht) von
„ihm ſelber gäbe, welches das andere Geſicht
„gleichſam bedecket, und alles überflüßig gut
„machet? Man mag es beſehen von welcher
„Seite man will; ſo iſt die Ruhe und der veſte
„Grund, da man auf bauen und vertrauen
„kann, nur in GOTT, und ewig in GOTT;
„wann wir durch hertzliche Zuſtimmung in un-
„ſere Armuth ihm wahrlich die Ehre geben, o
„dann iſt ſein Schooß offen, auch für die Al-
„lerelendeſte. Herrlichkeit ſey unſerm GOtt in
„alle Ewigkeit, Amen!„ Den 3ten Decembr.
1751.

„Ach ich habe das nicht, liebe Schweſter!
„was andere meynen das ich habe, und wenn
„ich es ja habe, (welches bisweilen ſo ſeyn mag)
„dann iſt es bloß für die Zeit; vor und nach
„bin ich ein armer Mann der nirgend was
„in Vorrath hat; und noch nicht allezeit ein armes
„Kind, ſonſt würde ich weder wünſchen etwas
„zu wollen haben, noch auch was davon zu
„wiſſen. Nun aber bin ich in den Gelegenhei-
„ten, noch nicht allezeit ſo ruhig dabey, ſon-
„dern will bisweilen noch gern ein wenig vor-
„aus

„aus sehen. Doch auch dieses wolle der HErr
„zu meiner Vernichtigung dienen laſſen!

„Ich wünſchte ſehr, niemals einige Sünde
„oder Untreue begangen zu haben; doch von
„hinten nach, und nachdem ich die Verſöhnung
„in Chriſto gefunden, müſſen mir meine Sün-
„den und Untreuen (die ich verabſcheue) nur ſo
„viel mehr zur Verherrlichung GOttes und ſei-
„ner Gnade dienen. Ich habe handgreifliche
„Urſachen, mich ſelbſt zu vernichtigen, und
„mit Wahrheit zu bekennen: Niemand iſt gut als
„GOtt. Ich habe handgreifliche Beweggründe
„mich ſelbſt zu verlaſſen, und mir ſelbſt zu
„entſinken, um nur in JEſu erfunden zu wer-
„den. Ich habe handgreifliche Urſachen, in der
„größten Blöſſe und Armuth des Geiſtes (folg-
„lich auch ſo viel lauterer) zu GOTT zu na-
„hen; mehr, als wann ich mich eines gan-
„zen Regiſters von Treue und Tugenden zu er-
„inneren wüßte. — — O! der Reichthum und
„die Kraft von JEſu Verdienſt und Blut wer-
„den ſelten ſo erkannt, wie ſie erkannt werden
„ſollten. „ Den 1ten Nov. 1754.

„Man glaubt es nicht, wie bedeckt und
„leicht wir in Zeiten von Licht, Kraft und em-
„pfindlichen Mittheilungen ein wenig in uns
„ſelbſt hangen bleiben; und das iſt es eben,
„wovor ihr, mit mir, bange ſeyd, als vor
„dem größten Uebel, dann wir ſehen unſer Heil
„in der Verherrlichung GOttes allein. Der
„erſte von denen Namen, welche dem HErrn
„JEſu, Jeſ. 9, 6. beygelegt werden, iſt Wun-
„derbar, und ſo iſt auch ſeine Führung. Um
„uns zu dem eben gemeldten Heil zu bringen,
„entblöſſet er uns öfters, nachdem er uns veſt
„hat, von Licht, Kraft, und von dem ſo ge-
„wünſchten herrlichen Gut, damit wir es lau-
„terer in ihm ſollen ſuchen, uns erfreuend in

(e) 5   „unſerm

„unſerm Nichts, und in ſeinem Alles. Darum
„muß die Seele alſobald von ſich ſelbſt ausge-
„ben, damit ſie in dem Vergeſſen ihrer ſelbſt
„Ruhe und Frieden finde.„ Den 10ten Jan.
1755.

„Unſere beyderſeitige Vereinigung und Ge-
„meinſchaft im Geiſt erſetzet dasjenige, was in
„der ſchriftlichen Gemeinſchaft eine zeitlang iſt
„abgegangen. O ja! ſie war mir genug und
„erquickte mein Herz. Ich fand, und finde euch,
„liebe Schweſter! ſehr nahbey, und ſage euch
„bisweilen viel mehr, als Zung und Feder ſoll-
„ten ausdrücken können. Ich kann auch nicht
„denken, daß der HErr eurem Geiſte nicht bis-
„weilen etwas davon überbringen, und euch
„mit mir zu GOTT nahen, GOTT anbethen,
„GOtt verherrlichen, GOtt lieben, und in den
„Abgrund ſeiner Gutheiten verliehren machen
„ſollte, ohne Umſehen nach unſern größten Un-
„würdigkeiten; nach Unwürdigkeiten, die mir
„als ein Abgrund vorkommen, und die, wann
„ich ſie nicht in GOttes Gnaden-Licht anſähe,
„mich würden ſcheu machen können, mit GOtt
„und ſeinen Kindern ſo gemeinſam umzugehen,
„die mir aber von der Seite her gewünſcht vor-
„kommen, weil ich ſie zur Vernichtigung und
„Entblößung ſo dienlich finde. Eine Geſtalt,
„die unumgänglich nöthig iſt, um wahrlich zu
„GOtt nahen zu können, wie man zu ihm na-
„hen muß. Je ärmer, vernichtigter und ent-
„blößter, je ruhiger, freyer und lauterer, kön-
„nen wir uns mit GOtt und ſeinen Kindern
„vereinigen, und ſo viel fähiger ſind wir der
„göttlichen Gunſt und Gnade. Mir wurde
„einmal ins Herz gedrückt: Komm als ein
„nacktes Kindlein, dann wird dich mein Schooß
„aufnehmen. Die Eigenliebe macht, daß wir
„vor der Entblößung und Vernichtigung bange
„ſind,

„sind, und stellt sie uns schwermüthig vor; sie
„ist aber nichts weniger als das; sie hat ein
„freundlich, liebreich Wesen, so bald man sie
„aufnimmt; sie ist aber und macht auch sauer
„sehend und schwermüthig, so lang man sie
„nicht will einlassen, und ist gar öfters die Ur-
„sache vieler und langwieriger Leyden. Christus
„hat sich selbst vernichtiget. Phil. 2. Wir kön-
„nen uns nicht selbst vernichtigen, sondern müs-
„sen uns vernichtigen lassen. Christus vernich-
„tiget auch uns durch seine Führung, und durch
„seinen Geist, und macht uns also GOtt an-
„genehm durch und in ihm. Dieses kann für
„die Elendesten ein grosser Trost seyn, weil sie
„nur als Elende nahen dörfen, um Gnade und
„alle Tugend von GOtt zu empfangen. Ja
„selbst denen, die bereits etwas oder auch viel
„empfangen haben, muß die Vernichtigung und
„Entblößung die JEsus in ihnen wirket, sehr
„theur und werth seyn. Dann dadurch wer-
„den sie wahrlich groß gemacht, 2 Sam. 22, 36.
„ihre Gemeinschaft mit GOTT wird dadurch
„mehr gegründet und lauterer; und sie lernen
„aus Erfahrung, ihre Kniee beugen in dem
„Namen JEsu, das ein Anfang der Seligkeit
„ist. Wir müssen alle gegenwärtige und ver-
„gangene Sünden und Untreuen, und über-
„haupt alles Böse, aufrichtig verabscheuen,
„nach der gründlichen Freymachung davon sehn-
„lichst verlangen, und der Heiligung mit Ernst
„nachjagen, dann ohne diese werden wir GOt-
„tes Angesicht nimmermehr schauen. Aber wie
„froh bin ich nicht, daß bey Untersuchung des
„Guten und des Bösen, das ich sehe, der
„Schluß der Rechnung dieser ist: Daß, wann
„wir mit allem, was in uns ist, in unser
„Nichts gekommen sind, wir die Ehre und
„Herrlichkeit allein unserm GOtt, durch JE-
„sum Christum geben werden. Ja Amen!
„O

„O HErr! dann dein ist das Reich, und die
„Kraft, und die Herrlichkeit in Ewigkeit, Amen!
„Den 12ten Sept. 1755.

Demuth.

Seine Geistesarmuth setzte ihn in den
Stand, um in wahrer Demuth zu wandeln.
Er war ungezweifelt sowohl schriftlich, als
mündlich vielen Seelen zum größten Segen:
Gleichwohl nahm er sich dessen so wenig an,
daß er in seinen ersten Jahren einst aufrichtig bezeugte, es sey ihm noch niemals in
den Sinn gekommen, zu glauben, als
ob GOtt ihn zum Dienst anderer gebrauchen wolle; nur von einer gewissen Person,
die ihn niemals gesehen hatte, und wohl
dreyßig Meilen von ihm entfernt lebte, that
er einst den Ausspruch: Sollte ich jemalen
von GOtt zu etwas gebraucht worden
seyn, so müßte es an dieser Person geschehen seyn. Wie ihn einmal jemand für
besonders fromm ansahe, und einen ruhm-
vollen Ausspruch von ihm that: antwortete
er: Ich habe nöthig in eine Hütte sitzen
zu gehen, und meine Sünden zu bewei-
nen. Eine solche ungeheuchelte Demuth bewies er, ohne die mindeste Verstellung, mit
einer ihm ganz eigenen Aufrichtigkeit, bey
allen Gelegenheiten. Wann er in Gesellschaft erweckter Seelen war, so pflegte er
wohl beym Abschied zu sagen: Kinder! wann
ich unter euch sitze, so ist es mir so,
als ob ich dessen nicht werth seye, und
                                        also

also muß es euch auch werden. Da er einst in Holland in einer Gesellschaft von verschiedenen Freunden war, von welchen einer, der seiner Gottseligkeit wegen sehr berühmt war, ihm vieles erzählete, von seinen gehabten Verfolgungen, schweren Proben, und eigenen Erfahrungen, ꝛc. so antwortete ihm unser sel. Tersteegen mit grosser Sittsamkeit: Hat man dann schon vieles erfahren und geschmäcket, und ist man bereits viele Prüfungen durchgegangen: so muß doch endlich nichts anderst, als ein klein, nackend und unschuldiges Kindlein daraus gebohren werden. Auch folgende sanftmuthsvolle Antwort, die er einem gewissen Freunde gab, der ihn einer Partheylichkeit, Eigenliebe, und Selbstgefälligkeit beschuldigte, wird den unparteyischen Leser sattsam überzeugen können, wie klein und gering er, bey allen empfangenen Gnadengaben, in seinen eigenen Augen war. Die Antwort ist diese: "Ich gestehe in aller Einfalt "vor GOtt, daß ich von Eigenliebe und Selbst- "gefälligkeit mich nie so rein geglaubet und be- "kannt habe. Es würde mir aber wehe thun, "wenn ich etwas dergleichen sollte hegen, so sub- "til es auch immer seyn möchte. Ich weiß, mir "fehlet noch vieles; ich gebe mich auch gar nicht "dafür aus, wie du meynest, daß ich in der Ar- "muth des Geistes so gegründet wäre, ob ich "gleich den Sinn aus Gnaden erlanget habe. "Und darum glaube mir, daß dein jetziger Wunsch, "daß ich möge heran wachsen zu einem vollkom- "menen Manne, vielmehr nach meinem Herzen "seye

"seye, als wie du mich fast für einen Mann und
"Vater zu halten scheinest, so mir GOtt Lob!
"noch nie eingefallen, mich dergleichen etwas an=
"zumaffen. Sollte dir etwa dieses, was ich hier
"schreibe, als eine affectirte Demuth vorkommen,
"so muß ich dabey stille seyn, und mich damit
"vergnügen, daß mich mein Herz vor GOttes
"Angesicht darüber beruhiget, daß ich wahrlich,
"und also nach der Wahrheit von mir denke. Mein
"GOtt! du weißt es, daß ich mich für ein ar=
"mes, schwaches und gebrechliches Kind erken=
"ne! Es seye mir jederzeit lieb, wann mich auch
"andere also erkennen, und nichts von mir hal=
"ten. Ob ich aber gleich ein solcher bin, als
"mich deine Augen sehen: so hast du mir den=
"noch gegeben, daß ich dich liebe, ob gleich
"viel weniger, als ich sollte, und unendlich we=
"niger, als du liebenswürdig bist; daß ich dir
"traue, daß ich dich und deine Wahrheit in dei=
"nem Lichte erkannt habe, und in dir allein
"alle meine Seligkeit sehe und setze. Ist dieses
"nicht schlecht und recht also Wahrheit in mir?
"O du Prüfer der innersten Winkeln meines
"Herzens!

Noch eine Probe seiner Demuth, in ei=
ner sicheren Antwort, die er auf die Frage:
Ob man alte und erfahrene Frommen, Va=
ter und Mutter nennen dörfe? gab, schreibt
er unter andern: "Daß man aber mich biswei=
"len ganz unverdient Vater nennet, hat mir im=
"mer von Herzen mißfallen, und mich vor GOtt
"gebeuget."

Bey einer andern Gelegenheit sagte er:
"Ich achte es mich von Herzen unwürdig, und
"es beuget mich, wann ein Kind GOttes mich
"Bruder nennet, geschweige, daß ich den Vater=
"namen begehren sollte.

Eifer

Eifer in dem Lobe GOttes.

Alle Ehre gab er GOtt allein; ihn zu loben, seine Grösse, Herrlichkeit, und Allgnugsamkeit zu erheben, war seine Belustigung, ja seine rechte Speise. Wo er nur mündlich oder schriftlich von ihm zeugen konnte, da unterließ ers nicht. Er hätte zwar hierinn gerne noch mehr gethan, als er that: Allein seine kränklende Leibesbeschaffenheit, und andere Umstände erlaubten es nicht. Es ist sehr merkwürdig, was er hiervon in einer Vorrede zu dem Lied: GOtt ist, GOtt ist, Halleluja, ꝛc. selbst sagt: „Ich habe in „meinem kurzen Lauf viel Grosses von GOtt aus „Gnaden erkannt, und von ihm unterm Kreuz „viel Gutes erfahren. Merkts: Aus Gnaden. „Deßwegen lag mir seit mehr als zwanzig Jah-„ren im Gemüthe, daß ich noch gerne vor mei-„nem Hingang meinem GOtt ein hundertfältiges „Lobopfer bringen möchte, für alle mir zu erbli-„cken und zu erfahren gegebene Barmherzigkeiten. „Ich dachte nemlich Hundert Loblieder zu verfer-„tigen. — — Allein, manche andere Arbeit und „mein kränklendes sechs und sechzig jähriges Alter „benehmen mir die Hofnung auf dieser Seite der „Ewigkeit, an dergleichen weiter zu gedenken. — „Mit dem Lob dieses grossen GOttes, wünsche „ich hier mein Leben zu beschliessen, und erwarte „von seiner Barmherzigkeit eine unendliche selige „Ewigkeit, diesem meinem GOtt, meine Gelübde „vollkommen bezahlen zu können, und mit den „verklärten Heiligen ihm mehr, als ein hundert-„fältiges Lobopfer zu bringen. Amen! Halle-„luja! „

Er

Er ſagte einmal zu einer Freundinn: „Die gröſſeſte Gnaden und Mittheilungen GOt- „tes, hätte er durchgängig in Krankheiten, und „ſonſt in äuſſern uud inneren Verlaſſungen em- „pfangen,‟ und wie dieſe Freundinn ihm einſt erzählte, daß ihr oft die Zeit der Abſonde- rung im Gebeth ſo ſehr ſchwer fiel, als wenn ſie auf einem Kampfplatz wäre, ſo that er ihr dieſe nachdenkliche Frage: Daß die En- gel GOtt loben, iſt das was Groſſes? Sie antwortete: Nein, dann wann wir an ihrer Stelle wären, ſo würden wir es auch ſo machen. Das meyne ich auch: erwie- derte er, aber daß Hiob auf ſeinem Miſt- haufen ſaß, und GOtt lobete, das war was Groſſes, und dies Lob gefiel ihm beſſer, als aller Engeln Lob.

Geduld.

Zu ſeiner vorhin gemeldten Demuth mag man mit Grund ſeine ausnehmende Geduld im Leyden, ſeine Sanftmuth und Fried- fertigkeit gegen Widerwärtige, ſeine Trag- ſamkeit und Mitleyden mit Gefallenen, hin- zu fügen; zur Ausübung der Geduld ward ihm beſtändig Gelegenheit gegeben. Aus dem was vorhin ſchon geſagt worden, und aus ſeinen Briefen erhellet gnugſam, daß er von Jugend auf mit vielen Krankheiten und Schmerzen beladen geweſen: Beſonders ward er damit in den letzten dreyßig Jahren be- fallen, wobey ihn die viele Geſchäfte, z. E. die Bedienung der Patienten, Abwartung

der

der Besuche, der häufige Briefwechsel, nebst allerhand Verdrüßlichkeiten so dabey vorfielen, wohl am meisten drückten. Kurz, sein ganzes Leben war nichts anderst, als ein beständiges, und sehr schmerzhaftes Kränkeln. Nur einige Proben davon: „Heute acht „Tage, (schreibt er an einen Freund) bekam ich „einen Fluß ins Haupt, der sich ganz vest setzte, „an der linken Seite in, hinter, und um das „Ohr, mit so empfindlichen Tag und Nacht an= „haltenden Schmerzen, daß der Kopf sich davon „augenblicklich zückte. Ein Fieber kam mit dazu; „ich mußte liegen, und konnte doch nicht. Nach „ein paar Tagen kam ein starkes Laxiren, der „Fluß senkte sich auf den Hals und die Brust, „und ich mußte sehr husten, welches für das „Haupt und den Leib sehr peinlich war. Das „Ende der Klaglieder ist: Heimkommen. „

Ein anderes mal schrieb er an einen Freund also: „Am Freytage früh vor Pfingsten mußte „ich einen nöthigen Brief schreiben, worüber ich „am Haupt und allen Gliedern ganz zitternd wur= „de. Abends kam ein Fieber, und starke Glie= „derschmerzen. Die Nacht aber setzte es sich zur „völligen Gicht in das dicke der Beine, so, daß „ich vor empfindlich brennenden Schmerzen nicht „zu bleiben wußte, mit dem größten Eckel vor „Speise und Trank, ꝛc. dennoch mußte ich vier „Freunde aus Cr. und drey aus E. vor mich ans „Bette kommen lassen. Gelobet sey GOtt, der „bisher geholfen! Ich habe nicht gelitten als ein „Held, sondern als ein Schwacher. Nun muß „ich aufhören, der matte Schweiß leidet nicht „mehr, ꝛc. „

Zu einem Freund, der ihn besuchte, sprach er einmal: „Ich habe einen Ausschlag über den

„ganzen

„ganzen Leib, der Rücken ist mir ganz wund,
„daß das Hemd daran kleben bleibet, und sonst
„habe ich einen Schaden, woran ich sehr grosse
„Schmerzen leide. „ Der Freund, dem er
dieses erzählte, ward sehr gerühret und mit=
leydig. Er sagte aber: Der alte Mensch
hat gesündiget, und deßwegen muß er
leiden. In den letzten Jahren konnte er
wegen grosser Schwachheit des Magens die
Speisen dermassen übel vertragen, daß er
sagte: Ich werde traurig, wenn ich höre,
daß sie mir Essen bringen, indem mir
die weicheste Speisen viele Beschwerden
und Leiden machen.

Ausser seinen Leibesbeschwerden hatte er
in seinen spätern Jahren auch sehr vieles zu
leiden, sowohl von der Welt, die ihn ver=
spottete und lästerte, als auch von Freun=
den, deren Unvollkommenheit GOTT ge=
brauchte, um ihn vollkommener zu machen;
dem einen that er zu viel, dem andern zu
wenig, noch andere beneideten ihn, wegen
seiner Gaben, und daß er von so vielen Men=
schen geliebet und geehret wurde. Das al=
les aber trug er, mit einer sich recht auszeich=
nenden Geduld; wann er von den heftigsten
Schmerzen angegriffen wurde: so trug er
dieselbe so gelassen, daß man kaum merken
konnte, daß er damit behaftet war. Ja er
bewies in Ausübung der Geduld eine solche
Tapferkeit, daß er in heftigen Zahnschmer=
zen einst sagte: Er habe Geduld nöthig,
und

und dennoch das Lied sang: Nur frisch
hinein, 2c.

Tragsamkeit und Mitleyden mit Gefallenen.

Von seiner Geduld, Tragsamkeit und Mitleiden mit Gefallenen, erzählet ein Freund
folgendes: „Ich hatte schon einige Jahren im
„Umgang mit dem sel. Tersteegen durch seine
„süsse Gespräche und erbaulichen Wandel vielen
„Segen genossen: Aber nach einiger Zeit, ward
„ich der Gnade GOttes ungehorsam, so daß
„meine Verdorbenheit, und des Feindes List, mich
„zu einem schweren Fall brachten. Weil ich nun
„den lieben Mann so sehr betrübet, so bliebe ich
„aus Furcht und Schaam von ihm. Wie er dies
„einige Zeit angesehen, ließ er mich ruffen. Ich
„ging zu ihm, und dachte nicht anderst, als daß
„ich den herben Verweis von ihm bekommen wür-
„de, den ich verdient zu haben vollkommen über-
„zeugt war: Allein sein Vaterherz kam mir mit
„der größten Freundlichkeit entgegen, er umhäl-
„sete mich in zarter Liebe; wodurch mein Herz
„sehr gerührt und zerknirscht, ja in Liebe und
„Vertrauen zu GOtt, und zu dem lieben Manne
„aufs neue erweckt wurde. Dabey gab er mir
„die nöthige Erinnerung, wie ich mich hinführo
„an der Gnade und dem Gehorsam zu halten hät-
„te. Nach diesem hielt er eine noch genauere
„Aufsicht über mich, bis an sein seliges Ende.
„Ein andermal sprach er zu mir, und drey an-
„dern Freunden: Kinder seyd vorsichtig! und
„meidet die Gelegenheit zur Sünde. Natürliche
„Menschen können sich oft besser mit dem Ver-
„stande bewahren, als begnadigte Seelen durch
„die Gnade, wann sie die Gelegenheit nicht son-
„derlich meiden, dann diesen trachtet der Feind
„mehr nach, dann jenen.„

Hörete Tersteegen, daß hie oder da jemand
von seinen Freunden aus der Art schlug, oder
einige Untreue in seinem Wandel beging,
so verursachte ihm das zum öftern schlaflose
Nächte, und pressete ihm die wehmüthigste
Seufzer aus. Einstens ließ er sich hierüber
also aus: O welchen Druck, Angst und
Last machen mir die berufene Seelen,
welche untreu vor dem HErrn wandeln.
Es gibt mir solche Noth, daß ich mich
oft auf mein Angesicht vor GOtt niederlegen muß. O wüßten sie es, was es
mir vor Leiden verursachet, daß sie so
sicher dahin gehen!

Sanftmuth und Friedfertigkeit gegen Wider-
wärtige.

Eben so groß war seine Sanftmuth und
Friedfertigkeit gegen Widerwärtige; er
mußte manchen Widerspruch, Bitterkeit und
Feindschaft von seinen Gegnern erdulden,
gleichwohl wußte er denselben, wann sie zu
ihm kamen, und critisiren wollten, jederzeit
mit solcher Liebe zu begegnen, daß sie in seiner Gegenwart nicht vermögend waren, einige Heftigkeit blicken zu lassen. Er wich
zwar, wann es die Ehre GOttes, und das
Zeugniß der Wahrheit betraf, kein Haar
breit; GOtt aber schenkte ihm dabey, so
viele Weisheit und Sanftmuth, daß sie
mehrentheils von der Wahrheit überzeugt,
beschämt, und durch seine Liebe und Fried-
fertig-

fertigkeit wirklich überwunden wurden. Man hat noch nie gehört, daß er seinen Gegnern mündlich oder schriftlich mit Heftigkeit begegnet sey. Die folgende Stücke mögen von dem allem zeugen. Einem Freunde in der Ferne, der ihn mit vieler Bitterkeit angefallen hatte, antwortete er unter andern also:

„Thue das nicht mehr, daß du einen Bru-
„der so anfällest, und willst, er soll sich vor
„Christi Angesicht dermaleinst schämen, solcher
„Dinge wegen, die ihm nie in den Sinn ge-
„kommen sind, GOTT weiß es! Es ist was
„Hartes, was Unbedachtsames. Ich wills ver-
„gessen. Im Namen JEsu, und in demüthiger
„Hofnung zu seiner Barmherzigkeit prognosticire,
„oder sage ich dir und mir etwas weit Seli-
„gers vorher, daß nemlich, wann wir gleich
„hier nicht schriftlich correspondiren, und ein-
„ander verstehen, doch aber einander lieben,
„und dem Ziel unserer Berufung nachjagen, wir
„uns bald ohne Scham mit der zartesten und
„unschuldigsten Liebe, vor dem Angesicht JEsu
„Christi, umfassen, und einander nicht das Ge-
„ringste zu vergeben, oder vorzurücken haben
„werden. Mein JEsu! der liebe Bruder will,
„ich soll mich schämen vor deinem Angesicht.
„Mein GOtt! mein Heyland! du allein weißt
„es, wie so viele Ursachen, einer gerechtesten
„Scham und tiefsten Beugung ich in meinen
„vielen Elenden und natürlichen Nacktheit fin-
„de, vor deinem klaren Angesichte! Ist dann
„nicht meine Sünde und Schande auf dich
„gefallen? Vergönnest du mir dann nicht, auf
„dich zu sehen? und mit einer solchen unver-
„wirrten und ruhigen Freymüthigkeit auf dich
„zu sehen, daß mein Angesicht nicht zu schan-
„den werde? Psalm 34, 6. Herzensfreund!

(f) 3 „der

„der du meinem Innerſten nahe biſt, meine
„Freude! meine ganze Herrlichkeit! beliebt es
„dir, dann laß meinen Bruder zu ſeiner Be-
„ruhigung ſehen, daß mir dein Angeſicht das
„nicht vorrückt, was ſeine Feder mir vorge-
„rücket hat. Durchſüſſe ſein Herze mit Gna-
„de und Friede, und ſegne ihn ewiglich.
„Amen!„

Da er in den vorigen Jahren einmal in
Holland war, lud ihn ein anſehnlicher Freund
zu Gaſt; dieſer Freund vermeynte, in einer
beſondern Wirkloſigkeit zu ſtehen, und criti-
ſirte daher unſern Seligen über der Mahlzeit,
daß er zu wirkſam ſey, weil er den Grund
nicht genug kannte, woraus er wirkte. Terſteegen hörete alles gütig und mit Still-
ſchweigen an; beym Schluß der Mahlzeit
that er aber ein herzliches Gebeth, worin er
ſeinen Gaſtgeber dem HErrn in Liebe und
Mitleyden anbefahl, und hiedurch ward dieſer hitzige und groſſe Mann dergeſtalt gerühret, und geſchlagen, daß er durch Liebe
überwunden, unſerm Seligen um den Hals
fiele, und um Vergebung bath.

Ein anderes mal war er in Amſterdam
in einer zahlreichen Verſammlung von un-
terſchiedlichen Freunden, deren ein Theil ſeine
Vertrauteſte, die andere aber von einer andern Gattung waren, unter dieſen befand
ſich ein alter Gottesfürchtiger Mann, auf
welchen viel geſehen ward, und der groſſen
Verſtand und Anſehen hatte. Dieſem war
unſers

unsers sel. Tersteegens Einfalt, kindliches
Wesen, und Innigkeit unbekannt und ver=
dächtig, er fieng deswegen an, allerhand
Fragen zu thun, und Einwürfe zu machen,
Tersteegen beantwortete sie kurz, deutlich und
weislich, und lenkte den Fragenden unver=
merkt aus dem Umkreis auf den Mittel=
punkt. Endlich · beschloß er alles mit einem
Herz rührenden Abschiedsgebeth, und Se=
genswunsch, so daß ihn alle küsseten, und
einen ganz liebreichen Abschied von ihm nah=
men.

**Umgang mit Seelen, den er nicht suchte, son=
dern die Abgeschiedenheit liebte.**

Bey dieser Gelegenheit wird sich am beß=
ten von seinem Umgang mit heilsbegieri=
gen Seelen reden lassen. Man würde ihm
sehr Unrecht thun, wann man vermuthen
wollte, daß er diesen Umgang gesucht oder
sich einen Anhang zu verschaffen getrachtet
hätte; wie weit er davon entfernt war, läßt
sich aus seinen eignen Worten schliessen. Ein
gewisser Freund begehrte von ihm, daß er
eine liebe Freundinn, die er kennen zu lernen
wünschte, aus der Ferne zu sich kommen las=
sen möchte, diesem Freunde schrieb der Se=
lige im Jahr 1766 den 19ten Sept. diß zur
Antwort:

„Die Schwester N. N. ist mir zwar eine der
„Liebsten in H., ein edeles und inniges Herz;
„allein ich kann sie nicht hiehin einladen; dann
„es war mit mir eine ganz andere Zeit, wie
„ich

„ich sung: Du weißt, wie michs oft erquicket,
„wann ich Seelen hab' erblicket, die sich ganz
„ergeben dir. Damals lebte ich incognito,
„auch wann ich zufällig in Gesellschaft kam,
„und liebte als von weitem, ohne mich aus=
„zulassen; da auch von mir nichts erwartet
„wurde. Niemals aber kann ich mich einer
„Zeit erinneren, da ich Lust oder Leben im Um=
„gang und Wirksamkeit mit Seelen gehabt,
„wie herzlich ich sie auch liebte. Die lebendige
„Erkänntniß eines so allgenugsamen innigstna=
„hen GOttes, gab mir eine tiefe und stets blei=
„bende Grundneigung, gerne abgeschieden, und
„mit diesem GOtt allein zu seyn. Ich habe,
„was ich gethan, so gebrechlich es auch gesche=
„hen, nur so, nach dem Leitfaden der gött=
„lichen Vorsehung, und vermeynter Pflicht ge=
„than. Ach! die Geschöpfe hindern uns oft,
„und wir hindern sie. Nun bleibet meine
„Maxime: Gerne bey den Kindern, am lieb=
„sten aber bey dem Vater zu seyn. „

An eben denselben Freund schrieb er
im Jahr 1767 den 3ten April: „Diese
„Woche hab ich schon vier Bergische Besuche ge=
„habt, und jetzt ist schon etliche Tage ein Freund
„aus dem S....lande hier, der ein gutes Ziel
„im Auge hat. Das lateinische Sprichwort,
„qui bene latuit, bene vixit, (wer wohl verbor=
„gen geblieben, der hat wohl gelebt,) oder
„nach dem Blumengärtlein, N. 352. Nicht
„gelehrt, und nicht geehrt, wird mir alle
„Tage wichtiger. O wie so viele Zeit und Kraft
„nehmen uns auch die guten Geschöpfe weg!,
„wie so leicht bekommt man selbst Schaden,
„auch da, wo man andern denkt nützlich zu
„seyn! Die Proben und Leyden, so dabey mit
„unterlaufen, mögen wohl eine recht dienliche
„Arzeney, und Præservativ oder Bewahrungs=
„mittel

„mittel ſeyn. Der HErr wende alles zum Beß-
„ten, und gebe uns einen ſtarken Zug, und
„aufrichtige Treue in der Uebung des Herzens-
„gebeths, und Einkehr, um den göttlichen Wir-
„kungen und Einflüſſen Raum geben zu können,
„woraus wir bey guten und böſen Tagen, ganz
„allein, Kraft, Leben und Weſen ſchöpfen müſ-
„ſen, ꝛc.„

Im Jahr 1767 den 6ten Merz, ſchrieb
er an eben denſelben: „Ach GOtt! welchen
„Vortheil haben diejenige Seelen, die nur an
„dich und ſich ſelbſt zu denken haben, und
„wie ſchmuzig wird nicht oft eine Perle, die
„ſo viel durch die Hände gehet! Doch dein
„Wohlgefallen ſey unſere Speiſe, und deine
„Liebesnahheit unſere Stärke.„ k)

Was in dieſen Briefen mit Worten geſagt wird, bewies Terſteegen mit der That.
Um der menſchlichen Anhänglichkeit zu entfliehen, und ihren Umgang zu vermeiden, reti-
rirte er ſich zur Sommerszeit oft in einen
Wald, wo er ſich in der Einſamkeit allein mit
GOTT beſchäftigte. Er brachte wohl den
ganzen Tag in ſolcher Abgeſchiedenheit, die er
ſeine ſüſſeſte Zeit nannte, zu, und erhielt ſich
nur mit einem mitgenommenen Butterbrod.

Als er einſt mit einem Freunde zu einer
Verſammlung ging, wo man eine Rede von
ihm erwartete, da ſagte er zu dieſem Freund:

(f) 5   Ich

k) Man leſe hier auch nach, den 96ten Brief des 1ten
Bandes, 2ten Theils, pag. 289.

Ich wollte mich lieber vor allen Menschen verbergen, als mich von ihnen sehen und hören lassen. Zu einer andern Zeit sprach er: Ich wünschte von Herzen, daß der Name Gerhard Tersteegen, von allen Menschen vergessen, und hingegen der Name JEsus in aller Menschen Herzen tief eingepräget würde.

Noch eine merkwürdige Stelle aus einem Briefe; welchen er an einen H. H. Freund, der ihn der Sectirerey beschuldigte, abgelassen:

„Daß ich, schreibt er, eine Secte oder einen „Anhang suchen sollte, hoffe ich auch in allen „den Jahren meiner Berufung nie bewiesen zu „haben. Bis nun zu muß ich von allen Seiten „mündliche und schriftliche Klagen darüber hö= „ren, daß ich mich so entziehe. Mein GOtt! „du Licht, das nicht flattirt, du kennest mich, „ich mißtraue meinem eigenen Herzen in allen „Stücken; vor dir kann und will ich mich nir= „gend rechtfertigen! Siehe aber, was ein Bru= „der von mir urtheilet? Erkennest du es dann „nicht, welch ein empfindliches Opfer es mir so „lange gewesen, daß ich meine Kraft, Zeit, „Gemach, und meine liebe Einsamkeit andern so „hingeben muß? Thue ichs nicht einfältig um „Deinentwillen, so gebrechlich es auch geschehen „mag, und aus Furcht, dir zu mißfallen, wenn „ichs anderst machte? Suche ich was anderst „darunter, als die Seelen dir, nicht aber mir „zuzuführen? Ach so sey es verbannet; ach so „wende alle Herzen in diesem Stück von mir ab, „und laß mich verachtet und vergessen mit dir „allein leben. Dann ich weiß, (ist es nicht „wahr,

„wahr, mein GOtt?) ich weiß, daß du allein
„mir gnug biſt.„ 1)

Vielfältiger Zuſpruch von Heilsbegierigen.

So ſehr er indeſſen aller menſchlichen Anhänglichkeit zu entfliehen ſuchte, ſo wenig
konnte er doch verhindern, daß nicht ſeine weit
um ſich leuchtende Gottſeligkeit, und vorzügliche Gaben ihm aus der Nähe und Ferne vielen Zuſpruch hätten zuziehen ſollen. Er bekam Beſuch aus der Schweiz, und aus allen
Gegenden Deutſchlands, aus Holland, En-
gelland, Schweden, und andern Gegenden
mehr. Sein Briefwechſel mit erweckten Seelen, war eben ſo weit ausgebreitet, und häufig. Aus allen Ständen von Hohen an bis zu
dem Niedrigſten bekam er Zuſpruch, auch
von gelehrten und frommen Predigern, deren
einige, in wichtigen Fällen und Angelegenhei-
ten ſich ſeines Raths bedieneten. m) Als ein
Freund

1) Dieſer Auszug, nebſt denen, die ſich Seite 45, 47,
51, 52, 77 und 85 finden, iſt genommen, aus einem
einzigen Briefe, von 1750 den 6ten Merz.

m) Folgendes kann eine Probe ſeyn: Der Selige ward
einmal von einem gewiſſen frommen Prediger in einer wichtigen Vocations-Angelegenheit zu Rath gezogen; er gab demſelben folgende kurze aber ſehr nach-
drückliche und für ein willenloſes Gemüth ganz ent-
ſcheidende ſchriftliche Antwort:

„Das Kind heißt Rath.

„Kann einer von demſelben kein völlig beru-
„higendes und entſcheidendes Reſponſum in
„einer zweifelhaften Sache einholen; dann
„wähle er das Sicherſte, und bleibe bey dem

Freund ihn einmal besuchte, sagte er ihm:
Vorgestern kam der Graf von W…da mit
seinem vornehmsten Bedienten und Freund,
und besuchte mich incognito. Unter allen
Denen, die zu ihm kamen, waren aber die
liebende einfältige und kindliche Seelen, die
ihr ganzes Herz GOtt ergeben hatten, und
ihr alles für ihn wagen wollten, nächst GOtt,
seine größte, ja einzige Erquickung auf Erden; weil einige Seelen dieser Art in dortiger Gegend wohnten, so besuchte er sie zuweilen selbst, wann sie krank oder schwach
waren, erquickte sich herzlich mit ihnen, und
hatte an ihnen noch in seinen letzten Jahren
besondere Stärkung und Freude.

Besondere Gabe, zu dem Umgang mit Seelen.

Zu dem Umgang mit erweckten und be-
gnadigten Seelen hatte er eine besondere Gabe
von GOtt empfangen. Ein bedrücktes Herz
ging nicht leicht ohne Trost und Stärkung
von ihm. Er war dabey so klein, so demüthig, so voller Liebe, daß die Seelen ganz
offenherzig wurden, und die Lasten ihrer Sünden zu entdecken, nicht den geringsten Anstand nahmen. Er wies sie hierauf ganz
nachdrücklich zu dem Sünderheyland hin, und
wußte sie aufs gründlichste zu überzeugen, daß
bey demselben und seiner theuren Versöhnung
ganz

„Axioma der Juristen und Casuisten: In dubiis
„abstincndum eſt.„ D. i. wo man keine Gewißheit hat, muß man sich enthalten.

ganz allein Vergebung und Gnade zu finden
fey. Er fagte aber auch: Wann fie gründ=
lich Friede mit GOTT haben wollten, fo
müßten fie nun auch ihrem Heylande, fei=
ner lockenden und züchtigenden Gnade gehor=
fam werden. Sein ganzes Gefuch ging da=
hin, daß der Geift JEfu in den Herzen herr=
fchen und leben möchte. Menfchenwerk, die
Seelen zu bilden und einzufchränken, war
ihm ganz entgegen, fo, daß er oft fagte:
Wer mit Seelen umgehet, muß feyn wie
ein Kindermägdchen, fo das Kind am Leit=
band hält, und folches nur vor Gefahr und
Fallen bewahret, fonft aber dem Kinde fei=
nen freyen Gang läffet. Fuhren Seelen in
ihrer Erkänntniß und in ihrem Wandel zu
leicht darüber hin: fo wußte er auch diefen
mit vieler Weisheit und Sanftmuth ihre
Fehler zu entdecken, und ihnen GOtt und
die Ewigkeit recht wichtig zu machen. Wann
er in kleinen Gefellfchaften kindlich gefinnter
und GOtt ergebener Seelen fich befand: fo
fchien er in feinem Element zu feyn, er war
alsdann fehr liebreich und offenherzig, und
wenn ihm etwa durch eine Frage der Weg
gebahnet wurde: fo floß fein Mund ganz
über von göttlicher Weisheit, alles war vol=
ler Anmuth und Kraft, auch fo gründlich
und bündig, daß man auf alles Ja und
Amen fagen mußte. Er unterhielt die Ge=
fellfchaft immer mit einem guten und Gott=
feligen Gefpräche, wozu er oft natürliche
Dinge,

Dinge, Blumen, Kräuter, Korn, 2c. zum
Anlaß nahm, die er aufs Geistliche deutete,
und dabey oft von recht innigen Dingen redete, wodurch in seiner Gegenwart alle unnöthige Gespräche vermieden wurden. Einige
zarte Gemüther, wurden dadurch bewogen
nicht in die Gesellschaft zu kommen, wenn Er
nicht zugegen war.

Folgende Erzählung eines Freundes kann
noch von seinem Verhalten im Umgang zeugen:
„Wann ich (sagt er) zerstreut zu ihm kam (welches
„wohl oft geschehen) so wurde ich durch sein An-
„sehen, welches so ausnehmend, und durch ein we-
„nig Stillesitzen bey ihm, wieder gesammlet; und
„wann ich das eine, oder andere auf meinem Ge-
„müth hatte, und es ihm entdeckte: so geschah es
„vielfältig, daß ehe ich noch von ihm weg ging,
„meine Beschwerden verschwunden; oder es wäh-
„rete kaum einige Stunden: so ward ich durch die
„Fürbitte dieses werthen Freundes, und durch
„GOttes Barmherzigkeit wieder befreyet. Sein
„Bethen in Gesellschaften war ausserordentlich. O
„wie oft ist es mir noch erquicklich, wann ich dar-
„an gedenke! Wie so innig, wie so sanft, und
„ohne die mindeste Heftigkeit war es! Wie wurde
„man dadurch so innigst gesammlet, und so kräf-
„tig gestärkt! Ich habe desgleichen die Tage mei-
„nes Lebens nicht mehr gehört. Genug! alles,
„was man von ihm sagt, reichet bey weitem nicht
„zu. Sein Leben war mit Christo verborgen in
„GOtt. O wie leuchtete das Bild des HErrn
„JEsu aus diesem Manne GOttes hervor! daß
„ich wohl mehrmals gedacht: Gibt ein Strälchen
„einen solchen Schein, was muß dann nicht der
„HErr JEsus, der die Quelle des göttlichen Lichts
„ist, selber seyn?

Tröst-

Tröstlicher Umgang mit Kranken.

Nicht nur Gesunden sondern auch Kranken gereichte er zu einer sonderbaren Unterstützung; durch sein väterliches Mitleyden, tröstlichen Zuspruch, und gesalbtes Bethen, war er vielen so erbaulich und stärkend, daß sie so viel kindlicher und vester auf ihren GOtt und Heyland vertrauen konnten. Wann es die Noth erforderte, blieb er wohl halbe, auch ganze Nächte bey ihnen. Man will davon nur ein Exempel anführen, welches er mit eigener Hand an einen Freund von einer recht lieben Freundinn geschrieben, die er in ihrer tödtlichen Krankheit oft besucht hatte:

„Wie ich am Dienstag über Tisch sasse, rief „man mich schleunig, hin zu kommen. — — „Solcher Ueberfall ging in etlichen Stunden „vorüber. — — Ich blieb über Nacht bey ihr „und dachte auf ihren Uebergang; konnte auch „manches mit ihr seufzen und reden. Sie „blieb präsent, herzlich, ruhig, und im kind- „lichen Vertrauen bis an ihr Ende; sie verstund „nicht allein, was ich seufzte, und sprach, son- „dern versiegelte alles mit Ja und Amen. Mein „Letztes, worauf sie Ja und Amen sagte, waren „die zwey letzte Verscher aus dem Lied: So „gehts von Schritt zu Schritt, zc. Ich lege „meinen Geist, zc. Und dann sagte ich noch: „So nimm dann, o HErr JEsu in Gnaden „auf den Geist deines Kindes, das du erlöset „hast. Laß nun endlich deine Dienstmagd im „Frieden hinfahren, und ihre Augen dich ihren „Heyland anschauen! Und wie ihr die Augen am „Mittwoch Morgens zehn Uhr zugestrichen, habe „ich GOtt für die gnädige Erlösung, Beystand „und

„und Gnade herzlich gedankt. Dies ging noch
„alles ziemlich männlich mit mir her: Wie ich
„aber ihrem Bruder und Hausgenossen ein Wort
„zureden, und der Schwester Vorbild anprei=
„sen wollte; da überfiel mich die n) Weichlich=
„keit, daß ich nicht ausreden konnte. Ihr lan=
„ges und schweres Leiden ist hoch gegangen, da
„ich dann mein Gefühl mit davon bekam, ob ich
„sie solches gleich nicht merken ließ, sondern sie
„stärken konnte. Ihre stille und freundliche Ge=
„duld bey dem allem ist so gewesen, daß man
„mit Verwunderung und Dank daran gedenken
„muß. Und ihre ruhige Gemüthsfassung, und
„unwankelbar kindliches Vertrauen, bis ans Ende,
„bleibt mir zum beständigen und grossen Trost.
„Ehre sey GOtt! der alles gegeben. „

Auf diese Weise hat der selige Mann man=
chem Kranken und Sterbenden beygestanden,
und ist ihnen bis zu ihrem Ende zum Trost,
Stärkung und Erbauung gewesen. Er diente
aber nicht allein seinen Freunden in Krankhei=
ten, sondern auch andern, selbst ruchlosen
Menschen; die Juden liessen gar in Krank=
heiten die Arzeney bey ihm holen, und als
er selbst krank war, ging die Rede, daß
sie seinentwegen eine Bethstunde angestellet
hätten.

Allge=

n) Da man ihn nachgehends fragte, wie er doch so kin=
disch hätte seyn und weinen können? Antwortete er:
daß ich kindisch gewesen, gestehe ich, aber glaubet
mir, daß es mir immer bedrängter in der Welt wird,
wann dergleichen GOtt ganz ergebene Seelen aus
dieser Welt gehen. Bey einer andern Gelegenheit
sagte er auch wohl dieses: Ich begehre kein Stoicus,
kein Unempfindlicher zu seyn; ich will gerne das
Wohl und Wehe meiner Mitbrüder zu Herzen neh=
men.

Allgemeine Dienstfertigkeit, ohne Rücksicht auf sich selbst.

Ueberhaupt war unser Seliger gegen jeden dienstfertig; er bemühete sich aus allen Kräften, das Werk dessen, der ihn in die Welt gesetzet hatte, zu verrichten, und sein und anderer Seelen ewiges Heil zu befördern. Man kann mit Wahrheit von ihm sagen, daß er ein Knecht aller Knechte war, daß er allen allerley geworden, um sie dem HErrn zu gewinnen; daß er zu dem Ende keine Arbeit noch Mühe gesparet, ja daß er dieser heiligen Absicht seine Gesundheit selbst aufgeopfert, und es sich besonders in den spätern Jahren, recht saur werden lassen. Kaum hatte er sich des Morgens aufgerichtet, und seine schwache Kräfte ein wenig gesammelt; so sahe er sich schon von solchen überfallen, die Rath und That bey ihm suchten; der eine für seine kranke Seele, der andere für seinen kranken Leib, und in Ansehung dieser letztern, konnte man ihn mit Recht der Armen und Verlassenen Leibarzt nennen. War er von dem Zuspruch ein wenig frey: so hatte er eine grosse Menge Briefe zu beantworten, war dieses geschehen, so schrieb er entweder, oder übersetzte ein erbauliches Buch, und also verzehrte er alle seine Leibes- und Geisteskräfte im Dienst GOttes und des Nächsten. Da einst eine Freundinn zu ihm kam, und sein ganzes Angesicht mit einem matten Schweiß bedeckt sah, sagte er zu ihr: Ich bin so schwach, habe viele

Besuche,

Beſuche, auch hab ich ſchon vieles geſchrieben, und noch ſechs Briefe liegen da
unerbrochen. Wie nun die Freundinn hierauf aus Mitleyden weggehen wollte, um ihn
in Ruhe zu laſſen, ſprach er lächlend: O
nein! bleibe du hier; Terſteegen muß nicht
geſchonet werden, der muß keine Ruhe
haben. Und da er ſahe, daß ſie traurig
ward, ſtund er auf, ging in der Stube auf
und ab, ſang mit frölicher Stimme zwey Ver-
ſe, und ſuchte alſo ſo wohl ſich ſelbſt, als ſeinen Beſuch auf ſolche Weiſe zu ermuntern,
welchemnach er in dem Geſpräche fortfuhr;
zu einem klaren Beweis, daß dem Nächſten
zu dienen und demſelben ſich nützlich zu machen,
ſein rechtes Element war.

Umgang mit Weltmenſchen.

Mit Weltmenſchen ging Terſteegen ohne
Noth nicht um; wann er aber bey ihnen ſeyn
mußte: ſo wußte er ſich ſo zu betragen, daß
ſie die größte Ehrfurcht vor ihn haben mußten, und durch ihn erbauet wurden. Ein in
ſeinem Orte wohnender Wirth ſagte deswegen
einmal zu einem Freunde: Wann ich das
Haus dieſes Mannes vorbey paßire, ſo
überfällt mich jedesmal eine heilige Ehrfurcht, und das Andenken an ihn, macht
mir öfters einen tiefern Eindruck, als
manche Predigt. Hierzu mag nebſt ſeinen
herrlichen und allenthalben hervorleuchtenden
Gemüthseigenſchaften viel beygetragen haben,
                                        ſein

sein äusseres, liebreiches, und immer aufge=
klärtes Wesen, womit er jedermann begeg=
nete. Uebrigens verhielte sich Tersteegen bey
dem Umgange mit Weltmenschen stille; fand
er aber Gelegenheit ein Wort der Erbauung
anzubringen, so ließ er sie nicht vorüber gehen:
Eine Probe davon:

Als er einst auf einer Reise nach Holland
in einer Trek-Schuyt viel vornehme Herren
und Kaufleute beysammen fand: setzte er sich,
und lehnete das Haupt mit geschlossenen Au=
gen hinten über, als wann er geschlafen hätte.
Nachdem man nun allerhand Erzählungen
vorab gelassen hatte, und jetzt anfangen woll=
te in der Karte zu spielen: so eröfnete unser
Seliger die Augen und sagte: Er hätte eine
schöne Karte im Sack; auf Verlangen, daß
er sie hervor ziehen möchte, zog er das neue
Testament heraus. Wie sie nun bey Erbli=
ckung desselben sagten: Da sollte man toll
über werden, antwortete er: Seyd ihr Leute
nicht toll? und wiederholte alle ihre nichtswür=
dige, zeitverderbliche Reden, und suchte sie
durch ihre eigene Worte zu überzeugen, wie
thöricht sie handelten, daß sie die so edle Zeit
mit so unnützen Dingen verschleuderten. Ei=
nige gaben ihm Beyfall, und die andern wur=
den wenigstens von ihrem Vorhaben abge=
halten.

Gesinnung gegen die äusserliche Gnadenmittel.

Wie unser Tersteegen gegen den Gebrauch
der äusserlichen Gnadenmittel gesinnet gewesen,

(g) 2   läßt

läßt sich aus dem 97ten Briefe, des 1ten Theils
der niederdeutschen Briefe o) zur Gnüge
ersehen; er schätzte eine jede gute Handleitung
zu GOtt und JEsu hoch, und vermahnete zu
einem treuen und weisen Gebrauch derselben. p)
Hat man ihn beschuldigt, daß er die Leute von
Kirch und Abendmahl zurück gehalten; so ist
es ohne Grund geschehen; keiner, der mit ihm
umgegangen, wird anderst zeugen können.
Er ließ einem jeden seine völlige Freyheit, so
zu thun, wie er es vor GOtt am beßten fand.
Hatte jemand Schwierigkeit, und fragte ihn:
so gab er nach Befinden der Sache seinen
Rath. Zum Exempel: Einem Freunde der
keine Freyheit zu haben vermeynte, und doch
von seinem Prediger zum Abendmahl zu gehen
angetrieben ward, sagte er, nach Untersuchung
seines Zustandes, gehe hin zu deinem Prediger und sage: Herr Prediger! ich will
euch freundlich gebethen haben, lasset mir
in Ansehung des Abendmahls meine Freyheit, jetzt kann ich nicht gut mitgehen.
Können sie aber dies nicht, dann will ich
auf ihr Geheiß mit gehen. Durch diese
Untergebung ward der Prediger bewogen,
ihm die Freyheit zu lassen. Andere, die in
ihrem Gemüthe mehr Schwierigkeit hatten,
ließ Tersteegen dabey in Ruhe, und sagte,
man müsse nichts gegen sein Gewissen thun,
was

o) So 1772 in Amsterdam gedruckt.

p) Man lese unter andern seiner Geistlichen Brosamen,
1ster Band, Seite 113 u. f.

was nicht aus dem Glauben gehe, sey
Sünde. Röm. 14, 23.

Gesinnung gegen den Ehestand.

Man hat auch wohl geglaubt, daß er den
Ehestand verworfen; allein auch das ist ohne
allen Grund, indem er nach Befinden diesen Stand manchen angerathen; zu geschwei-
gen, daß er mit vielen Eheleuten eine sehr
liebreiche und genaue Freundschaft gehabt.
Für sich selbst aber brachte er seine Lebens-
tage im ledigen Stande zu; weil er glaubte,
daß er darin seinen GOtt mehr lieben, und
seinem Nächsten besser dienen könnte, als
wann er Weib und Kinder zu versorgen hätte. Wie er übrigens in der Materie des
Ehestandes gesinnet gewesen, kann man aus
vielen seiner Briefen, sonderlich aus seinen
Gedanken vom Ehestande q) umständlich
ersehen.

Letzte Krankheit und seliges Ende.

Wir kommen zu unsres Tersteegens seligen Hingange. Bis zu demselben blieb sein
Leben dem Aeussern nach sehr kränklich,
schwach, schmerz- und leydensvoll. Sein
Körper ward dadurch dergestalt geschwächt,
daß er oft wie ein Todter aussah: Desto-
mehr ist seine Treue und Arbeit zu bewundern, die er bis an sein seliges Ende fort-
(g) 3   gesetzt;

---

q) Im 4ten Theil, N. 112. und N. 4. im 1ten Theil,
seiner hochdeutschen Briefe.

geſetzt; man kann klar daraus ſehen, daß ihn
GOtt auf eine ganz auſſerordentliche Weiſe
unterſtützet, ja wider alles Vermuthen ſo
lange Jahre erhalten habe, um ihn als ein
auserwähltes Werkzeug zu ſeinem und des
Nächſten Dienſt zu gebrauchen. Wie er
aber nach dem Inneren im Verborgenen
mit Chriſto in GOtt gelebt, mit Wachen,
Ringen und Bethen, und was er vor Druck,
Angſt, Noth, Plage und Leyden ausgeſtan-
den, in Anſehung vieler Gemüther, mit
welchen er Umgang gehabt, und einen Briefwechſel geführet, das läßt ſich wohl nicht
beſchreiben, weil hiervon das Wenigſte bekannt worden.

Seine letzte Krankheit ſchien eine Art von
Waſſerſucht zu ſeyn, welche ſich am Ende
des Monats Merz 1769 äuſſerte, und ihm
groſſe Noth und Engbrüſtigkeit verurſachte.
Den 30ten Merz befand er ſich äuſſerlich
ſehr ſchwach, dennoch aber innerlich in vieler
Liebe und Ueberlaſſung an den allerliebſten
Willen und Wohlgefallen GOttes. Den
31ten Mittags um 1 Uhr überfiel ihn ein
ſtarker Zufall, wobey ſich eine Gliederzü-
ckung einfand. Von dieſer Stunde an ſchien
er nach und nach langſam zu ſterben. Die
folgende Nacht brachte er meiſt ſitzend auf
dem Lehnſtuhl in groſſer Noth zu, ſonderlich
wegen der Engbrüſtigkeit und andern Leyden.
Dennoch aber, da einige ſeiner lieben Freunde bey dieſen Umſtänden, die die Nahbey-

heit

heit seines seligen Hingangs klar anzeigten,
Abschied auf die Ewigkeit von ihm nahmen:
redete er einem jeden nach der Beschaffenheit seiner Umstände dergestalt erbaulich, tröst-
lich und herzlich zu, daß alle sehr gerühret,
und weinend von ihm weggingen. Er selbst
aber blieb immer gesetzten Gemüths, GOtt
und dessen allerheiligsten Willen ganz überlassen. Unter diesen Freunden und Bekannten war auch Herr Prediger E. da dieser zu
dem Sterbenden sagte: Geben sie mir noch
einen Segen! Hub der liebe Mann noch
lächlend seine Hände auf und sprach: JE-
sus Christus, unser grosser Hoherpriester
zur rechten seines Himmlischen Vaters,
hebe seine Hände auf aus seinem Heiligthum, und segne sie mit Liebe und Friede, in ihrem Herzen; Er gebe ihnen auch
Gnade und Weisheit in ihrem Amte.
Dieser Prediger ist kurz nach dem Tode unseres seligen Tersteegen ebenfalls in die Ewigkeit übergegangen. Zu einer andern abschied-
nehmenden Person sagte er diese Worte: O
Schwester! der Weg ist ein guter Weg,
folge nur dem Lamm getrost nach, wo
es mit dir auch hingehen möchte. Zu einem noch andern Freunde sprach er folgendes: Ich will dich durch die Gnade auf
das Herz JEsu legen; laß dir aber auch
den gegenwärtigen Augenblick dazu dienen, dich dem liebsten Heylande ganz zu
ergeben, und bey ihm um Gnade anzu-

(g) 4 halten,

halten, wie das Cananäische Weiblein. Diese Gnade muß erbethen werden mit Verachtung alles Zeitlichen, weil es doch weniger ist, als man glaubt. Und welches Glück wird es alsdann nicht seyn, wenn wir es einst verlassen müssen, einen gnädigen GOtt in Christo JEsu zu haben? Er behandelte einen jeglichen nach der Beschaffenheit seines Zustandes mit vieler Liebe, Kraft und Segen.

Vom 1ten bis auf den 3ten April mußte er der Engbrüstigkeit halber 47 Stunden in einem Lehnstuhl sitzen, da er sich bald einige Minuten rücklings auf den Stuhl, bald ein wenig vorwärts auf ein Küssen, so auf dem Tisch lag, lehnete. Diese 47 Stunden mußte er meist mit Winseln zubringen, so übergroß war die Noth. Doch hörete man ihn nicht jammern, als nur, wenn er einige Minuten geschlafen hatte, und dann wieder aufwachte, dann sagte er gemeiniglich: O GOtt! o JEsu! o süsser JEsu!

Nie hörte man aber in allen diesen schweren Leyden das geringste ungeduldige Wort von ihm, und man bemerkte nicht einmal die mindeste ungeduldige Miene; diese ausnehmende Geduld, und gänzliche Ueberlassung an GOttes liebsten Willen und Wohlgefallen, war den Umstehenden ein recht inniger Trost, wie auch seine kindliche Zuversicht zu GOtt, der ihn durch Leyden vollenden, und dem Herzoge seiner Seligkeit gleichförmig

machen

machen wollte. Ohne diesen Trost wäre es
ihnen, wie sie bezeugen, nicht möglich gewesen, so schwere Leyden eines so innigstgelieb-
ten Freundes anzusehen. Den 2ten April
gegen Mittag hin, sahe man, daß es sich
immer näher zum Sterben anschickte. Die
Anfälle des Schlafs wurden stärker, und
das Wachen kürzer. Man mußte ihn immer ans Trinken erinnern. Um 6 und 7
Uhr war der Schlaf fast beständig; um 9
Uhr konnte man ihn aus dem Schlaf kaum
wachend machen, um etwas Trinken zu sich
zu nehmen. Der Schlaf wurde immer tiefer, so daß man um 12 Uhr Nachts ihn
gar nicht mehr erwecken konnte. Und so ist
er bis an sein seliges Ende schlafend geblieben, bis er Morgens um 2 Uhr seinen letzten Athemzug seinem GOTT und Heiland
hingabe und selig verstarb, den 3ten April
1769. Die Umstehenden meynten eine
Menge Engel um sich zu haben, die seine
Seele mit Freuden aufnähmen, und in das
ewige Reich der Wonne, Friede und Herrlichkeit triumphirend einführten, wo er nun
mit allen heiligen Engeln und erkauften
Schaaren GOtt und dem Lamm ein ewiges
Hallelujah bringen, und zu seiner ewigen
Lust und völligen Ersättigung im höhern
Thon anstimmen wird. Amen! Lob, Ehr,
und Dank, und Weisheit und Preis, sey
unserm GOtt und dem Lamme von Ewigkeit zu Ewigkeit. Amen!

Als ein

Kurzer Auszug
und Bestätigung
dieser
Lebensbeschreibung

kann

folgendes Zeugniß eines Freundes angesehen werden, der beinahe 25 Jahr einen vertraulichen Umgang mit dem Seligen gepflogen.

Da der liebe Freund von mir zu wissen begehrt, was ich in dem Umgang mit dem seligen Freund Gerhard Tersteegen selbst gesehen, gehört und erfahren habe: So will ich einfältig aufschreiben, was mir noch davon bewußt ist. Es waren beynahe 25 Jahre, worin ich kindlich, offenherzig und vertraulich mit ihm umgegangen, da er auch hinwieder gegen mich ein recht liebend und brüderliches

derliches Herz getragen, und bis an sein se=
liges Ende behalten. Ehe ich ihn noch kannte,
hörete ich schon von einem unpartheyischen
Gelehrten dies trefliche Zeugniß: Der Mann
ist wahrlich ein Freund GOttes! Dies
Zeugniß kann ich mit gutem Gewissen bekräf=
tigen. Der Mann war wahrlich ein Freund
GOttes; daß GOtt ihm seine Gunst und
Liebe reichlich zufliessen ließ, habe ich vielfäl=
tig bemerkt, gesehen und erfahren. Sein
ganzer Wandel schien ein Liebesumgang mit
GOtt zu seyn. O welch eine Erhabenheit,
Andacht und friedensvolle Stille, habe ich zu
meiner nicht geringen Erbauung und Stärkung
oft an ihm erblickt! Wie er nun ein Freund
GOttes war: so konnte man ihn auch mit
Wahrheit einen Freund der Menschen nennen.
Nichts wollte er von dem was GOtt ihm
mittheilte, für sich behalten, sondern ließ es
alles an seine Freunde ausfliessen. Was ich
und andere davon erfahren, ist meine Feder
unvermögend auszudrücken; sonderlich wann
ich des Morgens den ersten Besuch bey ihm
hatte, und er aus seiner Einsamkeit kam,
dann war es eben, als wann er in der Ge=
meinschaft GOttes gewesen wäre. Er war
dergestalt liebreich, andächtig und ehrerbietig
vor dem gegenwärtigen GOtt, daß ich ein
wenig mit in die Fassung gesetzt, und des
Friedens GOttes theilhaftig wurde. O könn=
te ich es nur sagen, was mir GOtt durch
diesen seinen Freund geschenket hat! Ich dan=
ke

te dem HErrn von ganzem Herzen, der mir
vergönnet hat, ihn kennen zu lernen, und
und der ſeinen Umgang ſo kräftig an meiner
Seelen geſegnet hat.

Wie ich ihn im Jahr 1744 das Erſtemal
beſuchte, da gewann ich gleich eine ſolche
Hochachtung gegen ihn, daß er mir wichtiger
wurde, als alle Frommen, die ich ſonſt kannte; doch war er mir für die Zeit noch zu ſtille,
und zu andächtig, ſo daß ich etwas Furcht
vor ihm behielt, vielleicht zu meinem groſſen
Nutzen; dann zwey bis drey Jahre hernach
kam ich in eine merkliche Abweichung, und in
die Verſuchung, allzu viel auf meinen Leib
und deſſen Geſundheit zu merken: Allein, wie
liebreich, aber auch wie ernſtlich entdeckte er
mir dieſe Verſuchung, und die übergroſſe
Liebe zu mir ſelbſt! Da ich dann durch ſeine Liebe und Hülfe aus derſelben errettet
wurde, und von der Zeit an ward mir eine
gröſſere Liebe zu meinem GOtt und Heylande
und auch zu meinem Freund Terſteegen gegeben, die von 1747 im Frühjahr bis an ſein
ſeliges Ende nicht wieder gewanket hat, wofür ich GOtt herzlich danke. Was ich nun
in den übrigen 22 Jahren durch ihn von GOtt
genoſſen, das weiß der HERR am beßten.
Wie oft bin ich bedrängt und bedrückt zu ihm
gekommen, da ſein bloſſes Anſehen mich ſchon
wieder ermunterte; wann ich vorher vieles zu
ſagen und zu klagen hatte, ſo fielen mir oft
die Laſten dergeſtalt weg, daß ich ſie nicht
einmal

einmal brauchte zu sagen, und ich in einen stillen und innern Frieden gezogen ward. Von einem einzigen Besuch blieb mir gemeiniglich so viele Stärkung übrig, daß ich einige Wochen lang so viel genauer in Verläugnung und Gebeth wandeln konnte.

Nun will ich auch von seiner innern Gestalt dasjenige stammlend erzählen, was ich davon weiß und sagen kann. Der Glaube an seinen lieben himmlischen Vater, und an JEsum Christum, seinen eingeliebten Sohn, war sein einziger Grund, worauf er bauete. Er sagte einst zu mir: Wann ich nur denke: GOtt ist, so wird mein Inneres in die tiefste Ehrfurcht und Anbethung gesetzt. Im Glauben auf diesen so nahen GOtt konnte er alles wagen; Gesundheit, Leben, Wohlstand, Freude, ja alles hatte er so an GOtt übergeben, daß er nicht leicht durch einen Vorfall beunruhiget ward. Dann eben hatte er eine recht fröliche Hofnung auf den lebendigen GOtt, daß er auch ihme JEsum Christum zur völligen Erlösung, Gerechtigkeit und Heiligung geschenket habe; daß auch Er durch JEsum an jenem Tage frölich auferstehn, und mit ihm in seine Herrlichkeit eingehen werde. Diese seine Hofnung gründete sich einzig und allein auf die pure Gnade. Wie ihn einst an seinem Geburtstage einige Freunde zusammen besuchten, sagte er: Freunde! wann ich heute sterben sollte, dann hätte ich euch nur drey Worte zu guter Letzt zu sagen:

ſagen: 1) Setzet euer ganzes Vertrauen auf die Gnade GOttes in Chriſto JEſu. 2) Liebet euch unter einander. 3) Wachet und bethet!

Aus dieſem floß die Liebe zu GOtt, die das Triebrad aller ſeiner Bewegungen war. O wie erquickte es ſeine Seele, wann GOtt geliebet und geehret wurde. Er hätte gerne allen Creaturen zugerufen: GOTT iſt die Liebe! Aus dieſer Liebe GOttes floß die Liebe zu allen Menſchen, beſonders zu denen, die GOtt ſuchten und liebten, welches alle, die ihn gekannt, nicht genug bezeugen können; dann von dem Morgen bis an den Abend war ſeine ganze Beſchäftigung, GOtt und dem Nächſten zu dienen.

Durch ſeine Demuth und Niedrigkeit hat er mich viel erbauet. Er war dadurch bey GOTT und Menſchen, bey Groſſen und Kleinen beliebt. Er wollte gern aller Orten der Niedrigſte ſeyn, auch da wo er billig hätte befehlen ſollen, da erwählte er zu gehorchen. In meiner Gegenwart fiel einmal eine Sache vor, wegen des öffentlichen Redens am Sonntag; da ſagte er zu ſeinem Hausgenoſſen: Sage mir, wie ichs machen ſoll, ſo will ich es thun. Wann man ihn groß achtete, das demüthigte ihn ſehr! Mündlich und ſchriftlich bezeugte er das, und ſchrieb unter andern einmal dieſe Worte: Es demüthigt mich in

Wahr-

Wahrheit, daß ihr euch an meiner schlechten Person so viel lasset gelegen seyn. Deswegen war es ihm auch entgegen, wenn einige Gemüther ihm gar zu sehr anhingen; und wiewohl er diese, wie andere Schwachheiten mit Geduld trug: so that er dannoch zuweilen darüber ernstliche Erinnerungen. Zum Exempel: Eine Freundinn sagte einmal zu ihm: Wann ich bethe, und denke an euch, dann ist es mir so wohl. Er antwortete: Bethen must du, und GOtt suchen, aber Tersteegen gehet dich nicht an, den laß liegen wo er liegt.

Seine Geduld und Tragsamkeit mit den Schwachen und Strauchlenden, ja selbst mit gefallenen Seelen, war nicht nur groß, sondern über groß. Das können noch viele Lebende bezeugen, denen er durch Sanftmuth und Liebe wieder zurecht geholfen. Anstatt strenge zu seyn, war er mütterlich, und ermahnte sie auf das liebvolleste, daß sie ihre Sünden vergessen, und auf pure Gnade zu JEsu kommen müßten. Dies machte den Seelen Muth, es wieder aufs neue zu wagen. Was er aber durch die Untreue anderer oft leiden müssen: das kann meine Feder nicht ausdrücken. Es war eben, als wann ihm anderer Last aufs Hertz gefallen wäre. Indessen war er auch in andern Vorfällen recht ernstlich, die Seelen zu bestrafen; ihnen die Tücke ihres Hertzens, ihrer Eigenliebe und ihres Hochmuths aufzudecken,

und

und ihnen das Gewicht ihrer Sünden recht
aufs Herz zu legen. Vornemlich aber war
ihm alle Heuchelen, Doppelherzigkeit und
Falſchheit zuwider, welche er jederzeit mit
Ernſt beſtrafte.

Beſonders hatte ihm der liebe GOtt ein
groſſes Maaß der Geduld geſchenkt, die er in
ſeinen vielen Krankheiten, Leiden und groſſen
Schmerzen recht exemplariſch ausgeübet.
Das Liedchen: Sollt ich nicht gelaſſen
ſeyn, in der Kreuzesnacht und Pein, ꝛc.
ſoll er einſt in den größten Zahnſchmerzen
kniend geſchrieben haben. Weil er nun ſeinen GOtt und Heyland, als Liebe kennen
lernen, ſo konnte er ſich auch den Liebes-
händen deſſelben im Kreuze ſo geruhig überlaſſen. Einſt ſchrieb er mir in Krankheit
und Leyden folgendes: Kurz, ich und wir
mit einander werden von einem ſchwachen Lebensfaden getragen, der ſo lange
halten wird, als GOttes Macht und
Weisheit, ſolches zu unſerm Heil gut
finden wird. Dir mein GOtt! bin und
bleibe ich auf Leben und Sterben völlig
und ewig überlaſſen, in dem Namen
JEſu.

Darum war ihm die Verläugnung ſeiner ſelbſt, keine Verläugnung, dann er nahm
mit Willigkeit alle Laſten und Beſchwerden
über ſich, die in der Bedienung der Kranken, auch wegen der häufigen Beſuchen und
weit-

weitläufigen Correspondenz über ihn kamen.
Er war oft so ermüdet, daß ihm das ganze
Angesicht mit Schweißtropfen bedecket war,
dannoch hatte er sein Leben nicht lieb, sondern gab es hin für seine Brüder, indem
ihm gegeben war, so alles aus der Hand
seines himmlischen Vaters anzunehmen.
Seine Gedanken und Vernunft wußte er
gleicher massen zu verläugnen, und unter
den Gehorsam JEsu Christi gefangen zu
nehmen, damit sein eigenes Wirken gänzlich
aufhören, GOtt aber und dessen Gnade
sein Inneres ungestöhrt beleben und erfüllen
möchte.

Die Gabe seines Gebeths habe ich kräftig und voller Salbung an mir erfahren.
Er hatte ein bethendes Herz, und auch eine
bethende Gestalt. Wann ich nach zwey oder
drey tägigem Besuch Abschied nahm, so
sungen wir ein Liedchen, und diesem nach
bethete er mit solcher Andacht und Salbung,
daß ich oft gleichsam über mich selbst erhaben wurde, und dadurch einen solchen Liebes-
eindruck von GOtt empfing, der meinem
Inneren lange wohl that; sein Angesicht
war alsdann so heiter und frölich, als wenn
er mit GOtt (persönlich) geredet hätte.
Von seiner Einkehr werde ich wohl wenig
sagen können, weil ich nicht mit ihm in diese tiefe Sammlung und Stille eingegangen.
Dies kann ich doch sagen: Alle seine Liebes-
-kräfte zog er von allem Geschaffenen gänz-

lich ab, um in dem Grunde ſeiner Seelen
mit dem Liebes-GOTT und Heylande eine
deſto innigere Gemeinſchaft pflegen zu können. Hier folgen ſeine eigene Worte, aus
einem Brieflein:

"Alles was in mir iſt, neiget ſich ſo zur
"Ruhe. Der Geiſt hat zwar eine ſolche Ru-
"he geſchmäcket, dergleichen in allem Geſchaf-
"fenen nicht zu finden; er ruhet auch noch im
"Kreuz in dem Liebeswillen GOttes: Aber,
"aber, es iſt noch eine groſſe vollkommene
"Ruhe übrig, Hebr. 4, 9. darnach ſehnet er
"ſich; die möchte er auch gerne erfahren, und
"auch noch bey Leibes Leben möglichſt zu er-
"fahren, ſollen wir uns befleißigen, (Ach
"HErr hilf!) uns ausleerend, dalaſſend, ver-
"geſſend, uns bückend und ſchickend, uns
"abgeſchieden vor, bey, und in GOtt haltend!
"Bald wird doch gewiß kommen, der da
"kommen ſoll."

Seine innige Gemüthsgeſtalt leuchtete aus
ſeinem ganzen Wandel hervor. Wann ich
allein bey ihm ſaß, ſo kam es mir oft vor,
als ob er bey ſeinem Herzensfreunde im Cabi-
net geweſen wäre. Einsmals ſagte er auf
Befragen zu mir: Ja ich ſitze, und rede
mit dir, aber in meinem Inneren iſt ſo ein
immerwährendes Beugen und Anbe-
then. In dieſem eingekehrten innigen Grunde hat er viele Mittheilungen und Geheimniſſe
von GOtt erfahren. Er hat auch vieles davon

von aufgeschrieben, so wir erst einsehen werden, wenn uns die Augen einmal weiter geöfnet sind, und wir uns in diese Gemüths-
fassung werden einführen lassen.

Von seinem Umgang mit GOtt kann ich
dies mit seinen eigenen Worten bezeugen, die
er einst zu mir sagte: Ich kann mit Gewißheit sagen, daß GOtt einer Seelen so
allgenugsam werden kann, daß sie in einer
Wüsten, ohne Lebenslang einen Menschen zu sehen, wohnen, und mit GOtt
allein vergnügt und zufrieden leben könne. Auch hat er zu verschiedenen malen dies
zu mir gesagt: Ich danke GOtt, der mir
ein Kämmerlein gegeben, worein noch nie
eine Creatur mit eingegangen. Diesen
Worten denke man doch einst nach. Wo
kein Andenken der Creatur mit eingehen kann,
da ist die Seele mit GOtt allein, und ihre
einige Beschäftigung ist, den in ihrem Grunde wohnenden allgenugsamen und allerseligsten
GOtt zu schauen, zu lieben, zu verehren,
anzubethen, und seiner zu geniessen.

Dies ist es, mein Freund! was mir von
unserm seligen Freunde Gerhard Tersteegen
eingefallen. Der liebe Freund wird wissen,
daß die gütige Vorsehung es so gefüget, daß
ich die drey letzte Tage und Nächte vor seinem
Ende bey ihm gewesen, und ihm einige Handreichung thun können. Sein Leyden war übergroß, sein geduldiges Beharren aber, sein

(h) 2 kind-

kindliches und vertrauliches Ueberlaſſen an
GOtt, ſtärket mich noch bis auf dieſe Stunde. Der ihn nicht gekannt, und dieſes lieſet,
könnte leicht denken, dies Zeugniß wäre über-
trieben; wer ihn aber gekannt, wird mit mir
ſagen müſſen, daß es nach der Wahrheit
ſeye.

Wir wollen indeſſen dabey ſeiner oft ge-
gebenen Lehre nicht vergeſſen: Alles iſt GOttes, ihm gebühret auch von allem die
Ehre: Die Gaben und Gnade, welche er
beſaß, waren ihm von GOTT aus freyer
Liebe für dich und mich gegeben. Wir wollen ſie dem HErrn wiederbringen, und
ſeinen Namen loben ewiglich.
Amen!

Ver-

Verzeichniß

aller

Schriften des sel. G. Tersteegen,

welche

auſſer denen, ſo gegenwärtig ausverkauft und
mit einem * bemerket, bey auf dem Titel ge-
meldeten Verleger zu haben ſind.

1.) Geiſtliches Blumengärtlein inniger
Seelen; oder kurze Schlußreimen, Be-
trachtungen und Lieder, über allerhand
Wahrheiten des inwendigen Chriſtenthums.
Siebente und vermehrte Auflage. 12.

2.) Der Frommen Lotterie; beſtehend in
381 kurzen Verſen, ſo ſich zwar auch hinten in bemeldtem Blumengärtlein befinden,
hier aber nebſt beygefügten Schriftörtern,
beſonders gedruckt ſind. 16.

3.) *Handbüchlein der wahren Gottſeligkeit; durch G. T. St. aus dem Franzöſiſchen
überſetzt. 12.

4.) Thomä von Kempis drey Bücher von
der Nachfolge JEſu Chriſti, nebſt des
gottſeligen Gerlachs göttlichen Herzens-
geſprächen; oder: der erſte und andere

(h) 3   Kempis;

Kempis; durch G. T. St. übersetzt. Dritte und verbesserte Auflage. 12.

5.) Der kleine Kempis; oder kurze Sprüche und Gebethlein, aus den meist unbekannten Werklein des Th. v. Kempis. Siebente und verbesserte Auflage. 16.

6.) *Auserlesene Lebensbeschreibungen heiliger Seelen; in welchen nebst derselben merkwürdigen äussern Lebenshistorie, die innere Führungen GOttes. über sie, hauptsächlich angemerkt werden. 3 Bände. 8.

7.) Das verborgene Leben mit Christo in GOtt; als ein Auszug aller Schriften des erleuchteten Bernieres Louvigni, durch G. T. St. aus dem Französischen. Vierte, vermehrte und verbesserte Auflage. 8.

8.) Die heilige Liebe GOttes, und die unheilige Naturliebe; bestehend in XLIV. anmuthigen Sinnbildern, und erbaulichen Versen von Madame Guion: durch G. T. St. aus dem Französischen übersetzt, und mit ferneren Betrachtungen aus ihren sämtlich biblischen Schriften erläutert. 8. mit Kupfern.

9.) Kleine Perlenschnur; bestehend in einer Sammlung verschiedener geistlichen Traktätchens, aus mehrentheils unbekannten Schriften. Zwote Auflage. 16.

10.) GOtt geheiligtes Harfenspiel der Kinder Zion; bestehend in einer starken Sammlung auserlesener und geistreicher Lieder, als J. Neanderi und vieler anderen alt- und

neuen

neuen Autoren. Fünfte und vermehrte Auflage. 8.

11.) Geiſtliche Broſamen: Eine Sammlung verſchiedener ſehr erbaulichen Erweckungsreden, von dem ſel. G. T. St. ſelbſt gehalten. 2 Bände. 8.

12.) *Godvrugtige en ſtigtelyke Brieven* over verſcheidene Materien des Inwendigen Levens, (originaliter) in het Nederduitſch geſchreven door wylen G. T. St. 1 Deel. 8. NB. De 2de Deel ſtaat te volgen.

13.) Geiſtliche und erbauliche Briefe über das Inwendige Leben und wahre Weſen des Chriſtenthums; Samt der Lebensbeſchreibung des ſel. Autors 2. Bände. 8.
NB. Beſagte Lebensbeſchreibung iſt auch beſonders zu haben.

14.) Weg der Wahrheit; beſtehend in einer Sammlung, von 12 ehemals beſonders gedruckten Tractätlein, nebſt zwo Zugaben. Vierte und vermehrte Auflage. 12.
NB. Weil des ſel. Mannes evangeliſcher Sinn und vorzügliche Erleuchtung aus dieſem Buche beſonders kennbar wird; ſo kann man nicht umhin, die enthaltene Haupt-Abhandlungen deſſelben denen geneigten Wahrheitsfreunden hiemit zu ſpecificiren:
1tes Stück. Anweiſung zum rechten Verſtand und nützlichen Gebrauch der heil. Schrift.
2. Stück. Sendſchreiben von der Vernunft, deren Fähigkeit, Gebrauch und Mißbrauch im Göttlichen. Nebſt 2 Anhängen.
3. Stück. Kurze Abhandelung vom Weſen und Nutzen der wahren Gottſeligkeit.
4. Stück.

4. Stück. Von dem Verhalten bey außeror=
dentlichen Geistesgaben, Gesichten, Of=
fenbarungen, u. s. w.

5. Stück. Warnungsschreiben wider die
Leichtsinnigkeit. Nebst 3 Anhängen.

6. Stück. Von dem Unterscheid und Fort=
gang in der Gottseligkeit. Nebst Anhang.

7. Stück. Schein und Seyn, Gestalt und Kraft
der Gottseligkeit oder Gottesdienstes.

8. Die wahre Klugheit; oder Umgang mit
GOtt und sich selbst allein. Nebst An=
hang, von Uebung der liebreichen Ge=
genwart GOttes.

9. Stück. Kurze Anleitung GOtt und dessen
Angesicht zu suchen.

10. Stück. Der fürtrefliche Weg der wahren
Liebe, rc.

11. Stück. Brüderliches Lehr= Trost= und
Ermahnungsschreiben; nebst einem an=
gehängten Stärkungs= und Aufmunte=
rungsschreiben.

12. Stück. Vom christl. Gebrauch der Lieder
und des Singens.

Sugaben. a. Erklärung über einige Punkte vom
Glauben, Rechtfertigung, geschrie=
benen Worte GOttes und Wie=
derbringung aller Dinge.

b. Die Kraft der Liebe Christi. Eine
Erweckungsrede, so seit 20 Jah=
ren fast unzählige mal gedruckt ist.

Man hat besonders dafür gesorgt, daß alle hie
publicirte Schriften, in einem ausnehmenden wohl=
feilen Preise können hingegeben werden.

Der erste Brief.

Gründliche und liebreiche Unterweisungen an einen krancken Bruder, um nicht auf sich selbst, sondern in allem auf den gecreutzigten JEsum zu sehen.

Mein hertzlich geliebter Bruder in JEsu!

Ich begehre dich hierdurch hertzlich zu grüssen, und mit Hertz und Feder in deiner jetzigen Schwachheit zu besuchen in dem Geist der Liebe JEsu, welcher deinem Geiste nahe sey! In Ansehung deines Aeusseren wirst du von N. ohne Zweifel die nöthige Medicin und Verhaltungs-Unterricht empfangen haben. . . . .

In Ansehung des Inneren, lieber Bruder, preise ich den HErrn, daß Er dir so viel Vereinigung mit seinem Wohlgefallen im Creutze verleihet. Dancke unserm freundlichen Vater mit mir dafür, und sey nur gar kindlich gegen GOtt, der dich geliebet hat. Der

Zweit. B. III. Th.　A　　　　　Mosai-

Moſaiſche zagende Geſetzes-Geiſt dienet nicht
auf Golgatha; wanns zum Creutz oder Sterben gehet, muß der gecreutzigte und ſterben-
de JEſus unſer Vorwurf ſeyn, und ſein kindlicher Geiſt der Liebe und des Glaubens uns
regieren. Rechne nun nicht lange, ob du
auskommeſt? dein Kopf iſt zu ſchwach darzu.
JEſus hats mit ſeinem himmliſchen Vater
nach der Strenge ſeiner Gerechtigkeit abge-
rechnet, und wir habens mit JEſu, nach
dem Reichthum ſeiner Barmhertzigkeit, abge-
macht. Die willige Aufnahm ſeines Creutzes
und Ertödtung unſers eigenen Lebens ſind in
ſolcher Rechnung mit eingeſchloſſen. Er züchtige uns dann, wir wollen ſchweigen, uns
beugen und dennoch lieben durch ſeine Barmhertzigkeit. Er ſchmeltze und reinige uns, ſo
bleibt Er doch unſer Freund.

Mache keine Ueberlegungen! Jetzt iſt es
keine Zeit, dich ſelbſt zu beſehen. Gib dich
hin. Senck dich wie ein franckes armes Kind
in der Mutter Schooß, und leyde da, was,
wie und ſo lang es der Vater will. GOtt iſt
GOtt, das iſt genug. Suche den Glauben
nicht im Kopf, und gib auch nicht Acht auf den
Unglauben im Kopf. Auf die thörichte Zweif-
lungen und Verſuchungen des Feindes in der
Vernunft Acht geben, iſt ſolchen Fantaſte-
reyen zu viel Gewicht und Ehre beygelegt.
Solten wir wiederkehren, und abermals (als
über eine zweifelhafte Sache) eine Unterſu-
chung anſtellen, die ſchon längſt ab- und aus-

gemacht

gemacht gewesen ist? Kindische Possen! Frage nicht lang: Ob GOtt ist? Ob diß und
das ist? Nur zur Sache gegriffen! Diene
GOtt, liebe GOtt, ehre und verherrliche
GOtt, wäre es auch nur durch gelassenes
Leyden, so gut du kanst. Dencke jetzt mehr
an gut leyden, als an gut thun! Ja dencke
nur an GOtt, und vergiß dich und alle Dinge. Siehe das Lied: GOtt! den ich als
Liebe kenne 2c.

Mülheim,
den 20. April 1739.

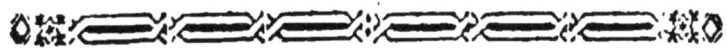

Der 2te Brief.

**Das Verlangen, gantz für GOtt zu seyn, muß
nicht durch eigenes Wircken, sondern durch
das Leben JEsu in uns ausgewircket werden.**

In dem HErrn JEsu hertzlich geliebter
Bruder!

Dein sehnliches Verlangen, künftighin ein
neues Leben lauter und allein vor GOtt
zu führen, ist gewiß von GOtt in dich gelegt: Und deine Einsicht, daß solches allein
durch JEsum lebende in dir müsse und
könne vollbracht werden, kommt auch gäntzlich mit der meinigen überein. Es ist dann

das Werck JESU, und nicht dein eige=
nes. So gar muß dein ſehnliches Verlangen
(wann es nicht nur Verlangen bleiben ſoll)
nicht in Heftigkeit ausgehende ſeyn, ſondern
ſich unvermerckt den Sinnen entziehen, und
in den Grund, woraus es entſtehet, ſich
mit heiterer Gelaſſenheit einneigen, und das
Vollbringen dem überlaſſen, der das Wol=
len gegeben hat. Du verſteheſt mich, daß
diß nicht nur ſo ein= für allemal geſchehen
müſſe, und man dann wieder in williger
Zerſtreuung dahin gehen könne. Nein! ſoll
JEſus in uns leben, ſo müſſen wir aufhö=
ren zu leben. Unſerer Natur, Sinnlichkeit
und Vernunft müſſen wir kein Leben mehr
laſſen, auch derſelben Wirckſamkeiten mäßi=
gen, und mit Abhänglichkeit von der Gna=
de damit wircken, wann wir wircken müſ=
ſen: So machen wir JEſu und ſeinem Le=
ben in uns Raum; JEſum und ſein Leben
aber ſelbſt in uns zu erwecken, das iſt gar
nicht unſers Thuns. Unſer Verlangen dar=
nach, ſenckt ſich, wie geſagt, mit Liebe,
Freude und Vertrauen einwärts. Dieſes
einfältige, ruhige Einneigen und Anhangen
unterhält man auch den Tag durch, läßt
ſich die Liebes=Führung JESU recht ſanft,
abgeſchieden, einfältig und lauterlich GOtt=
meynend machen; Und, ohne ſich voraus
ein Bild davon zu machen, wartet man
dann in inniger Leidentlichkeit auf die völli=
ge Offenbarung und Ausbreitung JESU
und

und seines Lebens in uns, in eben der Ge=
stalt, worin die Jünger JESU auf dem
Söller saffen, und das Pfingst=Fest er=
warteten; und suchet überhaupt, selber im=
mer weniger zu thun, und JEsu Wirckun=
gen immer mehr Raum zu laffen. Uebri=
gens sey kindlich, friedsam und ausgebreitet.
Alle strenge und enge Gestalt deines Ge=
müths hindert. Ueberhaupt magst du wohl
incliniren, weniger Zerstreuungen, und mehr
Einsamkeit zum Gebät zu haben. Sonst
aber fange jetzt nicht viel Neues in deinen
Uebungen an. Im Grund muß die Er=
neurung vom HErrn kommen. Diß mit
laufender Feder. Gedencke meiner, wie ich
deiner!

Mülheim,
den 13. May 1739.

Der 3te. Brief.

**An denselben. Noch einige Verhaltungs=Regeln
in Ansehung seines inneren Zustandes.**

Lieber Bruder!

Dein Haupt=Grund und Sinn, daß nur
JEsus in dir und durch dich leben und
wircken, und du demnach alles in seinem

laute=

lauteren Sinn verrichten mögeſt, iſt gantz
richtig: Unnöthig aber, ja hinderlich wäre
es, wann du ſtets währende Reflexionen
auf dich ſelbſt machen, und dich und deine
in- und äuſſere Thaten auf eine ängſtliche,
ſorgliche Weiſe beſehen wolteſt, ob und wie
weit es alles und jedes alſo, und in der
Lauterkeit geſchehe, wie dein Hunger wohl
iſt? Dieſer von dem innig-gegenwärtigen
Heylande in dir entſpringende Hunger ſencke
ſich nur mit ungezwungener Neigung, ſüſſen Blicken, und kindlichem Erinneren hinein, und hange Ihm ſo ſanft und vertraulich an; und ſo dann thue frey, was du
thuſt, mit dem Sinn, alles aufs beſte und
lauterſte dem HErrn zu thun, ſo gut du
vermagſt und verſteheſt, ohne dich an Dürre
oder Geſchmack, Licht oder Dunckelheit zu
kehren. Und eben diß iſt auch zur Zeit der
Einſamkeit in Acht zu nehmen. Deine äuſſerliche Ordnung iſt auch ſchon gut, finde
nichts Sonderliches darwider, nur daß alles ungezwungen und ohne Verwicklung geſchehe, und der HErr immer HErr und
Meiſter bleibe, das iſt, daß unter und bey
aller Uebung von Auſſen, du nur eine Uebung habeſt von Innen, nemlich dem HErrn
mit kindlichem Vertrauen, reiner Liebe und
willenloſer Unterwerfung innig anzuhangen,
ohne Kunſt.

So liebe GOTT, lobe GOTT, und
freue dich in GOTT mit Vergeſſung alles
anderen.

anderen. Bäte für mich, daß ichs auch so
mache!

Mülheim,
den 4. Junii 1739.

Der 4te Brief.

*An eine Schwester; daß sie zu viel an sich, und
zu wenig an GOtt dencke.*

In der Gnade JESU hertzlich geliebte
Schwester!

Hierdurch wolte ich euch hertzlich grüssen,
und von meiner fortdaurenden Gemeinschaft im Geiste Versicherung geben.
Ach! geliebte Schwester, welch ein GOtt
ist nicht unser GOtt! So gut, so groß, so
allvergnügend, die Liebe selbst, und darum
auch unendlich liebenswürdig, und der sich
so nahe thut zu elenden Menschen-Kindern.
Wann ich von euch ein Brieflein bekomme,
da klagt ihr über euch selbst viel; aber von
dem guten und grossen GOtt, dem wir angehören, schreibet ihr zu wenig, und an den
denckt ihr zu wenig. Was soll aber das?
Dadurch werden wir nicht besser. Alles
Andencken an uns selbst, und an die geschaffene Dinge, muß sich endigen in ein
A 4 lieb-

liebvolles kindliches Andencken an GOtt, der
unſer Heil iſt. Wer ſeine Wunden lang
vor Augen hat, und des Artztes nicht ge=
dencket, der muß ſelbſt ein Künſtler, oder
ein Unbedachtſamer ſeyn. Wir nicht alſo.
Wir ſind voller Elenden und Wunden, und
auch voller Schwachheiten, uns ſelbſt zu
rathen, oder zu helfen; das wollen wir hertz=
lich geſtehen: Aber unſere Elenden, unſere
Wunden ſelbſt, ſollen uns augenblicklich un=
ſers vollkommenen Artztes erinneren, der ſo
gerne hilft, der ſo nahe, ja ſo innig = nahe
iſt in dem ſüſſen JEſus Namen.

Kommet dann, geliebte Schweſter, ver=
geſſet mit mir euch ſelbſt und alles Geſchaf=
fene; nichts iſt unſers Andenckens und un=
ſerer Liebe werth, als GOtt allein. Nichts
beſſert, nichts vergnügt unſer Hertz, als die=
ſes ewig bleibende Gut. Er ſiehet auf uns;
Er gedencket an uns mit Liebe ohne Unter=
laß, und begehrt von uns, daß wir kind=
lich auf Ihn ſehen, und mit Liebe an Ihn
gedencken ſollen. Das ſey dann unſer Ge=
ſchäfte bey allem Geſchäfte, bey allen Be=
ſchwerden, bey allen Elenden, von allem ab,
auf GOtt allein zu ſehen, und den zu lie=
ben, der nur liebenswürdig iſt, und uns
alſo geliebet hat. Daß derſelbe euer Hertz
gantz einnehme, wünſchet von Hertzen

Euer

Mülheim,   ſchwacher Mitbruder.
den 10. Junii 1739.   Der

Der 5te Brief.

Mit dem Umgang mit GOtt und seinen Kindern nicht zu warten, bis man schön sey.

In der Gnade JEsu geliebte Schwester!

Hierdurch grüsse ich dich dann hertzlich wieder, und wünsche deiner Seele tausend Segen von dem süssesten JEsu, der dich auch recht süsse mache!

Dein Brieflein war mir lieb. Wer hat dich aber die närrische Höflichkeit gelehret, daß du dich GOtt und seinen Kindern nicht eher zeigen woltest, als bis du schön genug bist? Armes Kind! ich weiß nicht anderst, als du hast mit JESU den Accord schon längst geschlossen: du woltest sein, und Er solte dein seyn; du woltest Ihn lieben und Ihm anhangen, und Er solte dich von deinen Sünden und allem Verderben frey machen. Nimm du dann nur deine Sache wahr; JEsus wird schon auch seine Pflicht in Acht nehmen. Ich will sagen: Gib dich JEsu, laß dich JEsu, und sehe dich an, als eine Sache, die JEsu geschencket ist. Mit deiner Liebe und innerstem Willen neige dich zu diesem so nahen Hertzens-Freund, und klebe Ihm mit Vertrauen an, ja mit

A 5   zar-

zartem Verlangen, Ihm in allem aufs beſte
zu gefallen. Was aber das andere wider-
ſtrebende, böſe, eigene Theil angehet, deſſen
muſt du dich nicht annehmen, oder viel darnach umſehen; das iſt JESU und ſeinem
Gnaden-Gericht aufgeopfert, daß Ers tödte
und völlig ausrotte in der Kraft ſeines Todes. Du haſt nichts damit zu thun: JE-
ſus wirds ſchon ausrichten; du muſt es nur
leyden als dein Creutz, und inzwiſchen ruhig an deinem Werck bleiben, in der liebvollen Zukehr zu JEſu, und im einfältigen
Umgang mit JEſu, ſo wie Er dich ſelbſt
ziehen und lehren wird. Und in dieſem deinem Werck bleibe ſo einfältig und ſanfte,
daß es alles immer mehr JESU Werck
werde. Das verſteheſt du noch nicht völlig,
du wirſt es aber lernen. Ach! liebe und
leyde nur; ſonſt thue, was du wilſt. Ich
grüſſe dich in JEſu, der dich ſegne!

Dein

Mülheim,   ſchwacher Mitbruder.
den 10. Junii 1739.   In Eil.

Der

Der 6te Brief.

Die Freude in GOtt und seinen Kindern ist allein eine wahre und bleibende Freude.

In der Gnade JESU hertzlich geliebter Bruder!

Ich hätte schon eher von meiner glücklichen Ueberkunft Nachricht gegeben, wo ich nicht ein paar Tage nach der Heimkunft durch einen starcken Fluß im Haupt und in den Augen daran wäre verhindert worden. Es werde nur die Kraft GOttes in unserer Schwachheit vollendet! Dann liegt am übrigen gar wenig gelegen.

Geliebter Bruder! ich dancke euch und den übrigen Brüdern nochmals für die dort genossene Liebe. GOtt werde in allem gelobet, und auch darüber, daß ich das Vergnügen gehabt, die dortige Mitwallende noch einmal in Liebe zu besuchen! GOtt wirds geben, daß wir uns ewig in einander erfreuen, und Er in uns, und wir in Ihm: Diß ist allein eine wahre und bleibende Freude, alle andere ist ein betrüglicher Dunst. Durch unseren Heyland JEsum ist uns diese Freude wieder angebracht; indem derselbe sich erniedriget, hat Er uns wollen erheben von

der

der Freude und Vergnügung im Geſchaffenen, um unſere Freude und Wohlgefallen
allein auf Ihn, auf ſeine Gnade und unendliche Vollkommenheit zu richten, wovon wir
in unſerem Natur-Stand ſo fremd und ſo
ferne ſind. Ach, welche Gnade! GOtt wird
ein Kind, damit der Sünder nicht erſchrecke
vor Seiner Majeſtät, ſondern ſich erfreue in
ſeiner Liebe, und mit Wohlgefallen Ihn und
ſeine Wege beſchaue. (Luc. 2, 10.) Und aus
dem Grund dieſer geſtifteten Freundſchafts-
Liebe ſollen wir nun auch drüber aus ſeyn,
daß der HErr wieder ſeine Freude und ſein
Wohlgefallen in uns habe, und immer
völliger haben möge. Die kurtze Regel der
Vollkommenheit iſt, daß wir ſo mit GOtt
handlen und wandlen, wie mit unſerm beſten Freund, den man ohne Falſch liebet, dem
man ohne Argwohn trauet, ohne Schaam
ſich entdecket, ohne Verdruß Geſellſchaft lei-
ſtet; der uns gefället in allem, was Er iſt
und thut, und dem wir immer ſuchen zu gefallen mit allem, was wir ſind und vermögen.

Daß Ihr, und ich mit, ſolche Freunde
GOttes werden, wünſchet meine Seele innigſt.

Mülheim,
den 6. November 1739.

Der

Der 7te Brief.

Eine am Creutz hangende Person wird zum Sterben aufgemuntert, und zur Krippen zum Kindelein JEsu eingeladen.

Das Wort ward Fleisch, und wohnete unter und in uns. Sela!

In dem grossen GOtt und ärmsten Kindlein vielgeliebte Schwester!

Ob ich gleich wenig schreiben kan, so bleibet doch darum mein Hertz zu JESU und seinen Kindern unverändert, und in kindlicher Liebe: Doch gehets in dieser Zubereitungs-Zeit durch wunderliche und mancherley Leyden und Proben. GOttes Wege sind göttlich, das ist unbegreiflich, aber heilig und gut.

So eben höre ich aus einigen Worten in N. Brief, daß du auch noch am Creutze lebest, und vor Noth wohl gern herab steigen möchtest. Probiere es nur nicht, liebe Schwester, denn du bist vestgenagelt; deine Wunden würden nur so viel heftiger schmertzen. Neige und beuge dein Haupt; überlaß deinen Geist in die Hände des Vaters, und stirb, so kommst da aus der Noth; ob man gleich noch ein paar Tage im Grab vermoderen

deren muß. Sterben, ſterben iſt der Weg
zum Leben, Frieden und Herrlichkeit: Damit du aber nicht erſchreckeſt, ſo komm mit
mir zur Krippen, da wirſt du dein Heil und
Rath eben ſo wohl finden, als am Creutz.

Sage doch, wie wäre uns armen Kindern gerathen worden, wann ſich der Sohn
GOttes durch unſer Elend hätte laſſen ab-
ſchrecken, und aus Abſcheu vor unſern Sünden ſich entzogen hätte? Dieſes überanbä-
tungswürdige Wort ward Fleiſch, und
wohnete unter uns; und wir wollen ſtracks
im Paradies wohnen, wann wir nur ein
wenig Abſcheu vor dem Sünden-Geſtanck
bekommen. O ja, liebe Schweſter! wir
wollen auch mit GOtt immer mehr nur im
Paradies wohnen, aber alſo, wie unſer Kindlein in der Krippen. Das JEſulein war
nach ſeiner ewigen GOttheit, und auch nach
ſeinem menſchlichen Geiſt, welcher vollkommen mit der GOttheit vereiniget war, in
paradieſiſcher Beugſamkeit, Ueberlaſſung und
Frieden; da inzwiſchen ſein mehr äuſſerer
Theil allen Verſuchungen und Leyden unterworfen, und mit unſerem Elend ohne Zahl
und Maaß bekleidet war. Du ſüſſeſtes
GOtt-Kind! alſo bäten wir dich an;
alſo lieben und beſchauen wir dich, und
wollen dich ſo lang mit unverwandten
Augen beſchauen, bis wir durchs Beſchauen in dein Bild weſentlich vergeſtaltet werden! Amen.

Komm

Komm dann nur, Schwester! beuge dich wieder mit mir zur Krippen, und mache es also: Siehe nicht auf dich, siehe nicht herum, sondern auf JEsum, und laß Ihn unbedingt mit dir walten in Zeit und Ewigkeit! Du bist gesichert vor aller Sünde, wann du solch ein Kindlein bleibst. Lege dich nur zu JEsu, und mit JEsu in die Wiege, und ruhe in Ihm. Bald ist der Tag der unschuldigen Kindlein: Daß du, mit mir, ein solches nach der Marter werdest, wünschet von Hertzen

Dein

Mülheim,   schwacher, doch treuge-
den 26. Dec. 1739.   sinnter Mitbruder.

Der 8te Brief.

Aufmunterung zur Vergessung des Geschöpfes und seiner selbst. Der Autor will gerne vergessen und verachtet werden.

In JEsu, dem Hertzens-Freund, geliebter Bruder!

JEsus nehme dein Hertz ein, dann Ihm gehöret es; Amen! Dein bißgen Krancksenn ist mir so recht lieb gewesen, und ich hoffe, es werde dir ja gut gethan haben; dann
so

ſo iſts einmal von der ewigen Güte gemey⸗
net. Wir ſind öfters zu viel unterm Ge⸗
räuſch, daß wir mehr die Creaturen, als
GOtt, hören, da es dann ja Gnade iſt,
wann ER uns bisweilen was beſonders
nimmt. Laſſet uns das ſo verſchwindende
und ſo leicht bindende Geſchöpf vergeſſen,
ud uns auch durch deren Gegenwart nicht
aus der Einſamkeit mit GOtt ſetzen laſſen!
Ob ein Geſchöpf bey uns iſt, oder ob ein
Schatten und Gemählde bey uns iſt, es iſt
eben gering zu achten; es iſt nichts. GOtt
iſt Alles, und Allein unſerer Seelen genug.
Ach ja mein GOtt!

Es iſt wahr, was du ſageſt, du wirſt eher
das Geſchöpf, als dich ſelbſt, dran geben
können; dann wir ſind unbegreiflich tief durch⸗
drungen mit dem Selbſt; wir lieben dieſes
Selbſt ſo ſehr, daß wir dem teufliſchen Theil
alles zu lieb thun, und ihm gern den Him⸗
mel gönnen ſolten: Allein, vergiß auch die⸗
ſes ſelbſt, und gib es dran, daß es in ſich,
und durch die Hand GOttes von Innen und
Auſſen zerſtöret werde. Wo dir dieſes Ge⸗
ſpenſt begegnet, da thue nur kindlich dein
Auge davor zu, und ſiehe GOTT an mit
einem einfältigen Glaubens⸗Gemerck ſeiner
innigen Gegenwart. Ach! dieſer GOtt, die⸗
ſer GOtt muß uns einnehmen, und unſer
gantzer Vorwurf und Zeit⸗Kürtzung ſeyn,
und nicht wir ſelbſt oder das Geſchöpf. Eben
in dem, daß uns die Geſchöpfe in ihre Liebe

und

und Freundschaft einnehmen wollen, nehmen
sie uns insgemein guten Theils aus GOttes
Liebe und Freundschaft heraus, weil wir uns
so gantz ausgiessen.

Du weißst, lieber Bruder! daß mein Ruf
und Führung dahin gehet, nur so mit GOtt
allein zu leben. Ich weiß, was GOtt einem wahren Einsamen ist: Darum hats
mich auch so hertzlich erfreuet, wie ich verstanden, daß andere erhaben und gelobet,
ich aber herunter gemacht wurde; ob du
gleich dieses in deinem Brief nicht meldest.
Ich zwar habe die Wahrheit bezeuget; das
weiß ich: Glaube es, wem GOtt den Glauben giebet! Ein Hauptstück dieser Wahrheit
aber ist dieses, daß man die Ertödtungen
und Verachtungen hertzlich lieben müsse; das
wolte ich dann auch selbst gern thun, ohne
viel schwätzen. O du liebe Verachtung und
Vergessung aller Creaturen, wie fein ver-
birgest du uns vor tausend Pfeilen, welche
die treffen, so blos stehen, und setzest uns
in die selige Abgeschiedenheit und Einsamkeit
mit GOtt allein. Solte ich dann die nicht
aus meinem gantzen Hertzen lieben, welche
mir ein so grosses Gut zu wege zu bringen
behülflich sind? Weil mir nun ohnedem, lieber Bruder, die Bekantschaften und Ein-
wicklungen längst eine schwere Bürde gewesen, so ist diß mit die Ursache, warum ich
mich bey denen bewußten Verwirrungen vor
jetzo so leydend und stille halte, daß auch an

Zweit. B. III. Th.   B   dich,

dich, wegen des Verhaltens in dieſer Sache,
nicht einmal geantwortet habe. Ich ſcheue
nemlich alles fruchtloſe Gezänck, und ſonderlich, daß ich den liebſten GOtt nicht einiger maſſen hindern möchte, wo Er mich etwa durch dieſe Umſtände möchte vergeſſen,
verachtet und vor den Geſchöpfen verborgen
machen wollen; worin ich ſehr bin geſtärcket
worden, ſeitdem ich wahrgenommen, als
wann einige meynten, ich wolte gern Pabſt
ſeyn. Dich bitte ich nur, lieber Bruder,
vertheidige mich nirgend; glaube aber auch
nicht alles, was zum Nachtheil der Brüder
zu E. geſagt wird. Der Geiſt des Argwohns
ſtiftet daſelbſt und anderswo viel Uebels. Lerne vieles mit Schweigen anhören, und mit
GOtt im Hertzens-Kämmerlein bleiben, alle
lieben, ohne dich auszugieſſen, und GOtt zu
befehlen, was du nicht ändern kanſt. Zuletzt
ſieget doch die Wahrheit. Was GOtt nicht
gewircket, muß wieder zerfallen. — —
Bruder N. hat mir wiſſen laſſen, daß
er ſo gern einmal zu mir kommen wolte; er
iſt mir jederzeit lieb, ich aber wünſche aus
dem Geräuſch heraus, und vergeſſen zu ſeyn,
anfangende beym erſten Buchſtaben in des
kleinen Kempis A. B. C.
Verbleibe unverrückt

Dein

Mülheim,　　　verbundener im HErrn.
den 21. Jan. 1740.

Der

Der 9te Brief.

An eine schwangere Freundin, wie sie ihre jetzige und künftige Leyden ansehen müsse.

In der Gnade JEsu geliebte Schwester!

Ich gedencke ihrer in meiner Schwachheit vor dem HErrn, auch bey ihren jetzigen Umständen. Sehe sie doch ihre jetzige und künftige Leyden im kindlichen Glauben an. Alle unsere Leyden, und sonderlich solche Schmertzen sind allerdings bittere Früchten der Sünden: Weil wir uns aber dem ergeben haben, der aus Liebe zu uns von einem Weibe gebohren, und am Creutze gestorben ist, so sind auch alle unsere Leyden heilsam, und gut: Wir sollen sie alle nicht so sehr als Sünden-Früchte, sondern als Liebes-Seile und Zeichen aus der Hand unsers GOttes und Heylandes annehmen. Gedencket dann: Auch diese meine Schmertzen kommen von meinem guten GOtt, der gibt sie, der schafft sie mit seiner Hand. Ich sage nicht zu viel, das stehet eben von diesen Schmertzen deutlich in der Schrift. 1 B. Mos. 3, 16.

Nun wohlan dann, nehmet den heilsammen Kelch aus so guter Hand, mit Unter-

werfung

werfung eures inwendigen Willens an! Er,
der ihn gibt, iſt nahe, um zu ſtärcken und
auszuhelfen, aber auch nahe, um zuzuſehen,
ob ihrs auch gern willig begehret anzuneh=
men. Ich bitte euch im Namen JEſu, ge=
liebte Schweſter, bleibe ſie doch nicht zu ſehr
und zu lange hangen und ſtarren auf ihre
Unwürdigkeiten und Elenden! wären ſelbige
auch nur halb ſo groß, ſo könnte ſie doch
im Rechnen nicht auskommen. Gebe ſie
GOtt die Ehre, und ſincke und überlaſſe
ſich auf pure Gnade in und an den JEſum,
der ihr gewißlich nahe iſt, obs gleich dunckel
ſcheinet, und durch Leyden gehet. Beydes
bey der leiblichen und geiſtlichen Geburt ſind
die Schmertzen Vorboten der Freude, die
folget: Das ſagt JEſus, beydes in einem
Athem, Joh. 16, 21. Daß Er euch kräf=
tig ſegne aus ſeinem Heiligthum, und allen
Beyſtand und Hülfe in der Noth erfahren
laſſe, und euch im Glauben und in der Liebe
täglich ſtärcker mache, ſolches wünſchet

Ihr

Mülheim,   ſchwacher Mitbruder.
den 2. Mertz 1740.

Der

Der 10te Brief.

Von GOttes gütigen Führung und mütterlichen Vorforge über feine Kinder.

In dem HERRN hertzlich geliebte
Schwester!

Es iſt mir ja recht angenehm geweſen, daß
einmal einen Gruß von deiner Hand empfangen habe, den ich im verwichenen Winter kaum würde haben leſen, will geſchweigen beantworten können, wenigſtens oftmals;
obwohl unſere Gemeinſchaft im Geiſt ohnedem, nach wie vor, unverrückt bleibet in
dem, der ſie gegründet hat, und deren Grund
ſelber iſt.

Mein Geiſt bätet die unendliche Güte
GOttes an, welche mich durch ſo manche
der Vernunft ſeltſame Wege führet, wohin Er mich haben will. Die äuſſere kleine
Leyden werden geſehen, aber das rechte Geheimniß der göttlichen Weisheit darunter
wird im Verborgenen nach und nach ausgeführet, und ſo viel es Ihm beliebet, im
Geiſt zu ſeiner Zeit eröfnet. GOtt hat mir
jederzeit mehr geholfen durch mein Unvermögen, als durch mein Vermögen; dann unſere Widerſtrebungen ſind unglaublich viel

und

und tief: Er allein kan ſolche, und will ſolche entdecken und zerbrechen durch ſich ſelbſt,
wo wir uns Ihm kindlich anvertrauen; dann
wahrlich, Er iſt uns nahe; nicht nur nach
ſeiner allgemeinen Gegenwart, wie Er auch
allen unvernünftigen Geſchöpfen nahe iſt:
Sondern in dem holden Namen JEſus-
Immanuel, iſt dieſes ſeligſte Gut unſerm Geiſt
näher, als wir uns ſelber ſind, und zwar als
ein liebender Freund, um uns zu erretten,
zu reinigen, in uns als in ſeinem Königreich
zu wohnen, und uns endlich aus uns ſelbſt
und allem zu ſeiner ſeligſten Vereinigung zu
leiten durch Ihm bekannte Wege: Und ſolches alles durch ſich ſelbſt, und um ſein
ſelbſt willen, damit ſich kein Geſchöpf rühme
vor ſeinem Angeſicht. O! wie ſo ſehr ver-
pfuyt man ſeine Blindheit, ſein Mißtrauen,
ſeine ſchön = gemeynte Widerſtrebungen und
mancherley Ausweichungen, wann man die
hohe und treue Abſichten dieſer unendlichen
Gutheit mit und über ſich lebendig erfähret.
Man kan nicht anderſt, als die Augen von
ſich ſelber abwenden, um ſich hinführo lediglich dem anzuvertrauen, und den allein zu
lieben, der uns umſonſt liebet, und mehr
als mütterlich für ſeine Ihm Ergebene ſorget.

So wollen wir dann in kindlicher Hertzens-
Einfalt vor ſeinem Angeſicht wandlen, verlaſ-
ſende und vergeſſende uns ſelbſt und alles
Geſchaffene, um nur dieſes liebenswürdigſte
Gut zu lieben, anzuſehen, und Ihm Raum

zu

zu geben, in unseren Hertzen zu wircken und zu leben nach seinem Gefallen. Ehre sey seiner Barmhertzigkeit in Ewigkeit Amen!

Ich grüsse und küsse im Geist der Liebe, deinen Mann und dich, liebe Schwester, und alle die übrige liebe Hertzen, von denen du mich gegrüsset hast, welche der Zeit wegen nicht nenne: JEsus kennet ihre Namen, der verkläre sich in ihnen allen, und in uns immer mehr. In seiner Liebe verbleibe ich

Dein

Mülheim,   verbundener schwacher
den 15. Jun. 1740.   Bruder.

Der 11te Brief.

Was das innere Gebät, und was falsche Ledigkeit oder keine falsche Ledigkeit sey.

Lieber Bruder!

Ich habe nicht eher können antworten, als jetzt. Du verlangst den Unterscheid zu wissen, zwischen dem inneren Gebät und der falschen Ledigkeit oder Natur-Stille: Ich bitte und habe GOtt gebäten, daß Er dich darin unterweise, dich bewahrende vor dem Letzteren, und dich einführende in das

Erstere

Erſtere durch den Geiſt JEſu, als den rech=
net Gebäts = Meiſter. Melde du dich auch
nur bey dieſem Meiſter an, als ein rechtes
Kind des Hertzens, und trau es Ihm zu,
daß Er dich nicht wird irren laſſen, da du
Ihm von Hertzen folgen wilſt.

Mich anlangende, ſo werde immer un=
weiſer, und habe mich immer weniger in der
Gewalt, zu können ſagen und ſchreiben, wie
und was und wann ichs gern wolte; darum
mag vielleicht, auch meine Antwort dich we=
nig vergnügen.

Das innere Gebät iſt das Hinzu=Na=
hen zu GOtt, als in unſerem Hertzen ge=
genwärtig, durch die innige Andacht und
Hertzens=Neigungen, und ein Bleiben vor
Ihm, bey Ihm, in Ihm, nachdem die
Seele ſtehet. Die Seele iſt darin mehr oder
weniger wirckſam, nachdem ihr Stand iſt,
und GOTT ihr zuvor kommt; und ſo hat
ſie auch die eine Zeit Geſchmack, zur anderen
Zeit Dürre und Leyden, wie bekannt iſt.
Anfänglich ſind ihre Wirckſamkeiten durch=
gehends heftiger, gröber, unterſchiedlicher,
manchfaltiger, und werden oft wiederholt.
Allmählig (wann die Seele ausharret) wer=
den die Wirckſamkeiten ihrer Andacht und
Hertzens=Zuneigungen ſanfter, inniger, all=
gemeiner und einförmiger, daß ſie endlich
keiner Wiederholung ſcheinen zu bedürfen,
ja ſich gar zu verlieren, weil GOtt immer
mehr Haupt = Wircker in der Seele wird,
bis

bis sie nicht mehr lebet, sondern nur Christus in ihr. Der Geist JEsu ist der Lehrer
und Führer im inneren Gebät, dessen Leitung
man sich kindlich anvertrauen, und Ihm
ohne Umsehen folgen muß. Er berühret unsere Liebe und Hertzens-Neigungen, und
gibt uns seinen Zug zu erfahren durch ein
geheimes zartes Neigen oder Ausstrecken unseres Verlangens zum Grunde, d. i. zu
GOtt unserem Ursprung: Hätten und folg-
ten wir diesem Zug nicht, so kämen wir nimmer zu GOTT; wir können uns denselben
nicht geben; es ist Gnade: wir können ihn
aber gar sehr bedecken, verhindern und ihm
widerstreben, wann wir uns zu viel und ohne Noth mit der Andacht zerstreuen, oder
gar unsere Liebe und Hertzens-Neigungen
von andern Vorwürfen halten und hinreis-
sen lassen. Es ist dir jetzt vielleicht nicht
nöthig, daß ich geheimere Hindernisse be-
rühre.

Vermuthlich begreiffst du hieraus, was
die falsche Ledigkeit sey. Derjenige ist
nemlich in einer falschen Ledigkeit, wer entweder beym Gebät seine Andacht und Hertzens-Neigungen, mit Wissen und Willen,
herumfladdern und zu andern Vorwürfen
ausgehen lässet; Oder aber zweytens, seine
Gedancken zwar in eine gewisse Art der Abziehung und Vergessung anderer Vorwürfe setzet, Hertz und Willen aber am Geschaffenen haften läßt, und nicht wircklich

B 5   GOtt

GOtt ergiebet, und Ihm zuwendet; da man
dann zwar (wegen einer gewiſſen natürlichen
Dummheit oder Trägheit, worin man ein-
ſinckt) nicht allezeit ſpüret, daß man andere
Dinge zum Vorwurf habe, aber man hat
doch auch GOtt und das Göttliche nicht zum
Vorwurf, das man auch eben nicht ſonderlich begehret oder erwartet. Noch eine dritte
Art der falſchen Ledigkeit iſt, wann einer gar
das Gebät verläſſet, und unter einem betrüglichen Vorwand der Leydentlichkeit, oder
GOtt-Gelaſſenheit, oder Ueberlaſſung, ſo
getroſt in den Tag hinein lebt, und beydes Hertz und Sinnen in die Creatur und
Mannigfaltigkeit gehen läßt, wohin ſie wollen. Dergleichen Arten der Ledigkeit und
Stille müſſen und können gar leicht vermieden werden von einer Seele, die der Stimme der Gnaden und des Geiſtes in ihr Gehör giebet.

Wann uns aber der liebe GOtt zu ſeinen Freunden und Hertzens-Kindern machen
will, dann verleydet Er einem alle Manchfaltigkeit der Betrachtungen, oder verſtändlichen Nachſinnungen, ſonderlich beym Gebät. Man kan auch nicht mehr ſo mancherley und unterſchiedliches, nach eigenem
Gutdüncken, dem HErrn ſagen und von
Ihm begehren. Alles vereiniget und lencket
ſich zu einer allgemeinen und liebvollen Andacht der innigen Nahheit GOttes, dem
man feyren und ſchweigen muß. Man findet

det nichts, oder nur etwa ein kurtzes Liebes=
Wort zu sagen. Beym unverstellten Stille=
seyn findet man ein verborgenes Wohlseyn,
ohne daß man deſſen Urſache begreifet. Man
iſt genähret worden, ohne daß man weiß,
wie man die Speiſe bekommen hat, ꝛc.
Wann nun dergleichen bey dir vorgehet, lie=
ber Bruder, dann laß dich die Verſuchung
nicht irren, als wann du in einer falſchen
Ledigkeit ſtündeſt, wie wohl manchen Seelen
geſchieht. Es iſt ein Weg, der die folg=
ſame Seele zur Beſchaulichkeit, zu GOt=
tes Inwohnung, und gar zur Einheit mit
Ihm leitet, und unausſprechliche Güter mit
ſich bringet.

Auch iſt das keine falſche Ledigkeit, wann
man ſo gar nichts Angenehmes bey der Glau=
bens=Andacht und Zuneigung zu dem innig=
nahen GOtt, ſondern an deſſen Statt nur
Dürre und Blöſſe ſpüret. Oder wohl auch
das verſtändliche und ſinnliche Theil das Ge=
müth mit tauſend verſtreuten Phantaſien und
andern Empörungen drücket und bedecket.
Man verachtet und träget ſolches mit ruhi=
ger Gelaſſenheit: Der Geiſt oder das Ge=
müth, ſo nichts damit zu thun hat, bleibt
an ſeinem Ort und Werck, ſo ungeſtört
als möglich; er machts wie ein Kindlein,
das durch Schmertzen oder Getümmel im
ſüſſen Schlaf an ſeiner Mutter Brüſten ge=
ſtört werdende wieder anfängt, ſeine Lefzen
zu bewegen zum Saugen, damit es ſaugen=
                                        De

de in ſeine vorige Ruhe wieder einſincken
möge.   Ich will ſagen: die Seele erneuret
ſich auf eine wahrhafte aber ruhige Weiſe
in ihrem Glauben der innigen Nahheit ihres GOttes, in der liebvollen Andacht zu
Jhm, in der gantzen Schenckung an Jhn:
Sie bezeuget Jhm durch eine That der Liebe, oder Liebes-Wort, daß ſie nichts wolle, als Jhn allein; oder aber, ſie übet aus
eine That der Anbätung, der Verherrlichung,
des Wohlgefallens an dieſem vollkommenſten
Gut, u. ſ. w.   Oder worauf das Gemüth
ſonſt am erſten gelencket wird, und wobey
ſichs am beſten befindet: Alles aber, wie geſagt, auf eine unverſtellte, ruhige, unver-
wirrte Weiſe, ob etwa die Seele ihre vorige
Ruhe und Nahrung wieder finden möchte?
Beliebt ſolches GOTT nicht, nach einigem
Verſuch, dann muß man wiſſen und glauben, daß das ruhige Leyden der Dürre und
Empörungen, und die ſüſſe Vereinigung
mit GOttes Willen ein ſehr gutes Gebät
ſey.   Man muß ſich zwar ſehr in Acht nehmen, daß man durch unnöthige Zerſtreuungen den Tag über, oder durch wirckliche
Untreu zu keinerley dergleichen Dürre wiſſentlich Anlaß gebe: Solte aber auch dieſes geſchehen ſeyn, ſo muß die Seele ſolches nur
mit Verdemüthigung bekennen, übrigens ſich
gerade ſo dabey verhalten, als wann ſie es
nicht veranlaſſet hätte.

Hiebey

Hiebey will ichs nun bewenden laſſen,
ohne zu berühren verſchiedene andere Gebäts-
Arten, oder Führungen, welche bey Unge-
übten das Anſehen einer falſchen Stille oder
Ledigkeit haben könten; da, wie ich anfangs
geſagt, die eigene und wiederohlte Wirckungen der Seele, ſich bey treuem Fortgang
immer mehr verlieren, und von der Wirckung GOttes gleichſam überwunden, und
in ſein einförmiges Leben verändert werden.
Dann entweder ſind die Wirckungen GOttes in der Seele mercklich, und da hat ſie
keinen Scrupel ſich denenſelben leydentlich zu
überlaſſen, und Ihn durch ihr eigenes Thun
nicht zu verhinderen: Oder, GOtt hat doch
die Seele ſchon ſo ſehr in ſeiner Hand, daß
ſie Ihn gern Meiſter über ihre Wirckungen
ſeyn läßt. Dann was anlanget die Stände der Läuterungen und inneren Leyden, da
ſchickt ſich die Seele, ſo gut ſie kan; ſie hat
Geduld, ſie leydet, ſie liebet, und machts
überhaupt ſo, wie oben ſchon erinnert worden.

Kurtz! wilſt du mit mir das inwendige
Gebät üben, und vor aller falſchen Ledigkeit geſichert ſeyn? So laß dein Gebät
gepaaret gehen mit ſteter Verläugnung des
Geſchaffenen und alles deines Selbſts,
nach Anweiſung des Geiſtes und der Vorſehung, damit du GOtt rein lieben, und
Ihm allein ergeben ſeyn kanſt. Meyde auch
alle Weitläuftigkeit und unnöthige Zerſtreuung

ung in den Sinnen, Gedancken, Geſchäf=
ten, Umgang und Geſprächen, damit du
nicht verbildet und abgezogen werdeſt, ſon=
dern mit GOtt und ſeiner Gegenwart wand=
len, und vollkommen nach ſeinem Hertzen
werden könneſt, als ein rechtes Kind Abra=
hams: worzu dir und mir alle Gnade aus
der Fülle JEſu, und ſeinen theuren Geiſt
zum unbetrüglichen Führer anwünſche.

Lieber Bruder! ich ſchreibe viel mehr und
anderſt, als ichs vor hatte. Du haſt Ur=
ſache, dich zu verwundern über meine Kühn=
heit, daß ich bey meiner groſſen Unweisheit
und Geringheit von Dingen ſchreibe, die du
mit vielem Licht und Salbung von manchen
erleuchteten Seelen beſchrieben finden kanſt:
Traue auf mich und mein Schreiben weiter
nicht, als du es damit übereinſtimmend finden
wirſt. Indeſſen glaub ich doch, daß ich dir
dieſes hab ſchreiben ſollen. Bäte für mich!
ichwünſche, ein gleiches zu thun. Es lebe
JEſus in deiner Seele! in welchem ich dich
grüſſende und küſſende bleibe

Dein

Mülheim,   verbundener Mitbruder.
den 1. Jul. 1740.

P. S. Mir fällt eben bey der Materie von
der falſchen Ledigkeit ein, daß die Frau
Guion in ihren Schriften einen erbaulichen
Vers gemacht über ein gewiſſes Sinnbild,
Da

da unter anderen die Seele, auf dem Rü=
cken liegende, und zugleich bäten wollende,
abgemahlet wird. Ihr Reimlein darüber lau=
tet treulich verteutschet also:

„So lau im Christenthum, so träg
      seyn zum Gebät .
„Kan meinem HErren nicht behagen.
„Lern dich doch weislicher betragen,
„Und dien mit beßrem Ernst der höchsten
      Majestät!
„Diß ist die falsche Ruh; diß Stilleseyn
      betreugt.
„Weit anderst gehen GOttes Wege.
„Man läuft dem Bräutgam nach; das
      Hertz ist frisch und leicht.
„Man folgt Ihm unverrückt im Dornen=
      vollen Stege.
„Die Liebe und das Creutz drauf stützen
      wir allein;
„Dann solche Wege schlägt GOtt ein.
„Das andre ist der Andachts Larve nur,
„Ein todtes Bild und Schein vom
      Fromm=seyn,
„In Wahrheit nur Betrug und Dumm=
      seyn.
„So dienet man nicht GOtt, man folget
      der Natur.

Der

Der 12te Brief.

An eine hohe Standes-Person. Von der Nutz-
barkeit der Leyden und Widerwärtigkeiten in
diesem Leben.

Hochgebohrne,
Gnädigste Frau Gräfin!

Daß Ew. Hoch-Gräfl. Gnaden mit Dero
geneigtem Zuschreiben mich nun schon
länger als vor einem Jahr zu beehren geru-
het haben, ist alsobald als eine sonderbare
Gnade von mir erkannt und veneriret worden.
Meine hohe Schuldigkeit wäre gewesen, diese
meine Erkänntlichkeit zu bezeugen, und Ew.
Hoch-Gräfl. Gnaden für Dero Condescen-
dance und gewogene Zuschrift zu dancken;
wie dann solches noch durch diese Zeilen mit
aufrichtigem Hertzen thue. Meine seither fast
immer angehaltene Kopf- und Augen-Schmer-
tzen, und darauf erfolgte Kranckheit diesen
Winter durch, werden bey Ew. Hoch-Gräfl.
Gnaden mich verhoffentlich excusiren.

Daß meine gnädigste Frau Gräfin sich
so viel an meiner Geringheit gelegen seyn lassen, und sich auch jetzt nach meiner Disposition
erkundigen, möchte mich beschämen. Dem
HErrn ist es bekannt, daß meinen gnädigsten

HErr-

Herrschaften, und insbesondere Ew. Hoch-
Gräfl. Gnaden, beständiges Vergnügen und
unendlichen Segen in meiner Schwachheit
anwünsche und von Hertzen angewünschet habe.
Mich anlangend, so beliebet es dem GOtt,
dem ich mich in Christo zu seinem Dienst und
Wohlgefallen gantz hingegeben, daß Er mich
Unwürdigen mit seinem unschätzbaren Creutz,
auf mehr als eine Weise, von vielen Jahren
her beleget hat: Ich umfasse selbiges von gantzem Hertzen durch seine Gnade, und laß alle
die Ergötzlichkeiten im Sichtbaren davor liegen, als unwerth, schädlich und nichtig. Ich
verlange meine Leyden nicht um ein Härlein
anderst, als nur dieses noch darzu, daß ich
selbige mit unverrückter Glaubens-Freudigkeit
und Willigkeit Ihme nachtrage, und durch
seine göttliche Kraft aller Ueberrest des natürlichen Lebens am Creutz in der Gleichförmigkeit des Todes, JEsu Christi meines Heylandes, sterbe und Er allein in mir lebe!
Daß es Ihro Hoch-Gräfliche Gnaden in
Dero hohem Stande an Leyden und Mißvergnügen, bald hier bald dort, auch nicht ermanglen werde, kan mir leicht vorstellen, und
ist mir zum Theil bewußt. Daß auch solches
unserm Fleisch und Blut (wie meine gnädigste
Frau Gräfin in Dero Brief melden) sauer
ankommt, darüber ist sich keineswegs zu verwunderen: Wir wissen aber auch, daß Fleisch
und Blut das Reich GOttes nimmermehr
ererben, sondern gecreutziget werden sollen.

Zweit. B. III. Th.   C   Dero

Dero Hoch-Gräfl. Gemüth wird wohl viel zu
genereux ſeyn, daß ſichs durch eine ſolche
Senſibilité weich machen lieſſe, unſerem theureſten Hertzog der Seligkeit nicht einen ewigen
Eyd der Treue zu ſchwören, und mit beſtän-
diger Aufrichtigkeit im Gebät und Glaubens-
Kampf auszuhalten, auch unter Chriſti Creu-
tzes-Fahne den Sieg über alle widrige Kräften der Natur von Ihm ſelbſt zu erwarten.
Keinem Kinde iſt die Entwehnung von der
Mutter Bruſt ſo nützlich, als wann uns der
himmliſche Vater, durch die Bitterkeiten dieſes Lebens, von der Seel-verderblichen Liebe
des Sichtbaren abſpehnen will. Ach! es iſt
eine gar zu groſſe Gnade, wann Er uns den
Willen bricht, und unſern Weg gleichſam mit
Dornen vermacht, damit wir nicht von Ihm
weg, ſondern zu Ihm laufen müſſen. Erken-
neten wir die hohe Abſichten GOttes über
uns, wann Er uns wehe thut, wir würden
ſeine Liebes-Ruthe küſſen, und Ihn nur ſo
viel hertzlicher lieben und anhangen.

Mir wird recht bange ums Hertz, wann
ich Menſchen anſehe, denen in ihrem Natur-
Stand alles nach Hertzens-Wunſch gehet,
die entweder von keiner Widerwärtigkeit wiſſen, oder doch ſolchen immer durch ſchädliche Divertiſſements zu entweichen ſuchen.
Je mehr wir JESUM und ſeine ſelige Gemeinſchaft durch eine glückliche Erfahrung kennen, deſto mehr gehen uns die Augen auf,
auch alle andere Dinge mit neuen, das iſt mit
über-

übernatürlichen Augen anzusehen: Sein Creutz
wird uns köstlich und schön, und seine Schmach
ehrlich; die Welt hingegen und ihre edelste
Waaren gefallen uns gar nicht mehr; dann
einmal, Christus und die Welt sind einander
gar zu widerwärtig, daß sie unmöglich in ein-
und demselben Hertzen wohnen können. Darum ist ja der hier und ewig selig und klug,
wer alles, was die Welt anbeut für Schaden
und Dreck achtet, damit er die edle Perle,
Christum, gewinnen möge. Amen!

Daß Ihro Hoch-Gräfl. Gnaden wegen
Aufrichtung eines Waysen- oder Armen-Hau-
ses abermals Nachfrage zu thun belieben, darauf dienet zur schuldigsten Antwort, daß zwar
die Sache als nützlich, GOTT gefällig und
practicable ansehe, aber meine Leibes- und
Gemüths-Kräften viel zu schwach zu so wichtigem Unternehmen schätze. Dem HErrn ist
es indessen ein Geringes, noch wohl eine Thür
dazu zu eröfnen: Doch sehen wir an Davids
Exempel 2 Sam. 7. daß nicht alle GOtt ge-
fällige Desseins alsbald zum würcklichen Effect
kommen.

Mit Ihro Hoch-Gräfl. Gnaden, der Frau
Gräfin von N. in Bekanntschaft zu kommen,
würde mir nach GOttes Führung angenehm
und eine Ehre seyn; ich empfehle mich Deroselben mit schuldigstem Respect, und wünsche
Deroselben hohem Haus und Hertz des höchsten GOttes Segen, Erleuchtung und Gnade,
zur Erfahrungs-Erkäntniß und Liebe GOttes

und

und unſers Heylandes: Eben dieſes (dann
Höhers und Erwünſchters kan ich nichts finden) erbitte ich auch aufrichtig vor dem Thron
der göttlichen Gnaden meinem gnädigſten
HErrn, Ew. Hoch-Gräfl. Gnaden, auch
ſämtlichen jungen Herrſchaften, und dem gantzen Hoch-Gräfl. Hauſe! In Dero hohe Gnade empfehle ich mich unterthänigſt, und werde
jederzeit beweiſen, daß ich mit innigſter Sin-
cerität bin

Hochgebohrne gnädigſte Frau Gräfin,

Ew. Hoch-Gräfl. Gnaden

Mülheim,   treuer Unterthan und
den 13. Julii 1740.   Fürbitter.

Der 13te Brief.

Ueber die Worte: Leyde dich mit dem Evangelio nach GOttes Kraft. Nebſt einer
tröſtlichen Aufmunterung.

Vielgeliebte Schweſter!

JEſus ſpreche: Friede ſey mit dir! Wann
das Gebät eines Sünders ſo vermögend
bey GOtt wäre, als das Gebät eines Gerech-
ten, dann wäreſt du längſt von deinem leydigen
Selbſt-

Selbst ‒ Besehen und unglaubigen Fürchten
erlöset: Diese Freude, vertraue ich, wird
GOtt dich und mich noch erleben laſſen.

Was Paulus an seinen schüchteren Timo=
theum schreibt 2 Tim. 1. das sage auch ich
dir: Leyde dich mit dem Evangelio, nach
GOttes Kraft. Das Evangelium ohne Ley=
den gehöret in Himmel. Leyden ohne Evan=
gelium hat man in der Hölle. Aber die Pil=
ger auf Erden müſſen keines ohne das andere
annehmen. Nun, wohlan dann, schicke dich
in den Pilger ‒ Stand! Das Evangelium
und alles Gute in demselben solt du haben,
aber leyde dich mit dem Evangelio. Will
man das Evangelium gantz haben und erfah=
ren, dann findet man die Paßion mit darin.
Wir haben vieles in uns, und vieles auſſer
uns, das JEſu und seinem Evangelio zuwi=
der iſt, wovon wir als Feinde angefallen wer=
den. Es iſt da ein gantzes Reich der Finſter=
niß, so sich empöret, unzählich viel Böſes,
allerhand Eigenheiten, Versuchungen und
Reitzungen von allen Seiten, und die Unglau=
bens=Kräfte gehören mit zum feindlichen La=
ger. Und was sollen wir dann thun wider ſo
viele mächtige, liſtige Feinde? Antwort:
Nichts thun; sondern leyde dich, und laß
das Evangelium darum nicht aus der Hand
fallen, weil das Leyden kommt, sondern das
faſſe als mit. „Ja, wann ich nicht ſo arm
„und schwach wäre?„ Höre! Nach GOttes
Kraft solt du die Feinde und Leyden abmeſſen,

nicht nach deiner Schwachheit.   Was kan
GOtt nicht, deſſen Kraft in der Schwachheit
mächtig ſeyn will? So ſey dann immerhin ſo
ſchwach, als ein Wochen-Kind.   GOttes
Kraft ſey deine Wiege, darin liege ſo unbekümmert, als wie du erſt dieſes natürliche Alter hatteſt.   Sage doch: wer hat damals für
dich geſorget? Wahrlich, der allein, ders
auch jetzt ſo gerne thut; dem überlaß dich dann
gantz, den liebe, und ſey verſichert, daß du
Ihn alsdann recht liebeſt, und daß du alsdann
rechtſchaffen Gutes thuſt, wann du das Böſe, von Auſſen und Innen, mit Frieden und
Vertrauen leydeſt: Daß dir GOtt ſolches gebe, wünſchet nebſt hertzlichen Gruß auch an
deinen Mann und liebe Schweſter N.

Dein

Mülheim,   ſchwacher Bruder.
den 3. Nov. 1740.

Der

Der 14te Brief.

Von dem Unterscheid zwischen dem Stand unter
dem Gesetz und unter der Gnade; wie auch
zwischen dem wircksamen und leidentlichen
Stand.

Lieber Bruder!

Ich bin gar nicht im Stand, viel und deutlich mich zu können erklären: Meine innere Beschaffenheit und äussere Schwachheit
lassens beyde nicht zu; und deine Frage ist mit
so kurtzen Worten nicht zu beantworten: Die
Schriften erleuchteter Seelen, die du überflüßig
hast, können dich darin besser vergnügen, als
mein Schreiben.

Du wolteſt gerne wissen den deutlichen
Unterscheid des wirckſamen oder gesetz-
lichen Zuſtandes, und des leidentlichen
unter der Gnade und dem Geist JEſu.
Daß du so gern alles deutlich wilſt wissen, ist
in der That ein Fehler und Aufenthalt. Deine
Sorglichkeit macht, daß du Stützen und Gewißheit suchest in deinem Verstand, und würcklich schon zu viel drauf ſtützeſt; und an diese
Deutlichkeiten hält man ſich dann veſt, daß
es einem darnach zur Verbildung und Aufenthalt dienet, wann wir eben nicht alles mit
unserem vorgefaßten Concept überein bringen

können,

koͤnnen, da doch wuͤrcklich alle unſere Begriffe
uͤberaus mißlich ſind, ehe wir die Sache ſelbſt
erfahren. Dieſer Urſache wegen, und weil
auch die Fuͤhrungen GOttes ſo ſehr unter=
ſchieden ſind, ſo rede und ſchreibe ich eben nicht
gerne ſo genau von dem Unterſcheid der See=
len-Staͤnde, wann ich auch die darzu erfor=
derte Erleuchtung und Tuͤchtigkeit haͤtte, ſo
mir doch beydes fehlet. Ich will doch ſehen,
ob ich etwas ſagen kan, es muß aber fuͤr dich
allein bleiben, dann wegen der Verwirrung
des Haupts bin ich untuͤchtig, mich auszu=
druͤcken.

Es ſcheint, du nehmeſt den geſetzlichen
und wirckſamen Zuſtand fuͤr Einen Stand,
und den Stand unter der Gnade JEſu und
den leidentlichen Stand auch fuͤr Einen Stand,
welches doch eigentlich, und nach der Schrift
zu reden, ſich weit anderſt verhaͤlt; ob mans
gleich in einem hoͤheren Sinn endlich auch
wohl ſo nehmen kan. Der geſetzliche Stand
iſt Roͤm. 7. und der Stand in Chriſto, oder
unter ſeiner Gnade Roͤm. 8. beſchrieben. Einer
kan dieſen letzteren Stand erlangt haben, und
als ein Chriſt unter der Gnade ſtehen, und
doch noch ſehr weit vom eigentlich-leident=
lichen Stand entfernet ſeyn, in welchem die
Seele nicht mehr lebet und wircket, ſondern
JEſus Chriſtus in ihr. Nachdem die Seele,
welche unter der Gnade ſtehet, GOtt naͤhert
durch die Verlaͤugnung und Gebaͤt, darnach
werden auch ihre Wirckſamkeiten geiſtlicher,

einfoͤr=

einförmiger, und nehmen allmählich ab; hin=
gegen bekommen die Einflüsse, oder die Wir=
ckungen GOttes, oder des Geistes JESU,
immermehr die Oberhand. Durch kein an=
der Mittel und Weg gelanget die Seele aus
dem wirckſamen zum leidentlichen Stand und
Leben GOttes, als durch die Verläugnung
des Geſchaffenen und ihres eigenen Lebens,
Willens, Liebe und Verſtands, und durchs
Gebät. Die einen anderen Weg einſchlagen,
gerathen in falſche Freyheit und Gelaſſenheit.

Wer ſein Hertz und Vertrauen aufs Ge=
ſchaffene und auf ſich ſelbſt ſetzet, der iſt weder
unter dem Geſetz noch unter der Gnade, ſon=
dern in der Natur und ein Welt=Kind. Wer
ſein Hertz und Vertrauen allein auf GOtt in
Chriſto ſetzet, der iſt ein Chriſt, der iſt unter
der Gnade. Sein Hertz zur Creatur kehren,
und ſein Vertrauen auf Chriſtum wollen ſetzen,
das iſt Betrug und falſches Evangelium. Wer
ſein Hertz, oder Seelen=Begierde zwar nach
GOtt ausſtrecket, und ſeiner Seelen Rettung
ſuchet, ſein Vertrauen aber noch nicht auf
Chriſtum ſetzet, ſondern allerhand vornimmt,
um ſich zu beruhigen und fromm zu machen,
der iſt unter dem Geſetz, in vieler Arbeit, Ge=
brechlichkeit, Furcht und Unruhe des Gewiſ=
ſens, oder aber in Eigendünckel und eigener
Gerechtigkeit. Alle Stände aber haben ihre
Stafflen, und manchmal iſts vermiſcht und
veränderlich bey den Seelen.

Eine

Eine Seele, welche anfänglich eine Zeitlang
unterm Geſetz geſtanden, und nach der Gnade
in Chriſto bußfertig und mit rechtſchaffenem
Ernſt gehungert, bekommt wohl einmal, und
öfters gar bald, einen vorübergehenden Anblick von der Süßigkeit der Gnade, welcher
bisweilen ſehr ſinnlich iſt: Und da iſt die Seele
eigentlich noch nicht unter der Gnade des neuen
Bundes, und in Chriſto, wie ſie doch wohl
meynen möchte, ſondern es iſt eine Anlockung
dahin, eine Stärckung im Kampf der Buſſe
und der Verläugnung der Welt. Bisweilen
iſt dieſe Freudigkeit ziemlich ſelbſt gemacht,
oder natürlich, und alſo nichts als Einbildung:
Es wird aber auch der Seele, nach einem
ſolchen geſetzlichen Anfang, die Vergebung
ihrer vorigen Sünden in dem Blut JESU
Chriſti würcklich zugeeignet, entweder durch
ein zartes gründliches Vertrauen, oder durch
eine mehr ausdrückliche Verſicherung; und
ſodann iſt ſie nicht mehr unter dem Geſetz,
ſondern unter der Gnade; ſie iſt in Chriſto,
zu welchem und zu deſſen Sinn, Neigungen
und Gemeinſchaft ſie inniglich geneigt wird.

Sie iſt aber nur dem Anfang nach in
Chriſto; ſie iſt in Ihm noch nicht gewurtzelt
und gegründet. Der gantze Proceß der Gleichförmigkeit mit Chriſti Leben, Leyden, Tod
und Auferſtehung gehet da erſt recht an. Paulus war würcklich in Chriſto, und doch ſpricht
er noch das, was wir Phil. 3, 8=15. leſen
können. Eine ſolche Seele, die ſo dem Anfang

fang nach in Chrifto ift, ruhet mit ihrem Vertrauen noch nicht gantz und blos in Ihm, fondern noch viel mehr in fich felbft, in den Em-
pfindungen der Gnade, ja in den gefchenckten
Lichtern, Kräften und Tugenden, welche fie
allmählig, als ihr eigen Gut, fich unwiffend
zueignet. Gehets bey folchen Seelen dann
nicht allemal nach Wunfch, fondern in der
Dunckelheit und Dürre, dann zagen und
zaplen fie wieder, laffen fich wieder unter das
Gefetz gefangen nehmen durch taufenderley
Furcht, Sorge, Unruh, eigene Vornehmens
und Wirckfamkeiten, um es wieder gut zu
machen, da fie nur mit Hertz und Vertrauen
fo blos in Chrifto bleiben folten, ohne Abficht
auf das Empfindliche, fich Ihm überlaffende,
und Ihn für den Ausgang forgen laffen; und
fiehe, da fallen fie hingegen nur in eigene
Wirckfamkeit und Sorglichkeit. GOTT
läßt fich dann auch vielfältig wieder herunter,
und gibt der Seele wieder was Empfindliches,
und dann nimmt Ers auch wieder, damit fie
allmählich lerne, fich felbft verlaffen, auf Ihn
vertrauen, und feinem Geift freye Hand geben.
Und dergeftalt werden wohl die meiften mit
Abwechslungen gereiniget und zu GOtt geführet.

Andere auserlefene Seelen werden zu feiner Zeit, nachdem fie gnugfam beveftiget,
wohl fcharf gereiniget; ja es gehet recht ernft-
lich und betrübt her, wann folche Seelen,
denen fich GOtt inniglich zu erkennen und zu
lieben

lieben gegeben hat, und die demnach keine
Ruhe noch Vergnügen auſſer Ihm haben können noch wollen, nicht nur die empfindliche
Gnaden und Mittheilungen, ſondern auch die
damit gepaart gehende Luſt und Leichtigkeit zu
allem Guten verlieren, ja ihnen zugleich ihre
tief eingedrungene Unart, Eigenheiten und äuſ-
ſerſtes Unvermögen, ſich zu beſſeren und zu
verwahren entdecket wird; welches bey einigen
gar gründlich hergehet, und lange währet.
Diß iſt der Stand der inneren Läuterungen,
welcher dem Stand unter dem Geſetz in vielen
Dingen ähnlich ſcheinet, doch aber ſehr weit
davon unterſchieden iſt; wie ich im Brief wider die falſche Freyheiten *) wo mir recht iſt,
erkläret habe. Hier muß die Seele aus Noth
ſich leidentlich hingeben, verlieren, und
GOtt überlaſſen: Aber unter dem Geſetz muß
ſie nach Chriſto und ſeiner Gnade ſchreyen,
ſolche in Demuth erwarten, und inzwiſchen
wirckſamer Weiſe wider das Böſe kämpfen.
Dieſer Stand der Läuterungen iſt auch würcklich unterſcheiden nach ſeinen Stafflen, nach
den Beſchaffenheiten der Seele, und nach
GOttes Fürnehmen über ihr. In ſolchem
Zuſtande nun findet ſichs immer mehr, wie ſo
überaus ſchwer es fällt, daß ein Menſch der
Gerechtigkeit GOttes (welcher allein die Ehre
haben will) wahrlich unterthan werde, von
allem Vertrauen auf ſich und das Seinige ab-
ſtehe,

---

*) Siehe den letzten Brief im erſten Theil.

stehe, und sich gantz blos der puren Gnade
anvertraue, ohne in Ewigkeit etwas weiter
von sich selbst zu erwarten.

Hält aber die Seele diese Läuterungen,
Entblößungen und Vernichtigungen nach GOttes Willen aus, und verläßt sich selbst gantz,
dann wird sie auch gantz in GOtt eing.nom-
men: Christus wird ihre wesentliche Gerechtigkeit in ihr, und der Grund-Anfang ihres
Lebens, und ihrer inneren und äusseren Verrichtungen; sie ist gantz arm, unansehnlich und
schwach, und doch auch gantz reich, unüber-
windlich und sehr unschuldig; sie ist mit GOtt
vereiniget, der in ihr lebet, und sie in GOtt,
wie Erfahrene mit mehrerem davon zeugen
können.

Diese tiefere Leyden, und die Seligkeit
darnach, werden sonderlich denenjenigen aus-
erlesenen Seelen zu Theil, welche einen Zug,
oder Beruf zum Inwendigen haben, und
in demselben zur Vollendung sollen geführet
werden. Diesen Zug zum Inwendigen bekommen einige früher, andere später: Gemeiniglich aber entstehet er, nachdem die Seele
von dem ersten Ernst und denen darauf genos-
senen empfindlichen Gnaden-Gaben entblößet
ist. Da werden ihr ihre verständliche Nachsinnungen und eigene Wircksamkeiten im Aeusseren und Inneren sehr verleidet und benom-
men; hingegen findet sie bey sich eine geheime
Inclination zur äusseren und inneren Stille
und Abgeschiedenheit: Wann sie in einer allgemeinen

gemeinen liebvollen Andacht zu GOtt und dessen Gegenwart bleibet, dann befindet sie sich wohl; will sie was mehr thun durch Nachsinnungen, Anstrengungen oder mündlich Bäten, alsbald ist sie zerstreuet, unruhig und dürre; ihr Innerstes will von allem abgeschieden, und gantz für GOtt seyn, u. s. w. Hält nun die Seele in dem Stilleseyn und Vertrauen dergestalt einfältig aus, so wird sie dadurch grösser und theurer Gnaden fähig; sie liebet also GOtt in ihrer Abgeschiedenheit und Ruhe, und der wird sie wieder lieben, ja sich in ihr offenbaren. Und da wird ihr alles viel reiner wieder geschencket, was sie schiene verlohren zu haben ꝛc.

Nachdem nun aber GOttes Fürnehmen über solche Seelen ist, so pfleget Er selbige nachhero (wie droben berühret worden) noch durch verschiedene Wege der Reinigung, Demüthigungen und des Todes zu seinem reinesten GOttes=Leben, und völliger Vereinigung oder Einheit mit Ihm zu führen.

Ich schreibe so in der Eil, und mit so schwachem Haupt, daß mich kaum besinne; sage deswegen wohl vieles unordentlich, und das zur Sache nicht dienet, wo nicht gar unrichtig; du nimmst nur für dich daraus, was dir dienet und vernichtigest es dann.

Wann man aber nun dir, oder einer anderen Seele die eigene Wircksamkeit und Sorglichkeit abräth; so zielet das im allergeringsten nicht auf eine falsche Gelassenheit,

oder

oder ungebundene Fahrläßigkeit. Wann man
GOtt sein Hertz giebet, und Ihm sich völlig
anvertrauet, dann verlieret man zwar die unruhige Kümmerlichkeit und Sorge für sich
selbst, welche aus der Eigenliebe entstehet:
Man kan aber nicht GOtt sein Hertz geben,
und zugleich in williger Zerstreuung leben.
Man hält sich abgeschieden, man liebet das
Gebät, man thut äusserlich und innerlich,
was man glaubt, GOtt zu gefallen, und
Ihm am liebsten zu seyn; man will wohl
recht treu und genau in allem seyn, nur muß
das kümmerliche Wesen davon; man läßt
GOtt für den Ausgang sorgen; man sieht
nicht so immer nach sich selber um, stellt
nicht tausend Untersuchungen an; nimmt nicht
täglich neue Uebungen oder Fürnehmens vor,
will sich nicht bald in diese bald in jene gute
Gemüths-Fassung selber hinein helfen; sondern man gibt GOtt nach; man trägt alle
Gemüths-Beschaffenheiten mit Frieden, auch
so gar die Dürre, die Leyden, die Versuchungen und Elenden, GOtt in allem kindlich anbätende, liebende, und verherrlichende
mit stillem Geiste. Man will und thut aber
nichts Böses; durchaus nicht: Wann solches aber auch würcklich geschähe, oder die
Seele meynte, daß es ihr unwissend geschähe, so wird man nicht gleich so gar verzagt,
murrisch und unruhig; man gestehet gern
seine Schuld und Elend, und trägt diesen
Schmertz und diese Vernichtigung vor GOtt
mit

mit Frieden; und alſo wird aus der Demuth ein reines Vertrauen in GOtt gebohr-
ren, da man von ſich ſelbſt hinfüro nichts,
von GOtt aber alles erwartet.

Siehe, Bruder, ich ſage vieles, und vielleicht nichts, das dich vergnüget, mich aber
wahrlich noch viel weniger. — — Ich bitte,
daß JEſus deine Seele beſitze, und dich
führen wolle den rechten und beſten Weg.
Bäte auch für mich, ich habs ſehr nöthig.
Bin

Dein

Mülheim,   armer ſchwacher Bru-
den 23. Nov. 1740.   der.

Der 15te Brief.

**Von der Beſchaffenheit der Leyden, und wie ſich
darinnen zu verhalten.**

Lieber Bruder!

Ich nehme von Hertzen Theil an deinen Leyden, wie ſie auch immer ſeyn mögen.
Wann GOtt Luſt hat, uns ins Leyden zu
ſetzen, dann muß ſich alles darnach ſchicken,
und eine Kleinigkeit kan einem ein Berg
düncken, damit wir das Vergnügen nicht
haben mögen, das Mitleyden anderer, und
unſeren eigenen Muth zu ſehen.   Nur getroſt,

troſt, und immer fort, mein Bruder! Die
edle Leydens-Zeit iſt kurtz: Wir müſſen ſolche im Glauben köſtlich ſchätzen, und weder
uns ſelbſt, noch die Creutzgens viel beſehen,
ſondern uns nur bücken, und immer auf
GOtt vertrauen. Ich habs auch die meh-
reſte Zeit von vielen Seiten, ſo dem HErrn
allein bekant. Expreſſe von ſolchen Materien
etwas zum Troſt ſuchen und leſen wollen,
achte unnützlich und bisweilen ſchädlich. GOtt
läßt einem bisweilen wohl etwas ungeſucht
vorkommen, da nimmt mans einfältig an.
Wer in den Artickel vom Leyden recht hinein kommt, kans ſelten mit andern reimen,
wovon er lieſet. Das Gebät iſt eine gute
Retirade; ſelbiges etwas zu verlängeren,
gehet auch an, nur muß man im Gebät
GOtt kindlich zum Vorwurf haben, und
nicht vorſetzlich ſich ſelbſt und ſeine Leyden.
Wir müſſen uns GOtt ſchencken, und ſodann vergnügt ſeyn mit Ihm, und mit
dem, was wir gegenwärtig haben. Vergnügt ſage ich, dann alle Unvergnügtheit
machet düſter und mürriſch, und eine Ver-
mittlung zwiſchen GOtt und uns. Der innere Grund-Wille aber kan vergnügt ſeyn,
und ruhig mit GOtt einſtimmen, und die
Natur doch zu eben der Zeit das Gegentheil
fühlen; das muß man auch ruhig leyden.

Mülheim, am unſchuldigen
  Kindleins-Tag, 1740.

Zweit. B. III. Th. D   Der

Der 16te Brief.

Vom Unterscheid der sinnlichen und reinen Bru=
der=Liebe. Vom Leyden und kindlicher Um=
fassung des Wohlgefallen GOttes.

Hertzlich geliebte Schwester!

Dein Brieflein habe richtig erhalten; es
war mir um so viel angenehmer, weil
in so langer Zeit von dannen nichts gesehen
hatte, welches mir auch nicht völlig recht
war. Alles muß durchs Feuer gereinigt
werden: Was nicht GOTT und GOttes
Werck ist, das verschwindet in der Probe;
so gehts auch mit der brüderlichen Liebe und
Vereinigung, da, was sinnlich und eigen
ist, immer mehr geschieden wird: So weit
man aber in einem Lebens=Baum gepflantzet
stehet, und aus einer Wurtzel Leben em=
pfängt, bleibt die Liebe unveränderlich im
Geist veste, und wird durch die Probe nur
reiner und seliger.

Mein Hertz ist gegen dich, wie auch ge=
gen die andern, die dem Lamm in der
Wahrheit zu folgen sich ergeben haben, in
unverfälschter Liebe, wie gestern und vorge=
stern; und wünsche immer tiefer und vester
zu stehen in JEsu, unserem Haupt, in wel=
chem und aus welchem wir als Glieder an
einander.

einander hangen, und in einander einflieſſen
koͤnnen; darzu muß das ſelige Creutz von
Auſſen und Innen unter GOTTES Segen hauptſaͤchlich mit helfen. Darum habe
ich zwar eines Theils ein bruͤderliches Mitleyden mit denen Leyden, die dich treffen,
und wolte, wann ichs koͤnte, gern was mit
aufpacken: Doch kan ich dich deswegen nicht
ungluͤcklich ſchaͤtzen, noch das Leyden eine
Plage nennen, als nur in ſo weit, wann
man ſoll und nicht will; obgleich auch dieſes nicht will bey anhaltender Liebes-Mar-
ter ſchon gebrochen, und zur voͤlligen Ergebung gebracht wird.

Von deines Mannes Kranckheit hatte
ich nicht das Geringſte gehoͤret; ich hab es
am erſten aus deinem Brieflein erſehen. Gelobet ſey der HErr, der ihn wiederum aufgerichtet hat! Er werde verherrlichet beydes
durch die Kranckheit und Wieder-Geneſung.
Ja, Amen!

Ich bleibe auch noch als in meiner gewoͤhn-
lichen Schwaͤchlichkeit, obwohlen mit immer-
waͤhrenden Abwechslungen; ſo daß nichts
Gewiſſes oder Beſtaͤndiges darin habe, oder
ſagen kan. Durchgehends bin auſſer Stand
zum Schreiben und langem Umgang mit
Menſchen: Es iſt aber noch alles gar er-
traͤglich. Mein Geiſt will es durch GOttes
Barmhertzigkeit nicht anderſt. Die ſtille An-
baͤtung und kindliche Umfaſſung des gegen-
waͤrtigen Wohlgefallens GOttes, gibt we-

ſentliches Heil und Frieden einer Seele, die
nichts will, als GOtt, dann Er ſorget unendlich für uns, ſo daß wir uns Ihm im
Blinden anvertrauen können: Doch muß alles durchs Creutz und Proben gehen, was
Wahrheit und Weſen ſeyn ſoll; dann der
Menſch wills immer ſelbſt ſeyn und machen,
da er dann durch die Noth zur Erkäntniß
und zum rechten Loßlaſſen ſeiner ſelbſt muß
gebracht werden: Doch thuts der HErr
ſelbſt mit groſſer Güte und Weisheit, weil
Er genau unſere Schwachheit und Unvermögen wieget; Er will uns nicht verderben, ſondern reinigen und innigſt zu ſich ziehen. Derjenige, der geſagt hat: Wann ich werde
erhöhet ſeyn von der Erden, will ich ſie
alle zu mir ziehen, der vollende ſolches auch
in uns nach ſeinem Wohlgefallen und zu ſeiner Verklärung in uns! Ich grüſſe in hertzlicher Liebe — — durch Gnade bleibe ich
unverrückt

Dein

Mülheim,   verbundener Bruder.
den 20. Jan. 1741.

Der

Der 17te Brief.

Verhaltungs-Reglen, wie man sich im Entdecken seines Zustandes, im Wircken und Leyden, im Verlieren und Vergessen, und im besondern Gebät zu betragen.

Hertzlich geliebter Bruder!

Ob mir dein Zustand gnugsam bekannt sey, zweifelt bisweilen deine Vernunft; sie mags immerhin thun! ich will keine Gründe suchen, sie davon zu überzeugen, möchte sie sonst wohl finden. Dieses sage ich nur, daß zwar die Seelen vorsetzlich nichts verschweigen müssen, was dienen kan, ihren Zustand zu erkennen, übrigens aber weder auf ihr genaues Entdecken, noch auf die Person, der sie solches entdecken, bauen müssen, sondern lediglich auf die unendliche Güte GOttes im kindlichen Glauben, daß Er sie recht führen, und auch dem, der sie anweisen soll, ins Hertz geben werde, alles zu rechter Zeit zu sagen, oder zu verschweigen. Unser gütiger Vater wird uns keinen Stein für Brod, noch eine Schlange für einen Fisch geben: Seinen Geist, den heiligen und unbetrüglichen, gibt Er allen denen, die Ihn darum bitten, der sie nicht läßt irre gehen.

D 3   Meine

Meine Perſon anlangend und mein Licht,
davon iſt nichts zu ſagen. Ich bin ein ſolcher, daß mich gar nicht darüber verwun-
dere, wann man kein Vertrauen zu mir
hat; wäre mir auch viel lieber, wann in der
Abſicht alle meiner vergeſſen möchten: Nur
hab ich ein ungemeines Verlangen, alle, die
ich liebe, gern heilig und innig zu ſehen,
weil ich keine Glückſeligkeit kenne, als dieſe,
dieſe aber kenne ich mit unzweifelbarer Gewißheit.

Daß du zum Inneren Leben Beruf und
Fähigkeit haſt, iſt gewiß; dieſes Leben aber
erreicht man nicht ohne Tod, in den man
theils wirckender, theils leydender Weiſe eingeführet wird; wirckender Weiſe durch die
Drangebung und Abneigung von allem dem,
worin man Leben, Luſt und Stütze hat auſſer GOtt; leydender Weiſe durch Alles,
ich ſage Alles, was nur Widriges oder
Mortificirendes innerlich oder äuſſerlich begegnet, indem mans mit beugſamem Willen
einfältig von GOtt annimmt, und es mit
keiner Unruh anderſt will, als es iſt: wohin dann auch die Unempfindlichkeit, Dürre,
widerwillige Zerſtreuungen, Vernünftlungen,
Regungen der Leydenſchaften ꝛc. mitgehören;
als welches man mit möglichſter Abneigung
ungeſtört, und GOtt zu lieb, leyden muß:
Diß iſt die Weiſe, wie man in Tod geführ-
ret wird; der uns aber darein führet, iſt
von Auſſen die Liebes-Vorſehung, von Innen

nen aber der Geiſt der Liebe, der uns im
Grunde nahe iſt, und uns ziehet, locket,
neiget, nachdem unſer Stand iſt.

Dieſe Liebes-Gegenwart zu glauben, dieſen Glauben durch öfteres Andencken zu nähren, und den geheimen Zug und Neigung,
welche dieſer getreue Freund im Grund erwecket, wohl wahr zu nehmen, und mit
gantzer Hingebung zu folgen, muß ſo gar
Dein Eines und Alles ſeyn, daß du über
dem geheimen und ſtummen Umgang mit
dieſem Hertzens-Freund deiner ſelbſt und aller
deiner Elenden glücklich vergiſſeſt, und dich
verliereſt.

Alſo ſieheſt du, daß du dich auch verlieren und vergeſſen muſt: Ein jeder muß nur
die Wahrheit nach ſeinem Stand verſtehen;
für dich will es ſagen, daß du deinen Feinden, Elenden, Schwierigkeiten und Gefahren nicht direct entgegen gehen, oder ſie ſtarr
anſehen, ſondern dich ſanft, aber doch gantz,
davon abneigen, ſie vergeſſen, und dich zu
GOTT neigende Ihn allein anſehen, und
im Glauben zu deinem Vorwurf behalten
muſt.

Die Verſäumung des beſonderen Gebäts
iſt für dich wichtig, wann ſie aus deiner
Schuld kommt; lerne darin GOtt Raum
geben, und in dem Glauben ſeiner innigen Gegenwart Ihm ergeben zu ſeyn. Der
Glaube an GOttes innige Nahheit, und

der

der lautere Sinn, gantz für Ihn zu
ſeyn, iſt die Seele des Gebäts. Du muſt
mehr leyden, als wircken vor⸗ und bey
GOTT, doch muß der Geiſt der Gnaden
freye Hand haben. Du wirckeſt zu ſehr
ſinnlich und vernünftlich: Oder beſſer geſagt,
du läßſt es dein ſinnliches Theil zu viel wiſ⸗
ſen, was der Geiſt thut. Dein Umgang
mit GOtt, und deine Thaten im Gebät
müſſen was geheimer, ſanfter und inniger
ſeyn, und weil ſie das bisweilen nicht ge⸗
nug ſind, daher gibts keinen Frieden: Dann
der Geiſt ſiehet wohl, daß es nicht ſo völ⸗
lig Wahrheit iſt, was du alsdann thuſt,
darum kommt es ihm ſo theils verſtellt vor.
Nur beſtändig und geduldig geblieben, auch
mitten in der Dürre! Deine Eigenliebe muß
erſt todt ſeyn, dann wirſt du GOttes Liebe
ohne Gefahr ſchmäcken können.

Mülheim,
den 17. May 1741.

Der

Der 18te Brief.

Wie man sich bey Entdeckung seines eigenen
Elends zu verhalten.

Hertzlich geliebter Bruder!

So bald ich von deiner Schwachheit gehöret, hab ich dich in brüderlichem Mitleyden suchen zu faffen, wünschende, (wie ich
auch noch von Hertzen thue) daß der liebe
GOTT auch durch diese Besuchung seinen
heiligen und gütigen Endzweck in Ansehung
deiner Seele erreichen möge!

Es ist Gnade, wann der HErr dir deine
Untreu, Ungestorbenheit und Ungestalt tief
entdecket. Die Schwermüthigkeit entstehet
aus der Eigenliebe. Vertraue dich dem HErrn
völlig an, wie du bist, auf pure Gnade,
und übergib dich Ihm und seiner Gnaden-
Bewirckung gantz und mit einfältigem Hertzen, damit in dem vielleicht kurtzen Ueberrest
deiner Tage gründlich in dir getödtet werde,
was von der Natur und eigenem Leben übrig ist, und dein ewiger Geist die dem Volck
GOttes verheissene Ruhe noch bey Leibes-
Leben erreichen möge! Wage dich gantz dabey; siehe den kleinen Gewohnheiten und Ungestorbenheiten nicht durch die Finger; traue
deinem argen Hertzen nichts, GOTT aber

D 5   viel;

viel; liebe die Abgeſchiedenheit, das Still-
ſchweigen und Gebät. JESUS ſegne
dich!

Dein

Mülheim,   ſchwacher Mitbruder.
den 30. May 1741.

Der 19te Brief.

Von ſiebenerley Stuffen: wie man GOtt in
Chriſto ALLEIN anſehen, und ſich
ſelbſt nicht anſehen, ſondern vergeſſen
müſſe.

In der Gnade JEſu hertzlich geliebter
    Bruder!

Ich ſehe da noch deinen Angenehmen vom
    9ten Mart. liegen, worin du auf etwas,
das ich in meinem Vorigen geſagt, nähere
Bedeutung begehreſt. Ich ſoll nemlich geſchrieben haben: GOTT in Chriſto allein
anſehen, und ſich ſelbſt nicht anſehen,
ſondern vergeſſen, das wircke alle Tugend; es habe aber auch ſeine Stuffen.
Dieſe Stuffen nun begehreſt du, dir einſt
bekannt zu machen; eben als wann du es
nicht ſo wohl wüßteſt, als ich: Doch ich
will einfältig ſagen, was mir davon beyfällt,
ob

ob ich gleich nicht mehr weiß, welchergestalt
ich die Sache damals eingesehen habe.

Ich kan dann jetzt sagen, daß man hauptsächlich auf eine Siebenfache Weise GOtt
in Christo allein ansehen, und sich selbst vergessen kan und muß; und es jedesmal (doch
mit sehr mercklichem Unterscheid) die Erfahrung lehret, wie dardurch alle Tugend und
alles Gute gewircket werde. Man thut solches 1. Suchender Weise; 2. Empfindlicher
Weise; 3. Uebender Weise; 4. Einfältiger
Weise; 5. Beschauender Weise; 6. Ueber-
lassender Weise; 7. Wesentlicher Weise:
Nachdem eines jeden Zustand und Führung
ist; und ein jeder muß nach seinem Stand
und Führung zu Werck gehen, ohne sich
darum zu bekümmeren, ob sein Stand hoch
oder niedrig sey, weil der Stand, worin
uns GOtt haben will, der Vollkommenste
für uns ist.

1. Im Stand der Busse, es sey
im Anfang oder nachhero, wann die Seele
ihre Sünden-Wunden, Druck, Angst und
Unruh im Gewissen fühlet, wegen Ahndung
göttlicher Gerechtigkeit, nach welcher sie nichts
anders als Finsterniß, Tod und Verdammniß vor sich siehet: Da ist kein besserer ja
kein anderer Rath noch Ausweg für die Seele, als daß sie sich selbst nicht ansehe, sondern GOTT in Christo allein, soll anderst
ihre Wunde geheilet, und alle Tugend in
ihr

ihr gewircket werden. Sich umſehen nach
einem vermeynten guten Werck; ſich helfen
und beruhigen wollen durch Pflichten, gut=
meynende Uebungen, eigene Verſprechungen,
und Vornehmens der Beſſerung ꝛc. Das iſt
nur ein Tünchen mit loſem Kalck. Durch
Geſetzes Wercke wird kein Menſch gerecht
vor GOTT; das Geſetz iſt zu heilig, und
das Fleiſch zu ſchwach, daß es dem Geſetz
GOTTes nicht unterthan ſeyn kan. Das
Gewiſſen wird durch den Weg nicht beru=
higet, ſondern man fällt immer tiefer drein,
und wann man ſein Elend lang genug an=
geſehen, und ſein Beſtes gethan hat, dann
findet man ſich zuletzt am Ende des ſieben=
ten Capitels an die Römer: Ich elender
Menſch ꝛc. Gibt aber die Seele GOtt Recht,
ſtimmet von Hertzen zu in ihre Fluchwür=
digkeit, Elend und Unvermögen, und ſiehet
ſodann von ſich ſelber ab, um nur GOtt
in Chriſto anzuſehen, der aus Gnaden den
Sünder annimmt und heilet; ſo wird ihr
wahrlich geholfen, und wann ſie auch Berge
von Sünden auf ſich hätte, und ihr Hertz
mit ſieben Teufeln angefüllet wäre. Die
Seele muß nur, ihren Jammer von Hertzen
bekennende, immer ihre Augen davon ab,
auf GOtt in CHriſto wenden, der durch
Chriſti Blut alle Sünden vergeben und aus=
tilgen kan und will; und wann ihr ihr Elend
und Noth immer wieder ins Geſicht fiele,
und es ihr ſchiene, als wann ſie GOtt in
Chriſto

Christo nicht ansehen könnte, oder derselbe
sie nicht ansehen wolte; so kan sie doch nur
in JEsu Namen beständig fort fahren, immer von sich ab = in Christo zu sehen, der sie
nimmermehr wird lassen zu schanden werden,
sondern sie endlich mit ewiger Erbarmung
umfassen. Und also vergisset man sich selbst,
und siehet GOtt in Christo an Suchender
Weise, gleichwie ein kranckes und peinliches
Kind auf seine Mutter siehet; oder, wie die
von den giftigen Schlangen in der Wüsten
Gestochene nicht ihre Wunden, sondern die
eherne Schlange ansahen, und wurden genesen: Also wer an den Sohn GOttes glaubet, wird nicht verlohren gehen, sondern
ewiges Leben haben rc.

2. Im Stand der Erquickungen;
es sey nun, daß der freundliche GOTT die
Seele den Reichthum seiner Barmhertzigkeit
in Vergebung aller ihrer Sünden sehen und
schmäcken lässet; oder, daß er ihr sonst einige empfindliche Gnaden = Gabe, Freudigkeit, Licht, Lust, Trost, oder dergleichen
mittheilet. Da hat die Seele sonderlich auch
nöthig, daß sie sich selbst nicht ansehe, sondern sich vergesse, damit GOttes Wohlthaten nicht durch Selbst=Gefallen und eigene
Anmassung verderbet werden: Vielmehr soll
die Seele beydes vor ihr selbst und vor GOttes Gaben (nachdem sie GOtt dafür gedancket) die Augen schliessen, um nichts davon
für

für ſich ſelbſt zu wollen haben, ſondern ſich
alles deſſen wieder zu entäuſſeren, um GOtt
in Chriſto allein anzuſehen im Glauben, und
keinen Gefallen haben an ſich ſelbſt, ſondern
an GOtt dem Geber und der Quelle aller
guten Gaben, der allein gut und liebenswürdig iſt. Dieſes Vergeſſen ſeiner ſelbſt
und des empfangenen Guten in ſich; dieſes
Entäuſſeren; dieſes Zuſchlieſſen der Augen vor
ſich und allem Geſchaffenen, um nichts für
ſich darin zu wollen haben oder ſehen, ſondern GOtt allein anzuſehen, kommt dem groben Sinn und der Eigenheit widerſinniſch vor,
und ſolte die Vernunft dencken: Was nuͤtzet
mirs dann, ob ich diß und jenes von GOtt
habe und empfange, wann ichs wieder vergeſſen, und nichts darin für mich haben ſoll?
Allein die Vernunft und Sinnen ſind blind
an GOttes Reich. Die Erfahrung lehret,
daß, je mehr wir uns alles Guten entäuſſeren, und es in der Eigenheit nicht beſitzen
wollen, deſto edler haben wirs; und wann
wir uns des Edlen, das wir haben, auch
wieder entäuſſern, um nichts als GOtt zu
wollen anſehen, ſo wächſt abermal unſer Gutes und unſere Seligkeit: Dann je mehr
aufrichtige Selbſt-Verſchmähung und Ausgang aus der Eigenheit; deſto mehr Tugend,
Frieden und gründliche Seligkeit hat eine
Seele. Weil aber, leyder! viele das Gute,
ſo ſie von GOtt bekommen, in der Eigenheit anſehen und veſt halten, ſo kriegen ſie

das

das Beſſere nicht, ja auch das Gute wird
verdorben und verlohren. Und alſo muß die
Seele, welche ſich in dieſen Umſtänden findet,
empfindender Weiſe ſich ſelbſt vergeſſen
und nicht anſehen, ſondern GOtt allein in
Chriſto, welches alles Gute wircket. Und
ob der Geliebte in dieſen angenehmen Tagen
der Braut ſchon einen Schmuck nach dem
andern umhänget, und dann ſpricht: Siehe,
meine Freundin! du biſt ſchön; ꝛc. So
will ſie ſich dennoch nicht anſehen, ſondern
antwortet: Siehe, mein Freund! Du
biſt ſchön, ꝛc. Hohel. 1, 15. und 16.

3. Im Wege der Heiligung muß
die Seele anfangs übender Weiſe GOtt
in Chriſto allein anſehen, ſich ſelbſt aber
nicht anſehen, ſondern ſehr vergeſſen. Manche gutmeynende Hertzen, welche die Gnade
GOttes in Chriſto ein wenig empfunden,
bekommen ein hertzliches Verlangen und Ernſt,
dem GOtt zu Ehren zu leben, und der Heiligung nachzujagen; es iſt aber Schade,
daß man ſo vielfältig die Sache unrecht angreift: Man ſuchet ſeine Feinde gleichſam
auf; man prüfet und erforſchet ſein Thun
und Leben ; man widerſetzet ſich mit aller
Anſtrengung dem Böſen, und befleißiget ſich
der Tugenden, und ſetzet ſich in eine ſo fromme Geſtalt, als man nur immer kan: Allein, es wird daraus entweder ein ſelbſt gemachtes äuſſeres Schein- und Heuchel-We-
sen,

ſen, ohne Grund und Wurtzel; oder man
martert ſich mit Kleinmüthigkeit und Unglauben; oder gibt wohl gar den Muth auf,
weil man der Gebrechen ſo viel findet, und
keinen Rath ſiehet, ſich ſo heilig zu machen,
als mans wohl erkennet: Dann ſo gehet die
Seele in ſich ſelber, und ohne GOTT zu
Werck. Der leichteſte und richtigſte Weg
zur Heiligung iſt GOtt in Chriſto anſehen,
und ſich ſelbſt ſamt ſeinen Elenden ſehr vergeſſen. Laſſet uns lauffen im Kampf,
der uns verordnet iſt, ſagt Paulus Hebr.
12. Aber welchergeſtalt? Abſehende auf
JEſum den Anfänger und Vollender des
Glaubens. Diß iſt eben die ſchöne Uebung
der Beſchäftigung mit GOTT, und ſeiner
liebreichen Gegenwart, wovon im 16. Pſalm
ſtehet: Ich habe den HErrn mir allezeit
vor Augen geſtellet. Dieſes kindliche Glau-
bens-Geſicht, Andencken und Beſchäftigung
des Hertzens mit dem gegenwärtigen Liebes-
GOtt, und mit ſeinen göttlichen Vollkommenheiten iſt eine rechte Kriegs-Liſt im inwendigen Kampf, da ſich die Seele geradezu mit keinem Feind einläßt, ſondern es
macht wie ein Kind, das einen Hund ſiehet,
und ohne ſich mit demſelben zu ſchlagen, nur
zur Mutter läuft, und ſich vertraulich in ihren Schooß verbirget. Durch dieſes Sehen
auf GOTT, und dieſe Beſchäftigung des
Hertzens mit GOTT und ſeinen göttlichen
Vollkommenheiten, wird die Seele wunderbarlich

barlich erleuchtet, geſtärcket, befriediget, und
wie im Schlaf geheiliget, und zwar auf eine
unverſtellte gründliche Weiſe; weil der Eindruck von GOttes Gegenwart, Hoheit, Allgenugſamkeit, und Vollkommenheit ſie allgemach durchdringet, von allem abgewöhnet,
und alles in ihren Augen und in ihrem Hertzen klein und gering machet, was dieſer
GOtt nicht iſt.

4. Iſt nun die Seele in dieſer ihrer Uebung
getreu und beſtändig, ſo ſegnet GOtt ihre
Arbeit; kommt ihr darin zuvor, und begegnet
ihr mit ſeinem Zug in ihrem Hertzens-Grun-
de, und geheimen Eindruck ſeiner innigen
Nahheit, Liebe, Allgenugſamkeit und göttlichen Vollkommenheiten. Es will ſich zwar
mit ihr gar nicht mehr ſchicken, daß ſie dieſen
GOtt und deſſen Vollkommenheiten mit der
Wirckſamkeit ihres Verſtands, ſo von Stück
zu Stück mit Unterſcheidung betrachten, und
ſich dabey aufhalten kan: Dennoch, wann ſie
ſich einfältig bey ihrem Hertzen hält, findet ſie
da einen allgemeinen und geheimen Eindruck
von GOttes Nahheit, Hoheit, Liebe und
Allgenugſamkeit, der zwar, wie geſagt, gantz
geheim und gleichſam undeutlich ſcheinet, doch
aber mit einer verborgenen Kraft gepaaret gehet, wordurch die Seele gar ſehr abgezogen
und abgeneigt wird von allem Geſchaffenen
und Vergänglichen, um ſich mit dieſem, ihrem GOtt zu vereinigen, und ſich nahe bey
Ihm zu halten. Hier nun, hat die Seele

nichts

nichts zu thun, als daß ſie dieſem innigen Zug
und dieſer Grund-Neigung einfältig folge,
und mit dieſer Neigung GOtt anhange, bey
Ihm eingeſammelt ſuche zu bleiben, und mit
ſanften, einfältigen Glaubens-Blicken nur
Denſelben anſehe, und nicht ſich ſelbſt;
So wird eben durch dieſe einfältige Einſamm-
lung die Seele aufs beſte bewahrt, vor allem
Uebel, die gründliche Tugenden in ihr geleget, und ſie zur weſentlichen Vereinigung mit
GOtt, und zu Empfahung unzähliger Güter
fähig gemacht: Will aber die Seele hier
nicht ſo einfältig zu Werck gehen, ſondern
ſich ſelbſt beſehen, und nach ihrem Bedüncken handlen, ſo kan ſie ſich nur ſehr aufhalten und verwirren; denn die vorige äuſſerliche, ſinnliche, verſtändliche Betrachtungen
und Uebungen wollen dem Gemüth gar keine
Nahrung noch Vergnügen mehr geben; Sie
kan auch damit übel zurecht kommen; Sie
ſtehet nach ihrem ſinnlichen Theil ziemlich
dürre, ſchwach, und bisweilen leicht zerſtreuet,
und je mehr ſie ſich durch Anſtrengung der
ſinnlichen und verſtändlichen Wirckſamkeiten
helfen will, deſto ſchlimmer wird es: Nur,
wann ſie in einfältiger Stille alles vergeſſende bey ihrem Hertzen, oder beſſer geſagt, bey
GOtt bleibet, dann wird ſie in etwa obge-
melten Zug, Neigung und Eindruck gewahr,
wobey ihr wohl iſt, auch ſogar daß ſie eine
geheime Ahndung dabey hat, wie ſie nichts weiter nöthig habe zu thun oder zu begehren. Inzwiſchen

zwischen fällt es der Seele, wegen der Uner‐
fahrenheit und wegen der Einfalt solcher Ue‐
bung anfänglich schwer sich damit zu vergnü‐
gen, und nicht öfters wieder zu sich selbst
zu kehren und sich selbst anzusehen, da sie
nur solte mit Maria zu den Füssen des Hey‐
landes stille bleiben, weil nur dieses EJNE
ihr nöthig ist, und mehr Heil bringet, als
anderer ihr Beunruhigen um viele Dinge.
Doch ich schreibe zu weitläufig, wills derhal‐
ben kurtz fassen.

5. Die Seele siehet GOTT allein an,
und nicht sich selbst beschauender Weise,
wann es GOtt beliebt, sich ihr wesentlicher
inwendig zu offenbaren (Joh. 14, 21.) und
zu vergegenwärtigen, da das Auge der See‐
len eröfnet, und mit einer angenehmen Macht
GOttes auf diß gegenwärtige allvergnügende
Gut gelencket wird, Jhn allein und unver‐
wandt anzusehen und anzuhangen, welches
der Stand der Beschaulichkeit genannt wird.
Die Seele hat hier nicht sehr nöthig, daß
es ihr gesagt werde, sie solle sich selbst nicht
ansehen, weil sie durch die so nahe Salbung
schon genugsam darin unterwiesen, und durch
die reitzende, oder an sich ziehende Kraft des
gegenwärtigen GOttes leicht zu Jhm gezo‐
gen wird. Wie viel Gutes dieses unver‐
wandte GOtt‐Ansehen in solchem Stand
wircket, sagt unter anderen Paulus 2 Cor.
3, 18. Indem wir die Herrlichkeit des

HErrn

HErrn beſchauen, werden wir in daſſelbe Bild vergeſtaltet, von einer Herrlichkeit zur anderen, als vom Geiſt des
HErrn.

6. Man muß überlaſſender und ſter-
bender Weiſe GOtt in Chriſto allein anſehen, ſich ſelbſt aber nicht anſehen, ſondern
vergeſſen, in denen bedencklichen und wichtigen Ständen der inneren Leyden, Entblöſſungen und Läuterungen: Ueberaus nöthig iſt
alsdann der Seele dieſe Wahrheit; ja, je
ſchwerer und höher die Läuterungen ſind,
deſto nöthiger iſt ihr dieſe Erinnerung. In
denen hohen Wegen der Vernichtigung und
Läuterung kan die Seele weder Licht, noch
Troſt, noch Gnade, noch GOtt finden, da
ihr vielmehr alles zuwider ſcheinet; Sie ſiehet, ja ſie erfähret ihre Armuth, ihre Finſterniß, ihre Schwachheit, ihr unbeſchreib-
lich tiefes Elend aufs bitterſte. Alle ihre
vorige Gnaden und Mittheilungen ſind wie
verloren, und, wie ſie meynet, aus eigener
Schuld verloren. Alle ihre Uebungen, Bemühungen, Erhebungen, Sammlungen, ꝛc.
oder wie ſie ſich ſonſt zu helfen, zu bewahren, oder mit GOtt zu vereinigen gewohnt
war, kommen ihr nichts mehr zu ſtatten ꝛc.
Was iſt zu thun? Nichts. Was iſt zu
leyden? Vieles; Aber ohne Hofnung der
Erlöſung, wie es ſcheinet. Was bleibt dann
dem armen Gemüth übrig? Und was iſt
ihm zu rathen? Ihm bleibt nichts übrig, als
seiu

sein grosses Elend und pures Nichts; und ihm ist nur dieses zu rathen, daß es mit inniger Wahrheit in dieses sein Elend und Nichts zustimme, und als ein solch armes Nichts sich GOtt in Christo auf pure Gnade überlasse, ohne etwas weiter in sich selber zu suchen, von sich selber zu erwarten, noch für sich selbst zu hoffen, sondern GOtt recht spreche, und Ihn mit sich machen lasse in Zeit und Ewigkeit. Diß muß GOtt wircken und der Mensch leyden; aber wann GOtt das wircket, dann gehet man aus sich selber aus; Man verläßt sich; man stirbt sich selber ab, und lernet, was es sey, überlassender und sterbender Weise GOTT in Christo allein ansehen, sich selbst aber nicht ansehen, sondern sehr vergessen, wordurch hier nicht nur alles Gute gewircket, sondern man mit dem wesentlichen Gut erfüllet wird.

7. Eben dieses geschiehet wesentlicher Weise in dem Stand der göttlichen Einheit und Vergestaltung, wovon JEsus Joh. 17. spricht, und andere Heiligen, so wohl in der heiligen Schrift, als sonst vieles gezeuget haben, ich aber aus Erfahrung nichts sagen kan. Der HERR gebe uns Gnade, zu erfahren, was Ihm beliebt! Siehe Bruder, diß ist es, was dir in der Eil, da immer gehindert werde, auf deine Frage antworten kan. Du wirst aus allem deinen Nutzen zu nehmen, und meine untergemisch-

te

te Fehler zu ſcheiden wiſſen, von dem, was
göttliche Wahrheit iſt.

Ich halte ſonſt nicht viel darauf, wann die
Gemüther ſo viel wiſſen von denen Stuffen im
Chriſtenthum; da die Eigenliebe ſich ſo gern
oben an will ſetzen und ſich in etwas formen,
worein GOtt noch nicht führet: Doch will
ich dieſen Brief auch nicht ſo angeſehen haben, als wenn der eine Staffel auf den anderen allezeit eben ſo folgen müßte. Es iſt
zwar wohl etwas daran, aber nicht bey allen Seelen, auch nicht ſo ordentlich und un-
terſchiedlich: zu geſchweigen, daß die ungleiche Beſchaffenheiten und das ungleiche Verhalten der Seelen merckliche Veränderungen
in denen Führungen verurſachet; GOtt auch
nicht mit allen einerley Abſichten hat.

Laſſet uns kindlich bey GOtt bleiben im
Gegenwärtigen, und uns Ihm gantz überlaſſen nach dem völligen Maaß ſeiner Gnade in uns: bey aller Treue aber, und in
allen Proben nichts von uns ſelber, aber alles von ſeiner unendlichen Güte erwarten.
Amen, Er thue es! Gedencket meiner als

Eures

Mülheim,　　　　ſchwachen Bruders.
den 2. Junii 1741.

Der

Der 20te Brief.

Die Anstrengung müsse nicht im Gebät, sondern in der Verläugnung gebraucht werden.

Geliebter Bruder!

Obgleich sehr schwach bin auf eine Aderlaß, so wolte doch eben melden, daß die Alteration und Aengstlichkeit beym Gebät allerdings eine natürliche Ursache bey dir habe, und durch die geringste Anstrengung erwecket und vermehret werde. Ich rathe also die Anstrengung der Andacht ab, ohnerachtet es dir vorkommt, dein Gebät seye dann nur so obenhin; Das wird sich ändern, wo du nur vorsetzlich keine Untreu oder Auskehr hegest, sondern die wahre Anstrengung und Gewalt brauchest, welche in der Verläugnung, in der völligen Uebergab an GOtt, und in der geheimen Vereinigung mit seinem göttlichen Wohlgefallen in- und auffer dem Gebät bestehet. Man kan sich ohnedem öfters auf eine sanfte und doch wahrhafte Weise der Gegenwart GOttes erinneren, und mit ruhiger Ertragung seiner Armuth vor Ihm bleiben.

In Ansehung des Aeusseren rathe eine mäßige Bewegung an, so viel nehmlich der

E 4 Zustand

Zuſtand oder die Kräften leyden .... Ich grüſſe hertzlich im HErrn, der deine Seele ſegne, und gantz zu Ihm gewandt mache!

Dein

Mülheim,
den 11. Junii 1741.   ſchwacher Bruder.

Der 21te Brief.

Je mehr wir GOtt allein ſuchen zu vergnügen, je mehr finden wir Ihn, und alles was uns heiliget, im gegenwärtigen NUN.

In der Gnade JEſu hertzlich geliebter Bruder!

—————— Es iſt eine groſſe Gnade, und ein ruhiger Weg, wann wir beruffene Pilger auf Erden in allem nichts ſuchen noch bedau- gen, als nur unſern innig-nahen GOtt zu vergnügen, und weiter nicht viel daran den- cken, wie es uns dabey gehet, oder wie wir anderen gefallen. Je mehr dieſer einfältige Hertzens-Sinn unſer Eintziges und unſer Gantzes wird, deſto mehr finden wir unſer Sterben und unſer Leben, das iſt unſern wahren Fortgang, immer in dem gegenwär- tigen Stand und Sache vor uns, und un- ſer Geiſt bleibt in Freuden, obſchon öfters
die

die Natur und der seelische Theil ihre Noth
dabey fühlen. Läßt man aber der Vernunft
Raum, oder man will sich gern vergnügen,
anstatt daß man nur solte hertzlich GOTT
vergnügen, zustimmen und dienen in demjenigen, worin man innerlich oder äusserlich
ist, so plaget und verwirret man sich ohne
Frucht: Dann GOtt und alles, was uns
heiliget und vergnüget, ist eben im gegenwärtigen Nun zu finden, und sonst weder im
Himmel noch auf Erden.

Ach! der ewig-liebende GOtt heitere unser Gemüth immer mehr auf, daß wir in
einem wahrlich abgeschiedenen, innigen, einfältigen Geistes-Leben seiner Liebes-Leitung
folgen, unser eigen Leben nicht lieben bis in
den Tod, und also die Seligkeiten seiner innigsten Vereinigung noch hier theilhaftig werden mögen! Amen. Meine Seele bittet solches in Schwachheit für dich, lieber Bruder,
und für alle Mitpilger daselbst; erwarte auch
von euch ein gleiches. Ich grüsse alle liebe
Hertzen im Geiste JEsu, wie ich sie letzt genennet habe, und auch welche nicht genennet sind, nach Gelegenheit .... JEsus
sey mit unserem Geist..... JEsus segne
und lebe in uns! Amen.

Dein

Amsterdam,   Bruder.
den 21. Julii 1741.

Der

Der 22te Brief.

Das Selbstsuchen macht alle unsere Pein, und in dem einfältigen GOtt = Meynen ist alle Ruhe unseres Geistes.

In der Gnade JEsu herzlich geliebter Bruder!

Dein Angenehmes vom 1ten dieses, habe gestern richtig bekommen, und war mir dasselbe erquicklich. GOtt sey für seine Güte und Freundlichkeit geliebet und gelobet, der uns wohl thut, und bis dahin auch noch im Aeusserlichen erhalten hat! wie ich dann meines Orts mich auch noch im Gewöhnlichen befinde. Zwar bin ich ein paar Tage recht ermüdet und schwach im Haupt gewesen, weil ich unvermuthet noch nach N. und N. mußte reisen, und durch das beständige Besuchen in der kurtzen Zeit, wie auch durch Wind und ungewöhnliche Speisen ziemlich aus meiner Ordnung gekommen war, jetzt aber bin, GOtt Lob! wieder erquicket, da ich verwichene Nacht wieder gute Ruhe gehabt habe. — —

Der HERR ist gut; Er gibt uns gern unser täglich Brod, und erhält uns in seinem geheimen Frieden, wann wir uns nur Ihm wahrlich überlassen und anvertrauen,

und

und in keinem uns selber suchen und vergnügen wollen, sondern nur Jhn und sein An-
bätungswürdiges Wohlgefallen. Dieses
Selbst=Suchen, welches so subtil und listig
einschleicht, macht alle unsere Pein: Gleichwie in dem einfältigen GOtt=Meynen alle
unsere Ruhe, und die wahre Freyheit unseres Geistes ist. Unser treuer Erlöser aber
kan uns nur allein von diesem Greuel erlösen, da wir ihn durch uns selbst nicht einmal erkennen würden: Er thut auch solches
treulich, wo wir uns nur kindlich seiner Leitung überlassen, und unser Leben nicht lieben bis in den Tod. Das Gesetz seines Geistes der Liebe, die Schickungen seiner Vorsehung, und die heilsame Leydens=Wege
zielen mit einander dahin, und bieten einander die Hand, um uns von dem abscheu-
lichen Leben der Eigenheit zu erlösen, und in
die reine Liebe und Gemeinschaft GOttes
einzuführen. Es wolle seine Barmhertzigkeit
dieses in uns angefangene Werck kräftigst
fortsetzen und vollenden, zu seiner ewigen Verherrlichung in uns, Amen! — —
Ich vergesse eurer zwar keineswegs vor
GOtt; mein Andencken und Gebät aber
sind gebrechlich: dennoch müssen wir für einander bäten, weil GOtt ein Wohlgefallen
daran hat, und unsere Unwürdigkeit nicht
will ansehen. Der Schwachen und Leydenden vergesse ich am wenigsten. Gedencket
ihr auch meiner. Ich grüsse und küsse dich
im

im Geiſt der Liebe, auch den l. Br. H.
Alle die übrige l. Kinder, Freunde 2c. bitte
gelegenheitlich alſo zu grüſſen von mir, wie
du mein Hertz darin kenneſt, und als wann
ich eines jeden Namen genennet hätte, wel=
ches die Zeit nicht zuläßt. . . . . Nun muß
ich abbrechen, weil die Zeit dahin iſt. Ich
bleibe dein und der übrigen Mitgenoſſen

Amſterdam,   verbundener Bruder.
den 4. Auguſt 1741.

Der 23te Brief.

**Tröſtlicher Zuſpruch an eine tödtlich krancke
Freundin.**

In der Gnade JESU hertzlich geliebte Freundin und Schweſter!

So eben bekomme ich dein Brieflein, und
höre ichs mit einem brüderlichen Mit=
leyden, daß der HErr dich auch durch eine
ſchmertzliche und gefährliche Kranckheit ſtarck
darnieder geleget hat. Nun dann! ſo unter=
wirf dich gelaſſentlich dieſer gewaltigen Hand
GOttes als ſein Geſchöpf, und als ſein
Kind, das Ihm zugehöret, mit welchem
Er machen kan und mag, alles was Ihm
beliebet. Alle ſeine Wege ſind heilig, An=
bätungs=

båtungswürdig, und eitel Güte. Er selbst
erhalte in dir den kindlichen Glauben, daß
auch dieser Läuterungs-Weg eitel Güte, und
kein Zorn sey. Will die Natur ein anderes
einwerfen, dann laß den Geist mit JESU
sagen: Solt ich den Kelch nicht trincken,
den mir mein Vater gegeben hat!

Dieser unser JEsus hat für uns den
Zorn-Kelch getruncken in seinen allerhöchsten
Leyden, darum leyden wir, die uns Ihm
ergeben, keine eigentliche Plagen und Straf-
Leyden, sondern wir werden gezüchtiget zu
unserem Nutz, damit wir seiner Heiligkeit
theilhaftig werden. Er will uns klein und
rein machen, damit wir Ihm gefällig werden. Er will uns von aller Stütze in uns
selbst und allem Geschaffenen immer mehr
abhelfen, damit wir uns Ihm gründlich und
lediglich überlassen, und in Ihm allein unser gantzes Heil suchen. JEsus wird dich
nicht allein lassen, sondern dir mit seiner un-
terstützenden Kraft innigst nahe bleiben, um
den Geist zu stärcken und durchzuführen mit
Gedult, Glauben und Liebe; wie ich solches
von Grund des Hertzens von Ihm bitte und
bitten werde.

Solte es mit dir zu einem Uebergang in
die Ewigkeit kommen, o! so sieh nicht um
nach dir selbst, weder nach deiner Treue noch
Untreue; dann du hast nichts in dir als Sünden und Elenden; sondern laß dich mit ge-
schlos-

ſchloſſenen Augen und kindlicher Zuverſicht als eine nackte Sünderin, die nichts als Gnade in dem Blut JESU erwartet, in den Abgrund der ewigen Erbarmung und Lie-be GOttes hinfallen, ſo wie du biſt. Der JEſus, dem du dich gegeben haſt und noch giebeſt, der dich geliebet hat und noch liebet, der wird dich ſodann auf- und einnehmen, um Ihm droben in ſeiner Ewigkeit vollkom-mener zu dienen, Ihn vollkommener zu lieben und anzubäten, als du hier gethan haſt: Daſelbſt hoffe ich dich wieder zu finden, wann es hier nicht mehr geſchehen ſolte. Er ſegne dich aus ſeinem Heiligthum, und ſey mit deinem Geiſte in Noth und Tod! Ja, Amen, JEſu! . . . Ich bleibe

Dein

Mülheim,   treugeſinnter Bruder.
den 10. Oct. 1741.

Der

Der 24te Brief.

Aufmunterung an eine Krancke, um ihren Geist in die treue Hände JESu zu legen, und als eine Sünderin ihre Seligkeit zu erwarten.

In der Gnade unsers theuresten Heylandes JEsu, hertzlich geliebte Schwester!

Sowohl von dem Bruder N. als auch aus deines Bruders Brief habe gesehen, daß die gute Hand unsers GOttes dich auch darnieder geleget hat. Du kanst versichert seyn, daß ich deine Seele von dem an in brüderlichem Mitleiden gefasset, und zu den Füssen unsers Heylandes und Hohenpriesters aufgeopfert habe, und noch aufopfere. Bäte du nur an, die göttliche und gute Hand, die dich besuchet; dann sie züchtiget nicht im Zorn, sondern zu deinem Nutzen, um dich seiner Heiligung theilhaftig zu machen. Unterwirf dich dann dieser Liebes-Hand, und laß es dir wohlgefallen, was der HERR mit dir macht, dann Er wird das Beste für dich erwählen. Laß diese ewige Liebe nur machen, es gehe zum Leben oder zum Sterben: Begehre du weder dieses noch jenes, sondern nur seine Gnade,

und

und in ſeiner Gnade dich Ihm als ein gan=
tzes Opfer auf Zeit und Ewigkeit zu über=
laſſen. Kanſt du diß gleich nicht thätlicher
Weiſe und mit weitläufiger Ueberlegung, ſo
thue es nur mit deinem Willen und leydent=
licher Weiſe, und laß dich ſo bloß und ohne
einige Stütze in dir ſelbſt dahin fallen in die
Hände ſeiner unendlichen Gutheit. Dieſe
Gutheit wird ſich dir offenbaren nach dem
Maaß, als du dich gantz loßläſſeſt, und nur
GOtt anvertraueſt.

Ich weiß, daß GOtt dieſes gantze Opfer
von dir verlanget, und auch durch dieſe Krank=
heit ſolches nur ſuchet und in dir beförderen
will. Wage dich nur getroſt, und verliere
dich, ſo wirſt du Luft kriegen, und nicht
ſterben ewiglich. Laß dich in keine Ueberle=
gungen ein über dich ſelbſt, über deine Sün=
den oder Unwürdigkeiten: Wollen die Ge=
dancken drauf fallen und dich beunruhigen,
ſo geſtehe nur alles von Hertzen; gib dich über=
all Schuld; beug dich nur recht tief, und im=
mer tiefer, daß du nichts mehr übrig behälſt;
ſage aber dabey nur kindlich zu JEſu: HErr!
das iſt es nicht, was ich ſuche; ich will
mit dir nicht rechten. Das weiß ich
wohl, daß ich eine Sünderin bin, und
daß du recht haſt, ich ſuche aber kein
Recht, ſondern Gnade ſuche ich, und
die ſchlägſt du mir nicht ab, weil du
für mich geſtorben biſt. Ich gehöre dir
zu, weil du mich erkauffet und beruffen
haſt,

haſt, darum iſt mein Hertze dein, und
ſoll es bleiben in Ewigkeit. Jch laſſe mein
Hertz und mein Heil in deine Hand über;
mache es mit mir, wie du wilt! ich will
dennoch nichts als dich, dich will ich lieben und anbäten, und ſowohl im Leben
als im Sterben bekennen, daß du mein
Heyland und mein Schatz allein ſeyeſt.
Amen JEſu! Jn deine treue Hand lege
ich nieder meinen Geiſt, Amen!

Dergeſtalt, liebe Schweſter! verliere dich
nur in dem HErrn, und vertraue dich Jhm
gantz an, ohne mit Willen einmal nach dir
ſelber umzuſehen, fürnemlich wann es mit dir
zum Uebergang in die Ewigkeit kommen ſolte.
Er liebet dich unendlich mehr, als du dich ſelber lieben kanſt, das traue Jhm nur kindlich
zu, wann du es gleich nicht ſo empfindeſt:
Wer ſich an das Hertz ſeiner Liebe hält, den
kan Er nimmermehr abweiſen. Wirſt du wieder beſſer, dann ſolt du eine gantz GOttgehei-
ligte Jungfrau werden: Stirbſt du aber, dann
ſolt du als eine Sünderin die Seligkeit erwarten, und dafür das Blut JEſu ewiglich
rühmen, Amen!

Nun, geliebte Schweſter! es ſey JEſus
mit deinem Geiſte! Er ſtärcke, erquicke und
ſegne dich, und wircke in dir all ſein Wohlgefallen, daß du allein in Jhm, und Er in
dir Freude, Frieden und Vergnügen finde,
zur Verherrlichung ſeines Namens, Amen!

Es grüſſen dich alle bekannte Kinder hieſelbſt,
und gedencken an dich in ihren Gebäten: Ich
thue ein Gleiches in Schwachheit, und bleibe
Dein

Mülheim, treugeſinnter Bruder im
ben 1. Nov. 1741. HErrn.

Der 25te Brief.

*Wichtige Erinnerungen an Elterloſe Kinder, ihr
Inneres und Aeuſſeres betreffend.*

Nun ihr liebe Elterloſe Kinder insgeſamt!
Es hat dem GOtt des Lebens gefallen,
euren lieben Vater, nachdem er in ſeiner
Kranckheit eine geraume Zeit zu eurem Spiegel da gelegen, von euren Augen weg zuneh-
men. O! es gebe der HErr, daß dieſer ſein
Tod in euch allen eine lebendige Bewegung
nach GOtt erwecken möge, wodurch euch alles zuwider werde, was nicht GOtt und nach
ſeinem vollkommenen Willen iſt, der gantze
Sinn aber zum Ewigen gewandt werde, und
daſelbſt ſtehen bleibe! Ihr ſtehet nun größten Theils nicht mehr unter menſchlichem Gehorſam; O! folget doch darum keineswegs euch
ſelbſt, eurem eigenen Gutdüncken, Willen
und

und Begierden, sondern übergebet euch durch
eine freye Wahl aufs neue GOtt zu Knechten
und Mägden in seinen Gehorsam ewiglich; so
wird Er euch halten, wie seine Söhne und
Töchter. Ach! diß ist nicht so ein blosses
Sagen, sondern wesentliche und unsterbliche
Seligkeit, so euch diß ewige Gut hertzlich gern
gönnet und giebet.

Der Weg zu GOttes Hertzen stehet euch
offen in dem gesegneten Namen JEsus: Aber
es stehet euch auch der Weg zur Welt offen.
Von beyden Seiten werdet ihr gelocket werden, aber keiner wird euch zwingen. So be-
dencket euch dann nun nicht lange! Beyden
Herren zu dienen, gehet nicht an. Macht jetzt
eine solche Wahl, daß GOtt und Menschen
sehen mögen, wem ihr angehöret, und daß
ihr auch einmal euer Haupt mit Ruhe niederlegen könnet, wann ihr den Ueberschritt thun
müsset, den euer Vater jetzt gethan hat.
Könnte derselbe euch noch einmal aus der
Ewigkeit zusprechen: dencket, was würde er
euch rathen? Würde er nicht sagen? Ach!
meine liebe Kinder, hütet euch vor dem
betrüglichen Blendwerck der Welt! Trachtet nur eure Seelen zu versorgen, und
GOTT mit gantzem Hertzen zu dienen,
wann ihr auch darüber von aller Welt
gehasset, und zu blutarmen Bettlern werden soltet; dann GOttes Liebe und Gemeinschaft ist allein ein wahres Gut zu
nennen, rc.

F 2 Das

Das iſt auch mein brüderlicher Rath bey dieſer Gelegenheit, meine Lieben! Suchet eure Sachen möglichſt kurtz einzuſchräncken, daß ihr nur eben durchkommet, und dabey ungehindert GOtt dienen könnet; ob ich euch zwar ſo genau nicht ſagen kan, wie ſolches einzurichten ſey, weil die Umſtände nicht alle eigentlich genug wiſſen kan, bis ich näheren Bericht habe, und wird euch der Bruder P. ſchon nach Nothdurft darin rathen.

Nehmet euch doch hübſch Zeit zum Gebät und Sammlung zu GOtt in euren Hertzen, welches jetzt ſo viel nöthiger iſt, weil ſonſt durch äuſſere Ueberlegungen und Beſtellungen der Dinge das Gemüth unempfindlich, finſter und matt kan gemacht werden. Wir ſollen das Unnöthige abſchneiden, was aber gethan werden muß, als vor GOtt und in ſeinem Gehorſam verrichten. Meydet allen unnöthigen und hinderlichen Umgang. Liebet alle Frommen hertzlich, ſuchet aber nur den gemeinſamen Umgang derer, die am ernſtlichſten und geiſtlichſten ſind. Liebet euch auch unter einander hertzlich in GOtt, ja einer liebe den andern noch mehr als ſich ſelbſt, und ſuche ſein wahres Beſtes. Nehmet euch einander die Laſten ab, und ſeyd offenhertzig. Der völlige Sinn aber nach GOtt, und der abgeſchiedene Wandel in ſeiner Gegenwart durchdringe all euer Thun: Und darnach muß alles andere eingerichtet werden. O! daß doch GOtt, und ich und alle Frommen hier und

ewig

ewig eitel Freude an euch haben mögen, und wir uns in seinem Hause ewig beysammen finden!

Nun, mein Heyland, das verleihe du! Laß in der Kraft deines gebenedeyten Namens JEsus, den Quellbrunn deiner reinen Liebe in den Herzen aller Kinder dieses Hauses geöfnet, und sie hinein gezogen werden von allem ab, um nur dich zu lieben, und dir anzuhangen von ganzem Herzen, unverrückt! Deiner treuen Aufsicht und Gnaden-Regierung befehle ich sie innigst in dieser bösen Welt. Ach! daß kein einziges dieser Schäflein vermisset werde. Segne und bewahre sie in deinem Namen! Amen JEsu!

Also wünschet euch zum Neuen Jahr

Euer

Mülheim, den 28. Dec. 1741.

verbundener schwacher Mitpilger.

F 3   Der

Der 26te Brief.

An einen krancken Bruder. Ermahnung zur gänzlichen Ueberlassung in die Hände JEsu.

Hertzlich geliebter Bruder in der Gnade
JESU!

Mit brüderlichem Mitleyden habe gehöret,
daß du so kranck bist. Sey versichert,
daß ich von Hertzen Theil nehme an deinen
Leyden, und in meiner Schwachheit dich und
die Deinige zu JEsu Füssen niederlege. Nun,
getrost dann, in GOttes Namen! Ueberlaß
dich dem, der für dich Kranckheit und Tod
hat wollen schmäcken, der dich liebet und meynet, ob du Ihn gleich so gebrechlich, nebst
mir, geliebet hast. Kranckheit ist kein Unglück, Sterben auch nicht: Aber ohne JEsu
leben oder sterben, das ist Unglück. So
sey dann kranck mit JEsu, weil es Ihm so
gefällt, und schmiege dich in sein Hertz und
Arme, so gut du kanst, und sprich: Bist
du der Artzt, der Krancke trägt, auf
dich wil ich mich legen, ꝛc. Fürchte auch
nicht, mit JEsu zu sterben, wann Er zeigen möchte, daß solches sein Wille wäre.
Ach! in jenem Leben werden wirs sehen und
haben das grosse Gut, das GOtt selber ist.
Und wann dir dünckt, du seyest nicht recht
mit

mit JEsu, und Er mit dir, so sage es Ihm doch mit einem Blick deiner Neigung, daß du durchaus nicht ohne Ihn seyn könnest oder wollest, sondern mit Ihm und zu seinen Füssen leben und sterben wollest, ohne dich auf etwas zu stützen, als auf seine pure Gnade: Mit dir leb ich, mit dir schweb ich, JEsu mein durch Freud und Leyd; Mit dir sterb ich, mit dir erb ich dich und deine Seligkeit, rc.

Fallen dir deine Sünden, Untreu, Undankbarkeit und Mangel der Zubereitung ein, O! so rechne doch im Geringsten nicht mit GOttes Gerechtigkeit, sondern gib dich überall und von Herzen Schuld; Stimme in alles zu, in GOttes gerechte Anforderungen, und in dein allgemeines Nichts und Elend: Ueberlaß dich aber auch zugleich unbedingt seiner freyen Gnade in CHristo, und vertraue dich Ihm auf ewig an. Ach! wer sich der ewigen Treue anvertrauet, der darf hinführo für sich selbst nicht sorgen, der Höchste sorget für ihn; der wird seine Beylage wohl bewahren, und keine Seele zu schanden lassen werden, die ihr gantzes Heyl allein in Ihm suchet.

Wirst du wieder besser, dann wollen wir mit neuer Treu in JEsu wandlen, und in seiner innigen Gemeinschaft die Vollendung unserer Heiligung suchen. Nun, lieber Bruder! ich weiß nicht, in welchem Zustand dieser Brief dich finden wird, deswegen breche

ich

ich ab, und ſage das Uebrige dem HErrn in meinem armen Gebät: Derſelbe ſey dir innigſt nahe! Er ſtärcke, befriedige und ſegne dich, in der Kraft des theuren Namens JEſu, Amen! Deiner l. Frauen, welche auch franck ſeyn ſoll, ſey eben das gewünſchet und geſchrieben, was ich hier an dich ſchreibe, weil keine Zeit oder Vermögen mehr habe. Alle l. Kinder laſſen hertzlich grüſſen. Der GOTT des Friedens ſey dein GOTT und ewiges Theil, und du ewig der Seine; und ich werde auch durch ſeinen Beyſtand unverrückt bleiben

Dein

Mülheim,　　　verbundener Mitbruder.
den 15. Mart. 1742.

Der 27te Brief.

Freuden-Bezeugung an denſelben für ſeine Beſſerung. Die Entdeckung der Fehler ſeye Gnade. Daß man ſich gantz verlaſſen und gantz an GOtt übergeben müſſe.

Lieber Bruder!

Mit vieler Erkänntlichkeit gegen die Güte GOttes vernehme ich deine bisherige Beſſerung; dann ob ich wohl vertraue, ja
gewiß

gewiß weiß, daß die ärmste Kinder und elen-
deste Sünder, wann sie in der Zuflucht zu
der grossen Gnade in JEsu sterben, es getrost wagen können: So muß ich doch gestehen, daß ich dich und mich gern mehr
geheiliget sähe, ehe wir in jene Welt hinein
gingen. Nun sey der HErr gelobet, der
uns noch Zeit darzu scheinet zu vergönnen!
An seiner darzu nöthigen Gnade sollen wir
nur gar nicht zweiflen.

Ich vertraue, unser guter Meister wird
dich in der Schule der Kranckheit noch was
gelehret haben. Hat Er dir auch deine
manche Fehler gezeiget, ey! da werde nicht
kleinmüthig über, sondern erkenne solches als
grosse Gnade, und bleibe als ein Kind unverrückt zu seinen Füssen, bis du gebessert
wirst; dann in Ihm muß alles gesuchet und
gefunden werden: Braucht Er auch sonst jemand, als einen Unter-Meister, um uns unsere Fehler zu offenbaren, oder fort zu helfen:
o! das sollen wir auch mit Freuden-Thrä-
nen als Gnade erkennen, und es als vom
Meister selber annehmen. Wer sich wohl
kennet, der gibt sich gantz in GOtt über,
und verläßt sich gantz, und so wird er gründliche Hülfe finden. Wer sich selbst nur so
halb erkennet, der gibt sich auch nur halb
an GOtt über, und wird nirgend beruhiget
noch gebessert.

Nun ich grüsse und küsse dich im
Geist, und bitte GOtt, daß Er dich so ab-

F 5 geschie-

geſchieden von allem Leben der Sinnen, und
ſo vereinfältiget nach dem vernünftigen Theil,
und mit einem Wort zu einem ſo wahren
Hertzens-Kinde machen wolle mit mir, daß
Er hinführo ſeine völlige Freude und Ruhe
in uns finden möge! Amen JESU! Ich
wünſche deiner Frauen auch die innige Nahheit JEſu, woran ſie genug hat: Iſts deſſen Wille, hoffe auch von ihrer Beſſerung
nächſtens Nachricht zu bekommen. Weil
ich ſelbſt ſchwach bin, und keine Zeit habe,
muß abbrechen. Bin

Dein

Mülheim,   verbundener Bruder.
den 22. Mart. 1742.   In Eil.

Der 28te Brief.

**Vorrecht der Einfältigen. Von Ungeſtorbenhei-
ten und Verſuchungen zwiſchen Krancken- und
Krankenwärtern.**

Hertzlich geliebter Bruder!

—— Grüſſe mir doch gar hertzlich die krancke Schweſter N. ich wünſche ihr JEſu Nahheit und Frieden, woran ſie genug hat im Leben und im Sterben; dem übergebe ſie ſich
ohne Bedencken, und laſſe Ihn mit ſich
machen

machen in Zeit und Ewigkeit, was Er will:
Er wird sie nicht betrügen.

Lieber Bruder! wann einfältige Personen
nicht eigensinnig sind, dann sind sie GOTT
sehr angenehm, und frey von tausend Eigenheiten, die uns Vernunfts-Köpfen manche
Läuterungen kosten, wanns noch gut werden
soll. Von recht einfältigen Seelen (worzu
wir auch durchs Leben in JEsu müssen gemacht werden) stehet im Leben der H. Mech-
tildis, daß sie wie Tauben seyen, die in des
Heylandes Schoos sitzen; woran Er sich be-
lustiget.

Die Ungestorbenheiten in bewußtem Bruder hab ich zum Theil gewußt. GOtt sey
Danck, ders auch ihm entdecket! Der gebe
auch Gnade, daß es mit ihm und mit uns
von Nun an gantz mit JEsu gekreutziget und
begraben werde, damit wir einen frohen
Oster-Tag erleben mögen. Ich bin noch
als so schwach, daß es mich so traurig
macht, wann ich die Fehler meiner Brüder
höre, daß ich gestern gar übel davon bin gewesen, da ich doch billig an mich selbst dencken solte. Ich liebe den Bruder doch
hertzlich.

Du must aber auch noch viel Lebens haben, daß du es so stracks fühlest, lieber Bruder, wann andere nicht gebeugt und gestorben
genug sind. Wilst du dann nicht auch einmal
lernen das Brod mit der Kruste essen? Bisweilen, ja gar oft, läßt es GOtt nur unsert-
willen

willen zu, daß andere ſich ſo oder ſonſt gegen
uns verhalten; welches ſonderlich in Kranckheiten bey den Krancken geſchehen kan, da
der Verſucher beyde, Krancke und Kranckenwärter, durch GOttes Zulaſſen exerciren
kan. Wann du Gelegenheit haſt, ſo lies
einſt in Rusbroch, in ſeinem Tractat von
den ſieben Bewahrungen das fünfte und
ſechsſte Capitel. Es wäre ſchön, wann die
Krancken nur das Sechsſte wohl practicir-
ten, ohne an das Fünfte zu gedencken; und
wann ein Kranckenwärter nur das Fünfte
vor Augen hätte, ohne an das Folgende zu
dencken.

Ich bitte den HErrn, daß Er auch daſelbſt dir nahe ſeyn, und dich auch unter
den Menſchen in wahrer Abgeſchiedenheit,
als mit GOtt allein bewahren wolle! Weil
immer gehindert werde, muß ich ſchlieſſen,
dich dem HErrn, und mich in dein und der
übrigen Kinder Gebät befehlende; grüſſe ſelige alleſamt von uns.

Dein

Mülheim,   ſchwacher Bruder.
in der Creutzwoche.

Der

Der 29te Brief.

Frage und Antwort: Wie man seine Fehler am
  ersten verbessern und sich in Unruh und Traurigkeit erheben könne.

In der Gnade JEsu hertzlich geliebter
  Bruder!

In deinem letzteren fragest du: Wie werden meine Fehler aufs gewisseste, leich-
teste und erste verbessert? Und, auf welche Weise muß ich mich erheben, wann
mich Unruh und Traurigkeit niederdrü-
cken? Auf deine erste Frage antworte kürtzlich.

Alle deine Fehler werden verbessert durch
die Liebes-Vereinigung mit JEsu, und daß
du Denselben in dir leben lässest. Ist der
Baum gut, dann sind auch die Früchte gut.
Von uns ist nichts Gutes zu erwarten. Die
finstere, herbe, schwere, peinliche Eigenschaften unsers Wesens werden allein gehoben
durch die Liebes-Vereinigung mit JE-
su, da uns das göttliche Licht und die göttliche Liebe von Grund auf durchdringen kan.
Dein Sorgen und Bemühen, deine Behut-
samkeit und Treue, deine Entschliessungen
und vermeynte Aufrichtigkeit sind unzuläng-
lich, ja manchmal hinderlich, wann man
                                          drauf

drauf ſtüͤzet, ſonderlich jetzt und fuͤr deine
Perſon, weil ſie dich in dir ſelber aufhalten.
Werden dir deine Fehler und Unvollkommen-
heiten, mittelbar oder unmittelbar, entdeckt,
da muſt du durch Sorgen und Wircken der
Sache nicht wollen helfen, ſondern ruhig in
dein Elend zuſtimmen, und dich freuen, eine
ſo ſchoͤne Gelegenheit zu haben, dich tiefer
zu verlaſſen, und deine Vollkommenheit in
JEſu zu ſuchen. Diß thue dann, ſo gut
du kanſt; Entſincke dir und allen deinen Feh-
lern. Je weniger Aufenthalt und Stuͤtze du
in dir ſelbſt findeſt, deſto beſſer biſt du be-
quem, lauterlich auf GOTT zu vertrauen,
und deinen Aufenthalt in Ihm zu ſuchen,
deſſen Name allein in uns muß geheiliget
werden.

Kanſt du dich nicht verlaſſen, (dann
das will der ſorgfaͤltige Sinn gern ſo wirckender Weiſe ausrichten) dann trage dich
mit Stillſeyn und Vertrauen: Kanſt du dich
auch nicht tragen, weil du ſchwer biſt, dann
laß dich fallen, ohne umzuſehen, wo du
hinfaͤllſt, und ohne dich deiner ſelbſt mehr
anzunehmen. Und diß iſt dann auch die
Antwort auf deine zweyte Frage, nemlich:
In aller Unruh und Schwermuͤthigkeit iſt
das beſte Erheben, daß du dich nur fallen
laͤßſt und hingibſt als eine Sache, die nicht
mehr dir, ſondern einem andern angehoͤret,
und wofuͤr darum auch nicht mehr du, ſondern ein anderer ſorgen muß und will. Ach!
wie

wie so lange sehen wir uns an, und beschäftigen uns mit uns selbst! Sollen wir dann
nicht endlich GOtt nur ansehen und lieben
ohne Absicht auf uns? Da Er uns doch
liebet ohne Absicht auf das, was wir sind.
Schließlich, Bruder! verlaß dich, trag dich,
laß dich fallen, und vereinige dich mit JEsu
in reiner Liebe. Daß Er uns gantz besitze
und belebe wünschet

Dein

Mülheim,   verbundener Bruder.
den 22. Sept. 1742.

Der 30te Brief.

**Die grosse JEsus-Liebe soll uns zur Gegen-Lie-
be, kindlichem Vertrauen und Ueberlassung
an Ihn im Leyden und Sterben aufmuntern.**

In der Gnade unsers theuren Erlösers geliebte Freundin!

Wann ich, der ich so wenig Liebe habe,
mich manchmal bewogen finde, für
dich zu bäten in Schwachheit; dann kanst
du dencken, wie unser Menschliebender Heyland JEsus mit seiner würdigen und kräfti-
gen Fürbitte sich deiner annehmen werde, da
Er

Er dich ſo ſehr geliebet hat, daß Er auch
für dich hat wollen ſterben.

Wann du ſolches ſo einfältig könteſt glauben, dann würdeſt du den Heyland gar ſehr
lieb haben; es würde dir auch ein Geringes
ſeyn, dieſem liebſten Erbarmer zu gefallen etwas zu leyden, ja auch zu ſterben, wann es
alſo ſein Wille ſeyn möchte. Ach! wer ſolte
einem ſo guten Freund nicht gerne alles zu
Lieb und Ehren thun, und ſich in allem nach
ſeinem Willen bequemen wollen! dann was
wir wollen, das taugt nichts; was Er aber
will, und wie Ers mit uns macht, das iſt
unſere Seligkeit und ſo vollkommen gut, daß
wirs nicht beſſer erdencken oder wünſchen
könnten.

Weil du dann ſo wenig gethan haſt,
oder thun kanſt zu GOttes Herrlichkeit, ſo
laß es dann deinem Geiſt lieb ſeyn, daß du
Ihm jetzt darin kanſt gefallen, daß du eine
kleine Zeit leydeſt, und daß du dich im Leben und Sterben mit ſeinem Willen vereinigeſt. All dein Leyden kommt von ſeiner Liebe her. Er läßt uns nicht gerne leyden, aber
es muß ſeyn, weil wir ohne Leyden und
Sterben nicht können zu IHM kommen.
Wann dein Leyden dich ungeſchickt zum Bäten macht, dann dencke, wie JEſus für dich
bittet, und ſage nur Amen auf alles, was
Er und ſeine Kinder bäten; blicke ihn bisweilen einmal an. Wann ein franckes Kind
die Mutter anſiehet, das beweget ihr Hertz
                                        ſchon.

schon. Kommen dir etwa deine viele Sünden, Elenden und Gebrechen vor Augen, und
wollen dich in Zweifel an GOTTes Gnade,
und in Furcht vor Tod und Ewigkeit bringen, da ist nichts Bessers, als daß du nur
die gantze Rechnung gestehest, und von Hertzen vor JESu Angesicht bekennest, daß du
aller Gnaden unwürdig, der Verdammniß
aber würdig seyest. Ja das glaube nur mit
inniger Wahrheit, dann es ist also. So
elend und nackend ausgezogen aber blicke nur
den gekreutzigten Heyland an mit einem Auge, das nichts als Gnade von demjenigen
erwartet, der über-reich und mild an Gnade
ist, da wirst du Ruhe finden für deine Seele,
und kanst es wagen, mit JESu in die Ewigkeit über zu gehen, dann je mehr wir uns demüthigen in der Wahrheit, desto mehr stehet
uns GOttes Hertz offen.

So überlaß dich dann den treuen Händen
dieses GOttes im Leben und Sterben! HErr
JEsu, mach es mit mir, wie du willst,
in Zeit und Ewigkeit; ich will mich dir
übergeben in allen deinen Willen; laß
mich nur Dich lieben, und ohne Ende
zu deiner Ehre und Freude seyn. Amen,
JEsu! in deine Hände befehle ich meinen
Geist, Amen! Also bäte du und also bittet
für dich

Dein

Mülheim,   geneigter Mitwallender
den 28. Sept. 1742.   zur Ewigkeit.

Zweit. B. III. Th.   G   Der

Der 31te Brief.

Aufmunterung und hertzlicher Seufzer zur Erneuerung einer gäntzlichen Aufopferung an GOtt.

Hertzlich geliebte Schwester!

Ich finde mich bewogen, dich auch noch mit der Feder zu grüssen, wie ichs vielfältig mit dem Hertzen thue, und dich stets in die Gnade desjenigen JEsu empfehle, der dich geliebet und aus der Welt erwählet hat. Er hat dich aber nicht darum geliebet, weil du gut und treu warest; das weist du, gerade umgekehrt. Er liebte und liebet dich bloß, weil Er gar Barmhertzigkeit und Liebe ist, und damit du, nichts in dir selbst findende, dich lebend und sterbend in dieses liebende Gut verlieren, und nur anbäten soltest: Darzu gebe Er dir dann Gnade, und bleibe deinem Geist innigst nahe in deiner Kranckheit, damit du, in völliger Hingebung und Vergessung alles zeitlichen und deiner selbst, nur diesem ewig=vergnügenden Gut zugewandt, und mit reinem Vertrauen ergeben bleiben mögest, es gehe zum Leben oder zum Sterben.

HERR, mein GOTT! du bist es allein, den wir meynen; Du bist mein GOtt

GOtt, mein Gut, meine Hofnung, meine
Ruhe und Heyl in Ewigkeit. Du allein
bist mir genug. Du solt es seyn, wann
auch Leib und Seel verschmachtet. Hat
je mein Hertz der Welt und allen Vergnügungen ausser dir abgesaget, so wie-
derhole ichs noch mit aller Willigkeit.
Hab ich sonst Muth gehabt, deinen
Creutz-Weg einzutreten, so erneuere ich
solchen Sinn, und ergebe mein gantzes
Natur- und Eigen-Leben in die Gemeinschaft deines Todes, und bezeuge es,
daß ich, um dich zu vergnügen, gerne
will leyden und geläutert werden nach allem deinem Gefallen. Alle sonst geschehene
Thaten der Aufopferung und völligen
Schenckung und Ueberlassung in deine
Hände bestätige und unterschreibe ich
nochmalen, und wünsche, daß mein letzter Athem-Zug noch sagen möge: HErr!
ich bin dein, gantz und auf ewig, es
geschehe mir nach deinem Wohlgefallen! Dich will ich lieben und verherrlichen, es gehe, wie es immer wolle,
dann du bist es werth, o du seliges und
seligmachendes Gut! Amen JEsus!

Hiemit, liebe Schwester! lege ich dich
nochmals hin zu den Füssen JESU, mit
Bitte, daß Er aus seinem Heiligthum deine
Seele segnen wolle, nun und ewiglich, Amen!
Alle hiesige Bekannte grüssen dich, und euch

Kinder

Kinder mit einander, nebſt mir, der ich
bleibe

Dein

Mülheim,   ſchwacher Mitbruder.
den 18. Oct. 1742.

P. S. Es mögen deine Brüder und die
Schweſter dieſes Brieflein auch mit für ſich
unterſchreiben, wie ichs auch von Hertzen
thue.

Der 32te Brief.

An dieſelbe. Daß ſie bey der Erfahrung ihrer
Schwachheit nicht in Unglauben fallen ſoll.

Liebe Schweſter!

Nein, das gefällt dem HErrn nicht, daß
du dich durch deinen Unglauben in leibliche und geiſtliche Schwachheit bringeſt.
Dann ſo glaube ichs, daß du auch dißmal
zu viel auf dich und auf deine Feinde geſehen, ſo daß durch dieſes Annehmen deine
Kranckheit wieder aufs neue angeſetzet hat.
Das iſt nicht fein. Meyneſt du, was du
nicht könneſt, ſey auch dem Allmächtigen unmöglich? Oder ſolte Er deswegen ſeine Macht
nicht an dir beweiſen wollen, weil du es nicht
verdieneſt?

verdieneſt? Was haſt du Ihm dann je gegeben, daß Er ſich deiner ſchon bisher angenommen, und dich mit einem ſo heiligen
Ruf beruffen hat? Eben dieſes, daß Er
dich ſo innig darzu beruffet, ſein gantzes und
ewiges Eigenthum zu ſeyn, das allein iſt ein
unwiderſprechlicher Beweiß und Grund, daß
Er dich auch dahin könne und wolle bringen, ohnangeſehen aller deiner Schwachheiten, Gefahren und Feinde. Von deiner
Seite wird nichts erfordert, als nur, daß
du zu dieſem hohen Vorſatz GOttes über
dir dein hertzliches Jawort giebeſt, deinen
Willen in ſeine Hand legeſt, und Ihn dann
dafür ſorgen läſſeſt, wie Ers wolle und werde ausführen.

Die Erfahrung deiner Schwachheit iſt
eine groſſe Gnade, wann du ſie wohl brau-
cheſt, daß du nemlich bey ſolchen Erfahrungen dich immer mehr aus deiner eigenen Hand
fallen läſſeſt in GOttes innig-nahe Gnade
und Kraft, ſo gut es dir gegeben wird. Und
alſo, dich GOtt vertrauende, kanſt du bey
der höchſten Schwachheit ohne Kummer ſeyn,
und der gantzen Welt und Höllen-Macht
Trotz bieten.

Wann dich GOtt wieder geſund machen
will, dann freue dich in ſeinem Wohlgefallen. Bäte, wie der Heyland gethan Joh.
17, 15. und tritt der Welt und allen deinen
Feinden getroſt unter Augen, dann der HErr
iſt

iſt mit uns, der für uns ſorget, Amen! Ich grüſſe dich im HErrn ſamt deinen Brüdern und Schweſter, und bleibe

Dein

Mülheim,   ſchwacher Mitbruder.
den 14. Nov. 1742.

Der 33te Brief.
Hertzlicher Gruß und Segens-Wunſch.

Geliebte Schweſter!

Bey dieſer Gelegenheit finde ich mich bewogen, dich mit Hertz und Feder zu begrüſſen. Ich wünſche, dieſen Gruß zu thun in der Kraft des Namens JEſu, der unſer einiges Heil iſt. Amen, JEſu! Es ſey die liebe Schweſter von dir ſelbſt, o HErr JEſu! gegrüſſet und geſegnet; deine Gnade bewircke ſie; dein ſüſſer Friede erfülle ſie, daß ſie in dieſen verworrenen Zeiten ſich einig und innig zu dir, ihrem guten Hirten halte, und ſich als ein armes ſchwaches Schaf im Glauben in deinen Schoos hinein lege, vergeſſende der Welt und aller fremden Sachen, damit du eine ſtille aufgeraumte Herberg in ihrem Hertzen mögeſt finden, mit Dir nur

in

in kindlicher Einfalt handlende und wand=
lende im Verborgenen, als wann sie nur
mit dir allein in der Welt wäre! Ge=
liebet und gelobet seyst du, freundlicher
Heyland, daß du armen Kindern und
Sündern dieses Vorrecht hast gegeben,
daß sie auf dich vertrauen, und zu dir
nahen mögen wie sie sind, damit du sie
formirest nach deinem Hertzen, Amen!

Dein

Mülheim,   schwacher Mitbruder.
den 14. Nov. 1742.

Der 34te Brief.

Anleitung zur rechten Gemüths=Stille, oder zum
Gebät des Hertzens.

Hertzlich geliebter Bruder!

——— Das süsse Kindlein JEsus ziehe uns
zu sich in den Stall unsers Hertzens in die=
sen Tagen, so wird uns das wahre Sab=
bath=Halten gelehret werden! Es ist weiter
nichts nöthig, als daß Er sich in uns offen=
bare. Da wird durch seine Gegenwart eine
süsse Ehrfurcht mitgetheilet, die alle Kräfte
der Seelen zum Stillseyn und Schweigen
bringet. So lang das noch nicht ist, berei=

G 4   ten

ten wir uns von unſerer Seite zum Sabbath durchs Gebät, und durch die Ver-
laugnung des eigenen Lebens überhaupt.
Keine weſentliche, lautere, bleibende Ge-
müths-Stille iſt zu hoffen, wo man nicht,
nach der inneren Anweiſung und äuſſeren Vorſehung, das eigene Leben in den Tod giebet.
Wer ſtirbet, der wird ſtill. Lebendige Leute
mögen wohl nicht lang ſtill ſeyn.

Die beſondere Uebung in der Sabbaths-
Feyer von unſerer Seite iſt, daß wir in der
Uebung des beſonderen Gebäts uns durch
den Glauben in die innige Gegenwart GOttes ſuchen zu ſtellen, darlaſſende, nicht aber
mit Gewalt austreibende, alle andere Gedancken und Annehmlichkeiten der Dinge, daß
wir unſern Willen und alle ſonſt verſtreut
geweſene Liebes-Neigungen ſanfte, aber mit
Wahrheit, zu dem gegenwärtigen GOtt hin-
einkehren, und ſie Ihm geben, bleibende in
ſolcher Faſſung vor- und bey Ihm, ſo ruhig, als wir können, und ſo lange, als wir
können.

Dieſes ſüſſe, ſtille und ehrerbiethige
Schweigen vor GOttes Gegenwart fordert
mehr, als wir dencken ſolten, weil man ſelten ſo ſtracks die Frucht davon erfähret, ſondern öfters nur mehr Unruh ſcheinet zu fühlen. Man thut da vieles, ja alles in Einem,
ob man wohl ſcheinet müßig zu ſeyn; und
da iſt man, und wird man fähig, daß der
　　　　　　　　　　　　　　　HErr

HErr uns wesentlich durch seinen Zug und
Göttliche Wirckungen stillen könne, an welchem Zug (den man auch wohl unter Menschen und Geschäften spüret) man sehr getreu seyn muß, nicht durch mancherley zu
thun, sondern durch einen Augenblick Stille
oder Einkehr; dann diß ist es, was der Zug
von uns begehret.

Was die widerwillige Unruh in Gedancken und Sinnen angehet, selbige muß man
nicht achten, oder ansehen, sondern ruhig
leyden; und, wann man unvermerckt zerstreuet würde, die vorgemelte That des Glaubens der göttlichen Gegenwart durch einen
ruhigen Liebes-Blick erneuren, oder sonst mit
einem Blick den gegenwärtigen GOTT anbäten, lieben, sich Ihm geben rc. alles aber
gar ruhig und einfältig. Die Vernunft, Sinnen oder Gedancken mögen inzwischen machen,
was sie wollen, das leydet man ohne Stöhrung und ohne Antwort; und wäre man auch
die gantze Zeit von dem Schwarm gehindert
worden, so muß man doch gantz zufrieden
vom Gebät aufstehen, dem HERRN dan-
ckende, daß Er uns würdiget, für Ihn zu
leyden.

Und so gehet man dann mit GOtt wieder an sein Werck, und sucht, auch unter
der Arbeit im Gegenwärtigen beym Freund
zu bleiben, und nimmt nicht sieben Sachen
in Kopf, und eine in die Hand. Siehe

G 5   Bruder!

Bruder! ich will nichts ſagen, und doch
mach ichs weitläufig. Ich grüſſe dich und
bleibe

Dein

Mülheim,   verbundener Bruder.
den 20. Dec. 1742.

Der 35te Brief.

**An einen Freund; um Ihn aufzumunteren, ſeine
krancke Schweſter dem HErrn aufzuopfern,
gleich Abraham ſeinen Iſaac.**

Hertzlich geliebter Bruder!

Ob ich wohl nichts ins beſonder zu ſchreiben habe, auch meine Schwachheit wenig leyden kan; ſo muß doch hierdurch berichten, daß deinen Brief vom 28ten December
erhalten habe, wie auch den vom Bruder P.
vom 31ten dito. Aus beyden erſehe ich den
ſehr ſchwachen Zuſtand deiner lieben Schweſter. Ich habs den anderen Bekannten hieſelbſt auch mitgetheilet, und wir unterlaſſen
nicht, ſie in Schwachheit, doch mit hertzlicher
Liebe, unſerem gütigſten Heyland anzubefehlen, und ihr dasjenige zu erbitten, was wir
ſelbſt begehren ſolten, daß für uns gebäten
würde in ſolchen Umſtänden. Weil wir ſie
lieben,

lieben, so würde uns ihr Abschied nicht unem=
pfindlich seyn, wann es GOtt gefallen sollte,
sie zu sich zu nehmen; und Ihm würden wir
dafür dancksagen, wo Er uns hingegen ihre
Gesellschaft auf dem Pilgerweg noch länger
vergönnen wolte. Weil wir sie aber in GOtt
lieben, so können wir sie auch ohne Kummer
und Stöhrung in seine Hand niederlegen, wis=
sende, daß diß ihre Seligkeit ist, da zu seyn,
und daß wir sie auch durch den sogenannten
Tod nicht verlieren, sondern ewig in GOTT
behalten und lieben können. Ist es GOttes
Wille, daß sie nicht wieder zu mir kommt
nach Mülheim, so vertraue, über kurtzem zu
ihr zu kommen nach Jerusalem.

Inzwischen befremdet es mich gar nicht,
daß es dir so viel zu thun macht, wanns mit
der Kranckheit so gefährlich aussiehet. Ich
weiß, daß du und deine Geschwistre nicht we=
nig bey ihrem Hingehen an ihr verlieren solten,
und kan mich darum in solche deine Schwach=
heit genug finden, und mit dir Mitleyden ha=
ben. Du weist aber doch wohl, daß solches
natürlich ist, und der Gnade unterthänig ge=
macht werden müsse: Ist dann das Fleisch
schwach, so laß doch den Geist willig seyn,
sich in alles zu geben, und alles loß zu lassen,
was der HErr solte von dir begehren. Ist
deine liebe Schwester der Isaac? Wohlan so
erzeige dich als ein Kind Abrahams, und opfere
sie getrost dem GOtt auf, dem sie zugehöret.
Gibs von Hertzen hin, was der HErr haben
will;

will; und kanſt du es nicht ſo von Hertzen geben, wie du wohl wünſchteſt, dann gib Ihm doch die Freyheit, daß Ers nehme, damit nur dein Hertz frey werde, um gantz für den zu können ſeyn, der dich mit einem ſo theuren Ruf beruffen hat. Dencke nicht an dein Können oder Nichtkönnen. Der HErr wirds verſehen iſt Abrahams Wort, womit man groſſe Berge des Unglaubens verſetzen kan. Sie, die Krancke, iſt und bleibt nichts deſto weniger in der Hand deſſen, der Leben und Tod zu befehlen hat: Du muſt aber deine Ruhe und Hofnung nicht in ihr Beſſerwerden ſetzen, ſonſt wirſt du die rechte Freyheit des Geiſtes nicht finden. Von dir wird das Opfer gefordert, damit du ſie demnach beſitzen könneſt mit Abgeſchiedenheit, oder auch laſſen könneſt mit Ruhe, nachdem es GOtt beliebet. Dieſe Lection iſt nicht zu ſchwer für dich; ich ſehe ſelbſt, daß dir der liebe Heyland dieſe Lection eben jetzt aufgiebt; darum wollte ich ſie dir gern ein wenig erklären, und dir im Lernen behülflich ſeyn.

Nur getroſt, lieber Bruder! in GOTT, der dir ja beſſer iſt, als zehen Schweſtern, und dir überflüßig erſetzen kan in Ihm, was du zu verlieren ſcheinen möchteſt in ihr und allem Geſchaffenen. Stärcke dein Gemüth durch ein ruhiges öfteres Aufſehen auf GOtt, durch friedſame Geduld mit dir ſelbſt, und ſüſſe Vereinigung mit GOttes Willen, als wordurch du am erſten ſanft und heiter bey

allen

allen Proben werden kanst. Ich muß schliessen, weil schwach bin und gehindert werde.
Ich grüsse dich im Geist hertzlich, samt allen
Hausgenossen, besonders der lieben krancken
Schwester; ich lege sie in JEsu Hand und
Wohlgefallen von Hertzen hin, der sie segne,
und seinen vollkommenen Willen an ihr ausführe! Er lasse ihr zu gut kommen alle die
Früchte seiner Leyden, und werde ihr in Zeit
und Ewigkeit alles das, was Er den Seinen
ist, Amen.

Dein

Mülheim,   verbundener Bruder.
den 3. Jan. 1743.

Der 36te Brief.

Wie man bey Abwesenheit seiner Freunde bey
GOtt im Geiste voneinander ungetrennt bleiben kan.

Bis hieher hat der HErr geholfen: Gelobet sey sein Name in Ewigkeit!

In Demselben hertzlich geliebter Bruder!

Gestern bekam ich dein Angenehmes vom 9ten
dieses, so mir erquicklich war, und dem
HErrn in meinem Inwendigen zu dancken Anlaß

laß gab; theils darüber, daß dich der HErr
ſo gütig und im Wohlſtand wieder nach
Haus gebracht; und dann auch, daß du daſige Bekannte noch in einem ſolchen Zuſtand
wieder gefunden, als wir ſelbige gelaſſen hatten. Der HErr unſer GOtt und treuer Hirte
wolle ferner ſein günſtiges Aug, wie über mich,
alſo auch über euch alleſamt wachen laſſen,
damit wir nach Leib und Seel von ſeiner Hand
bedecket, Ihn, als ſeine theuer erkaufte Kinder, inniglich lieben, Ihm anhangen und
dienen, und ſein göttlicher Friede unſere Hertzen und Sinnen in Chriſto JEſu unverrückt
bewahren möge. Amen JEſu! ——

Wir ſind nun zwar dem Leibe nach nicht
beyſammen, mit meinem Geiſte aber bin dort
viel bey euch, und frage wohl einſt ſo kindlich
nach: HErr! wie ſtehets doch mit dieſer
oder jener Seele? Ich erwarte darauf weder
Antwort noch Offenbahrung von GOtt, ſondern ich zeige nur dem lieben Heyland, was
ich für euch begehre, und befehle euch ſeiner
Gnaden-Regierung. Ich hoffe zwar, der
HErr werde uns bald wieder beyſammen bringen durch ſeine gute Hand: Indeſſen deutet
uns auch eine kurtze Abweſenheit an, wie ſo
gar unbeſtändig alles Aeuſſere und Sichtbare
iſt, und daß wir uns müſſen zum Inneren
kehren, um ein Vergnügen in GOtt zu ſuchen, das unveränderlich, daſſelbe bleibet an
allen Orten, zu aller Zeit und bis in Ewigkeit:

Ein

Ein grosser Trost ists in dieser Fremdling-
schaft, daß, in der Abwesenheit von einander,
ein jeder von uns diesen GOtt und dieses höchste Gut gantz und innig-nahe bey sich behalten
könne, ja daß wir auch in demselben im Geiste
ungetrennet bleiben. Dafür sey sein Name
geliebet, gelobet und verherrlichet durch Christum JEsum, in welchem wir diese Gnade
zur Einkehr in diese seine selige Gemeinschaft
haben! Lasset uns seinem theuren Zug im
Grunde uns unbedingt überlassen, und mit
Drangebung unsers Gantzen, den lieben, der
uns erst geliebet hat. Amen JESU! Ich
grüsse und umfasse dich im Geist, lieber Bruder! wie auch alle übrige dasige Kinder und
Freunde ohne Ausnahm. — — Der HErr
segne euch, und gebe euch seinen Frieden!
Amen. Verbleibe

Dein

Amsterdam, verbundener Mitbruder.
den 12. Julii 1743.

Der

Der 37te Brief.

Vom Schaden der Kleinmüthigkeit, und vom Nutz des Vertrauens zu GOtt.

In der Gnade unsers theuren Heylandes hertzlich geliebter Bruder!

Dein Angenehmes vom 16ten dieses nebst Einschluß von Bruder H. habe gestern richtig erhalten, woraus so überhaupt ersehe, daß es mit euch sämtlich noch ohngefehr im Gewöhnlichen stehet; wofür der HErr gelobet sey!

Ich vertraue, daß der HErr seine Hand und Auge über euch allen halten, und euch nach Leib und Seel seinen treuen Schutz, Gnade und Güte werde widerfahren lassen; damit ihr in GOtt viel Freude habet, und aus dieser Freude alle Kraft und allen Muth zur Hingebung und Ueberwindung alles anderen, und zur willigen Umarmung der kurtzen Leyden empfanget. Dann einmal so weiß ich nicht, worzu die Kleinmüthigkeit im Christenthum nutzet, als nur, um unsere Feinde starck und uns selber schwach zu machen: Dahingegen GOtt Ehre davon bekommt, und wir grossen Nutzen, wann wir Ihm vieles, ja alles zu vertrauen, nicht, weil wir heilig sind, sondern

weil

weil wir einen so gnädigen und so mächtigen
Heyland haben, der uns so gerne heilig und
selig machen will, wann wir uns Ihm nur
mit Aufrichtigkeit in seinen gnädigen Wirckungen und Wegen überlassen. Er wircke
dann selbst in uns dieses kindliche Vertrauen,
um JEsu willen Amen! ———

Ich grüsse und bleibe

Euer aller

Amsterdam,   verbundener Bruder.
den 19. Julii 1743.

Der 38te Brief.

**Daß die Zuwendung des Hertzens zu GOtt schon
ein Vertrauen zu demselben anzeige, wann es
gleich nicht gefühlet werde.**

In der Gnade unsers theuren Heylandes
hertzlich geliebter Bruder!

——— Wie ich wieder hier kam, fand ich
dein Angenehmes vom 23ten dieses, wodurch
ich recht erquicket ward, und Ursach fand, dem
HErrn zu dancken, daß ihr euch daselbst noch
ungefehr im Gewöhnlichen befindet. Dieser
gütigste GOtt sey euch allen, und auch mir,
in dem süssen Namen JEsus unverrückt nahe!
Er halte auch uns in seiner Nahheit unver-

Zweit. B. III. Th.   H   rückt

ruͤckt veſte, damit wir in dieſen verwirrten Tagen nicht mit verwirret werden, ſondern auf
dem innigen ſchmalen Hertzens-Weg immer
weiter gehen, und darzu allen Einfluß der
Kraft aus dieſer ſeiner liebenswuͤrdigen Nahheit bekommen moͤgen, Amen!

Es iſt alſo, wie du meldeſt, lieber Bruder! daß nicht allein derjenige Vertrauen zu
GOtt habe, wer ſolches Vertrauen fuͤhlet,
ſondern daß auch das bloſſe Zuwenden eines
armen Hertzens zur Gnade mit Vertrauen gepaaret iſt. Ein Krancker, der ſich zum Artzt
wendet, beweiſet mit der That, daß er Vertrauen oder Hofnung habe, von demſelben
geholfen zu werden, ob er gleich wegen des
Gefuͤhls ſeiner Kranckheit bisweilen nicht viel
Vertrauen fuͤhlet. Die Geſunden, die des
Artztes nicht beduͤrfen, oder auch andere, die
ihre Kranckheit nicht ſo hart druͤcket, koͤnnen
auch leichter vertrauen: Allein, wo ein all-
maͤchtiger Artzt iſt, wie der unſere, dem nimmer ein eintziger in der Cur iſt umgekommen,
wie aus ſo unzaͤhlich viel Exempeln klar iſt,
da hat auch der deſperateſte Patient keine Urſache, ſein Vertrauen ſincken zu laſſen; und
es wird ihm ſehr zur Geneſung befoͤrderlich
ſeyn, wann er mehr mit Vertrauen den Artzt,
als mit Mißtrauen ſeine Elenden anſiehet.
Das tiefſte Gefuͤhl unſerer Elenden und
Schwachheiten kan uns das reinſte Vertrauen
zu der unendlichen Guͤte GOttes geben. Wir
muͤſſen nur im Zuwenden zu GOtt nicht ermüden,

müden, und von uns selbst absehen, so gut wir können, so wird uns immer mehr das innig stille Vertrauen gegeben werden. Das ausgekehrte leichtsinnige Vertrauen nutzet nichts. Der HErr wirds uns lehren. Amen!

— — Gedencket alle meiner; ich thue ein Gleiches. In Hofnung, euer Angesicht bald wieder zu sehen bleibe ich

Euer

Amsterdam,   verbundener schwacher
den 26. Julii 1743.   Bruder.

Der 39te Brief.

An eine krancke Person; daß sie sich von allem abkehren, und mit Vertrauen in JEsum ersencken solle.

Geliebte Freundin und Schwester!

Ich höre, daß der gütige Heyland dich mit einer Kranckheit besuchet. Nun, Er will dein Hertz zugleich mit seiner heilsamen Gnade besuchen: Und dieses ist es, was wir dir auch haben gesuchet, und noch suchen zu erbitten von seiner göttlichen Majestät, wie auch, daß Er dir alle nöthige Unterwerfung und Ueberlassung in seinen guten Willen geben möge! GOTT hat gewiß deine völlige Erlösung und

H 2   Heil

Heil im Auge, auch bey dieſer Beſuchung.
So viel du dich nun beſinnen kanſt, übergib
dich Ihm gantz, daß ſein heiliger Zweck nur
an dir erreicht werde.

GOttes Gunſt und Gemeinſchaft ſind allein zu ſuchen und zu ſchätzen: Geſundheit, Leben, und alle zeitliche Vergnügungen ſind
nichts dagegen zu achten. Es wende ſich dann
dein gantzes Hertze von allem anderen unwiederruflich ab! Bekenne dem liebſten Heyland
all deinen Jammer und begangene Thorheiten,
und daß du ohne ſeine Gnade nimmermehr ſelig wirſt. O ja! das iſt mehr die Wahrheit,
als du es noch glauben kanſt: Traue es aber
dieſem theuren JEſu zu, daß Er dir könne
und wolle alle deine Sünden vergeben, und
dich durch ſeine Gnade allein heilig und ſelig
machen, dann Er hat uns erlöſet mit ſeinem
Blut. In dieſem Vertrauen erſenck dich, ſo
nackend und elend als du biſt, in dieſen gütigſten Erlöſer ein. Und wann dir dein Elend
und Untreue tauſendmal vor Augen kämen, ſo
wende du dich allemal mit dem allem in dieſen gütigſten Erlöſer hinein; ſo kan es dir
nicht fehlen, es gehe nun zum Leben oder
Sterben.

Ich weiß, daß du noch lange nicht biſt,
wie du ſeyn muſt: Aber wann du auch noch
ſo lange lebeſt, ſo wirſt du doch durch keinen
andern Weg heilig, als durch dieſen; und
wann du ſtirbeſt, ſo kanſt du ſelig werden
durch)

durch diesen Weg, daß du nemlich auf alles
Verzicht thust, und dich mit Leydwesen und
Vertrauen in die Gnade JESU hinein wendest. In dieser Gnade ist dein Heil allein.
Diese Gnade umfasse dich, wann du sterben
soltest, und gebe dir auch jetzt, was dir noth
ist, um gesegnet und GOtt gefällig zu leyden!
Amen, lieber Heyland! Wir grüssen dich alle,
und wünschen dir den Segen.

Dein

Mülheim,   schwacher Mitpilger.
den 24. Oct. 1743.

Der 4ote Brief.

**Wie man sich in Versuchungen zu betragen, und
die Gelegenheiten mit Ernst zu meiden habe.**

Hertzlich geliebte Schwester!

Obgleich der Kopf ungemein schwach ist, so
muß ich dich doch hertzlich grüssen, und
dir zuruffen: Sey getrost! dann der HErr
ist mit dir. 5 B. Mos. 31, 6. und 8. Klag-
briefe sind mir doch auch lieb, wann es nur
keine Verzagbriefe sind. Wie der Heyland
getauft, und zu seinem Amt eingeweihet war,
da kam der Versucher heran.

H-3   Der

Der Feind muß recht bange werden, daß er dich ſo anpackt: Er ſoll doch in Ewigkeit nichts an dir haben, dann du gehöreſt dem HErrn zu; bleib ihm aber auch von ſeinen Gräntzen weg, ich will ſagen, meyde ungeſcheut alle dergleichen Gelegenheiten: Deine Schwächlichkeit kan dich genug excuſiren, dich ſolcher Liebes-Pflichten jetzt und bey ſolchen Umſtänden zu entſchlagen. Hilft kein Excuſiren, dann wolte ichs lieber rund heraus ſagen, daß ich dergleichen Geſellſchaften am liebſten vermeyden wollte. Vielleicht haſt du dich vormals nicht behertzt genug erkläret, daß deswegen die Hofnung noch nicht gantz erloſchen iſt; und wann das wäre, dann könnte es die Vorſehung vielleicht noch einmal dahin bringen, daß du mit mehrerer Tapferkeit alles abſchneiden müßteſt.

Fürchte du nur nichts. Säheſt du die Macht, die dich umgiebet, du würdeſt keine Creatur, noch feindlichen Anfall ſo hoch äſtimiren. Durch Furcht macheſt du dich ſchwach, und ſetzeſt dich gar aus der Ordnung; das merckt der Feind, darum ſuchet er, dich zu alteriren. Achte aber auch dieſes nicht, und trage ſolche Alteration und Poltern im Kopf und im ſinnlichen Theil, ohne vorſetzlich darnach umzuſehen, oder es zu wollen vertreiben. Ein Blick auf den HErrn, daß du Ihm treu bleiben, und alles aus Liebe zu Ihm übertragen wolleſt, iſt genug. Stilleſeyn und Vertrauen iſt unſere Stärcke; dahin muß ſich das

Gemüth

Gemüth lencken, auch bey den größten Stürmen. Der HErr ist nahe; Er siehet unseren Grund, wann gleich die Proben alle Sinnen und Gedancken überschwemmet haben. Weil du aber weißst, an welchem Ort du schwach bist, so sage ichs noch einmal, meyde mit Ernst alle Gelegenheiten, bis es die Vorsehung auf eine andere Weise einrichtet, und mache dich immer mehr gemein mit dem Einen, der alle Liebenswürdigkeiten vollkommen und ewig in sich besitzet. Du kennest seinen Namen, und weißst ein wenig, wie sehr Er dich liebet: Er ist mächtig genug, ein Hertz zu schützen, das Ihm zum Eigenthum ergeben ist. Amen! Ich vergesse deiner nicht, und JEsus noch weniger.

Dein

Mülheim,   schwacher Bruder in
den 24. Oct. 1743.   Ihm.

H 4   Der

Der 41te Brief.

Was gemeiniglich durch die Sünde in den heiligen Geist verstanden werde. Welche Versuchungen den Geist beflecken, oder nicht.

Hertzlich geliebter Bruder in der Gnade JEsu!

Mit deinem angenehmen Schreiben vom 28ten September bin wohl zufrieden. — —

Den Eingebungen des Geistes GOttes ungehorsam seyn, könnte man wohl eine Sünde wider den heiligen Geist nennen: Aber, wehe uns allen! wann ein jeglicher Ungehorsam gegen denselben diejenige Sünde wäre, die nicht soll vergeben werden. Diese Sünde kan nur Platz haben bey einem sonderbaren Grad der Erleuchtung, wie man urtheilet, da wider ein hohes Licht vorsetzlich, freventlich und beharrlich gesündiget wird. Einmal, absolut-unvergeblich ist wohl keine Sünde, als wo man in der Sünde beharret: Aber das ist wahr; es könnte ein Erleuchteter wohl eine solche freventliche Sünde begehen, daß es einem Paulo (Hebr. 6, 4. und seqq.) unmöglich schiene, einen solchen wieder zurecht zu bringen. Allein, was bey Menschen unmöglich ist, ist darum nicht

nicht unmöglich bey GOtt. Kurtz! ein jeder,
der Vergebung verlanget, kan sie bey JEsu
finden, weil keiner ohne JEsum bey GOTT
Vergebung erlangen kan.

Die Reitzung von seiner eigenen Lust ist
eine Versuchung; und obs wohl eine Frucht
unseres Falles ist, (weswegen es uns auch muß
demüthigen, so viel mehr, da wir bisweilen
der Versuchung das Fenster ein wenig aufge-
than) so wird es uns doch um JEsu willen
nicht zur Sünde gerechnet: Aber, wann wir
den Willen geben in die Versuchung, dann
wird die Lust schwanger, und gebieret die
Sünde. Weil nun das Böse einmal da ist,
so muß die Versuchung kommen: Wer aber
in der Kraft JEsu die Versuchung ausleydet,
der ist ein Kämpfer, dem eine Krone wegge-
legt ist.

Es befleckt die Versuchung den Geist weiter nicht, als nur, wann der Wille des
Geistes das Unreine mehr oder weniger an-
rühret, (2 Cor. 6.) ich will sagen, sich mit
einiger willigen Beschäftigung der Gedancken, oder mit Wohlgefallen dabey aufhält.
Verdunckelungen können einige Versuchungen wohl bringen, auch wann man sich wohl
dabey hat verhalten, aber diese Verdunckelungen schaden nicht. Das Beste ist, im Gegenwärtigen beym HErrn bleiben, mit dem
hertzlichen Sinn, kein Böses einzulassen, übrigens aber an das Böse wenig zu dencken,
sondern

ſondern an den gegenwärtigen GOtt; und mit denen Verſuchungen, die vorüber ſind, ſich nicht viel aufzuhalten, ſondern ſich ohne Unterſuchen ſelbſt Schuld zu geben, und wieder in die Gnade einzuſincken.

Die Verſuchung oder Reitzung zum Böſen kommt nicht von GOtt. GOTT aber verſuchet oder probieret unſern Glauben, unſere Liebe und Treue wohl einmal, um uns bewährt und verklärt zu machen; 1 Petr. 1, 7. Er hält uns aber überall mit verborgenen Händen, und machet, daß die Verſuchung ein ſolches Ende gewinnet, daß wirs können ertragen: Und der mag ſich ja freuen, wer alſo in mancherley Anfechtungen geräth. Jac. 1. Wann uns aber JEſus lehret bäten: Führe uns nicht in Verſuchung, ſo zielet dieſes auf ſolche Verſuchungen, da GOTT den Menſchen in ſo weit verläßt, daß er würcklich zum Fall kommt; wie beym Hiskia geſchah, 2 Chron. 32, 31. und bey Petro; Dann wann eine Seele auf ihre Kraft und Treue zu viel bauet, und nicht behutſam iſt, da läßt GOtt ſie wohl einſt durch eine betrübte Erfahrung ſehen, was in ihrem Hertzen iſt; und dafür ſollen wir bäten. Wachet und bätet, daß ihr nicht in Verſuchung fallet. Matth. 26, 41.

Diejenige Liebe zu einem Kind GOttes iſt ſchön, welche die Liebe und das Andencken GOTTes in mir vermehret, die mich
ſammlet,

sammlet, stillet, und kein Bild der Creatur
in mir zurück lässet. Diese reine Bruder=
Liebe kommt allein aus GOtt, und führet
allein zu GOtt: Darum müssen wir nur
nach der Liebe GOttes hungeren, und alle
unsere Liebe diesem Einigen zuwenden, dann
lehret Er uns zu seiner Zeit seine Kinder in
Ihm lieben. Einander aber lieben und mit
einander umgehen, oder viel Liebes=Dienste
erweisen, das ist nicht einerley: Es kan nach
den Umständen beysammen, oder nicht bey=
sammen seyn. — —

JEsus werde uns immer gründlicher das
Leben unserer Seelen! Was aus uns kommt,
zielet auch auf uns. Er selbst muß unser
Hertz, Willen, Gedancken und Alles in sei=
ner Gewalt haben, damit Er uns belebe,
und wir lauterlich in Ihm leben mögen.

Mülheim,
den 31. Oct. 1743.

Der

Der 42te Brief.

Gründliche Anweisung, wie man Aus Gnaden heilig und selig werde.

In der Gnade JEsu hertzlich geliebter Freund!

Euer Angenehmes vom 2ten December wie auch Voriges vom 23ten November habe zu recht erhalten. So viel Zeit und Schwachheit zuläßt, will diesesmal darauf antworten.

Nach meinem Licht von der Sache zu reden, so findet sich E. E. Zustand Röm. 7. ziemlich beschrieben, und ist davon der selige Ausgang anderst nichts, als die gelassene gründliche Ersenckung in die Gnade GOttes in JEsu Christo, welches der Eigenliebe den Tod, dem Geist aber Leben und Frieden verursachet. Aus Gnaden heilig und selig gemacht werden, ist so leicht nicht, wie die Leute meynen. Wann GOttes Licht und Zucht die Seele recht ergreiffet, wirds anderst erfahren. Man siehet, daß ohne die innigste Reinigkeit keine Vereinigung mit GOtt zu hoffen sey. Man will, man trachtet den rechtmäßigen Anforderungen der Gnade ein Genügen zu leisten; aber der tiefe

Grund-

Grund=Schade wird durch eigene Bemü=
hung nicht geholfen. Kan man nicht fort=
kommen, so wird man muthlos und verdrieß=
lich: Und wo es gelinget, da kommt die ei=
gene Gerechtigkeit empor, und siehet die
Seele von Hinten nach, daß durch die ge=
heime Selbst=Liebe auch ihr Bestes befleckt blei=
bet. Gehets einige Zeit was vorwärts, plötz=
lich findet sie sich wieder mitten im Schlamm
liegen. Was soll sie machen? Glauben, daß
man in diesem Leben ein armer Sünder blei=
ben müsse, ist ein desperater Trost. Auf
Christi Verdienst und Tod sich verlassen ist
treflich, und der einige Grund unsers Heils:
Aber Er hat sich für uns gegeben, auf daß
Er uns heilige. Ephes. 5. Er ist nicht ge=
kommen, das Gesetz aufzulösen, sondern zu
erfüllen. Matth. 5, 17. Was Rath? Die
Seele soll fort, und kan nicht. Sie soll
was geben, und hat nichts. Heuchlen oder
scheinen gilt nicht länger. Ein einzig Mit=
tel ist übrig, daß nemlich die Seele zum
Creutz krieche, und mit demüthiger Bekännt=
niß und Einwilligung in ihren hülflosen Zu=
stand von ihrem eigenen Thun ablasse, da=
mit GOtt sein Werck in ihr habe, und al=
so in gelassener glaubiger Zu= und Einkehr
in die eröfnete Gnade und Liebe JEsu der
seligen Stunde erwarte, daß dieser mächtige
Erlöser sich ihr offenbahre, und selbst in ihr
erfülle die Gerechtigkeit, so vom Gesetz er=
fordert wird. Röm. 8. Und siehe das ist
dann

dann eben das, was erleuchtete Schreiber
ſagen, wann ſie uns auf die Uebung des
Inneren Gebäts und der Einkehr weiſen,
und nur im Stilleſeyn und Vertrauen die
Hülfe zu ſuchen und zu finden.

Der liebe Freund kan ſich ohne Bedencken zueignen, was ſolche erleuchtete Seelen
von dieſem Zuſtand ſagen; nur mit dieſer
eintzigen Verwahrung: Daß, wann ſie von
höheren Wegen der Reinigung reden, da die
Seelen, welche ſolches angehet, ſich nicht
ſo wirckſamer Weiſe können zu GOtt kehren, ſammlen, verläugnen, ꝛc. weil ſie nemlich, ohne ihr Wiſſen, da ſchon angelanget
ſind, wohin ſie durch Wiederholung derer
Wirckſamkeiten gehen wollen: Daß, ſage
ich, ſolches anietzo für Ihn noch nicht iſt,
wann ich Ihn wohl kenne. Er muß ſich
auch auf eine wirckſame Weiſe zu GOTT
einkehren, es muß aber keine Anſtrengung
des Kopfs, oder andere Heftigkeit dabey ſeyn,
ſondern ein inneres aber gelaſſenes Hungeren,
ein wahres, hertzliches und vertrauliches Einneigen zu GOtt in Chriſto, und ein ſüſſes
ehrerbietiges Warten in ſeiner Gegenwart in
uns: Durch JESU Blut haben wir dieſe
Freymüthigkeit zum Eingang: Weil wir durch
Chriſtum mit GOtt verſöhnet ſind, ſo iſt
GOtt uns gewogen; wir mögen uns kindlich zu Ihm hinein kehren, und um ſeine
völlige Hülfe bitten, und drauf warten. Der
das Innerſte erforſchet, ſiehet wohl, daß die
Seele

Seele eben in der That der kindlichen Ein-
und Zukehr, auch ohne dran zu gedencken,
sich von Welt, Sünde und allem Eigenen
abkehret, nach dem aufrichtigen Willen; deswegen wird ihr um JEsu willen auch nichts
von dem allem zugerechnet: Und durch eben
diese That der Einkehr, Offenlegung, ꝛc.
wird sie am leichtesten und schönsten gereiniget werden, von allen Beflerkungen des Flei-
sches und des Geistes.

Er, der liebe Freund muß eben seine
Elenden nicht aufsuchen; es wird sich schon
finden, so viel es GOtt beliebt: Sein Verderben nehme er nicht zum eigentlichen Vorwurf. GOTT, als ein Freund und Heyland; GOTT, als im Hertzen gegenwärtig,
muß sein Vorwurf seyn. Und wann er sein
Verderben sehen und fühlen muß, so leyde
er solches in GOttes Gegenwart, eben wie
ein krankes Kind auf der Mutter Schooß
seinen Schmertz nur zu verstehen gibt durchs
bewegliche Ansehen seiner Augen. Das Ansehen unser selbst macht uns kranck, aber in
dem Ansehen GOttes ist unsere Genesung.
Lasset uns dann die Entdeckungen unserer
Elenden als wahre Gnade von GOtt annehmen, und getrost aushalten vor dem Angesicht dessen, der Heyland genannt wird,
ohne am anderen Ort Trost zu suchen! Der
HErr weiß die rechte Stunde. Auch das
Warten ist ein unvermercktes Fortgehen.
Muthlosigkeit ist eine Frucht der Eigenliebe.

Unsere

Unſere Schwachheiten und Elenden ſollen uns Mißtrauen machen an uns ſelber, aber nimmermehr an GOTT, deſſen reine Liebe unſere Elenden eher kan verzehren, als das Feuer einen Strohhalm, wann wir uns mit Vertrauen überlaſſen.

Nun, mein Freund! es widerfähret euch nichts Neues. Eben dergleichen Leyden gehen über eure Brüder in dieſer Welt, obgleich nicht bey allen gleich ſchwer und lang. Erwartet nichts von euch ſelbſt, aber alles von der Güte GOttes, die ſo innig nahe iſt. Das iſt eine gemeine Verſuchung in ſolchen Ständen, daß die Seelen dencken, dieſes oder jenes ſchicke ſich nicht auf ſie; ein anderer wiſſe ſo alle ihre Umſtände nicht; man urtheile zu favorable von ihnen; und was dergleichen mehr iſt: Haltet euch mit ſolchen Reflexionen nicht auf. Ich weiſe euch nicht auf euch ſelbſt; ich weiß, daß ihr ein Adams-Kind ſeyd, wie ich. Euer Weg iſt auch noch nicht vollendet, er gehet aber richtig dahin, und GOttes ewige Liebe wartet nur darauf, daß ihr euch, mit mir, in ihren Schooß fallen laſſet, ſo wie ihr ſeyd. Amen, es geſchehe!

Mülheim,
den 7. Jan. 1744.

Der

Der 43te Brief.

Trost und Unterricht an eine Krancke, und Aufmunterung zur Liebe.

In der Gnade JESU, werthgeschätzte Freundin!

Mit hertzlichem Mitleyden hab ich durch den Freund S. vernommen, daß es dem HErrn beliebet hat, E. E. aufs Neue auf das Krancken-Bett nieder zu legen. Wie es jetzt um euch stehet, verlange sehr zu vernehmen. Ich nehme in aufrichtiger Liebe Theil an E. E. Wohl und Weh, und unterlasse nicht, euren geist- und leiblichen Zustand unserem guten Heylande aufzuopferen, nach der Gnade, die Er selbst schencken muß. Ich verhoffe, daß eure Kranckheit nicht zum Tode, sondern zur Verherrlichung GOTTes seyn möge. Seine göttliche Majestät zeiget es ja, daß es sein absoluter Wille sey, euch hinführo ohne Ausnahm für sich zu wollen haben. Er selbst gebe E. E. ein helles Gesicht und innigen Eindruck von seinen liebenswürdigen Absichten über euch, so werdet ihr euch gerne Ihm überlassen. Die Liebe JEsu muß eure Artzney seyn.

Es gehe dann zum Leben oder zum Sterben, so erwartet nichts von euch selbst, noch

Zweit. B. III. Th.   J   von

von einigem Geſchöpf. Als eine elende, nack=
te und unvermögende, wie ihr ſeyd, werfet
euch zu des Heylandes Füſſen; umfaſſet ſie
in zarter Liebe mit Maria Magdalena, da=
mit Er euch aufs wenigſte nachſchleppe, wann
ihr Ihm nicht nachlauffen könntet. Laſſet
Ihn nicht loß, es gehe, wie es gehe! Er
iſt inwendig unausſprechlich nahe, auch wann
er ferne ſcheint. Seliges Sterben und hei=
liges Leben iſt bey Ihm und ſonſt bey kei=
nem zu finden; liebet nur, dann gibt Ers
gerne. Liebet Ihn, auch wann Er nicht
ſcheint zu lieben! Liebet, auch wann ihr keine
Liebe fühlet! Liebet, ſo lernet ihr lieben.
Wartet auf nichts! Fanget mit der Liebe an,
ſo wird alles andere folgen. Ich grüſſe euch
hertzlich, wie auch euren werthen Mann, und
hoffe, bald eine angenehme Nachricht von eu=
rer Beſſerung zu bekommen, in welcher Hof=
nung ich verharre

Ew. Wohl=Edl.

Mülheim, ergebenſter Diener und
den 16. Jan. 1744. geneigter Freund.

Der=

Der 44te Brief.

*An eine Person die in eine gewisse Gemeine über-
gegangen. Der Schreiber wählet hingegen
mehr das verborgene Leben mit Christo in
GOTT.*

Hertzlich geliebter Bruder!

—— Auf deine sonst über Duisburg und
Solingen vor und nach erhaltene Brieflein
finde eben nichts zu sagen. Mein Reden ist
nicht Zeit. Ich wünsche indessen von Hertzen, daß dirs auf alle Weise wohl gehe,
und bleibe in der Liebe. Aus Bruder N.
Brief an P. H. hab ich gesehen, daß du
ein aufgenommenes und confirmirtes Glied
dasiger Gemeinde bist, nachdem du darum
angehalten. Es scheint, du habest gedacht,
diese Zeitung werde mir wenig Freude machen,
sonst hättest du mir selbst solches wohl geschrieben. Dem sey, wie ihm wolle, so ist
mirs einmal keine neue Zeitung gewesen. Ich
merckte genugsam, was du vorhattest, wie
du hier warest.

O! wie so gern laß ich loß, schweige und
befehle die Seelen dem HErrn an, so bald
ich mercke, daß sie Wege einschlagen, die
ich nicht verstehe! Sey indessen meiner unverfälschten und unverrückten Bruder-Liebe

J 2　　　　　gegen

gegen dich verſichert. Es gehe dir in der
Wahrheit wohl in dem HErrn! Er allein
bewahre und führe dich, nicht nach Rußland
und China, (wie dir geträumet, ich auch
nicht höher als andere verſtreuende Phantaſien halten kan.) ſondern in die weſentliche
Ruhe des Geiſtes, die dem Volck GOttes
verheiſſen iſt! Ob aber dein jetziges Betragen (wenigſtens bey den Leſern in N.) nicht
ein thätlicher Widerruf deines vorhin abge-
legten Zeugniſſes der Wahrheit, durch Edi-
rung des Vernieres ſey? iſt eine Frage, die
ich GOTT und deinem Gewiſſen überlaſſen
muß, und gar wohl überlaſſen kan. Ich
darf weiter nicht umſehen; ich muß meinem
Führer folgen: Hoffe auch, daß dieſe deine
Veränderung mir noch dienlich ſeyn werde,
mich nur ſo viel mehr hinein zu wenden, um
gegründet zu werden in Chriſto, und in der
Erfahrung ſeiner ſo unbekannten und verdächtigen inneren Wege, die ich mit innigſter Freude und Plerophorie (völliger Zuſtimmung) als göttlich und gewiß umfaſſen und
bekennen muß, vor dem Angeſicht GOttes
und aller Menſchen. Das Wenige, ſo ich
ſchriftlich davon bezeuget habe, weiß ich, daß
es in ſich Wahrheit iſt. Ich gönne es anderen, daß ſie etwas ſind, etwas ausrichten,
und auf alle Weiſe éclatiren. Ich erwähle
das verborgene Leben mit Chriſto in GOtt,
das verhaßte Creutzes-Leben; und in demſelben werde ich um ſo viel reiner und ruhiger

higer können fortwandlen, je mehr ich für
nichts geachtet, vergeſſen, und als wie begraben bin bey allen Creaturen. Una uni!
(Eine Einem) Alle bekannte Brüder und
Freunde grüſſen hertzlich. O. iſt verwichenen
Sonntag in die Ewigkeit gegangen unter
meinem und der Umſtehenden Gebät. Ich
werde mit GOtt unverändert bleiben

Dein

Mülheim, in Liebe verbundener ſchwa-
den 16. Jan. 1744. cher Mitbruder.

Der 45te Brief.

Ueber die Worte: Joh. 17, 3. Das iſt aber das
ewige Leben, daß ſie dich u. ſ. w. und daß
die Seligkeit bey Kindern GOttes hier in ihrem Inwendigen anfange, und in der Ewigkeit vollendet werde.

Lieber Freund!

Ich will ſehen, ob ich im Stande bin, auf
euer angenehmes Zuſchreiben mit Wenigem zu antworten.

Der von euch vorgelegte Spruch Joh.
17. Das iſt das ewige Leben, das ſie
dich erkennen ꝛc. zielet ſo wohl auf dieſes,
als auf das zukünftige Leben. Bey Kindern
J 3 GOttes

GOttes fängt die Seligkeit hier in ihrem
Inwendigen an, und wird nach dieſem Leben vollendet: Es fängt hier weſentlich an;
aber zwey Stücke muß man nicht vergeſſen.

I. Daß dieſe Seligkeit eben nicht bey
allen und zu aller Zeit empfunden, oder un-
terſchiedentlich erkannt werde. GOTT läßt
es die Seelen nicht allemal wiſſen, wie ſelig
ſie ſind, um der Eigenliebe willen: Sie
müſſen manchmal im dunckeln Glauben wallen, Hebr. 10, 36 = 38. und durchs Creutz
geführet werden, damit ſie wohl geläutert die
Heiligung GOttes erlangen, welches ihnen
zu ſolcher Zeit nicht allemal Freude und Seligkeit zu ſeyn düncket, Hebr. 12, 10. und
11. obgleich würcklich Seligkeit iſt. Wo
nur eine Seele nichts anders will, als GOtt,
und an Ihm ſucht zu hangen durch Glauben, Bäten und Ueberlaſſung, da mag ſie
ruhig ſeyn, wann ſie gleich nichts empfinden
ſolte in dieſem Leben. Dennoch zweifle ich
nicht daran, wann wirs nur alles dabey
wagten, und weder Troſt noch Heil in einigem Geſchaffenen mehr in uns einlieſſen, es
würde uns auch in dieſer Wüſte das Manna
nicht gäntzlich fehlen. Zum

II. Muß man wohl behalten, daß die
Seligkeit der Chriſten Staffelsweiſe erfahren
wird in dieſem Leben. Wer in der anfäng-
lichen Buſſe mühſelig und beladen zu Chriſto
kommt, der wird von Ihm erquicket; er erlanget

langet die Vergebung seiner begangenen Sünden, aus lauter Gnaden um des Verdien-
stes Christi willen: Wird nun dieses etwas
mercklich empfunden, dann erkennet man den
Vater, und empfindet eine Seligkeit, wie
die Schrift es auch so ausdrücket. Psalm 32,
1. und 2. und Ephes. 2, 8. Aber dabey
muß man nicht stille stehen bleiben. Solche
Gläubige, die in dem ersten Grad schon selig waren, werden von Paulo vermahnet,
daß sie schaffen solten, selig zu werden,
nicht zwar durch eigenes Thun oder Werck,
sondern durch Wahrnehmung und Gehorsam
der Gnaden GOTTes, der in ihnen, und
auch in uns wircken will, beydes das
Wollen und das Vollbringen nach seinem Wohlgefallen. Phil. 2, 12. und 13.
Diese Wirckungen GOttes zielen nun hauptsächlich dahin, daß Er alle Wercke des Teu-
fels in uns zerstöhre, Sünde, Creatur und
Selbst-Liebe, GOtt aber und das Unsicht-
bare immer wichtiger mache, und zu seiner
seligmachenden Gegenwart hinein ziehe; da
wird dann die Seele fähig, das zu erfahren, was Joh. 14, 21-23. und 2 Cor. 6.
stehet, daß sich nemlich der HErr JEsus
ihr inwendig offenbaret, ja gar seine Wohnung in ihr aufrichtet. Und wer das wahrlich erfähret, der findet noch eine weit grös-
sere Seligkeit, als die erstere, welche nur
in der Schenckung seiner Sünden, oder in
einigen Blicken der Gunst GOttes bestunde;

J 4   davon

davon ſagt Johannes: Wer den Sohn
hat, der hat das ewige Leben: Und den⸗
noch hat diß ſeine mancherley Staflen. Al⸗
les dieſes hatte Paulus erfahren, und doch
glaubt er, daß er in dieſem Leben noch ein
Mehreres erfahren koͤnnte. Phil. 3. Sum⸗
ma, ſo wohl die Erkaͤnntniß GOttes und
ſeines Sohnes JEſu Chriſti, als auch die
daraus entſpringende Seligkeit kan immer
anwachſen in dieſer Zeit, und wird vollen⸗
det in der Ewigkeit: Doch iſt in dieſem Le⸗
ben ſo viel davon zu erfahren, daß es der
Unglaube wohl nimmermehr dencken ſollte.
Noch hier in dieſem Leben koͤnnen wir der
goͤttlichen Natur theilhaftig werden; Und, wer
dem HErrn anhangt, der wird Ein Geiſt
mit Jhm 1 Cor. 6, 17. Es ſind dieſes
zwar hohe und goͤttliche Dinge, aber GOtt
hat ſie verheiſſen in Chriſto JEſu, und goͤn⸗
net ſie uns allen gern. Weil wir aber nun
ſolche Verheiſſungen haben, ſo ſollen wir uns
reinigen von aller Befleckung des Fleiſches
und des Geiſtes, und nirgend ſtille ſtehen,
ſondern in der Gnaden⸗Kraft GOttes unſere
Heiligung ſuchen zu vollenden. 2 Cor. 7, 1.
Nun hoffe ich, wird der liebe Freund
meine Meynung in etwa faſſen, und aus
Obigem ſeine andere Frage beantwortet fin⸗
den: Wo, oder an welchem Ort dieſe Of⸗
fenbarung GOttes geſchehe? Nemlich nir⸗
gend anderſt, als im Grunde unſers Her⸗
tzens. Inwendig ſitzt die Suͤnde, Hoͤlle und
Ver⸗

Verderben: Inwendig muß auch die Erlösung und Seligkeit kommen. GOtt und
alle Seligkeit kenne ich nicht recht, so lang
es auſſer mir bleibt. GOtt und unſer Heyland iſt uns unausſprechlich nahe in unſerem
Inwendigen; Er lockt uns hinein, um daſelbſt ſeiner ſelbſt und ſeiner Seligkeit theilhaftig zu werden: Folgen wir ſeinem Zug
der Liebe, verlaſſende das Geſchaffene durch
die Verläugnung, und liebreich zu Ihm
nahende durchs Hertzens-Gebät, dann wird
Er ſeine Verheiſſung an uns erfüllen. Und
ſiehe, diß iſt der unbetrügliche Weg zu unſerem Ziel; auf dieſem Weg wandlende, können wir wohl damit zufrieden ſeyn, wie es
der HErr mit uns macht; ob Er uns viel
oder wenig in dieſem Leben empfinden und
klar erfahren läßt. Die Ewigkeit iſt lang
genug zum Genuß. Nur von Unten angefangen, und ſodann dem Lamme gefolget,
wo es mit uns hingehet! Das Ende wird
gut ſeyn. Den lieben Freund empfehle ich
der Gnaden-Regierung GOttes, und verbleibe nebſt hertzlichem Gruß

Euer

Mülheim,   geneigter Freund und
den 6. Febr 1744.   Bruder.

J 5   Der

Der 46te Brief.

An eine krancke Freundin; daß ihr die Eine
Artzney nur helfen könne: JEsum anhangen
mit zarter Liebe, und Unannehmlichkeit ih=
rer selbst und aller Dinge.

Hertzlich geliebte Schwester!

—————— Dein leibliches Ungemach entstehet
viel vom Gemüth. Eine Artzney kan dir
helfen, welche beym liebsten Heyland zu be=
kommen ist; sie heißt: JESU anhangen
mit zarter Liebe, und Unannehmlichkeit
deiner selbst und aller Dinge. Versäu=
mest du es, dich dieser Artzney zu bedienen,
dann läßt es GOtt deinen Leib fühlen, daß
dem Geist was fehlet, und das ist Gnade.
Brauche dann doch diese Artzney täglich und
stündlich; ist sie etwa nicht vorhanden, dann
hohle sie, aber ohne Geld, sonst bekommst
du nichts! Erwarte sie mit Vertrauen von
dem, der sie umsonst giebet. Fange nur an
mit dem Gebrauch, wills gleich im Anfang
nicht schmäcken, fahre nur fort; ich kan dir
die übergrosse Lieblichkeit und kräftige Wir=
ckung dieser Artzney nicht genug anpreisen:
Sie giebet ewiges Leben. An dich und dei=
nen Schaden darfst du nicht gedencken,
wann

wann es auch desperat schiene; dencke nur an
den innig-gegenwärtigen, mächtigen und liebreichen Artzt: Mit stiller Andacht und zarter
Liebe zu Ihm gewandt, brauche die Artzney,
du wirst gewiß genesen. Ich schertze nicht.
Ich schreibe nur so, um mich füglich auszudrücken. Es ist alles wesentlich also. Der
HErr gebe dir ein einfältiges stilles Hertz,
dann wirst du es erkennen und erfahren.
Deine Elenden schrecken mich nicht ab, ich
fasse dich in Schwachheit: Sie müssen auch
dich nicht abschrecken, sondern nur tiefer
gründen in der Erkänntniß deines Nichts,
und in der Ueberlaffung deiner selbst in die
Hände des HErrn, in welchem dein Heil
ist. Kanst du dich nicht zu GOtt sammlen
mit den Sinnen und Gedancken, thue es
dann doch mit dem Hertzen; kanst du auch
dein Hertz nicht finden, dann thue es mit
deinem Willen. Und wann du auch das
scheinest nicht zu können, so leyde und überlaß dich GOtt mit Zufriedenheit und Vertrauen. Auskehr und Beschäftigung mit dir
selbst, machen die Elenden zu Sünden.
Beschäftige dich dann mit dem, der in deinem Hertzen deiner wartet, und dich zu seiner Braut und völligem Eigenthum erkaufet
hat, und einladet! Amen. Ich bleibe durch
seine Gnade

Dein

Mülheim,   verbundener schwacher
den 20. Febr. 1744.   Mitbruder.

Der

Der 47te Brief.

Tröſtlicher Abſchied von einem krancken Bruder auf die ſelige Ewigkeit.

Mein lieber Bruder N.

Den Augenblick höre deine Kranckheit, und weiß nicht, ob dich dieſes noch in der Sterblichkeit antrift? Verliere dich mit Vertrauen in den weiten Schooß der ewigen Liebe GOttes in JESU, und laß ihn mit dir machen, es gehe zum Leben oder zum Sterben. Wirf dich ſelbſt weg; dencke an dich ſelbſt nicht, und laß dich gantz entblößt hinein fallen in die Arme, die für dich ans Creutz genagelt, und noch in Liebe für dich offen ſind. Deiner Heiligkeit wegen wird dir der HERR nicht günſtig ſeyn, das iſt gewiß: Ich weiß aber, daß Er dich geliebet hat, und es herrlich ausführen werde. Ach! wir ſind nichts. Wir ſind ſchuldig. Wir ſind abſcheulich: Aber die Gutheit unſers GOttes iſt unbegreiflich, wunderbar, und ein unergründliches Meer, das uns von unten und von oben, von innen und von auſſen, zu allen Seiten und Zeiten umgiebet, bewahret, nähret und verſchlinget. Auf dieſe unendliche Gutheit GOttes kan unſer Vertrauen ſicher ruhen. Dieſes Meer um-
ſchlieſſe

schliesse und verschlinge dich auch, wann du
stirbest. Gehe dann hin im Frieden, mein
lieber Bruder! schaue, liebe, lobe und bäte
an den GOtt, der uns geliebet hat, vor des=
sen Angesicht wir uns (wie ich demüthig
hoffe) bald wieder begegnen werden, falls es
hier nicht mehr geschehen sollte.

Dich nochmals im Geist der Liebe JE-
SU, nebst allen hiesigen Kindern, hertzlich
grüssende und küssende lege ich dich nieder in
die offene Arme JESU, der dir nahe ist.
Amen JEsu! Wir vergessen deiner nicht.
Etliche Tage bin öfters mit dem Geist bey
dir gewesen, ohne von deiner Kranckheit zu
wissen. Ich bleibe hier und droben

Dein

Mülheim,   verbundener schwacher
den 2. Märtz 1744.   Bruder.

Der

Der 48te Brief.

Muthgebung und Unterricht an eine neu-erweckte Person. Verhaltungs-Reglen wegen äufserer Bekanntschaft, wie auch wegen Kirch- und Abendmahlgehen.

In der Gnade GOttes vielgeliebter und werther Freund!

Euer Zuschreiben vom 28ten Jan. ist mir angenehm gewesen; dann da ich beydes den unseligen Zustand eines unbekehrten, und auch die Glückseligkeit eines bekehrten Menschen aus göttlicher Gnade in meinem Maaß erkannt habe; so erfreuet es mich innigst, wo ich sehe, daß irgendwo ein verlohrener Sohn in sich schlägt, und sich aufmachet, um zu seinem Vater zu gehen. Ich bin auch ein solcher Sau-Hirt gewesen, und wie ich nach tausendfachen Drohungen und Locken endlich kam, wie ich war, um zu werden, was ich nicht war, so durfte ich nur ein wenig bettlen und warten, da ich unendlich gnädiger aufgenommen wurde, als ichs je hätte können hoffen und dencken.

Weil ich nun das Vater-Hertz kenne, so kan ich nicht anderst, als denen bußfertigen kommenden Sündern Muth einsprechen, daß der Ausgang herrlich seyn werde. Diß
beweget

beweget mich dann auch, auf des lieben
Freundes Brief zu antworten, da ich sonst
gern unbekannt bleibe. Ausserordentliche Geheimnisse sind bey mir nicht zu suchen. Mein
Weg ist einfältig nach dem Evangelio, und
ich kan meine gantze Theologie mit kurtzen
Worten sagen: GOtt war in Christo, und
versöhnete die Welt mit Ihm selber.
2 Cor. 5, 19.

Dieser in Christo versöhnte GOTT und
Erbarmer ist uns unaussprechlich nahe, klo-
pfet an die Thür unserer Hertzen, und bittet, daß wir, von der Sünde umkehrende,
uns auch mit Ihm sollen versöhnen lassen.
Alle Unruh über unsern gefährlichen Zustand;
alle Einsicht unsers Verderbens, unserer Finsterniß und unsers Unvermögens: alles Weh
und Jammer über unsere Sünden sind eitel
Wirckungen dieser innig nahen Liebe GOttes in Christo JEsu. Wir sollen nur gestehen, daß wir solche Leute sind, wie wir
sind, vor dem klaren Angesicht des gegenwärtigen GOttes; und ohne uns zu wollen
schmücken, oder selber helfen, nur hungern
nach der in CHristo eröfneten Gnade und
Liebe, mit demüthigem Vertrauen. Unter
dieser Arbeit ist es eben diese ewige Liebe
GOttes, welche ein solches unauslöschliches
geheimes Hungern im Grunde erwecket, aus
Creatur, Sünde und Selbstheit hinaus wieder zu seinem Vater und Ursprung zu kehren. Unzählige mal wird bisweilen dieser sehn-
                                          liche

liche Hunger durch Unglauben zu Boden geſchlagen, ſonderlich wo er in etwas anders
eingehet, als in die pure Gnade, und die
Seele von ſich ſelbſt viel erwartet: Aber eben
ſo oft wird die hungerende Glaubens-Be-
gierde wieder aufgeweckt, ſich lediglich an
den zu halten, der ſo nahe und ſo getreu iſt.

Und in dieſem Glauben läßt der HErr
auch keine einzige Seele zu ſchanden werden: Wann ſeine Stunde da iſt, öfnet Er
ſein Vater-Hertz, heilet und erneuret uns
öfters in einem ſeligen Augenblick durch die
Mittheilung ſeiner Liebe und die Erſcheinung
ſeiner Zukunft. Sollten wirs auch eben ſo
empfindlich noch nicht erfahren und ſehen,
daß der HERR gut iſt, ſo ſollen wirs doch
glauben nach der Schrift und nach dem
Zeugniß deren, die es geſehen, und uns nur
mit Gantzheit dieſem GOtt ergeben: Er iſt
gewißlich gut, und allein genugſam, uns zu
vergnügen in Zeit und Ewigkeit. Weil Er
aber ein ſolcher iſt, ſo hat Er auch gern,
daß wir alles andere Vergnügen willig dran
geben, und aus hertzlicher Liebe zu dem ſo
innig nahen Freund, der uns pur aus
Gnaden unſere Sünden vergeben, und mit
einem heiligen Ruf beruffen hat, unſer Liebſtes und Beſtes dran wagen, damit Er allein unſer Schatz ſey. Alles um Alles, das
iſt unſere gantze Sache. Und dennoch iſt es
kein Kauf, ſondern beyderſeits ein freyes Lie-
bes-Geſchenck.

Betrübe

Betrübe er sich nicht, daß er nicht viel
Anleitung oder Bekanntschaft mit Freunden
hat: Was und wann es nöthig ist, wird
die göttliche Vorsehung schon geben. Gar
zu viel Handleitungen gibt oft Aufenthalt.
Es gibt hin und wieder viele gute Leute, die
man alle lieben muß: Aber Freunde, die uns
wahrlich in GOtt beförderlich sind, die sind
so hauffenweis nicht zu finden; GOtt führt
uns solche zu, wann es Ihm beliebt. Er
selbst ist uns näher, als kein Freund ist: Er
siehet, Er kennet uns durch und durch. Er
sagt es uns eigentlicher, wie wir wandlen
sollen, als kein Werckzeug thun kan; und
was Er sagt, das gibt Er auch. Gewöhne
er sich an die Gegenwart dieses GOttes, der
wird Ihn recht führen!

Daß er allen offenbaren Sünden abge-
sagt, ist gut und nothwendig; allein er fühlet es, daß der Grund nicht tauge. GOttes ewige Liebe in CHristo muß von Innen
einfliessen, und durch sich selbst eine gründliche Erneuerung schaffen: Dahinein wende
er sich mit demüthigem Vertrauen, und lerne warten auf den HErrn. Suche er nicht
zu viel überall! Inwendig in seinem Hertzen ist es zu finden, was ihn beruhigen und
ewig vergnügen kan.

Mich wundert nicht, daß eben dasselbe
Licht, so ihm das Elend in sich selbst entdecket, ihm zu gleicher Zeit das Verderben
der Welt und den Verfall der äusseren Kir-

che einſehen macht. Alſo pflegt es zu gehen:
Aber dabey iſt Vorſichtigkeit nöthig, daß
man ſein Geſicht nicht zu ſtarck hinaus wende, und wider Babel auſſer ſich eifere, da
man inwendig noch ſelbſt in Banden und
Verwirrung ſteckt. Wir wollen erſt den
Brand in unſerem eigenen Hauſe löſchen laſſen, hernach mögen wir dem Nachbar helfen, aber mit Waſſer. Das Verderben in
der äuſſeren Kirche kan ich ja nicht läugnen;
mich deucht aber, der liebe Freund hat jetzt
nöthigere Dinge zu thun, als ſich damit
aufzuhalten. Hinein, hinein, mit GOtt
allein! Sich abzuſondern von Kirch und
Abendmahl rathe ich auch nicht an: Es beſtehet in einer ſolchen Separation nichts Weſentliches; iſt wohl manchem ſchädlich geweſen. Doch muß er nirgend etwas wider
ſein Gewiſſen thun, ſondern, wo er über
ſein Abendmahlgehen in ſeinem Gemüth ſolte
bedränget werden, da thut er beſſer, daß er
davon bleibet, und der Zeit erwartet, ob ihm
etwa der HErr künftig nähere Oefnung darin geben möchte. Einen Läſterer oder offen-
bahr fleiſchlichen Prediger möchte ich auch
nicht gern hören. Und, wann die Umſtände
alſo ſind, da kan man ſich wohl eine Zeitlang zurück halten, ohne darum einen Vorſatz aufs Künftige zu nehmen, vielweniger
andere zu urtheilen, die es anderſt machen.
Das Reich GOttes iſt nicht Eſſen oder
Trincken, Röm. 14, 17. oder ſonſt einige
äuſſere

äussere Satzungen halten, oder unterlassen,
sondern Gerechtigkeit, Friede und Freude im heiligen Geist.

Hiemit muß ich abbrechen, und empfehle
den lieben Freund von Hertzen der sanften
Liebe JESU, und bleibe nebst hertzlichem
Gruß

Sein

Mülheim,   geneigter Freund und
den 12. Mártz 1744.   Mitpilger.

Der 49te Brief.

An einen todtkranck gewesenen Bruder über seine
Besserung.

Hertzlich geliebter Bruder N.

Heut morgen bekommen wir durch den lieben Bruder N. die angenehme Nachricht, daß der gütige Heyland dir einige Ruhe gegeben, und es sich mit deiner Kranckheit zu einiger Besserung anlasse. Gelobet
sey die Freundlichkeit unsers GOttes dafür!
Und noch mehr wollen wir Ihn loben und
lieben, wenn wir Bericht werden bekommen,
daß es mit dieser deiner Besserung conti-
nuirt. Zwar, mein lieber Bruder, würde ich

K 2   GOtt

GOtt auch dafür gelobet haben, wann es
Ihm ſo gefallen hätte, dich zu ſich zu nehmen, dann dort wäreſt du auſſer Gefahr,
ſelig und herrlich geweſen, in der Beſchau-
ung, Génieſſung und Anbätung des höchſten Guts, unſers allgenugſamen, überwun-
derbaren GOttes; und des Beugens, An-
bätens und Danckens würde in alle Ewigkeit kein Ende geweſen ſeyn, wann du mit
tiefeſter Erſenckung in dein Nichts und Zer-
flieſſung in GOttes Erbarmungen hätteſt erfahren und ſagen müſſen: Mein HErr und
mein GOtt! iſt es möglich, daß du mich
hieher gebracht? Hat ſich deine Gnade
dann auch ausbreiten wollen bis zu mir?
O unermeßlicher Abgrund! über einen
ſolchen! O freye, o ewige Gnade in dem
Blut JEſu Chriſti! Ich weiß zwar wohl,
lieber Bruder, wer du biſt, ich weiß aber
auch, wer der HErr iſt, und daß Er auch
dein Kleid würde wiſſen zu waſchen und hel-
le zu machen in dem Blute des Lammes:
Gelobet ſey ſein Name! Nun! wann es unſerem Heyland gefällt, dich einige Tage hier
unten bey uns und uns bey dir zu laſſen, ſo
iſt es nur, um uns mehr aus dem Grund
zu reinigen, und dermaleins zu verklären:
Auch das iſt Gnade. Siehe, HErr! hier
iſt dein elender Knecht, mir geſchehe,
wie du geſagt haſt. Mein Leib, meine
Seele, und dieſes mein zeitliches Leben
iſt dein; es müſſe auch allein deinem
                                    Wohl-

Wohlgefallen dienen, und gantz gewidmet seyn! Amen.

Ich dancke dem HErrn für diese deine Kranckheit, lieber Bruder! glaubende, daß seine Absicht sey, sein Werck dadurch zu einer mehreren Gründlichkeit, Einfalt und Lauterkeit zu bringen. Es wird einem da noch manches klar, das sonst nicht so eingesehen worden, und die Aufopferungen, die in solchem Stand geschehen müssen, können uns sehr von uns selbst ab- und in die Abgeschiedenheit bringen. Nun, der HERR sey Meister, und Du ein kleines, ruhiges, einfältiges Kind des Hertzens! Es ist von vielen für dich gebätet und gedancket worden. Alle hiesige Kinder grüssen hertzlich nebst mir

Deinem

Mülheim,   schwachen Bruder.
den 15. Märtz 1744.

Der

Der 50te Brief.

An einen Patienten über die Worte: Psalm 73,
22. Und muß wie ein Thier seyn vor dir.

Geliebter Bruder!

Es ist uns recht lieb, einige Nachricht von
der Kranckheit des l. Bruders N. zu be-
bekommen. ——

Du wollest dem lieben Patienten meinen,
und unser aller brüderlichen Gruß (es geschehe
he nun mündlich oder schriftlich) überbringen,
mit den zwey Versen aus Psalm 73. nemlich den 22ten und 23ten. Wir gedencken
seiner in Schwachheit vor GOTT, haben
auch die von ihm aufgegebene drey Verse
aus dem bewußten Lied mit ihm gesungen,
und bleiben übrigens in gliedlicher Verbun-
denheit des Geistes mit ihm stehen, Theil
nehmende an seinen inn- und äusseren Umständen, und alle Gnade, Segen und innigen Beystand unsers theuren Hohenpriesters
ihm von Hertzen anwünschende.

Er läßt wissen, daß er wie ein Thier
da liege. Ja, so sey er dann ein Thier,
aber ein Thier unter der Hand unsers Hohenpriesters, das sich von Ihm binden, schlagen, schlachten und opferen läßt, damit,
wann

wann alles Blut und Feuchtigkeiten der Natur und Selbst-Liebe abgezapfet und verzehret sind, der reine Geist wie ein Rauchwerck
zu GOTT aufsteigen könne, welches Ihm
angenehm seyn möge in Christo JEsu. Der
liebste Heyland binde ihn ja fest, und halte
ihn unbeweglich unter seiner Hand ergeben,
bis sein göttlich Werck an ihm ausgeführet
seyn möge. Was liegt an der Empfindlichkeit gelegen? Wir sollen glauben, daß GOtt
gut ist, und uns Ihm überlassen.

Könnte ich ihm in Person dienen in der
Kranckheit, thät ichs gerne; nun muß ich
meine Liebe mit Wünschen und Bäten bezahlen. — —

Mülheim,
den 26. Märtz 1744.

K 4   Der

Der 51te Brief.

Trost und Unterricht an eine erweckte Person, die in der Versuchung stund, als ob eine expresse Sünde an ihrer leiblichen Kranckheit Schuld.

Hertzlich geliebte Schwester!

Ich habe Mitleyden mit deiner Kranckheit, aber vielmehr mit deinem Unglauben. Solte es auch so seyn, wie du scheinest zu glauben, daß eine expresse Sünde diese Kranckheit veranlasset hätte, so du mir doch näher bedeuten könntest, wo der HErr dich wieder gesund machte; Solte man dann deswegen das Vertrauen wegwerfen, und gedencken, man würde ewig verderben? Ja, so würde es auch geschehen nach Recht, und wann du dich nicht bußfertig von den Sünden in JESU unendliche Gnade hinein kehretest. Ein Strohhalm muß im Feuer verschwinden; in JEsu eine Welt voll Sünden. Oder, hat JEsus allein für unsere gestrige Sünden, und nicht auch für die heutige und morgende Sünden sein Blut vergossen? Oder vielleicht nicht für alle und jede? Allerdings! keine eintzige ist ausgenommen: Das ist Gnade. Sollen wir aber auf Gnade sündigen? Das sey ferne. Viel,

viel

viel, viel wollen wir Ihn lieben, dann uns
sind viele, viele, viele Sünden vergeben, bis
wir über dem Lieben alles, was Sünde heißt,
vergessen, und ewig quit werden.

Sey dann getrost, liebe Tochter, JE-
sus hat dir auch diese Sünden vergeben.
Gehe hin, dancke und liebe Ihn dafür, und
freue dich, aus Liebe ein bißgen zu mögen
leyden: Komme aber hinführo nicht mehr
so nahe der Schlange, die dich möchte ge-
bissen haben, sondern verbirge dich in JEsu
Schooß! Amen. Ich grüsse und bleibe

Dein

Mülheim,   verbundener schwacher
den 12. April 1744.   Mitbruder.

P. S. Das Lied im Neander laß dir
einst vorlesen. Ich hab Ihn dennoch
lieb, 2c.

Der 52te Brief.

Aufmunterung an eine krancke Schwester zur liebvollen Ueberlaſſung am Creuz.

In der Gnade JEſU hertzlich geliebte
Schweſter!

Ich grüſſe dich hertzlich in dem ſüſſeſten Namen unſers theureſten Hohenprieſters und
Heylandes JEſu Chriſti, und bitte, daß Er
die Kraft dieſes hohen Namens zum Segen, Heil und Frieden auf dich legen wolle,
Amen JEſu!

Sey zufrieden und getroſt in dieſem Heylande! Du biſt ſein, und Er iſt dein. Ueberlaß dich ſeinen Händen, wie du biſt, daß
Er mit dir mache, was ihm beliebet, in
Zeit und Ewigkeit, und dich als ein Opfer
durchs Creuz zubereite, und ſeinem himmliſchen Vater als ein gantzes Opfer des
Wohlgefallens darbringe. Die liebvolle Ueberlaſſung am Creuz ſteiget wie ein liebliches
Rauchwerck auf zu GOtt ins Heiligthum;
dieſe wird der Geiſt JEſU in dir wircken.
Suche nichts in dir ſelbſt; je nackter du geopfert wirſt, deſto angenehmer iſts dem HErrn.
Sollte dich der HErr zu ſich nehmen, ſo
haſt du keine Urſache dich zu beunruhigen;
du

du wirst von denen seyn, die auf Gnade sterben und angenommen werden, damit du die Kraft und den Reichthum der unendlichen Liebe GOttes in Christi Blut rühmen und preisen mögest, vor GOtt und allen seligen Geistern der Ewigkeit: Daselbst, vertraue ich, werden wir einander bald begegnen und grüssen, im Fall dich GOtt vor mir abforderte: Seinen treuen Händen opfere ich dich auf in hertzlichem Gebät, worzu mich gestern gegen Abend öfters bewogen fand.

Ich grüsse dich, liebe Schwester! nebst allen hiesigen Kindern, die an deinen Umständen Theil nehmen. Sey getrost, du wirst nicht sterben, sondern leben, und den Namen des HErrn loben! Amen.

Dein

Mülheim,   verbundener schwacher
den 14. April 1744.   Bruder.

Der

Der 53te Brief.

Tröſtlicher Zuſpruch und Unterricht an eine kran=
cke Perſon, im Fall es zum Sterben käme.

Hertzlich geliebte Schweſter!

Dein Bruder beſchreibt dich ſo kranck, daß
ich bewogen werde, dich noch einmal
mit Hertz und Feder zu grüſſen, und dir
den Segen des Heylandes JESU zu aller
Unterſtützung zu zu wünſchen. Ich kan ge=
dencken, daß die Benautheit der armen Na=
tur ſaur, und die übrige Umſtände der Kranck=
heit beſchwerlich fallen werden. Ich nehme
von Hertzen Theil an deinen Leyden: Es ge=
het aber doch nur über die Natur. Die
Schlacken ſollen nur geſchieden und verzeh=
ret werden: Der HErr, der das Schmel=
tzen verrichtet, wird ſein Gold genau bewah=
ren, ein Gefäß ſeiner Ehren daraus zu ver=
fertigen.

Laß dich die Hitze nicht befremden, es
muß alſo ſeyn, die Liebe thut es: Und o!
wie werden wir dermaleins dieſer ewigen Lie=
be die Hände küſſen, aus Erkänntlichkeit und
Bewunderung, wann wir ihre Arbeit wer=
den fertig ſehen! Ja, das wollen wir ſchon
von Nun an thun, uns zum gantzen Brand=

Opfer

Opfer dahin gebende, und im kindlichen
Glauben mehr sehen auf die liebste Hände,
die das Creutz geben und halten, als auf
die Bitterkeit des Creutzes selbst. Der HErr
wird Gnade geben.

Solte der gute GOtt dich aus dieser
fremden Welt wegnehmen wollen, so hast
du keine Ursache, dich zu betrüben, oder zu
verunruhigen. Es ist hier ohnedem nichts
mehr für dich, als nur Creutz. Solches
in der Liebe JEsu tragen, ist zwar Gnade
und Herrlichkeit: Spricht aber der HErr:
Es ist genug, komm nur heim, und gehe ein in deine Freude! Warum solten wir
nicht, in Erkänntniß unserer eigenen Schwachheit, zufrieden seyn, und auf die freye Gnade in CHristo unsere Seele dem getreuen
Schöpfer im Frieden anvertrauen? Liebe und
leyde dann auf Erden, so lang der HERR
will! Ruft Er dich aber zu sich, dann gehe
hin im Frieden, so arm und elend, als du
bist. Ja erfreue dich darin, daß du nichts
hast in dir selbst, damit JEsus allein und
in Ewigkeit Ruhm und Ehre von deiner Erlösung und Seligkeit habe. Laß dich nur so
nackend und blindlings loß, und in die süsse
Ewigkeit hinein fallen, da dich der väterliche
Schooß der ewigen Liebe GOttes in JEsu
auf- und einnehmen wird.

Ehre, Lob, und Danck, und unendliche
Anbätung sey unserem GOtt und dem Lamme, das uns so theur erkaufet hat mit sei-
                                      nem

nem Blut, Ihm zum ewigen Eigenthum, damit wir Ihm in alle Ewigkeit dienen, und die Wunder ſeiner Gnade groß machen ſollen. Amen, Halleluja!

Sehen wir uns in dieſer Zeit nicht wieder, dann geſchieht es dort, durch GOttes Barmherzigkeit. Ich grüſſe dich in dem Namen JESU, und bleibe durch ſeine Gnade

Dein

Mülheim,   verbundener Bruder.
den 14. May 1744.

Der 54te Brief.

Sich nicht durch einen Schein der Demuth von der Fürbitte für einander abhalten zu laſſen.

In der Gnade unſers theuren Heylandes hertzlich geliebter Bruder!

—— GOtt ſey gelobet und werde von uns innigſt geliebet vor alle ſeine uns erwieſene Barmhertzigkeiten und Gnaden, worunter das liebe Creutz mit gehöret.

Es iſt mir lieb, daß es euch daſelbſt noch gehet, wie es gehet: Dann daß einige mit Leyden und Kranckheiten beſucht werden, iſt auch

auch von des Vaters Hand, und darum
zu lieben; ob ich gleich sonſten mit ſolchen
ein wahres brüderliches Mitleyden habe:
Und gleichwie ihr alle mir auch in der Fremde nahe bleibet, alſo vergeſſe ich nicht, ſonderlich die Leydende dem Heyland in meinem
geringen Gebät aufzuopfern. Vergeſſet ihr
aber auch meiner nicht! Wir ſind ſchuldig,
für einander zu bäten. Es iſt bisweilen ein
Schein der Demuth, der uns betrüget, daß
wir dieſe Schuldigkeit verſäumen, zu unſerem
eigenen Schaden. Auch in vielen andern
Stücken läßt man ſich oft durch Unglauben und Muthloſigkeit vom Guten zurückhal-
ten, und noch ſchwächer machen, als man
iſt. Es iſt wahr, und mehr wahr, als wir
glauben können, daß wir elend, ſchwach und
ein pures Nichts ſind; wir müſſen derhalben uns und alles, was wir thun, auch vor
nichts achten, und vor nichts wollen geachtet ſeyn. Unſer gute GOtt aber ſuchet und
liebet uns in Chriſto unendlich, und um ſein
ſelbſt willen; Er will auch ſelbſt alles Gute
in uns legen und wircken: Darum ſollen wir
unſer Vertrauen gantz auf ſeine Gnade ſetzen, mit unſerer Schwachheit in ſeine Gnade einſincken, und mit Ihm alles Gute thun,
was wir wiſſen, Ihm gefällig zu ſeyn. Nur
viel im Gebät zu JHM genahet! Ein
Schwacher, der ſich am Starcken hält, hat
keine Gefahr, ſondern wird durchgeholfen.
Der HERR halte uns ſelbſt, dann werden
wir

wir auch Ihn nicht loß laſſen! — — JE⸗
ſus ſey mit uns und in uns, Amen!

Dein und Euer aller

Amſterdam,   verbundener Bruder.
den 13. Julii 1744.

Der 55te Brief.

Verſchiedene Anweiſungen zum Gebät und Ein⸗
· kehr.

In der Gnade JEſu geliebter Bruder!

Dasjenige, wovon du berichteſt, achte ich,
zwar nach meiner Prüfung, was Leib⸗
liches zu ſeyn, ſo aber vom Gemüth, oder
Verhalten im Geiſtlichen entſtehet. Das
Beſte iſt, das du nicht viel unterſucheſt,
was es iſt? Sondern, ſo viel du kanſt, die
Unruh und Ungemach einfältig ſucheſt zu ver⸗
geſſen, und nicht viel zu äſtimiren; oder doch
(wann es ſchlimm iſt) deinen Willen ruhig
mit dem göttlichen vereinigeſt, Ihm mit ei⸗
nem kindlichen Blick bezeugende, daß du
gern ein wenig leyden wolleſt.

Daß du eine unſchuldige Wirckſamkeit der
Sinnen vornimmſt, iſt gantz gut; es geſche⸗
he nur alles dem HErrn, mit einer ſanften
und

und ungezwungenen Andacht zu GOTT! Das aber kan ich nicht approbiren, daß du gar keine Zeit zum Gebät oder stillen Einkehr behieltest, und nur jedesmal aufstündest, oder wieder was vornähmest, wann etwas von dem Nagen oder Treiben gespühret würde; daraus würde eine kleine Versuchung und schädliche Gewohnheit entstehen können. Bisweilen (etwa ein paar mal des Tages) würde ich rathen, ein Viertelstündgen, aus Liebe zu GOtt, dabey auszuhalten, und so viel zu vergessen, als möglich ist, wann dich gleich dünckt, daß ein solches Stilleseyn kein Stilleseyn sey. Wir müssen nicht unser Gemach, sondern die wesentliche Tugenden lieben. Die Vereinigung unsers Willens mit dem göttlichen ist ein schönes Gebät. Dein Gebät und Einkehr geschehe nur kindlich, und ohne viel Anstrengung des Kopfs, oder der Gedancken; das ist schädlich. Eine stille Erinnerung der innigen Nahheit GOttes; eine einfältige Offenlegung in seiner Gegenwart; eine ruhige Aufopferung, oder Zukehr unserer Liebes=Neigungen ⁊c. ist viel besser.

Sey getrost in GOtt, und liebe Ihn, der dich von der Welt Ihm zu seinem reinen Dienst erkauffet und beruffen hat! Laß die Natur murren; das Werck ist des HErrn, der wird es ausführen. Ich grüsse hertzlich

Dein

Mülheim,   verbundener schwacher
den 10. Sept. 1744.   Bruder.

Zweit. B. III. Th.   L   Der

Der 56te Brief.

Von unferm groſſen Elend und Verderben. Mittel und Wege um davon erlöſet zu werden.

In der Gnade JEſu von Hertzen geliebte
Schweſter!

Euer wohl erhaltenes Brieflein iſt mir angenehm geweſen. Ihr wolt wiſſen, in welchem Sinn ich an euch gedacht hätte? Und,
ob mir vielleicht euer Zuſtand von GOtt geof-
fenbaret ſey? Ich antworte: daß mir die Beſonderheiten eures inneren Zuſtandes vielleicht
nicht bekannt ſind: So viel aber weiß ich,
daß ihr elend und verdorben ſeyd, wie ich und
andere Adams-Kinder; Ja, daß ihr auch
eure beſondere Schwachheiten und Gebrechen
habt, die euch öfters hinnehmen: Dabey weiß
ich auch, daß GOtt euch dem unerachtet liebet, ſuchet, und viele Barmhertzigkeiten er-
weiſet, um euch dadurch handgreiflich zu zeigen, daß Er euch redlich meyne, und gantz
für ſich haben wolle. Dieſes hat zu gewiſſen
Zeiten euer Gemüth, theils beunruhiget, theils
ſehr afficiret, und in einen ernſten Sinn verſetzet, euch dieſem Liebes-GOtt gantz zu ergeben; die öftere Abweichungen aber haben das
Gemüth ſchüchtern gemacht, daß auch faſt

keine

keine redliche Resolution mehr auffommen
darf, aus Furcht, es würde doch alles gehen, wie zuvor. Das ist so das Element des
Unglaubens, worin man kümmerlich lebt,
und wobey es mit unserem Christenthum keinen
rechten Grund noch Fortgang hat.

Daß es nun mit euch so nicht recht fort
will, liegt nicht so sehr daran, daß ihr elend,
verderbt und gebrechlich seyd; dann dafür haben wir einen Heyland, der vergeben und erlösen kan; sondern daran, daß der Grund
zur Erlösung von solchem Elend nicht genug
gesetzet und geübet wird, in einem süssen Vertrauen zu diesem Heyland, und in einem einfältigen, und wo möglich steten Gespräch,
Umgang und Liebes-Zukehr mit und zu diesem innig = gegenwärtigen Hertzens-Freund,
auch ohne Sehen und Empfinden. Dann ich
bin gewiß, daß durch diese Uebung des Hertzens-Gebäts, oder der liebvollen Zukehr zu
JEsu in euer Hertz allem eurem Schaden würde geholfen, und alle Bande leicht und unvermerckt würden zerbrochen werden.

Durch das Andencken eines so allgenugsamen und heiligen Vorwurfs würdet ihr das
Andencken eurer selbst und alles Bösen seliglich verlieren. Eure nöthige Haus-Geschäfte
hindern euch nicht an dieser Uebung, wann
sie vor GOtt und Ihm zu lieb verrichtet werden: Sondern euch hindert theils der Unglaube, und dann auch, daß ihr in den Geschäften und im Umgang mit Menschen das süsse

Anden-

Andencken und den Umgang mit dem Hertzens-
Freund verſäumet, und euch bisweilen in unnöthige Reden und Zerſtreuungen einlaſſet,
die das Gemüth vom HErrn entfernen, wann
gleich eigentlich nichts Böſes dabey iſt.

Weil ich nun wußte, daß euer Mann jetzt
nicht zu Haus war, da dachte ich: Vielleicht
hat die liebe Schweſter jetzt noch wohl was
weniger Unruh, und was mehr Gelegenheit,
ſich im Gebät und in der ſtillen Zukehr zu
GOtt zu üben. Das opferte ich dann GOtt
auf, mit Bitte, Er möchte ſolches erinneren,
und dieſe Zeit und Gelegenheit recht geſegnet
ſeyn laſſen, ꝛc.

Siehe, liebe Schweſter, dergeſtalt hab ich
in der Einfalt meines Hertzens an euch gedacht, und alſo ſehe ich euren Zuſtand ein.
GOtt gibt mir auch ein Hertz, euren inneren
und äuſſeren Zuſtand Seiner Majeſtät viel
aufzuopfern, dann ich wünſche nichts mehr,
als daß ich euch gantz für GOtt ſehen möge.
Seyd getroſt in unſerem ſüſſen Heylande, der
euch gewiß helfen wird: Dencket viel an ſeine
Nahheit, Liebe, Allgenugſamkeit, Allmacht
und Treue; dencket aber wenig an euch ſelbſt,
aber am allerwenigſten an die Welt, und an
das, was in der Welt iſt und geſchieht. GOtt
ſtärcke und ſegne euch in euren jetzigen Umſtänden und Zuſtand, Amen!

Grüſſet auch die l. Schweſter N. Sie
mag dieſes auch für ſich leſen, da keine Zeit
habe. ein mehreres zu ſchreiben. Wann ihr
bey-

beysammen kommt, müßt ihr euch stärcken
im Vertrauen und in der Liebe zu JEsu, wie
auch in der Liebe zum Gebät und zur Sammlung, aber nicht gar viel von äusseren oder
unnöthigen Dingen handlen. Der HERR
sey mit euch und eurem Hause! Ich bleibe
durch Gnade

Euer

Mülheim,
den 17. Sept. 1744.

verbundener schwacher
Mitbruder.

Der 57te Brief.

Von der Gnade des hohen und heiligen Rufs
GOttes und wie demselben zu folgen.

In der Gnade unsers Heylandes vielgeliebter Bruder!

Auf euer Angenehmes vom 28ten Aug. muß
ich sagen, daß ich GOtt hertzlich dancke
für die Gnade, so Er euch erwiesen, indem
Er euch geschencket, und bisher in euch erhält
den aufrichtigen Sinn, die Welt und euch
selbst zu verlassen, und JEsu völlig zu folgen,
und mit ungetheilter Liebe anzuhangen. Erkennet diese Gnade, als Gnade: Es ist ein
hoher und heiliger Ruf der freyen Liebe GOttes, die solches in eurem Inwendigen gewircket

L 3   und

und darein geleget hat. Hättet ihr euch ſelbſt
dieſen Sinn gegeben, dann müßte auch deſſen
Erhaltung und Ausführung auf euch beruhen,
und dann möchtet ihr billig verlegen werden,
wann ihr auch hundertmal mehr Ernſt hättet;
nun aber iſt alles Gnade. Beſtändigkeit,
Fortgang und Vollendung, alles, dependirt
von GOtt, und von ſeiner in euch wirckenden
und über euch waltenden Gnade in CHriſto
JESU: Weil dieſe nun unveränderlich
und gröſſer, als alles iſt, ſo könnet ihr in
GOTT getroſt ſeyn. Getreu iſt Er, der
euch berufen hat, der wird es auch thun.
1 Theſſ. 5, 24.

Es muß was gethan, ja vieles und groſſes
gethan ſeyn; nur ſollen wirs nicht ſo ſelbſt
thun wollen, ſondern uns GOtt überlaſſen,
und es ſeine Gnade in uns thun laſſen. Das
iſt inzwiſchen einer von unſeren Haupt-Gebre-
chen, wordurch auch ihr in innere Confußion
und Unbeſtändigkeit geſetzet werdet; daß wir
nemlich von uns ſelbſt zu viel, und von GOtt
und deſſen Treue zu wenig erwarten; Auch
dieſer Irrthum muß uns ſo allmählig abgeleh-
ret werden. Alles, was ſo in- und mit euch
vorgehet, kan und muß euch darzu dienen,
daß ihr euch ſelbſt immer weniger, GOtt aber
immer mehr zutrauet, und, mit mir, euer
Hauptwerck davon machet, daß ihr euch fein
nahe bey dieſem Hertzens-GOtt haltet, Ihm
mit Liebe und Vertrauen anhanget, und euch
Ihm überlaſſet; da werdet ihr dann erlöſet
und

und geheiliget werden, ohne daß ihr faſt daran
gedencket, oder dafür ſorget.

Eine andere Urſache eurer Verånderlichkeit
iſt, daß ihr zu viel auf die Empfindlichkeit der
Gnade mercket und bauet, und zu wenig auf
das weſentliche Werck der Gnade. Dieſes
weſentliche iſt der Glaube, oder der innig-
aufrichtige Wille des Gemüths, daß man
gantz GOttes ſeyn, und Ihm anhangen und
folgen will, mit Verlåugnung ſeiner ſelbſt
und alles übrigen, erwartende von Ihm allein
ſeine Seligkeit. Wo dieſer Grund-Wille iſt,
da iſt der Glaube, da iſt die Gnade; und die
Seele kan alles ohne Kummer laſſen ſtürmen,
weil der Ancker im veſten Grund ſitzt, und
durchs Schüttlen nur veſter faſſet.

Williglich und vorſetzlich müſſen wir ja kein
Böſes, keinerley Untreu oder Zerſtreuungen
hegen: Das verſteht ſich von ſelbſt. Uebrigens
aber, wann ſich ſchon euer Gemüth in Dürre
und Dunckelheit finden möchte; wann Zerſtreuungen in Sinnen und Gedancken ſtürmen; wann Anfechtungen und Verſuchungs-
Wellen auf euer Schiflein zuſchlügen, ſeyd
gantz ruhig und zufrieden! der HErr iſt bey
euch drinnen. So lang der Wille des Gemüths (der Natur-Wille dencke, was er
will) nichts will, als GOtt, ſo habt ihr nichts
zu fürchten: Ihr förderet zu ſolcher Zeit eben
ſo viel, ja noch mehr, als wann ihr meynet,
daß es am beſten gehe. Laſſet nur GOtt mit
euch machen; Er verſtehets, wie Er euch füh-

L 4   ren

ren ſoll. Wir ſind mit Verderbniſſen durchdrungen. Das Empfindliche der Gnade decket
das Elend zu, daß man ſich was erhohlet;
hernach wird die Wunde wieder ausgedrückt:
Auch das müſſen wir uns gefallen laſſen, als
einen Weg zur Geneſung.

Kehret euch ſo viel nicht daran, obs nun
was lieblicher und leichter, dann wider was
beſchwerlicher hergehet: Ob ihr bisweilen die
ſüſſe Lockungen der ewigen Liebe mercket, und
zur andern Zeit wieder nichts von dem allem
verſpühret. GOtt iſt in Chriſto ein GOtt
der unveränderlichen Liebe; unſer Zuſtand erfordert nur dergleichen verſchiedene Behandlungen. So gewöhnet euch dann daran, im
Glauben zu wandlen, und GOtt mit einer
männlichen Liebe zu lieben! Gibt Er euch aber
empfindliche Erquickungen, ſo nehmets auch
mit Danck an; GOtt ſelbſt aber ſey euch lieber, als alle ſeine Gaben!

Eure begangene Sünden ſind euch allerdings vergeben, um des Blutes Chriſti willen. Habt ihr ja doch GOttes Gnade und
Gewogenheit in eurem Inwendigen verſpühret; und Er hat auch ſelbſt in euch gewircket
hertzlich Leydweſen und Mißfallen ſo wohl des
vergangenen, als noch anklebenden Uebels.
Es iſt unnöthig und ungeziemend, alle Tage
neue Verſicherungen von der guten Gewogenheit eines Freundes zu prätendiren. O! das
mißtrauiſche unglaubige Hertz! Euer liebvolles
Andencken ſey bey eurem ſo nahen GOtt, und
nicht

nicht vorsetzlich bey dem Bösen! Fallen euch aber (ohne Suchen) eure vorige Sünden wieder ins Gemüth, dann nehmet es an zur Demüthigung; bittet nochmals einfältig um Vergebung, und so dann vergeßt es wieder, ohne euch zu beunruhigen.

Daß ihr etwas leset, ist gut; doch müßt ihr nicht zu viel noch allerhand lesen , und wann ihr auch bisweilen gar nichts drin findet, eure Andacht dann nicht zu starck darzu zwin-gen, weil manchmal GOtt was Bessers ge-ben will, wovon uns die Bilder alsdann ab-ziehen können. Mit Personen eines anderen Geschlechts, wann sie auch noch so fromm sind, muß man mit vieler Vorsichtigkeit und Zurückhaltung umgehen. GOtt allein ist ge-nug. Wer den recht kennt, dem sind fast al-le Creaturen zu viel. Liebet Ihn, dann Er liebet euch; und lebet mit Ihm in dem ver-schlossenen Kämmerlein eures Hertzens unver-rückt; welches hertzlich wünschet

Euer

Mülheim, treugesinnter schwacher
den 24. Sept. 1744. Mitbruder.

Der

Der 58te Brief.

GOtt selbst ist der beste Lehrer. Wie man demselben mit Vergessung seiner Elenden folgen
müsse, sonderlich durch den Weg der Liebe
und der Gegenwart GOttes. Von der Medicin, Alchymie und Goldmachen.

In der Gnade JEsu vielgeliebter Freund
und Bruder!

Euer Letzteres vom 5ten hujus ist, sowohl
als beyde vorige, richtig eingelauffen.
Meine Trägheit im Antworten hat weder Ei-
gensinn noch Lieblosigkeit zum Grund, sondern meist leibliches Unvermögen. Die we-
nigste Zeit bin ich im Stand zu schreiben
wegen Schwächlichkeit, und zwar vornemlich des Haupts und der Augen. Die übrige
Zeit wird mir durch Besuch und Schreiben
gar hingenommen, daß bey weitem nicht alle Briefe beantworten kan. Auch bin ich
kein Seelen-Führer, darzu bin viel zu gering: Dennoch entziehe mich nicht, Zeugniß
zu geben von der Wahrheit des Inwendigen, wie GOtt mich selbige aus Gnaden erkennen lassen, und meinen Brüdern nach
Vermögen die Hand zu reichen, wie ein
Kind dem andern thut.

Uebri-

Uebrigens, mein lieber Freund! so habt ihr keine Ursache, ein geringes Geschöpf mit so vieler Angelegenheit aufzusuchen, und um Rath zu fragen. Der beste Lehrer und Führer ist euch gewiß unaussprechlich nahe; Seine erbarmende Augen durchschauen allen euren Jammer, und Er selbst erweckt im tiefsten Grund das geheime Hungern und sehnliche Aussehen nach Hülfe und Erlösung: Bey und in eben diesem Grund, woraus dieses Hungern entstehet, da ist der HErr, euer Lehrer und euer Helfer, gegenwärtig. Glaubts über alles Sehen und Empfinden, und sencket euch mit sanfter, einfältiger Gelassenheit zu Ihm hinein, so gut Er euch die Gnade gibt; entdecket Ihm mit Ruhe und Demuth euren Schaden, und erwartet von Ihm die Genesung mit langmüthigem Vertrauen. Dieses Warten ist Gnade, und förderet uns auch; der heftige Natur-Trieb soll darunter sterben. GOtt ist ein reines sanftes Wesen; nichts Hartes erreichet Ihn: Das Eigene kriegt die Perle nicht; dem abgeschiedenen Geist theilet Er sich gerne mit, nachdem Er durch dergleichen Noth, worin E. E. jetzt steckt, hübsch, sanft, klein und rein gemacht.

Haltet doch aus in GOTTes Namen, und werdet nicht müde oder ungeduldig! Bleibet vor dem HErrn liegen, und dancket Ihm, daß Er euch solches vergönnet: Er weiß ja, wann und wie Er euch helfen soll.

ſoll. Beſchäftiget euch nicht ſo viel mit euch
ſelbſt und mit euren Elenden; wie ihrs auch
fühlen und ſehen müßt, ſo kehret euch nur
mit ruhigem Mißfallen davon ab; ſucht es
zu vergeſſen und zu entſincken: Weiter iſt
kein Anſtrengen und Kämpfen vonnöthen.
Exod. 14, 13. und 14. Könnt ihrs nicht
vergeſſen, und ihm entſincken, ſo leydet es
ſo ruhig, als ihr könnt, vor des HErren
Angeſicht; es wird uns um JESU willen
nicht zugerechnet. Böſes leyden iſt der Weg
zur Heiligkeit. Vor allen Dingen gebet den
Muth nicht auf, wann ihr gleich verwundet
würdet, ſondern übergebet euch dem HErrn
mit Vertrauen auch in der Geſtalt, Trotz
der Eigenliebe, die ſo beſchmutzt nicht erſchei-
nen will.

GOtt liebet euch allerdings; liebet Ihn
doch auch, und waget euch ſelbſt dabey, um
ſeiner Liebe willen. Den Weg der Liebe
recommandire ich euch ſonderlich an: Dieſe
allein kan und wird alle Elenden und Gebrechen, beydes eures Geiſtes und eures Naturells,
genugſam verbeſſeren. Ich meyne eben nicht
eine ſinnliche, oder empfindliche Liebe, welche
öfters eine Blume ohne Frucht, und ein Futter
der Eigen-Liebe iſt, ſondern eine ſolide Liebe.
Glaubet die innige Nahheit der Liebe! Thut,
verläugnet, leydet alles mit einer Abſicht der
Liebe. Suchet in eurem gantzen Chriſtenthum nicht euch ſelbſt zu vergnügen, ſondern den Hertzens-Freund, den ihr liebet.

Könnt

Könnt ihr nichts thun und finden, das Ihm
gefällt, so traget euer Elend und Unvermögen aus Liebe zu Ihm: Er nimmt diese
Absicht der Liebe an, auch mitten in der
Dürre und Dunckelheit; das erkennet man
zu seiner Zeit. Schreibet dem HErrn nichts
vor, sondern schmieget euren Willen des
Gemüths (auch wann der Natur-Wille widerstrebet) süßiglich in seinen untadelichen
Liebes-Willen und Wege über euch. Ihn
und das Ewige über alles zu wollen lieben
und anhangen, ist der Grund und das Ziel
eures Verlangens, so seine freye Liebe in
euch geleget: Dieses ist genug. Machet
weiter keine Prätensionen, was der HERR
euch geben, und durch welche Wege Er dieses Ziel in euch erreichen solle: Uebergebt
euch Ihm unbedingt, und lasset Ihn mit
euch machen, so wirds gut gehen!

In einem eurer Briefen meldet ihr: Daß
ihr euch gar selten GOttes heilige Gegenwart könnet zuwege bringen, wirck-
samer Weise, zu gewisser Zeit und Stunde. GOtt ist uns unveränderlich gegenwärtig in dem süssen Namen JEsu, als unser
GOtt und höchstes Gut: Das fasset der
Glaube über allen Begrif und Empfindung,
kehret sich innigst zu diesem Liebes-Wesen,
übergibt sich Ihm, verehret und liebet diesen
Anbätungswürdigen Freund, und erwartet
alles von seiner unendlichen Güte. Was
aber anlangt die Empfindung, oder sonderbare

bare gnädige Offenbarung dieſer göttlichen
Gegenwart, die können wir uns durch keine
äuſſere Wirckſamkeiten zuwege bringen; wir
müſſen ſolches auch nicht wollen thun; das
wäre Unlauterkeit, oder wirckliche Hinderniß: Eines ſowohl, als das andere dependirt
blos von dem freyen Belieben unſers GOttes. Wir folgen nur der Leitung der Gnade kindlich, und üben uns durch dieſelbe im
Gebät und in der Verläugnung; ſo dann
ſind wir in der Gemüths-Faſſung, daß der
HErr in uns wircken, und ſich uns mittheilen kan, nach ſeinem Belieben, ſo wir, wie
die Kinder, der Weisheit des Vaters auch
gantz wohl überlaſſen können. Daß man
ſich übrigens (ein jeder nach ſeinen Umſtänden) auch zu gewiſſer Zeit und Stunde
zur Sammlung und zum Gebät abſondere,
ſolches achte allerdings gut und nöthig.
Wir müſſen aber alsdann nicht juſt was Empfindliches wollen haben, ſondern in möglichſter Zufriedenheit bleiben, auch mitten in der
Dunckelheit, Dürre, ja Zerſtreuungen und
Anfällen: Nur daß wirs nicht wiſſentlich ſelber verurſachen. Unſerem GOtt dienen, anbäten, und ſich Ihm aufopferen, o! das iſt
Seligkeit genug.

Daß E. E. ſo ein äuſſeres Geſchäfte vornehmen, iſt euch nöthig und GOtt gefällig.
Die einfallende Gedancken, daß alles doch
zeitlich, vergänglich, und was es dann
ſolle? kommen bloß aus der Unluſt und
Dunckel-

Dunckelheit des Naturells. Durch die Sünde sind wir aus dem Paradies vertrieben,
und selbst vergänglich, nichtig und elend worden, und sollen nun nach GOTTes weiser
Verordnung, zu unserer Busse und Besserung, den Dornen-Acker bauen, und in
Beschäftigung mit so nichtigen Dingen geübet werden: Das wäre ja Thorheit, wenn
wir hieran noch zweiflen wollten. Wir sollen nur mit unserer Lust nicht hinein gehen,
nicht zu grosse Päcke aufnehmen, sondern alles dem HErrn thun, was wir thun; Col.
3, 23. Ephes. 6, 7. Dann wird es dem
Geist nicht nur nicht hinderlich, sondern noch
beförderlich seyn; ja, durch diese einfältige
Absicht, daß man alles, Kleines und Grosses, dem HErrn und aus Liebe zu Ihm
thut, dardurch werden die geringste Dinge
groß, und Koth gleichsam zu Gold gemacht:
Solchen Seelen sind die Dinge nicht mehr
zeitlich, vergänglich, sondern ihre innere
Gestalt und Absicht macht sie ewig und blei-
bend, und zu einem wircklichen GOttes-Dienst.
Ob E. E. übrigens mit der Feder arbeiten,
oder in der Medicin etwas verrichten, ist
dem lieben GOTT einerley. Mehrentheils
sind die einfältigste Sachen die beste, weil
sie am wenigsten von der Eitelkeit practicipi-
ren. In der Medicin suche ich auch dem
dürftigen Nächsten seit manchen Jahren ein
wenig zu dienen, und darum rathe ich so
viel aus der Erfahrung: Bleibe er bey der
unge-

ungekünſtelten Einfalt, dabey iſt Ruhe und
Segen zu hoffen. Auſſerordentliche gehei=
men und Chymiſche ungewiſſe Seltſamkeiten
macht GOtt zu Schanden, und ſegnet ver=
achte Kräuterchen. Traue er den Laboran=
ten-Büchern nicht; forſche er nicht zu tief
im Alchymiſchen Irr=Garten, und ſuche bey
Leibe kein Gold, noch Gold=Tincturen, wor=
durch manche in geiſt= und leibliche Armuth
geſtürtzt worden. Droben hab ich geſagt,
wie wir aus Koth Gold machen können;
das iſt zu recommandiren. Gantz ſich auf
die Medicin zu legen, wann E. E. anders
mit Schreiben oder dergleichen Arbeit etwas
profitiren können, würde auch eben nicht ra=
then. Die Medicin gibt viel Nachdencken,
viel Verdruß und viele Verantwortung: ich
brauche nur ein paar Sorten Pillen, einige
Pulvers und Eſſentien; alle von einfältiger
Compoſition: Dabey befinde mich am beſten.
Ich thue es, als ein Nebenwerck; machte
mich der HERR völlig davon frey, würde
mirs noch lieber ſeyn.

Mein Alter, wornach E. E. fragen, iſt
bald 47. Jahr; die Zahl der Jahre iſt nicht
groß; ich habe aber in denſelben vieles von
der Welt Eitelkeit, von der Verderbniß des
menſchlichen Hertzens, und von GOttes Ge=
duld und unbegreiflicher Güte in Chriſto er=
kennen lernen, und lerne noch täglich. Ge=
lobet ſey der HErr, der bis hieher geholfen
hat! Vor etwa 27. Jahr hat mich der
freund=

freundliche GOtt aus der Welt beruffen, und mir einen Sinn geschencket, Ihm völlig zu wollen angehören und folgen. Seine Gnade wird diesen Sinn in uns unverrückt erhalten, bis ans Ende. Ich bleibe durch Gnade

E. E.

Mülheim,   hertzlich geneigter Freund
im Septemb. 1744.   und Bruder.

Der 59te Brief.

Tröstlicher Unterricht, wie sich im Gefühl seiner Elenden, innerer Leyden, Versuchungen und besonders im Gebät zu betragen.

Geliebte Schwester in der Gnade JEsu, der dich segne!

Es ist mir lieb, daß ich einst wieder ein Brieflein von dir bekomme, und wünschte nur, daß was erfreulichere Nachrichten darin stünden. GOtt hat dich so lieb, und zeiget es ja wohl, daß Er dich absolut für sich haben, und lieben will, daß es Ihm ja nicht gefallen wird, daß du solche harte Ausdrücke gebrauchst, und an Ihn als einen harten Mann gedenckest: Doch Er wird dirs nach seiner Gütigkeit in CHristo zu

Zweit. B. III. Th. M   gut

gut halten, weil das innige Verlangen, Ihm
allein anzuhangen und zu gefallen, dir die
Laſt deiner Elenden ſo ſchwer macht, und
ſolche bittere Klagen erpreſſet, da du ſo viel
Ihm Mißfälliges in dir merckeſt: ich kan
dirs auch zu gut halten, aber nicht gut heiſſen. Unſere Elenden ſollen uns nicht in
Kleinmüthigkeit, Verdruß und Unwillen ſetzen, ſondern beugen, demüthigen, und zur
völligen Ueberlaſſung in die Hände unſers
allmächtigen ſüſſeſten Heylandes andringen:
Dann das iſt ſein gnädiger Endzweck; nicht
daß Er dich von ſich ſtoſſen will, ſondern
daß Ers dir recht bitter und müde mache in
dir ſelbſt; damit, wann du dich nirgend
mehr zu laſſen weißſt, du dich dann ſo nackend und elend, wie du biſt, in ſeinen Er-
barmungsvollen Schooß müſſeſt fallen laſſen, der ſchon offen iſt, dich einzunehmen.
Aber, das wäre meinem armen Schweſter-
gen nicht höflich genug gehandelt; man ſollte
lieber mit Petro Complimenten machen:
Gehe von mir hinaus! ich bin ein ſün-
diger Menſch. Luc. 5, 8. Solte eine ſo
verkehrte Creatur, die nicht werth iſt, daß
ſie der Erdboden trägt, an den Schooß eines ſo heiligen GOttes dörfen dencken, um
ſich dahinein fallen zu laſſen! Ja! daran muſt
du gedencken, und nicht im Unglauben an
deine Elenden: Dahinein will dich die ewige
Liebe haben. Halte dich nicht auf mit Ueberlegungen, und deinen kothigen Rock zu beſehen!

ſehen! Stehe auf, wage es, und wirf dich
der Liebes=Mutter in den Schooß, ohne
weiter an dich ſelbſt zu gedencken! Liebe, lie=
be nur, dann wirſt du geliebet. Sela!

Es iſt ſo, wie du ſagſt, daß in einem
jeden Stand von Seiten der Seele eine
Treue erfordert wird: Allein, es wird nicht
erfordert, daß die Seele dieſe ihre Treue in
einem jeden Stand ſehen könne. Du ver=
langſt zu wiſſen, was dir dann in dieſem
Stück jetzt zu thun ſtehe? Ich will kurtz
ſagen, was mir gegeben wird. Dein Stand
iſt ein Stand der Leyden und Verſuchun=
gen, und in Anſehung deſſen beſtehet deine
Treue darin, daß du nicht nur alles Unge=
mach, ſondern auch alles Böſe ſo ungeſtöhrt
und unbeſehen leydeſt, als du kanſt, aber
das Böſe ſelbſt nicht wolleſt noch ausübeſt;
und daß du mit Demuth und Vertrauen
wieder zu GOtt naheſt, ſo oft du gefehlet
oder meynſt gefehlt zu haben. Bewahre im=
mer die Geduld mit dir ſelbſt, und das Ver=
trauen zu GOtt!

In Anſehung des Gebäts beſtehet deine
Treue darin, daß du es unterm Vorwand
der Unwürdig= oder Untüchtigkeit nicht un=
terlaſſeſt; und dann, daß du zufrieden ſeyeſt
mit einer ſolchen Beſchaffenheit und Gnade
im Gebät, als GOtt dir beliebet zu geben,
ohne was anders zu wollen haben, als nur
inniglich, daß du Ihm gefallen mögeſt. Der

ein=

einfältige Glaube der Liebes-Gegenwart GOttes muß der Grund deines Gebäts seyn;
und das Wesentliche des Gebäts ist die geheime innige Neigung im Grunde, diesem
GOtt zu dienen und gantz ergeben zu seyn:
Das darfst du nicht suchen oder machen;
GOttes Geist hats in dich gelegt. Dieser
Grund öfnet sich sanft und unvermerckt in
der Gegenwart GOttes, u. s. w. Kanst
du nicht darzu kommen, sondern wirst, wie
du sprichst, als Oben gehalten, es sey nun
durch flatterende Gedancken, oder Versuchungen, oder auf andere Art; so suchest du
eben, unvermerckt und ruhig dein Aeuglein
davon ab- und zu GOTT zu kehren: Ist
solches ein- und andermal geschehen, und
du kanst Ihm nicht entkommen, dann leyde
dich, und bleibe vereinigt mit diesem Willen
GOttes; brauche auch weiter keine Gewalt,
demselben zu wollen entsincken, als nur, daß
du bisweilen ein süsses Liebes-Blicklein auf
den gegenwärtigen Freund thuest, so wie du
kanst. Bleibt es dann gleich die gantze Zeit
dürre, verstreut, ja voller Versuchungen,
so stehe dennoch wohl vergnügt aus dem
Gebät auf, und dancke dem HErrn, daß
sein süsser Wille an dir vollbracht sey; dann
an uns ist nichts gelegen, wann nur unser
GOtt vergnügt ist. Den Tag über suche
es eben so zu machen; ich will sagen: Laß
die Liebes-Gegenwart GOttes dein Haupt-
oder vielmehr Hertzens-Werck seyn, gantz

unge-

ungekünstelt, und so wie du kanst. Dencke von diesem GOtt lauter Gutes, und nicht so arg, wie du pflegst. (Lies einst Bruder Lorentz Leben!) Nach denen flatterenden Gedancken und anderen Anfällen sieh eben so wenig um, als wanns auch ausser dir wäre. GOTT, der die Hertzen erforschet, weiß, was dein Hertz begehret. Sey ruhig und getrost in Ihm! Er, der dich erkauft und beruffen hat zu seinem ewigen Eigenthum, der wirds in= und für dich ausführen, Amen!

Dein

Mülheim,   verbundener schwacher
den 15. Dec. 1744.   Mitbruder.

Der 60te Brief.

Wie weit der Stand der Busse, des Gesetzes und der Zug der Vaters einerley seyen. Daß der Glaube an JEsum seine Staffeln habe. Vom Unterscheid des freyen Willens.

In der Gnade JESU hertzlich geliebter Bruder!

Ich will sehen, ob ich Zeit und Vermögen habe, auf deine Fragen ein paar Worte zu antworten; dann sonst läßt sich das so nicht

nicht in einem kleinen Brief thun, und geſchähe füglicher mündlich.

Der Stand der Buſſe, des Geſetzes
und der Zug des Vaters iſt überhaupt einerley, weil eins ſowohl als das andere eine
Zubereitung zu Chriſto, zur Wiedergeburt,
oder zum Stand des neuen Bundes iſt.
Bisweilen iſt doch ein Unterſcheid darin. Ein
Menſch, der durch die harte Beſtrafungen,
Anforderungen und Angſt ſeines Gewiſſens
gedrungen in ſeinen eigenen Kräften arbeitet,
Böſes läſſet, und Gutes thut, um ſein armes Gemüth zu beruhigen, der ſtehet eigentlich unterm Geſetz. *) Wann ichs aber einen Stand der Buſſe nennen ſoll, dann
muß eine mehrere Beugung und Zerknir-
ſchung begangener Sünden wegen dabey ſeyn:
Und je mehr dann die Seele, in Erkänntniß
ihrer Sünden, Elenden, und Ohnmacht,
nach der Vergebung in Chriſto, und nach
ſeiner einwirckenden Kraft und Gnade zur
Erneuerung des Hertzens ſeufzet und ſehnet,
deſto eigentlicher könnte mans den Zug des
Vaters nennen: wiewohl dieſe drey Namen,
wie geſagt, überhaupt einerley bedeuten, und
die Sache iſt auch oft beyſammen.

Man

---

*) Röm. 7. vom 7ten Vers an beſchreibt Paulus
den Stand unterm Geſetz, ℣. 24. könte man
Buſſe nennen. Im letzteren Vers iſt ein Zug
zu Chriſto. (NB. Dieſe Note iſt auch von dem
ſel. Autore.)

Man nimmt insgemein die Versicherung von der Vergebung der Sünden für den Glauben an JEsum; das ist aber meines Erachtens unrichtig. Dasjenige, was ich so eben eigentlicher den Zug des Vaters genannt, könnte ich auch mit Recht Glauben an JEsum nennen, dann der Vater ziehet zum Sohne; der Glaube an JEsum hat aber seine Staflen. Im Anfang ist es kommen zu JEsu, (Joh. 6, 35.) nemlich mit Hunger und Verlangen, gerade so, wie ich vom Zug des Vaters gesagt habe. Darnach ist es ein Annehmen JEsu, (Joh. 1, 12.) welches nicht geschehen kan, oder der aufrichtige Wille der Seele läßt zugleich Welt, Sünde und sich selbst loß. Beym Fortgang ist der Glaube ein Bleiben in JEsu, (Joh. 15.) nemlich mit inniger Neigung, Liebe und Vertrauen, so man sonst Einkehr nennet, oder Anhangen; (1 Cor. 6, 17.) Und so in JEsu bleibende und wandelnde wird man immer mehr in Ihm gewurtzelt und gegründet, (Col. 2, 7.) so nicht ohne Creutz und Schüttlung zugehet. Endlich so ist der Glaube ein Wohnen Christi in der Seele, und der Seele in Christo; (Ephes. 3, 17. Joh. 17, 23.) und ein Eins werden mit Ihm, 2c. 2c. Das Nachschlagen und Erwägen der angewiesenen Sprüche gibt dir vielleicht mehr Licht in der Sache. Ueberhaupt siehest du, daß ich den Glauben nicht für eine That des Verstandes allein nehme,

me, da man ſich ſelbſt das ſo vorſtellet und
einbildet, Chriſtus habe für uns genug gethan; ſondern hauptſächlich für eine That
des Willens und Herzens, da ſich Luſt,
Liebe und Vertrauen von ſich ſelbſt und allem Geſchaffenen zu der Gnade in JESU
wendet, um durch Ihn von Schuld und
Herrſchaft der Sünden geholfen zu werden.
Das Vertrauen iſt zwar ein weſentlich
Stück vom Glauben; ſobald aber ein Hungern nach der Gnade da iſt, oder ein Kommen zu JEſu, ſo iſt auch Vertrauen dabey,
obwohl oft durch Sünde und Furcht ſehr
überdeckt: Man kommt aber nimmer zu einem Arzt, wann man gar kein Vertrauen
zu ihm hat. Die Seelen müſſen nur am
Kommen bleiben, ſo wird ſich das Vertrauen zu ſeiner Zeit ſchon zeigen. Das Licht
wird aus der Finſterniß, und das Vertrauen
aus Angſt und Zagen gebohren.

Dasjenige, was man ſonſt nennt einen
Zug zum Inwendigen iſt eigentlich der
Glaube an JEſum mit einem innig zarten
Vertrauen gepaaret. Dieſer Zug zum Inwendigen meldet ſich bey manchen Seelen
wohl an, wie ein Blitz, es wird ihm aber
leyder ſelten gebührend Raum gegeben, oder
ſchlecht gewartet; ſonſt würde die Seele dardurch in Kurzem von Unruh und Banden
befreyet, und zur völligen neuen Geburt geholfen werden, ꝛc.

Anlan-

Anlangend deine Frage vom freyen Willen, so ist selbige zweydeutig. Man verstehet insgemein durch den freyen Willen einen
Willen, das Gute zu wollen, und ein Vermögen, das Gute zu thun; und in diesem
Sinn hat kein Mensch von Natur einen
freyen Willen: Versteht man aber dardurch
die willkührliche Lenckung des Willens, das
Gute oder Böse, so ihm vorkommt, frey zu
können wählen; so hat zwar nicht nur ein
jeder Mensch, sondern die Teufel selbst in
diesem Sinn einen freyen Willen: Aber eines Theils, so hat der Mensch kein Licht
noch Gutes von Natur, worzu sein Wille
sich solte kehren können. Doch ist der Wille frey in dem Element der Finsterniß, wie
ein Fisch im Wasser; aber draussen kan und
will er nicht. Um Christi willen scheint nun
zwar das Licht; und wo sich solches dem
Menschen anbeut, ja, dann hat er die Freyheit seines Willens, die Fenster seines Hertzens aufzuthun oder nicht. Und andern
Theils, so kans der Mensch nicht von Natur, sondern aus GOttes Erbarmung. Er
kans, doch will ers nicht, weil ihm das
Licht weh thut, und ers deswegen hasset.
Darum beut GOtt nicht nur Licht und Gnade an, sondern gibt auch dem Willen eine
gute Bewegung und Neigung, daß ihm das
Licht annehmlich scheinet, und das Böse ihm
verleidet wird. Und weil nun GOTT um
Christi willen solches gewißlich bey dem Men-

M 5 schen

ſchen thut, ſo bleibt keine Entſchuldigung bey
den Unglaubigen übrig. GOtt zwingt aber
niemand; Er beut den Glauben an jederman;
(Actor. 17, 31.) und da hat der Menſch die
Freyheit, Ja oder Nein zu ſagen. Uebrigens ſo hat derjenige eigentlich einen rechten
freyen Willen, wer ſeinen Willen völlig in
GOTT übergeben und verlohren hat. Ein
Fiſch kan frey liegen auf dem Land, und hin
und her ſpringen; er iſt aber nirgend frey,
als im Waſſer: Was einem Fiſch das Waſſer iſt, das iſt GOtt unſerm Geiſt. Wer
ſeinem eigenen Sinn, Trieb und Willen folget, grob oder ſubtil, der iſt ein gefangener
Sclav. Auch die Könige der Erden ſind in
der Natur ſo wenig frey im Willen, als ein
Gefangener auf der Citadelle. Unſer Geiſt
und unſer Wille lebt überall im Zwang und
in der Preſſe, bis daß er ſich gründlich in
GOTT übergiebet und wie verlieret; dann
darzu ſind wir geſchaffen; darum ſind wir
alsdann auch recht frey, wohl und ſelig.
Amen, das werde in uns wahr!

Uebrigens, lieber Bruder, ſo iſt es unnöthig, ja oft ſchädlich, wann die Seelen
den Unterſcheid der Stände ſo genau wiſſen:
Es bedarf davon nicht viel Redens. Wer
andern einige Anführung geben ſoll, dem
kans wohl bisweilen zu einiger Nachricht
dienen; allein er muß andere nach keinem
eintzigen Concept wollen führen, gleichwie
auch GOtt die Seelen gar nicht nach einerley

ley Ordnung führet. Z. E. Einige kommen
bald anfangs in eine ernste gesetzliche Arbeit;
andere in grosse Reu und Verlegenheit wegen begangener Sünden; andere werden mit
Süßigkeit und Liebe gezogen. Einige kriegen
anfangs, andere hernach ihr Verderben zu
sehen, u. s. w. Wer nun andern dienen
soll, muß GOtt nachgehen und sehen, wie
eine Kinder-Magd dem Kinde folgt, und
nur herum lenckt, wann es in Gefahr will
lauffen. Sonst gibt allein die eigene Uebung
im Gebät und Verläugnung uns das rechte
Licht in den Wegen GOttes. Einsamkeit,
Verläugnung, Gebät, o! wie nöthig sind
diese Stücke einer jeden Seele in dieser Zeit!
Hierin müssen wir selbst leben, und, wann
es seyn soll, auch andern darzu Anlaß und
Reitzung geben. Man muß dabey sonderlich
den Seelen ein gutes Hertz zu GOTT in
Christo suchen einzuflössen, doch also, daß
man immer dabey die Verläugnung im Aug
habe, damit sie aus freyem Willen und Liebe zu GOtt ihr Hertz von allem abscheiden,
und Ihm allein zuwenden. Wer unordentlich wandelt, muß zwar erinnert werden;
sonst aber muß man in denen Besonderheiten nicht viel Gesetze der Verläugnung
vorschreiben, sondern die Gnade selbst auf die
Besonderheiten lassen führen, überhaupt aber
auf die völlige Uebergebung des Hertzens dringen. Bey Schwachen muß man wissen
nachzugeben, und doch das Ziel im Auge
halten,

halten, damit man ſie durch einen kleinen Umweg unvermerckt näher herbey bringe, ꝛc. GOtt gebe dem, der zu dieſer Zeit mit andern ſoll umgehen, ein reiches Maaß ſeines Geiſtes! O! wer iſt darzu tüchtig!

Die Zeit iſt hin, darum muß ich abbrechen; du magſt mein Schreiben wohl nicht recht leſen, und meinen Sinn verſtehen können. Bruder N. mags wohl mit leſen; ſonſt iſts eben nicht für einen jeden, ſonderlich da ſehr eilig ſchreibe. Der HErr ſegne und ſtärcke dich, ſonderlich nach dem Inneren Menſchen! Gedencke auch meiner! Ich bleibe

Dein

Mülheim,   verbundener ſchwacher
den 18. Dec. 1744.   Mitbruder.

Der 61te Brief.

Das Zurückſehen auf ſich ſelbſt machet muthloß. Artzney dagegen.

Hertzlich geliebter Bruder!

Weil ich vermuthe, du ſeyeſt noch zu N.; ſo wollte dich mit eilender Feder hertzlich grüſſen. JEſus ſegne dich! Du thuſt nichts,
als

als zurückſehen auf dich ſelbſt; das muß dich ja
muthlos und unruhig machen. Wann ichs
ſo gemacht hätte, ich wäre in meinem Elend
längſt umgekommen; dann ich bin ſo fromm
nicht, als mich einige andere dafür halten:
Ich ſchweige aber, und laß mich noch wohl
darzu loben ins Angeſicht, damit ſie mich
nicht noch darzu vor demüthig ſchelten. Ich
glaube nur dem Licht der Wahrheit, in
welchem ich mich heimlich und einfältig vor
den Elendeſten halte, und verantworte mich
nicht, wann andere mich loben. Das Begehen meiner Fehler, vornemlich wanns andern auch bekannt wurde, machte mich vor
dieſem ſo franck, wie du jetzt biſt: Hernach
wieſe man mir eine Artzney dagegen, nemlich die ſüſſe Liebe zur Selbſt-Verſchmähung, die mich allemal, wann ich ſie brauchte,
wunderbarlich beruhiget und ſo erquicket hat,
daß ich meiner Kranckheit gar darüber vergaß. Man muß aber dieſe Artzney getroſt
hinein trincken, und nicht ſo mit den Lip-
pen lecken, ſonſt ſchmäckts gar zu bitter.
Ich ſchertze nicht; es iſt mehr Wahrheit
in dem Jetztgemelten, als ich ſagen fan.
Das Zurückſehen auf dich ſelbſt ſchadet dir
mehr, als alle deine Fehler. Gewiß iſt der
Grund nur Eigenliebe! Aber, warum wirſt
du über dieſer Entdeckung ſo beſtürtzt? Wuß-
teſt du dann nicht, daß du ein eigenliebiges
Adams-Kind wareſt, wie ich und andere?
Sollte man über ſolche Entdeckungen me-
lancho-

lancholiſch werden, und nicht vielmehr ein
Te Deum laudamus anſtimmen, daß uns
der HErr eine ſo theure Gnade in der Er-
kämtniß unſerer ſelbſt mittheilet? Kein Menſch
kan das Te Deum laudamus anmuthiger
ſingen, als eine ſich ſelbſt erkennende und
verſchmähende Seele.

Der Schmertz, ſageſt du in deinem Letzteren, über das, was ich gethan, hält
noch empfindlich an. Ich verſtehe dieſes
nicht. Ich weiß nicht, was du gethan haſt.
Gib dich ſelbſt in GOttes Namen dran!
Wir ſind keine Sache, die ſo viel Beſehens
werth iſt. Kanſt du dich nicht nach Wunſch
dran geben, dann trage dich ſelbſt willig und
ruhig, und laß dein inneres Aeuglein ſüßig-
lich von dir ſelbſt ab- hinein gewandt bleiben
auf den, in welchem dein gantzes Heil iſt.

Daß wir elend, böſe, und zum Guten
untüchtig ſind, ſollen wir von Hertzen glauben, aber nicht jederman ſagen: Aber daß
unſer GOtt ſo groß, ſo gut, ſo ſelig und
in Ihm alles Heyl und Gute iſt, das ſoll
unſere Materie ſeyn, woran wir gedencken,
wovon wir reden, und ſingen, und worin
wir uns einig erfreuen. Amen!

Mülheim,
den 23. Jan. 1745.

Der 62te Brief.

Wie man zu Vergessung seiner selbst und aller
geschaffenen Dinge gelange.

N. N.

Das Vergessen deiner selbst und aller ge=
schaffenen Dinge ist sehr gut, muß
aber nicht direct und mit Anstrengung ge=
schehen, sondern durch ein einfältiges Fallen=
lassen, und durch einen ruhigen liebvollen Blick
deiner Andacht auf den so nahen GOtt.
Dieser bedachtsame kindliche Blick sagt
GOtt grosse Dinge, er sagt und thut alles,
was man zu thun und zu sagen hat. In=
dem wir nun GOtt zu unserem gewöhn=
lichen, und, wo möglich, unverrückten Vor=
wurf der Andacht und Liebe machen, so ver=
gißt man seiner selbst und des übrigen immer
mehr darüber, und wird unvermerckt, aber
gründlich, geheiliget. Nach dem Maaß
unserer Verläugnung wird die Zukehr zu
GOtt leichter; und die Verläugnung wird
auch leichter, wann wir uns besagter maf=
sen an GOtt gewöhnen: Beydes muß ge=
paaret gehen, aber unser eigentlicher Vor=
wurf ohne Vorwurf (d. i. ohne Bild) muß
GOttes Gegenwart seyn, und nicht wir,
oder unsere Verläugnung. Er umgiebet uns;

Er

Er erfüllet uns; Er will als Freund in uns
wohnen. Wunder! daß wir an was anders
können dencken. In Ihm, aus Reſpect gegen Ihn, und Ihm zu gefallen, ſollen wir
uns ſelbſt und die Creatur da laſſen und
vergeſſen, und uns mit allem unſerem Jammer in dem Meer ſeiner Liebes-Nahheit verlieren.

Daß deine Vernunft allerhand, auch
atheiſtiſcher Eingebungen fähig ſey; wundert
mich nicht: Wir wollen nicht darnach umſehen. Die Reden der Narren muß man
nicht beantworten. Wenn man ſo juſt unter rohe Leute in der Herberge kommt, ſchickt
man ſich, und geht heraus, ſo bald man
kan. Es iſt wahr, du haſt noch keine reine
Liebe zu GOTT: Wo hat man aber dann
die thörichte Kinder, die da heulen, weil ſie
nicht Männer ſind? Sauge nur frey, ſo
wirſt du gröſſer werden. Es fehlet dir und
mir noch wohl ein mehreres, und doch bin
ich nicht bang, daß GOtt uns nicht weiter
helfen ſolte. Laſſet uns aber beſſer daheim
bleiben, und wann wir etwa mit- oder leyder! ohne Erlaubniß ausgehen, doch alsbald
wiederkehren.

Es iſt wahr, ich ſagte letzt, daß, wann
du ein wenig ſtille wäreſt, du dann durch
das Geſicht deiner ſelbſt matt und muthlos
würdeſt; ſonſt aber, wann du nicht eben
ſtille wäreſt, noch ſo ziemlich Muth hätteſt;
vergiß aber nicht, was ich dabey ſagte: Ich
hätte

hätte lieber, daß es umgekehrt würde, nemlich, daß du ein wenig muthlos würdest bey
der Zerstreuung, aber nimmer bey der Sammlung; dann da soll das Gesicht von GOtt
uns sehr getrost machen.

O! wie sehr sind wir verpflichtet unsern
guten GOtt zu lieben, der so langmüthig mit
uns ist, und durch manches Wehethun uns
zur Völligkeit der Uebergebung bringen muß,
um uns glücklich zu machen! Könnten wirs
doch ein für allemal redlich wagen!

Mülheim,
den 21. Jan. 1745.

Der 63te Brief.

Besondere Anweisungen wegen täglicher Abson-
derungen zum Gebät, und auch wegen Uebung des Gebäts selber.

Hertzlich geliebter Bruder!

Mein voriges mag wohl deiner Natur kein
Angenehmes gewesen seyn: Allein das
ist ein Beweiß, daß meine Liebe zu dir wäch-
set; dann das ist eine schwache und bisweilen
schädliche Liebe, wo mans nicht wagen darf,
einander zu sagen, was vor GOtt recht ist.

Zweit. B. III. Th.   N   Auf

Auf dein Letzteres ſage mit Wenigem, daß weil nicht bey dir bin, und mit zuſehen kan, wann und was du zu thun haſt, ſo kan dir auch ſo präcis nicht die Zeiten zur Abſonderung vorſchreiben. Ueberhaupt will ſo viel rathen: Nimm täglich zwey- dreymal eine halbe Stunde darzu, etwa Morgens, Mittags und Abends; Nachdem ſichs mit deinen Affairen am füglichſten ſchickt, kanſt du die präciſe Stunden ſelber ordnen, und nach einiger Zeit (nach Belieben) andere Stunden nehmen, damit man nicht unvermerckt etwas in dieſe Stunden ſetze. Beym Aufſtehen bätet man GOttes Liebes-Gegenwart an, und opfert ſich Jhm kürtzlich aber hertzlich zum wahren Eigenthum auf; und nachdem man ſich dann weiter fertig gemacht, und etwa das Nöthigſte im Hauſs gethan; ſo kein Aufſchieben leydet, und im Gebät ſtöhren möchte, ſo kan man dann eine Zeit zur Abſonderung nehmen. Etwa kurtz vor Mittag, oder auch, wann ſichs beſſer ſchickt, Nachmittag nimmt man wieder ein halb Stündgen: immediat nach dem Eſſen ſchickt ſichs ſo gut nicht. Und Abends kanſt du dich wieder eine Zeit ſetzen, und entweder mit einer gar kurtzen Leſung einer ſaftigen Wahrheit zum Anfang dich was präpariren, oder ſonſt nur der Gnade folgen, wann du dich mit einer Andacht, Sammlung, innigen Begierde, oder einem Liebes-Eindruck zuvorgekommen befändeſt.

Der

Der Glaube der innigen Liebes-Gegenwart GOttes, und der Sinn, gantz für
Ihn zu seyn, muß bey allem Gebät zum
Grunde liegen. Und wann man sich nicht
von der Gnade auf eine andere Weise zuvor
gekommen findet, dann ists gut, daß man
sich anfangs in diesem Glauben und in diesem Sinn auf eine hertzliche und einfältige Weise zu erneuren suchet, alle geschaffene
Vorwürfe da lassende, um mit der Gantzheit
seines Hertzens und seiner Liebe sich zu dem
GOtt zu wenden, den man so nahe drinnen
zu seyn glaubet, und Ihn als seinen Freund
und Schatz im Glauben zu lieben und zu
umfassen. Uebrigens handelt man mit GOtt,
wie mit einem Freund, mit welchem man
ohne Kunst und Ceremonie umgehet, da man
sagt, was man auf dem Hertzen hat, und
worzu die Liebe bewegen möchte. Den Glauben laß im Gebät und allezeit deinen Grund
seyn, worauf du bauest, und die Liebe deine Führung. Glaube GOtt eben so nahe,
eben so Anbätungs- und Liebenswürdig, wann
du nichts davon siehest oder fühlest, als
wann Er dir Licht und Empfindung giebet;
und dancke Ihm eben so hertzlich, wann du
die Zeit des Gebäts in Dürre und wider-
williger Verstreuung zugebracht, als wann
du viel genossen hättest, nur daß du solches
nicht wissentlich verursachest, dann GOTT
zu contentiren ist eine wahre Seligkeit für
eine liebende Seele.

N 2 Alles,

Alles, was GOTT von dir will, und auch die Wahrnehmung der Zeiten zur Abſonderung muſt du zwar pünctlich ſuchen in Acht zu nehmen; aber die Liebe muſt du in allem zur Führerin erwählen; ich will ſagen, daß du kein Ding, es mag ſeyn, wie es wolle, nur bloßhin aus Gewohnheit, aus natürlicher Inclination, oder weil du es thun muſt, verrichteſt, ſondern aus Liebe zu GOtt; nicht juſt durch einen empfindlichen Trieb der Liebe, den du dir nicht geben kanſt, ſondern mit der lauteren einfältigen Abſicht, daß du es wolleſt thun, laſſen, oder leyden, um deinem GOtt darin zu gefallen, Ihm zu lieb und Ehren. Dieſe Liebes-Intention, worzu man ſich kindlich aufweckel in den Anfängen, macht das Geringſte groß, und das Schwerſte ſüß und angenehm.

Schließlich, liebe GOtt, der dich geliebet hat in CHriſto, und dencke an nichts, als nur, wie du Ihn lieben, und Ihm gefallen mögeſt: Laß aber bey Leibe den Muth nicht ſincken bey Erfahrung deiner Fehler und Gebrechen, ſondern laß dich dardurch ſo viel mehr dringen, dich ſelbſt zu verlaſſen, und JEſum in dir zu laſſen leben, der allein die Quelle der Heiligkeit iſt. Ich grüſſe dich und beyde deine Schweſtern hertzlich, und bleibe

Euer

Mülheim, den 25. Febr. 1745.

ſchwacher verbundener Bruder.

Der

Der 64te Brief.

Daß der Versucher den Hunger nach GOtt so gern
auf Neben=Sachen führe; und was für die
Seele das sicherste dabey. Vom Arbeiten und
nicht Arbeiten.

In der Gnade unsers theuren Heylandes
hertzlich geliebter Bruder!

Auf des geliebten Bruders Zuschreiben vom
24ten Decembr. a. p. habe nicht ehender
können antworten, wegen mancherley zwischen
gekommenen inneren und äusseren Verhinde=
rungen; da sonderlich mein schwaches Haupt,
und die bedenckliche Confußionen unter den Er=
weckten unserer Zeit mich sehr vom gehabten
Briefwechsel abziehen. Wir stehen nach dem
Inneren und Aeusseren unter GOttes Di=
rection, und je mehr ein Umstand oder Zufall
zur Entäusserung, Vernichtigung uns hinein
leiten kan, um so viel ruhiger kan man folgen,
weil der Versucher lieber zum Gegentheil füh=
ret. Es wolle dann der HErr auch hierin
mit mir thun, was Ihm gefällig ist! Ich
liebe doch in Ihm alle GOttes=Kinder; ja
oft meyne ich, daß ich sie so viel inniger und
lauterer liebe, je weniger die Sinnen und
das Leibliche an dieser Liebe Theil haben.
Sonst aber erkenne ichs doch als Gnade,

N 3 wann

wann mich die göttliche Vorſehung mit einer zum rechtſchaffenen Weſen geruffenen und
übergebenen Seele bekannt machet: Es ſind
deren ohnedem nicht ſo gar viele in dieſer
bedencklichen Zeit.

Für die weitere Nachricht von denen Nor-
wegiſchen Vertriebenen dancke ich; der HErr
erbarme ſich! Er bringe das Verirrte zurecht,
und führe den nach Ihm hungerenden Willen
der Einfältigen durch alle Sichtungen zum
Ziel! Der Verſucher iſt ſonſt überaus wacht-
ſam, dieſen von GOtt erweckten Hunger, wo
nicht in grobe Sünden, dennoch in allerhand
Neben-Sachen, Schein, und falſche Geiſt-
lichkeit einzuführen, damit man nur mit Luft-
Streichen Zeit und Kraft verſchwenden möge: Dieſe und dergleichen Dinge ſind noch
ſo ziemlich grob; manches kommt jetzt ſchein-
barer hervor. Was ſingulair, was aus-
leuchtend iſt, was ins Aeuſſere führet, muß
uns jederzeit verdächtig ſeyn. Ja ich ſehe es
ſchon als eine gefährliche Schwachheit oder
Neugierigkeit an, wann man meynet verpflichtet zu ſeyn, die verſchiedentlich aufkom-
mende Bewegungen zum Guten zu unterſuchen, und die Wege anderer Gemüther aus-
zuforſchen und zu beurtheilen: Genug! daß
wir unſern Weg, den GOTT uns führen
will, wiſſen. Man liebet alles Gute um
ſeines Urſprungs willen; man bleibt aber eingewandt, damit man über dem zu ſtarcken
Beſehen anderer, auch guter Führungen,
nicht

nicht von der Führung GOTTes über sich
selbst abkomme; wie solches bey nicht wohl
Beveftigten, sonderlich zur Zeit innerer Dürre und Proben, leicht geschehen kan. Christi Wort höre ich noch oft: Was gehets
dich an? Folge du mir nach!

Lächelnd hab ichs müssen lesen, daß der
aus Schweden vertriebene gute Graf, das
Wort des Kleinen Kempis: Ama nesciri
(Sey gern unbekannt) auch nicht hat können vertragen, weil es in Amsterdam und
dieser Orten eben so über dieses Wort her-
gegangen, doch nur von etlichen. Wir wollen alle etwas seyn, wir wollen éclatiren;
das hat uns unser Vater Adam angeerbet.
CHristi Sinn, der auch in uns seyn soll,
(Phil. 2, 5 ÷ 8.) war gar anderst; und
in den ersten dreyßig Jahren seines Lebens
auf Erden hat Er uns hauptsächlich nur dieses Wort Ama nesciri lehren wollen: Wunderlich lautets deßwegen, daß selbiges wider
Christi Lehre seyn soll. Allein ich pflege dergleichen Widersprüche mit Stillschweigen zu
beantworten; sonst hätte der listige Versucher
mir wohl immer zu thun gegeben. Denn
inwendigen ergebene Seelen müssen sich auf
Widersprüche von Guten und Bösen gefaßt
machen: Aber eine zu JEsu Füssen sitzende
Maria verantwortet sich nicht; der Heyland
selbst nimmt es für sie auf. O! wie danck
ichs meinem Erbarmer, daß Er mich in den
ersteren Jahren meiner Erweckung vor aller

Be-

Bekanntſchaft, ſonderlich neuer Secten, bewahret hat, deren ich hernach ſo manche und
gar ſcheinbare geſehen habe.

Daß übrigens der liebe Bruder mein Bedencken begehret über einige Umſtände ſeiner
Führung, das iſt ſchon gut an ſeiner Seiten, auch nicht zuwider denen Worten: Soll
nicht ein Volck ſeinen GOTT fragen?
Eſ. 8, 19. Nur an meiner Seiten unterwinde ich mich nicht, ein Lehrer oder Führer
anderer Seelen zu ſeyn. Ich bin ein un-
wiſſendes ſchwaches Kind, das nichts hat
und weiß, als was mir im Gegenwärtigen
gegeben wird. Ich darf zwar GOttes Gnade nicht läugnen; ich weiß auch, daß ich nach
der Wahrheit Zeugniß gegeben hab von ſeinen Inneren Wegen in dem Wenigen, ſo
ich davon geſchrieben: aber andere zu lehren
oder zu führen, darzu bin ich zu gering. Es
hat zwar das Anſehen, als wann ich als ein
ſolcher zu Werck gienge, aber mir fällt,
GOtt Lob! dergleichen nicht ein. Ich rede
und ſchreibe nach der Vorſehung, da ichs
ſo nicht vorbey kan, und dann ſag ich meine Gedancken, wie etwa ein Kind dem anderen. Vor zwantzig und mehr Jahren
würde ich ehender gedacht haben, darzu Gnade zu haben, als jetzt. Doch ich will, als
ein Bruder, einfältig ſagen, was mir gegeben wird.

Im Punct der leiblichen Arbeit glaube
ich, daß ſolche der Wille GOttes ſey, den
ein

ein Chriſt von Hertzen zu thun (Epheſ. 6,
6. und 7.) ſich willig finden ſoll: ich glaube, daß ſelbige dem Inwendigen nicht allein
nicht ſchade, ſondern, in gebührender Ordnung verrichtet, demſelben beförderlich ſeyn
könne. Sie kan uns bewahren vor Trägheit, düſterer Traurigkeit, Fürwitz und mancherley Zerſtreuungen; hingegen viel Anlaß
geben zur Demuth, Verläugnung des Ei-
genwillens, und anderer natürlichen Verderbniſſen, und demnach beförderlich ſeyn zum
Gebät und Wandel in der Gegenwart GOttes.

Zwar iſt die mühſame Arbeit eine
Frucht des Falles, ſowohl als alles innere
und äuſſere Creutz und Mühſeligkeit dieſes
Lebens: Aber dieſes alles hat uns GOttes
ewige Weisheit durch CHriſtum dermaſſen
geſegnet, daß es nicht ein ſchädlich Gift,
ſondern eine, obgleich bittere, doch heilſame
Artzney wird, wann wirs nach ſeiner Verordnung brauchen; wie dann auch unſer Eſſen und Trincken, und was wir ſonſt in natürlichen Dingen thun, im Namen Chriſti,
und alſo im Segen geſchehen ſoll. Ja bey
übernatürlich lebenden Chriſten iſt die Arbeit, und was ſie ſonſt natürlicher Weiſe
thun oder leyden, kein ſo bloß natürliches,
gemeines und verächtliches Ding mehr; es
iſt und wird durch Chriſtum auch geheiliget,
und zu einer geiſtlichen GOttesdienſtlichen
Sache gemacht.

N 5 Nur

Nur müſſen wir dann auch gewißlich unſere
Dinge nicht mehr im Unglauben thun, weil
wirs ſo wollen oder müſſen; gleich als wann
GOtt unſerer Arbeit vonnöthen hätte; nein!
würcklich nicht. Er kan uns wohl ernähren
ohne Brod, und Brod beſcheren ohne Arbeit. Von Geld-Begierde und Sammlen
aufs Künftige will ich nicht einmal was ſagen. Auch ſollen wir nicht, wo wir anderſt
frey ſind, wie unter den Egyptiſchen Frohn-
vögten ſtehende, arbeiten. Der zarte Geiſt
der Zucht läßt nicht zu der Natur Triftigkeit, Anhänglichkeit, Ausſchweiffung, noch
das Fallen mit dem gantzen Menſchen auf
das Aeuſſere. Wir ſollen unſere Dinge
thun, als von GOtt darzu geſandt, in kindlichem Gehorſam, mit einer ſtillen, abgeſchie-
denen, GOtt anhangenden Gemüths-Geſtalt:
Da thut mans dann dem HErrn, und
nicht mehr ſich ſelbſt, oder Menſchen, und
iſt ein wircklicher Dienſt GOttes. Dieſes
dem HErrn thun macht alles GOtt angenehm, was wir thun: Sonſt nützet unſer
Beſtes nicht, wärens gleich die Gottesdienſt-
lichſte in- oder auswendige Verrichtungen.
Je einfältiger aber eine Arbeit iſt, und je
weniger ſie von der Eitelkeit participiret,
deſto beſſer ſchickt ſie ſich für Hertzens-Chri-
ſten.

Es iſt unnöthig zu erinneren, daß nicht
nur Unvermögende, ſondern auch diejenige,
welche nach GOttes Willen und Ruf, ihre

Zeit

Zeit und Kraft zum Dienst ihres Nächsten
im Geistlichen anwenden, von dieser sonst
göttlichen Ordnung auszunehmen sind. Nur
diese Unterscheidung muß ich anführen, daß,
ob man zwar die Arbeit als einen allgemeinen und ordentlichen Weg und Willen
GOttes anzunehmen hat, ich deßwegen doch
andere nicht urtheile, welche nicht arbeiten:
Wer hat mich darzu gesetzt? GOtt ist frey,
einige ausserordentlich zu führen: Das hat
ER gethan, und ER kan es noch thun.
Wandelt einer nur nicht unordentlich, und
will seine besondere Führung nicht auch andern als eine Lehre, oder besondere Heiligkeit
vorlegen, dann kan ich solche mit einem
gantz unschuldigen Auge ansehen, und ihrem
HErrn stehen lassen. Auch weiß ich, daß
der innere Zustand, und die Wirckungen
in der Seele wohl auf eine Zeit lang zu
äusserer Arbeit untüchtig machen, und davon
abruffen können; welches man auf die besondere Prüfung ankommen lässet. Es kan
wohl eine Seele in eine so ernste Arbeit oder
Kampf inwendig gesetzt werden, daß der
gantze Mensch vor die Zeit darzu nöthig
scheinet. Wo ausserordentliche Gnaden-Wir-
ckungen und Gaben erfahren werden, gehets
fast eben so. Oder, wo bey den ersten inneren Mittheilungen Seel und Geist noch
so gar nicht geschieden sind, da scheinet auch
fast alles Ausserordentliche dem zarten Gemüth eine Verhinderung und Zerstreuung zu
verur-

verurſachen: Es pflegen aber ſolche Stände
nicht ſo anzuhalten; inzwiſchen kan da wohl
die Seele nicht anderſt, als GOTT folgen
und trauen, und andere müſſen da Beſchei⸗
denheit brauchen.

Was nun anlanget die von dem lieben
Bruder verzeichnete und mir communicirte
Lehren; Selbige ſind, meines Erachtens, al⸗
lerdings von dem Geiſt der Wahrheit, und
nicht ohne Salbung dem Gemüth eingedruckt
worden: Die dabey empfundene innere Weite
und Beruhigung ſind ein genugſamer Beweiß,
daß er GOtt darin gefallen habe. Weil nun
aber in denſelben auch ſein Nicht⸗Arbeiten gut
geheiſſen worden, ſo darf der liebe Bruder
nicht dencken, es ſtritte ſolches doch wider
meine angeführte Gedancken von der leiblichen
Arbeit. Keineswegs! dann eines Theils ſo
liebet und meynet eine innige Seele GOTT
hertzlich, und nach dem Maaß ihres Standes
lauterlich; dieſe von GOTT in ihr gewirckte
innere Geſtalt gefällt dem HErrn ſehr; Er
approbiret ſolche, und dieſes Zeugniß, oder
Approbation, fühlet die Seele öfters mit vie⸗
lem Geſchmack. Weil nun die innige Seele
in dieſer ihrer GOtt angenehmen inneren Ge⸗
ſtalt, als vor ſeinem Angeſichte, alles thut
und alles läſſet; ſo ſcheints ihr zu, ob appro⸗
bire auch der HErr all ihr Thun und Laſſen;
und dem iſt auch wircklich alſo: Dann weil
ihr Auge einfältig iſt, ſo wird ihr gantzer Leib
Licht. Aber daraus iſt kein unfehlbarer Schluß
zu

zu machen, daß, wann eine dergleichen Seele
eine solche äussere Sache anderst machte, sie
dann GOtt nicht eben so sehr gefallen solte.
Manche heilige Seelen unter den Römisch-
Catholischen haben Dinge gethan, die wir
nicht mit Beruhigung würden thun können;
Gleichwohl hat GOtt ihnen ihr Thun, wie
sie geglaubet, durch ein wahres Zeugniß ap-
probirt und ratificirt: Jhnen, nicht mir,
nicht ihres Thuns, sondern ihrer GOtt-lie-
benden und GOtt-meynenden Gemüths-Ge-
stalt wegen. Den Reinen ist alles rein. Wer
isset, spricht Paulus, der isset dem HErrn,
dann er dancket GOtt: Und wer nicht isset,
isset dem HErrn nicht, und dancket GOtt.
Röm. 14, 6. So auch mit anderen dergleichen Neben-Sachen. Der HErr siehet auf
den Grund und die Haupt-Sache, ist die
richtig, dann heißt er leicht alles übrige gut,
wann es wahrlich Jhm gethan wird. Allein,
wann etwas mit innerem Zweifel oder Widerspruch gethan wird, dann geschicht es nicht
Jhme, sondern ist böse, weil es nicht aus
dem Glauben geschicht; Gesetzt, daß auch die
Sache an sich so böse nicht wäre.

Dergleichen erstgemelte Herunterlassungen
GOttes sind um unsert willen vonnöthen; entweder, weil Er erkennet, daß unser Jnwendi-
ges noch so zart ist, daß es vor die Zeit
durch diese oder jene Dinge könnte Schaden leyden; deswegen ruft Er uns wohl von
etwas ab, das in sich unschädlich ist, nur
weil

weil wir ſchwach ſind, und Er uns gern
eine Zeit vergönnet, um gegründet und gewurtzelt zu werden: Oder aber weil ſeine
Weisheit ſiehet, daß wir in einiger Sache
ſo präoccupirt ſtehen, daß es uns verwirren
und an der Haupt-Sache hinderlich ſeyn
würde, wo wir angedrungen würden, es anderſt zu machen, oder anderſt zu glauben,
als wir thun. Darum aber muß man nun
nicht auf die Gedancken kommen, ob ſey es
dann wohl eine gefährliche, oder doch ungewiſſe Sache mit dem inwendigen Leben und
Führung, wann man nicht gewiſſer drauf
bauen könne. O ja! man kan gäntzlich drauf
bauen: Es iſt Wahrheit und keine Lügen,
wie und was uns die Salbung lehret; wir
ſollen nur ohne Scrupel bey derſelben bleiben. Sie lehret uns Welt, Creatur und
Eigenheit verläugnen; ſie lehret uns GOtt
anſehen, anbäten, lieben und meynen; das
lehret und wircket ſie: Auch lehret ſie, wie
wir alle äuſſerliche und natürliche Dinge verrichten ſollen, aber nicht allezeit, was wir
thun und laſſen ſollen; dieſes Letztere mag
etwa reinen und raren Seelen bisweilen widerfahren: Insgemein iſt es unnöthig. GOtt
iſt es um die Haupt-Sache zu thun: In
den übrigen vornehmſten Dingen finden wir
im Buchſtaben der Schrift klaren Unterricht.
Uebrigens läßt es uns GOtt vielfältig als
eine ſchöne Uebung der Demuth und des
Glaubens, daß wir in allen Beſonderheiten
                                        keine

keine so absolute Gewißheit seines Willens
haben sollen; und die vorsichtig wandlen,
verlangen solche auch nicht; sie sehen auf
GOTT, und nicht auf ihr Thun, um in
demselben ihre Stütze oder Gerechtigkeit zu
suchen.

Fürnehmlich aber, wie ich droben schon
angemercket habe, so kan GOTT in solchen
Neben-Sachen und Umständen zur einen Zeit
so, zur andern anderst führen, da inzwischen
die Haupt-Sache unverändert veste bleibet;
wobey ich dennoch dieses im Vorbeygehen be-
mercke, daß die Seele auch in äusseren und
Neben-Sachen nicht so leicht, eine merckliche
Aenderung in dem, was sie vorher erkannt,
vornehmen müsse, es sey ihr dann entweder
in inniger Stille vor GOtt, oder durch Rath
eines Erleuchteten das Wohlgefallen GOttes
darin klar worden, weil zur Zeit innerer Proben, Dürre und Dunckelheit, da die Seele
immer argwohnet, sie möchte es wo versehen,
oder in einem oder anderen nicht recht machen, der Versucher leicht dahinter her ist,
das zaplende Gemüth auf allerhand und bisweilen auf wichtige Aenderungen zu führen;
wodurch schon manche edle Seele grossen
Schaden bekommen, oder gar sich einer ge-
nauen Führung GOttes entrissen hat. Nur,
was die leibliche Arbeit anlanget, da hat
man keine neue Gewißheit göttlichen Willens vonnöthen, sondern weil solche ein aus-
gedruckter klarer Wille GOttes ist, so ist es
genug,

genug, wann man äuſſerlich Vermögen und
Gelegenheit, und innerlich Freyheit darzu
hat; in welchem Fall eine Seele wohl thut,
daß ſie ſolche vor ſich nimmt. Eins mit
dem andern aber auf des lieben Bruders
Zuſtand und Führung zu appliciren, will ich
dem Geiſt der Gnaden hertzlich anbefehlen
und überlaſſen.

Nicht nur der Apoſtel Paulus, ſondern
alle Heiligen vor und nach Ihm, haben die
Arbeit geübet und dienlich erachtet. Man kan
z. E. die Leben der Altväter in der Wü-
ſten nicht leſen, ohne völlig davon überzeugt
zu werden: vieler anderen erleuchteten Seelen
nicht zu gedencken, die bey auswendiger Arbeit Segen und Förderung für ihr Inwendiges gefunden haben. Solte ich meine wenige
Erfahrung dabey ſetzen, ſo muß ich geſtehen,
daß ich vielfältig unter der Arbeit Nutzen, innere Approbation und göttliche Gegenwart
verſpüret habe. Ja doch! ich bin auch wohl
darunter verſtreut, abgemattet und verfinſtert
worden; aber daran war meine Unordnung,
nicht die Arbeit Schuld: Sonſt wurden mir
unter und bey derſelben manche unlautere Kräften der Natur entdecket, die ich auſſer derſelben vielleicht nicht ſo erkannt hätte. Der heilige Geiſt JEſu bediente ſich meiner äuſſeren
Arbeit als einer rechten Uebung und Schule.
Bald wolte der Natur ein Werck zu verdächt-
lich ſeyn; Bald regte ſich Selbſt-Gefallen
und Luſt, wann ichs gut machte, oder eine

Sache

Sache sonst nach Wunsch ging; bald Unlust und Verdruß, wann ich gehindert wurde, oder mein Werck nicht nach eigenem Willen gehen wollte, ꝛc. ꝛc. Da wies mich der Meister zurecht, und die Natur-Kraft in den Tod. Jetzt wollte ich fleißig seyn, um auszukommen; Da hieß es: Arbeite du für mich, und nicht für dein Auskommen. Da wollte sich dann die Natur auf die faule Seite legen, weil sie doch nichts davon haben sollte: Aber des Führers Auge entdeckte den Schalck. Ich sollte den Leib in Knechtschaft bringen, und aus Liebe so viel williger dienen. Mit dem Kaufhandel, worin ich anfangs stunde, wollte es so gut nicht gehen; (mochte auch wohl an was Anders fehlen) deßwegen ich selbigen schon 1719. niederlegte, und ein Handwerck lernte, welches ich so lang trieb, bis daß ich darzu theils keine Kräften mehr hatte; theils von der Vorsehung mit Schreiben und sonst genug zu thun bekam. Jetzt hab ich noch so eine kleine Neben-Arbeit, daß ich nemlich einfältige Medicamenten verfertige, (wovon ich so etwas verstehe) welche dürftige Krancke bey mir holen lassen. Dieses Geschäfte ist mir zwar was unordentlich, weil man doch zu Dienst stehen muß, wann jemand kommt; ich aber halte viel darauf, daß eine zum Inneren beruffene, sonderlich einsam lebende Seele zum Arbeiten, zum besonderen Gebät, zum Essen und Schlafen, wo möglich, eine ordentliche Zeit halte. Auch

erfor-

erfordert dieſer Dienſt der Krancken bisweilen
was zu viel Attention; allein da ohne und
wider mein Suchen drein geführet bin, auch
die Vorſehung es ſo füget, daß ichs noch ſo
umſonſt hab hingeben können, wodurch an=
dere glauben, daß ſie gedienet werden, ſo
darf es noch nicht ſo gar dran geben.

Uebrigens; wir mögen dieſes oder jenes
thun, mit den Händen was arbeiten, oder
nicht: Es muß dabey bleiben, was dem lie=
ben Bruder Num. 7. in denen verzeichneten
Lehren iſt eingedruckt worden, nemlich: Mein
Werck iſt nichts anders, als auf GOtt zu
ſehen, Ihn anzubäten und Ihm zu die=
nen; vor meines Leibes Nothdurft ſor=
get mein HErr. Dieſes iſt unſer Ergon
(Hauptwerck,) das Aeuſſere unſer Perergon
(Nebenwerck;) Oder beſſer geſagt: Dieſes
Hauptwerck ſoll all unſer Aeuſſeres immermehr
durchdringen, beſeelen, und mit zum Haupt=
werck machen; worzu dem HErrn unſer Gan=
tzes ergeben bleibe!

Ich geſtehe es, daß ich weitläufig ſchreibe:
ich dachte an nichts weniger, wie ich anfinge.
Die Materie führte mich ſo auf dieſes und
jenes. Der liebe Bruder kan alles prüfen,
und was ihm gut deucht, daraus behalten.
Die Salbung lehre und führe uns in allen
vollkommenen GOttes=Willen!

Dem l. Bruder T. den ich hertzlich grüſſe,
ſchicke ich hiebey die verlangte Kupferſtiche. —

Nun

Nun breche hiemit ab, nebst hertzlichem Gruß und Empfehlung in des lieben Bruders Andencken vor GOtt; auch grüsse ich unbekannt seine Hausgenossen: Der HERR sey mit, unter und in euch! Amen. — — Die mich in Schweden kennen, grüsse ich auch nach Gelegenheit, und verbleibe durch Gnade

Des lieben Bruders

Mülheim,   schwacher Mitbruder.
den 1. April 1745.

Der 65te Brief.

Daß die Einkehr, Sammlung, Innigkeit und Nahheit GOttes nicht in der Seelen Gewalt, sondern Gnade sey.

Hertzlich geliebter Bruder!

Was in deinem Inwendigen vorgegangen, erkenne ich als GOTTes Werck und Gnade. Erkenne du es auch als sein Werck, aber auch als Gnade; so wirst du dich über deren Bedeckung so viel weniger verwunderen; und sodann wird deren Frucht ewig bleiben, sollte gleich das Empfindliche davon weggehen: Dieses letztere ist vorübergehend, aber nicht das Wesen und die Frucht des inneren Friedens,

O 2   Glau-

Glaubens ꝛc. Du ſieheſt, was GOtt im
Augenblick vor Veränderung kan wircken, die
wir durch keine Treue, Einkehr, Gewalt ꝛc.
erwerben können; Er macht alles in uns zu
Schanden und deſperat, und dann hilft Er
aus Gnaden.

Die Leichtigkeit, welche der Seelen durch
die empfindliche Nahheit GOttes mitgetheilt
wird, (ſo daß ihr nichts leichter iſt, als die
Einkehr) ſollte ſie bedeckter Weiſe können glauben machen, daß dieſe Sammlung, Innigkeit, und Nahheit GOttes in ihrer Gewalt
wäre, und ſie ſich in ſolche ſetzen könnte, wie
ſie wollte; um dieſer und anderer Urſachen
willen ziehet GOtt die Decke wieder ein wenig
drüber, damit die Seele erfahre, es ſey Gnade, und durch ihr beſtes Einkehren nicht zu erreichen. So viel mehr kanſt du nun glauben,
GOtt habe es gethan, weil du dirs jetzt ſelbſt
nicht geben kanſt, wann du willt. Es bleibe
dann alles dem HErrn wieder gegeben! Inzwiſchen weißſt du ja nun, daß GOtt iſt,
und zwar derjenige, der Er iſt. Iſt es
gleich noch kein ausgebohrner bleibender Stand
der göttlichen Vereinigung, ſo hat dir doch
GOtt eine Gnade erzeigt, die du in Ewigkeit
zu erkennen haſt, und die viele in dieſer Zeit
nicht erlangen, welche beſſer und treuer ſind,
als du und ich. Dein Elend und Kleinmüthigkeit hat Ihn mehr darzu gezwungen, als
deine Treue.

Du

Du kanst ohne Bedencken, aber auch ohne Scrupuliren, glauben, daß du es wieder irgendwo versehen hast. Bewahre indessen die innere Zufriedenheit: Liebe die Abgeschiedenheit, sonderlich die Abgeschiedenheit des Hertzens, worzu die innere Zufriedenheit neiget; so wohl als die liebvolle Einkehr, worzu sie nicht weniger neiget: Untersuche aber nicht viel und genau; sondern dein Glaube, deine Liebe, und dein gantzer Sinn gegen GOTT sey unverändert derselbe, als wie du Ihn so nahe fandest; dann auch GOtt ist in sich selbst und in Ansehung deiner eben so nahe, gut und liebenswürdig, als damals. Bäte für mich; ich thue gern desgleichen.

Mülheim,
den 2. März 1745.

Der 66te Brief.

Wie man die Proben und Leyden im Beysammen-
wohnen ansehen, und sich derer bedienen
müsse.

In der Gnade JEsu vielgeliebte Schwester!

Deine Brieflein sind mir immer angenehm,
wann es auch Klag-Brieflein sind; ich
schicke

schicke sie dann nur weiter zum liebsten Hey=
land, der auch unser Klagen gern anhöret,
wann wir nur nicht über Ihn klagen, und
mißtrauisch sind: Dann das kan Er nicht
gerne hören, und ich kans auch faft nicht
tragen, daß Seelen, denen Er so vieles ge=
than, als Er an uns gethan hat, seine un=
endliche Güte noch sollten in Zweifel ziehen.

Du klageft über N. N. Allein wie wür=
deft du und ich sanft, geschmeidig und wil=
lenlos werden, wann GOTT keine Diener
hätte, die uns ein bißgen drückten und beug=
ten, und, wann alles nach Wunsch ginge?
Ich muß dich bisweilen mit lächlender Mie=
ne ansehen, daß du dich so hertzlich kanst be=
trüben und verwirren, wann so eins nach
dem andern kommt, das dich angreift und
ftöret. Du liebes Kind! Kanft du dann nicht
auch solche Begebenheiten mit lächlender
Miene begrüffen? Da GOttes ewige Weis=
heit so rechte Pflafters auf deine Wunden
finden kan, und dich juft weiß zu treffen,
wo du Leben haft. Laß GOTT machen!
Nimm dich der Dinge nicht so an, damit
dein Körper nicht so viel angegriffen wird.
Es ift schlimm genug, daß über ein so klei=
nes Häuflein, wie ihr da seyd, noch was zu
klagen fällt: Ihr solltet billig auserlesene
Seelen seyn. Nun, dahin muß es auch
kommen; laß dich nur fertig machen! die
andere sollen auch daran. Oder, soll ich
einft mit dir klagen? Ich kenne einen Men=
schen,

schen, der tausend Creutzgens von andern
Seelen zu tragen kriegt, der sich wohl einst
kranck grämet, weil andere so fromm nicht
sind, als er sie gern hätte; oder, weil andere nicht glauben und folgen dem, was er
gut zu seyn meynet, bis daß ihm seine eigene
Thorheit und Elend einfällt; da er dann eins
mit dem andern in dem Abgrund der unendlichen Liebe GOttes verlieret, und ein
fröliches Liedgen zum Beschluß singet. Doch!
du willst laufen gehen, und dich in eine
Felsen-Kluft (wie du schreibst) retiriren.
Wohlan! ich will mit; wähle nur die rechte
Felsen-Kluft, (1 Corinth. 10, 4.) nemlich
Christum; und da kanst du dann als ein
Täublein wohnen, und deine Stimme hören
lassen: Wie Hohel. 2, 14. stehet. — —

Ich grüsse dich hertzlich, nebst Bruder
und Schwester, auch von anderen Bekannten hieselbst. JEsus lebe in deinem Hertzen! Dem ich dich aus Grund meines Hertzens anbefehlende bleibe

Dein

Mülheim,   verbundener schwacher
den 8. Julii 1745.   Mitbruder.

Der

Der 67te Brief.

Nachricht von dem Absterben eines wichtigen
Bruders. Beantwortung etlicher wichtigen
Fragen, das Inwendige Leben betreffende.

Hertzlich geliebter Bruder!

Durch diese Zeilen muß dir Nachricht geben, daß es dem lieben GOtt gefallen,
unsern werthen Bruder P. den 29ten Junii,
Morgens zwischen drey und vier Uhr, zu
sich in die Ewigkeit über zu nehmen, und ist
er Samstags darauf zu H. begraben worden. Die letztere Tage hat er grosse Benautheit ausgestanden; doch hatte er Sonntags vorher, wie er Dienstags Nacht starb,
wegen seines Gemüths, der N. auf Befragen noch zu erkennen gegeben, daß er sich
in inwendiger Weite und Ruhe des Gemüths
befinde; und uns alle mit einander auch noch
hertzlich grüssen ließ. Die Armen verlieren
an ihm einen treuen Allmosen-Pfleger, und
wir einen werthen Bruder: Doch! wir haben ihn nicht verlohren; sondern, gleichwie
die Gemeinschaft des Geistes durch den Tod
nicht gebrochen wird; so können wir hoffen,
ihn durch GOttes Barmhertzigkeit in Christo bald wieder zu sehen. Amen! Was für
eine Stütze ich insbesondere daran verliere,

ist

iſt dir zum Theil bekannt. Nun, der HErr
hats gegeben, der HErr hats genommen,
der Name des HErrn ſey gelobet! Nichts
iſt heylſamer und liebenswürdiger, als wann
uns Leben und Stütze auſſer GOtt genom=
men wird , weil wir dadurch ſehr in GOtt
gefördert werden können : Die Geſchöpfe
thun uns alſo den gröſten Dienſt, wann ſie
uns abweiſen zu GOtt.

Nun ſollte auf deine Fragen, dein In=
wendiges betreffend, auch ein wenig antwor=
ten: ich will und muß es kurtz thun. Du
frageſt: Worin beſteht der Ausgang aus
ſich ſelbſt? In der Verſchmähung und Ver=
geſſung ſeiner ſelbſt, und in der Ueberlaſſung
an GOtt durch Glauben und Liebe. Wie
übet man ſich darin? Durch eben dieſes;
das iſt, daß man ſich entweder wirckſamer,
oder leydender Weiſe verſchmähe und ver=
geſſe, und mit Liebe und Vertrauen zu GOtt
ſich kehre. Worin beſtehet der Ueber= oder
Eingang in JEſum Chriſtum? Und, wie
gelanget man dahin? Er beſtehet eben dar=
in, worin der Ausgang aus ſich ſelbſt be=
ſtehet; dann der Ausgang aus ſich ſelbſt iſt
der Eingang in JEſum Chriſtum ; und der
Eingang in JEſum iſt der Ausgang aus
ſich ſelbſt. Auch gelanget man dahin, durch
eben den Weg, und zwar, bald, wann
man wirckſamer Weiſe ſehr treu iſt in der
Selbſt=Verläugnung, und leydender Weiſe
ſehr treu in der ſüſſen Geduld. Was ſind

O 5   für

für Hinderniſſe, daß man insgemein ſo
bald nicht dahin gelanget? 1. Die Selbſt-
Liebe, woraus Vertrauen auf ſich ſelbſt, Beſehen ſeiner ſelbſt, Sorge für ſich ſelbſt, und
Muthloſigkeit wegen ſeiner ſelbſt entſtehen.
2. Die Zärtlichkeit, um welcher willen GOtt
viele Seelen nicht recht darf angreiffen, aus
Furcht (menſchlich zu reden,) daß ſie zur
Welt wiederkehren, oder durch Muthloſigkeit verderben möchten. Woran liegt es,
daß, wann man einiger maſſen dahin
gelanget, man nicht in JESU Chriſto
bleibet? Eben an der Selbſt-Liebe und ihren Früchten; dann ſiehe, lieber Bruder!
durch die Liebe gehen wir in eine Sache ein;
durch die Creatur-Liebe in die Creatur,
durch die Selbſt-Liebe in uns ſelbſt, durch
die Liebe GOttes in GOtt. Darum liebe,
ſo wird dir geholfen. Aber, wie komm ich
dahin, daß ich liebe? Antwort. Durch Lieben, durch Bäten und durch Warten. Aber,
ich fühle keine Liebe GOttes, ſondern nur
Selbſt-Liebe, und finde mich gefangen in
mir ſelbſt. Antwort. Bekenne dein Nichts
gerne; trage dein Elend vor GOtt mit ſüſſem Vertrauen, und dencke mehr an GOtt,
und wie du Ihn, den unendlich-guten und
groſſen GOtt lieben und loben ſolt, als an
dich ſelbſt und an deine Elenden, ſelbige zu
beklagen.

Dieſes Wenige, lieber Bruder! ſchreibe
ich in Eil: Vielleicht iſt dirs nicht genugſam.

Es

Es ist wahr, ich könnte dirs begreiflicher vorstellen, und distincter antworten: Aber eben das ist dir eine Hinderniß, und kommt aus dem Verderben, daß du alles so distinct und begreiflich haben willst. O! wie so wohl meynen wirs öfters zu begreifen, wie GOttes Führungen gehen! Und dennoch, wann wir selbst in dasjenige kommen, was wir gelesen und begriffen haben, dann können wirs nicht reimen; und wann wirs ja reimen wollen, dann stehet uns öfters unser Begriff im Wege, und hindert uns an der Sache selbst. Wir sollen deßwegen hauptsächlich nur zu dem Ende lesen, um unser Hertz zu nähren, zu sammlen, und zu GOtt zu erheben; und im Verläugnen, Bäten und Lieben uns so hertzlich, als wir können, übende, uns und unsern Weg GOtt anbefehlen, ohne immer zu wollen sehen, wie und wo wir sind? Amen!

Mülheim,
den 15. Julii 1745.

Der

Der 68te Brief.

Von der Unfähigkeit der Vernunft in den Wegen
GOttes.

In der Gnade unsers süssesten Heylandes
vielgeliebter Bruder!

Ich grüsse hierdurch brüderlich, und begehre
solches zu thun in der Kraft des Namens
JEsu Christi, und ihm alles Vergnügen in
dessen Gemeinschaft zu zu wünschen. Wir
wissen, (und gebe der HErr! daß wirs täglich aus Erfahrung gründlicher wissen mögen) daß in dieser seligen Gemeinschaft allein Vergnügen, und was wir sonst suchen,
zu finden sey: Wir sollen aber auch glauben
und wissen, daß es uns alles daselbst gerne
gegönnet und geschencket werde. Geschencket, sage ich, in welchen Preis und Proceß sich die Vernunft, welche Jura studirt,
sehr übel schicken kan. Den Kindern ists
mehr eigen, daß sie schencken und Geschencke
annehmen können. JEsus mache uns zu
solchen! dann wirds uns nicht fehlen an ir-
gend einem Gut.

Mülheim,
den 13. Aug. 1745.

Der

Der 69te Brief.

An ein von allerhand bösen Gedancken und Bildern angefochtenes Gemüth.

Geliebte Freundin und Schwester!

JEsus segne dich, und gebe dir Frieden in Ihm!

Ich sehe mitleydig, daß du eine geraume Zeit in Beängstigungen gewesen, und mit bösen Gedancken und Bildern geplaget wirst. Nun, der Heyland ist unendlich-mitleydiger, als ich Armer bin, und dennoch belegt ER dich mit diesen Creutzgens; Er thuts aber aus Liebe, und, wann Er nicht erkennete, daß dirs gut und unumgänglich nöthig wäre, dann thät ers gewißlich nicht, dann er hat nicht Lust an unserer Plage. Weil aber unser Verderben so tief und manchfaltig ist, so muß er allerhand Wege und Mittel gebrauchen, uns zur Erkänntniß und Erlösung von diesem Verderben zu bringen: Da wir nun keinen Verstand davon haben, so ists sehr schön, daß wir Ihn nur mit uns machen lassen, und alles in einfältiger Liebe aus seiner Hand annehmen, was uns innerlich oder äusserlich überkommt, glaubende, daß durch seine Regierung

gierung uns alles zum Beſten dienen müſſe.
Wir ſollen indeſſen nur Ihn wollen lieben,
begehren Ihm anzuhangen, viel báten, ſo
gut wir können, und gern alles thun, laſſen
und leyden, was wir glauben, Ihm angenehm zu ſeyn: Das Uebrige gehöret Ihm
zu. Und ſo können wir ungeſtöhrt wandlen,
und unſer Heil von ſeiner Barmhertzigkeit in
Chriſto erwarten.

Leyde dann gern und Ihm zu lieb die Be-
ángſtigungen: Dadurch kanſt du jetzt GOtt
am beſten gefallen. Ein kleines Creutzgen tragen, oder ſonſt ein eintziges mal ſeinen Sinn
und Willen brechen um GOttes willen, das
iſt GOtt gefälliger, als Offenbarungen haben. Laß dich die Bilder im Kopf nicht ſtö-
ren; ſie gehen dich nicht an, wann du keinen
Gefallen daran haſt: vergiß und verachte alle
ſolche Gedancken; oder aber trage ſie, als ein
Creutzgen, mit möglichſter Ruhe und Beugſamkeit. Vor ſolchen Bildern zu erſchrecken,
iſt der Mühe nicht werth. Wer im Finſtern
wandelt, meynt bald diß bald jenes zu ſehen,
und wanns Licht kommt, ſiehet er, daß nichts
von dem Geſehenen da iſt. So biſt du jetzt
auch im Finſtern, darum traue allen fürchterlichen Vorſtellungen nicht, welche wohl
aus einer bloſſen Verſtellung des Leibes und
Geblüts entſtehen können. Unſer guter GOtt
iſt uns auch im Finſteren nahe: Er ſiehet zu,
wie wirs machen, und ob wir wollen aushal-
ren? Laſſet uns dann im Glauben an dieſe
seine

seine Nahheit einfältig fortwandlen, und mehr
an Ihn, als an uns selbst gedencken. Ich
grüsse dich hertzlich, wie auch deinen Bruder und Schwiegerin; auch grüsse meinetwegen die Frau N. ihr wünsche ich auch die Gnade, sich selbst sehr zu vergessen, um sich nur
zu beschäftigen mit dem, der uns im Hertzen
so nahe kommt, um uns zu lieben, zu besuchen, und nach seinem Hertzen zu bereiten. —
Verbleibe

Dein

Mülheim,   geneigter Mitpilger.
den 12. Oct. 1745.

Der 70te Brief.

Anweisung zur kindlichen Liebe und Einfalt gegen GOtt. Etwas über Hos. 10, 10.

Hertzlich geliebte Schwester!

——— Ein Kind liebet den Vater, hält sich
bey ihm, siehet ihn nur an mit Vergnügen,
und mit der zärtlichsten Neigung, ihm in allem zu gefallen; und das ist alles, wovon es
weiß. Weil es aber ein Kind ist, so stolpern
oft seine schwache Füsse unterm Gehen, und
es fiele wohl gar, wann es nicht vom Vater
gehalten würde. Ja wircklich, es fället, es
                                            thut

thut ſich weh, es weinet ſo eben, der Vater
hebt es auf, gibt ihm einen Kuß, und es
lächelt wieder mit thränenden Augen, und
über der Liebe des Vaters vergißt es ſeines
Falles; da inzwiſchen der gütigſte Vater ihm
den Schmutz, den es unterm Fallen möchte
bekommen haben, vom Kleid und Angeſicht
abwiſchet; will das dumme Kind ſolches ſelbſt
thun, dann wiſcht es oft den Koth übers gantze
Kleid und Angeſicht, und es koſtet dann doppelte
Mühe. Inzwiſchen geht das Kind wieder mit
ſeinem Vater fort, und wann der Vater ſagt:
du muſt vorſichtig gehen; dann ſagts nach ſeiner kindlichen Hertzlichkeit: Ja, lieber Vater!
ich wills gut machen; Indeſſen bleibt es ein
Kind, und weiß von keiner eigenen Vorſichtigkeit: Den Vater lieben und anſehen iſt
ſeine gantze Kunſt, welche Geſtalt dem Vater ſo überaus wohl gefällt, daß Er vorſichtig
iſt vor das Kind, und demſelben alle ſeine
Fehler nicht anrechnet. ── ──
   Nun ſoll dir noch einen Text erklären,
welches wegen meines ſchwachen Haupts nur
kurtz will machen. Hoſ. 10, 10. Wann eine
Seele die zwiefache Sünde, Jerem. 2, 13.
begangen hat, wie dann wir und gantz Iſrael
Schuld daran ſind, dann läßt GOtt viel-
Völcker, das iſt Heyden, nemlich allerhand
heydniſche Gedancken, Luſt- und Zorn-Be-
gierden und andere Verſuchungs-Kräften in
und über die Seele ſich empören, und ſich
über ihr verſammlen, um die Seele zu züch-
                                        tigen:

tigen: Damit aber die Seele dabey nicht furchtſam noch muthlos darunter werden ſoll, ſo verſichert GOTT, die Feinde werden ſie nicht züchtigen können, nach ihrem Wunſch, zum Schaden und Verderben, ſondern nach ſeinem Wunſch, zur Beſſerung. Ja, Er der HErr ſelbſt ſey es, der ſolches Züchtigen thue, und nicht eigentlich dieſe Völcker oder Heyden. Verbleibe

Dein

Mülheim, verbundener Bruder. den 8. Dec. 1745.

Der 71te Brief.

Die Herrlichkeit GOttes ſo den Menſchen im Stande der Unſchuld bekleidet, iſt durch den Fall verlohren, durch JEſum wieder hervor gebracht, und wie ſolche nun in Ihm zu finden ſey.

Hertzlich geliebter Bruder!

Wie ich mich niederſetzte, um dir wegen des geſchenckten Tuchs, zu einem Kleid für mich, meine ſchuldige Erkänntlichkeit zu bezeugen, da fiel mir zwar das groſſe Wort unſers Heylandes ein: Ich bin nackend geweſen, und ihr habt mich bekleidet. Es

Zweit. B. III. Th. P wollte

wollte ſich aber auf mich nicht ſchicken, weil
ich noch ein Röcklein hatte, meine leibliche
Nacktheit zu bedecken. Inzwiſchen was du
einem der Geringſten dieſes Heylandes haſt
thun wollen, und noch weit mehr iſt, als
ein Trunck kalten Waſſers, das ſey Ihm
ein angenehmes Opfer, und werde mit was
Weſentlichers vergolten! Dann bey dieſen
Gedancken, daß ich doch noch nicht nackend geweſen, fiel mir ins Gemüth der ſelige Stand der Unſchuld, worin uns GOtt
erſchaffen, da der Glantz der Herrlichkeit
GOTTes nicht nur den Inneren Menſchen
bekleidete, ſondern auch den reinen Körper
durchdrunge, und mit engliſcher Klarheit zier-
te; ſo daß nichts Nacktes am gantzen Menſchen war. Da wir nun nach dem Fall einen geringen Rock zum Schand-Deckel nöthig haben, womit doch nur die leibliche,
aber nicht die geiſtliche Nacktheit bedeckt
wird; O! wie mehr als nackend, ſchändlich
und abſcheulich ſehen wir vor GOtt und ſeinen Heiligen in der Natur aus, nachdem
uns durch die Abweichung von GOtt das
Kleid der Herrlichkeit GOttes entfallen iſt!
O Jammer und unausſprechliche Schande,
die auf den Menſch gefallen iſt! Wer ſollte ſich nicht darnach ſehnen, bey Leibes-Leben wieder überkleidet zu werden mit dem ver-
lohrenen Licht-Kleid? damit er nicht dermaleins bloß erfunden werde. 2 Cor. 5, 2-5.
Darzu iſt Rath, nachdem GOtt in Chriſto
ſich

sich seiner Herrlichkeit entäuffert, und solche durch seine Menschwerdung wieder in unsere Menschheit eingeführet hat. Er ist uns nahe im Hertzen: Ihm ergeben wir uns gantz: In Ihn kehren wir uns mit gantzem Willen und gantzer Liebes-Neigung ein. Je nackter und schändlicher wir uns finden, desto demüthiger und vertraulicher suchen wir, uns in Ihm zu verbergen, und seines Geistes Wirckungen zu erwarten, und Raum zu lassen: Dieser Geist ist ein Geist der Herrlichkeit und der Geist GOttes, der uns sodann durchdringet und erneuret. Je ausgekehrter je finsterer sind wir. Wer viel im Inneren Gebät und Anschauung der Gegenwart GOttes lebet, der wird klar, licht und schön, (2 Cor. 3, 18.) daß öfters so gar andere Menschen so was mercken und fühlen können, es ruhe der Geist der Herrlichkeit über einer solchen Seele; (1 Petr. 4, 14.) ob sie gleich nicht wissen, was es ist. Und wann wir diesem herrlichen und herrlichmachenden Geist der Liebe JESU in uns Raum lassen, siehe, dann haben wir hier und ewig Kleids und Zieraths genug, dann auch um dieser geheimen Pracht des Geistes willen wird Er auch einmal unsern verblichenen Körper wieder lebendig machen, (Röm. 8, 11.) und ihn wieder gantz und ewig mit dieser Herrlichkeit bekleiden.

Siehe, lieber Bruder! um dieses Kleid bettle ich täglich; und daß solches auch dir

wesent-

weſentlich geſchencket werde, wünſchet aus innigſter Begierde

Dein

Mülheim,   verbundener ſchwacher
den 9. Dec. 1745.   Mitbruder.

Der 72te Brief.

Was wahre Abgeſchiedenheit ſey, und wie man darzu gelange.

In JEſu hertzlich geliebte Schweſter!

Du frageſt, was die wahre Abgeſchiedenheit ſey? Und, wie du am erſten und beſten darzu gelangen könneſt? Eine wichtige hohe Frage, die ein Heiliger ſchwerlich mit Worten würde beantworten; vielweniger ich im ſpäten Abend, und in der Eil.

Manchmal verſtehet man durch die Abgeſchiedenheit nichts, als die Geſchiedenheit unſerer Liebe von geſchaffenen Dingen; eigentlich aber iſt es die Unannehmlichkeit oder Unberührtheit des Geiſtes von Freude und Traurigkeit, Furcht und Hofnung, Wollen und Nichtwollen in Anſehung aller Dinge und Zufälle, die nicht weſentlich GOtt ſind; es mögen die Dinge oder Zufälle gut oder

bös

bös, leiblich oder geiſtlich ſeyn. Dieſe Abgeſchiedenheit macht den Geiſt GOTT und
ſeiner unmittelbaren Wirckungen empfänglich, und daß GOtt in- und mit ihm machen kan, was Ihm beliebet; und iſt im
Grunde eben das, was andere Ueberlaſſung, Gelaſſenheit, oder auch Armuth des
Geiſtes nennen: Ich nenne es eine Unannehmlichkeit des Geiſtes; dann nur der
Geiſt oder Grund der Seelen kan in dieſer
Zeit dahin gelangen. Der ſeeliſche und ſinnliche Theil wird mehr oder weniger berührt,
ja muß in einigen Stücken berührt werden,
und ſich der Dinge annehmen, und iſt wohl
eine Tugend. Z. E. Die Engel freuen ſich
über einen Sünder, der Buſſe thut; das
mögen und müſſen wir auch thun. JEſus
weinte über die Sünder, ohne Nachtheil ſeiner Abgeſchiedenheit: Wir mögen auch über
unſere und anderer Menſchen Sünden trauren. Wir mögen und müſſen, ſowohl in
Anſehung anderer, als unſerer ſelbſt, alles
Böſe und GOtt Mißfällige fürchten, und
alles Gute hoffen und von GOtt begehren.
Wir müſſen GOttes Kinder und alle Menſchen lieben: Allein, wo wahre Abgeſchiedenheit beveſtiget iſt, da gehet dieſes Lieben,
Hoffen, Fürchten, Trauren, Freuen ꝛc. nur
im Vorhof und ſeeliſchen Theil vor; es
dringt nicht ein in den Geiſt; der gantze
Menſch wird nicht ſo davon bewegt, wie
bey anderen; es macht inwendig nicht ver-
P 3   wirrt;

wirrt; es läßt kein hinderlich Bild zurück; der Geist bleibt in seiner Freyheit gantz GOtt anhangende, und läßt das Andere draussen, es sey dann, daß es GOTT anderst wolle. So lang Seel und Geist nicht geschieden sind, (Hebr. 4, 12.) kan der Mensch nicht so abgeschieden seyn: Es kostet einen Tod; auch hats der eine mühsamer darin, als der andere.

Nun hab ich so etwas gesagt, liebe Schwester, aber würcklich, du verstehest es nur halb. Du denckst an ein gezwungenes selbst gemachtes Ding: aber das ist es nicht. Wann GOtt sich dem Geiste bekannt macht, dann nimmt dieses hohe und höchste Gut den Geist und dessen Annehmlichkeit zu sich, daß man sich keiner andern Sache mehr so tief annehmen mag, als nur in göttlicher Ordnung. Und da kan man dann seyn, als die Traurigen und doch allezeit frölich 2c.

Nun zum andern, wie sollt du dann zu dieser Abgeschiedenheit gelangen? Antwort. Verläugne, bäte und laß GOtt mit dir machen. Durch die Verläugnung scheiden sich deine Neigungen und dein Wille von dem, was dich berühren und verwirren kan. Durchs Gebät, oder die Einkehr, entkommst du der Sinnlichkeit, und gewöhnest dich, im Geist zu leben, und zu GOtt zu nahen, der allein Abgeschiedenheit und alles Gute in dir wircken muß und wird. Und wann du

GOTT

GOTT in- und äufferlich mit dir machen lässeſt, dann wird Er dich abspehnen, üben, kreutzigen, tödten, lebendig machen, und wohl gar durch das Leyden der Annehmlich-keiten und allerhand Schwachheiten zur Un-annehmlichkeit oder Abgeschiedenheit führen, ohne daß du oft selber dran denckeſt.

Sey dann in allem gantz getroſt und ohne Sorge, mein liebes Kind! dann der HErr liebet dich. Vergiß dich, und deine Beschaffenheiten sehr, um nur den anzuse-hen, in welchem alle gute Beschaffenheiten sind, ja der alles Gute wesentlich iſt.

— — Ich grüſſe dich hertzlich in der Liebe JEsu; wie auch meine Hausgenoſſen und andere Kinder thun. Wir grüſſen mit eben dem Hertzen deinen lieben Bruder und Schweſter, die mir viel im Gemüthe sind. Ich muß schlieſſen, weil es gar spät, und ich ermüdet bin.

Dein

Mülheim,   verbundener Bruder.
den 9. Mart. 1746.

P 4   Der

Der 73te Brief.

Erbaulicher Bericht von einem krancken Bruder.

Hertzlich geliebter Bruder!

Hierdurch habe mit Wenigem Nachricht geben wollen, wie sichs mit unserem lieben Patienten, dem Bruder H. seitdem letzt geschrieben, verhalten hat. Es hat nemlich der Schade noch als immer zugenommen, so daß ein Stück nach dem andern erstorben, und weggenommen werden müssen; und ist seit etlichen Tagen alles zu einer einzigen großen Wunde worden, die man schwerlich mit einem gantzen Bogen Papier würde bedecken können, frißt auch immer mehr in die Tieffe und Breite fort, daß mans fast völlig den kalten Brand nennen kan. Es siehet so miserabel aus, und riechet so übel, daß man behertzt seyn muß, es offen zu machen. — — Wir wissen nicht, was der HErr vorhat. Natürlich zu reden, könnte es noch etliche Tage währen, und auch wohl bald zu Ende gehen, falls der kalte Brand (wie es gestern schiene) völlig darzu schlagen sollte.

Unser Krancker ist durch GOttes Güte sehr gelassen, still und kindlich mit demüthigem

gem Vertrauen wartende auf die Stunde
seiner Auflösung, wornach er verlanget. Ich
fragte: Ob er der Leyden und Schmertzen
wegen nach der Auflösung verlangte? Er antwortete: Nein! sondern um von der Hinderniß und Last des elenden Körpers frey zu
werden. Gelobet sey das Dreyeinige Liebes-Wesen! sagt er ein ander mal. Ich
mußte ihm gestern etliche Verse aus dem 71.
Psalm vorlesen, die er auf sich applicirte:
Auch sagte er auf mein Fragen: ich glaube, daß GOTT mein GOTT ist. Von
seiner ihm sonst so eigen gewesenen Furcht,
sagte er, habe ihn der HErr erlöset, wofür
ich dem HErrn mit dancken möchte. David
und Hiob, sagte er ohnlängst, klagen so
viel hin und wieder über ihre Leyden; das
darf ich doch wohl nicht so thun? Ich antwortete: Du und ich haben auch weniger
Ursach, uns zu beklagen. Hiob hatte gerecht gelebet, darum konnte er sich nicht
stracks finden; wir aber haben keine Gerechtigkeit 2c. worauf er anfing zu weinen, und
sagte: Weg mit der eigenen Gerechtigkeit! Er fragte: Darf ich nicht bitten und
bitten lassen, daß der liebe HErr mir einige
Linderung der Schmertzen gebe, wanns Ihm
beliebet? Ich bejahete solches, und hat der
liebe Bruder auch ersucht, daß ihr dortige
Mitbrüder für ihn bitten möget, daß der
HErr ihn unterstützen, und sein Werck in
ihm vollenden möge!

P 5   Ich

Ich ſchreibe dieſes in des Patienten Stube, und läßt er euch alle noch hertzbrüderlich
grüſſen, und Abſchied nehmen auf die ſelige
Ewigkeit, wo er euch vor GOttes Angeſicht
hoffet wieder zu finden. Der Anfänger und
Vollender des Glaubens ſtärcke und erhalte
unſern lieben Bruder in dieſem Glauben bis
ans Ende, und bereite uns in den kurtzen
noch übrigen Tagen unſerer Fremdlingſchaft
auf dieſe ſelige und herrliche Hofnung der
Barmhertzigkeit unſers HERRN JESU
CHriſti, zum ewigen Leben, Amen! Juda v.
20. und 21.

Ich grüſſe die ſämtliche Brüderſchaft dorten, und bleibe durch Gnade

Dein und der übrigen

Mülheim,   geringes Mitglied.
den 29. Julii 1746.

Der

Der 74te Brief.

Erbauliche Unterredung mit dem Sterbenden
Bruder H. nebſt einer wichtigen Erinnerung
an die Freunde zu C.

In der Gnade JEſu hertzlich geliebter
Bruder!

Dein Angenehmes vom 9ten dieſes, habe
ſamt den Einſchlüſſen richtig erhalten;
da ich nun auch eben ſelbigen Tag dorthin
an den Freund N. von denen Umſtänden
unſers lieben Bruders H. Nachricht gegeben, und man auch ſeinen Uebergang täglich
erwartete, als habe, weil auch ſelber ſchwach
und matt, vorigen Poſttag nicht wieder Antwort gegeben.

Durch dieſe Zeilen berichte dann, daß es
dem HErrn in Gnaden gefallen, die Bande ſeines tödtlichen Lebens Samſtags, den
13ten Abends um zehn Uhr aufzulöſen, und
durch einen ſanften Uebergang in die Ewigkeit ſeinem ſo langwierigen Leyden ein Ende
zu machen; wornach er ſehnlich und glau-
big verlanget hatte. Des Vormittags, da
er ſchon gar nichts mehr zu ſich nahm, und
daher wegen Steifigkeit der Zunge kaum ein
Wort mehr konnte hervor bringen, fragte ich
ihn noch um ſeinen inneren Zuſtand, ob er

nach)

nach dem Geiſt in Ruhe wäre? Und, ob er glaubte, daß der GOtt, der ihm ſo viele Barmhertzigkeiten erwieſen, ihn durch das Blut ſeines Sohnes JEſu ſo theuer erlöſet, und in Gnaden zu ſich gezogen hätte, es nun auch endlich gut und herrlich mit ihm hinausführen würde? Er antwortete: Ja.

Ich hatte Nachmittags Gelegenheit und Trieb, ihm mehr als ſonſt zuzureden zur Stärckung im Glauben und in der Liebe, ob er gleich ruhig lag. Anfangs fragte ich: ob er mich noch verſtünde? Er ſagte vollkommen; und auf alles antwortete er mit vieler Bemühung, Ja oder Amen. Ich will doch einfältig das Letzte herſetzen, ſo mich noch erinnern kan, mit ihm geſprochen zu haben, nemlich: „Nun iſt der Heyland gantz „nahe, mein Bruder! ſey getroſt, Er kommt, „dich zu ſich zu nehmen aus allem Elend „und Bedrängniß: Gehe zu Jhm hin im „Frieden, und übergib deinen Geiſt in ſeine „treue Hand! Laß dich hinſincken in die Ar- „me ſeiner ewigen Liebe! Dein Geiſt ſpricht: „Komm! JEſus ſpricht: Ja ich komme „bald. Amen! Ja, komm HErr JEſu!„ Darauf ſagte der Sterbende mit Nachdruck, Amen! Ueber etliche Augenblicke ſagte ich: „Preis, Ehre, Anbätung, Liebe und Lob „ſey GOtt und dem Lamme, das für uns „geſchlachtet iſt, und auch für dich den Tod „hat wollen ſchmäcken und überwinden!„ Er antwortete: Amen! Hernach ſagte ich
noch:

noch: „JEsu! in dich glaub ich. „ Der
Sterbende antwortete Amen! „JEsu! dich
„liebe ich. JEsu! dich bäte ich an. JEsu!
„in deine Hände will ich niederlegen meinen
„Geist. „ Das er jedesmal mit einem
Amen, und letzteres mit einem wiederhohl-
ten Amen beantwortete. Ohngefähr um 8.
Uhr Abends gerieth er in eine kurtze Fieber-
oder Todes-Benautheit, und wollte gerade
geleget seyn, welches man anfänglich aus
Mangel der Sprache nicht verstehen konnte;
wie mans aber endlich hatte getroffen, da
fiel er wie in einen guten natürlichen Schlaf,
so daß man auf die Gedancken gerieth, ob
er nicht auch selbige Nacht noch durchbrin-
gen möchte. Weil nun auch drey andere
Brüder nebst seiner Nichte A. da waren, so
drung man mich immer, nach Haus zu gehen, weil selbst ein paar Tage schwach gewesen; ich ward aber inwendig gehalten,
und wie ich nach halb zehn Uhr dem Bett
näher trat, ward ich gewahr, daß er so
sanfte in den Tod würde einschlafen, weß-
wegen mit denen Umstehenden ihn durch einen Seufzer GOtt, seinem Ursprung und
Erlöser nochmals aufopferte, da er dann mit
dem Gebät auch sein zeitliches Leben endigte,
wie es bald zehn Uhr war, und er siebenzig
Jahr und sieben Monat in dieser elenden
Hütte gewallet hatte.

Der verstorbene Bruder, dessen verbliche-
ner Körper morgen, als Mittwoch, in die
Erde

Erde wird hingeſäet werden, um nächſtens
als guter Waitzen wieder aus der Erden hervor zu grünen, hat begehret, daß ich auch
euch dortigen Brüdern und guten Bekannten ſeinen Hingang möchte bekannt machen,
und erſuchen, daß ihr dem HErrn möchtet
dancken für alle ihm erwieſene Gnaden, und
daß Er ihn auch endlich aus allem Elende
durch einen glaubigen Tod erlöſet hätte. Er
bedancket alle Freunde für alle von ihnen je
genoſſene Liebe und brüderliche Freundſchaft,
ihnen von Hertzen zuwünſchende allen göttlichen Einfluß, um zubereitet und vollendet
zu werden in der Gnade, zur ewigen Herrlichkeit GOTTes: Dieſes ſind ſeine eigene
Worte, die er mir geſagt hat.

Es hat auch C. die treugemeynte Er-
mahnungen dieſes unſers Bruders viele Jahre öffentlich und insbeſondere gehöret. Gebe
GOtt! daß es nicht bey allen fruchtlos ſey.
Einmal, der HErr wird bald kommen und
ſehen, ob der Feigen-Baum auch Frucht
habe, den Er ſchon manches Jahr beſuchet,
verſchonet und bedünget hat? Luc. 13. Ein
jeder von uns nehme es für ſich zu Hertzen!
So wohl alle innere Ueberzeugungen und
Gnaden-Rührungen, als auch ein jegliches
GOttes-Wort, ſo uns zu Ohren, oder
ſchriftlich zu Geſichte kommt, iſt uns ein
Zeugniß; es muß nicht leer wieder zurückkeh-
ren, das iſt den armen Hertzen gar nicht
gut. Ich wünſche dann vor GOttes Angeſicht,

gesicht, daß auch aus C. wo möglich, nicht
ein eintziger möge vermisset, sondern alle dem
verstorbenen Bruder dermaleins vor GOttes
Angesicht wieder mögen zugefüget werden!
Könnten wir ihn aus der Ewigkeit noch ein=
mal zu uns hören reden, gewiß! sein Zeug=
niß würde zwar nicht geändert, aber unver=
gleichlich wichtiger seyn: Dann so sagte er
schon einmal in der Kranckheit zu mir: Daß
alles, was er vorhin von der Wahrheit ge=
redet und eingesehen, ihm nur noch wie
Buchstaben vorkäme, in Vergleichung mit
dem, so ihm jetzt in der Kranckheit davon
aufgeschlossen würde.

Wegen Kürtze der Zeit muß hiemit ab=
brechen. JEsus herrsche und lebe immer
völliger in uns, und ziehe unseren Geist von
allem Sichtbaren kräftig ins himmlische We=
sen hinein! Ich grüsse euer gantzes Haus,
alle gute Bekannten, und mit einem Wort
die gantze C. Gemeine, wie du weißst. Mei=
ne Hausgenossen, und andere gute Freunde,
auch des Bruders H. Nichte A. grüssen al=
le gleichfalls. Bätet auch für mich! Die
Gnade GOTTes und sein göttlicher Friede
mit uns! In Ihm bleibe

Dein

Mülheim,   schwacher Mitbruder.
den 16. Aug. 1746.

P. S.

P. S. Erſuche den Inhalt allen bekannten Freunden, nebſt meinem hertzlichen Gruß zu communiciren. Zween Tage vor des lieben Bruders Abſterben fragte ich: ob er noch viel Schmertzen und Ungemach fühlte? Er ſagte: Ja, es iſt kein Plätzgen am Leib frey von Schmertzen; ſonderlich hab ich inwendig groſſen Brand, und dann leyde viel am Rücken, (der gantz wund gelegen war) und an anderen Orten. Ich fragte weiter: wie gehet dirs dann mit der Gelaſſenheit? Gibt dann der HErr auch noch genugſame Geduld? Worauf er antwortete: Ey ja! das hoffe ich.

Der 75te Brief.

Daß man im Gegenwärtigen alles GOtte thun
und leyden, und nicht auf die Veränderung
dieſer oder jener Umſtände warten müſſe.

In der Gnade JEſu hertzlich geliebter Bruder!

Dein angenehmes Schreiben vom 25ten Martii habe ziemlich ſpät, dennoch richtig erhalten: Den Inhalt deſſelben hätte zwar ſonſt, nach GOttes Willen erfreulicher gewünſchet, dann ich ſehe daraus deine beſchwerliche Leibes-Conſtitution. — —

Eins

Eins mit dem andern afficiret mich, und ich nehme von Hertzen Theil an deinen Leyden und Lasten, werde auch öfters daran erinnert, sowohl diese deine Leyden und Lasten, als auch ins besondere den Zustand deines Gemüths, unserm liebsten JESU, dem Eigenthums-HErrn und GOtt unsers Hertzens innigst auf-zuopfern; daß Er dich unter- und in dem allem durch seine günstige Nahheit bewahre, befördere und herausführe zu seinem Lob! Die-ses kan der HErr, und dieses will der HErr; und die Hertzens-Kinder sollens ja nie verges-sen, daß ihr alles-regierender Vater in allem, was Er ihnen begegnen lässet, nichts anders beäuge, als nur, daß Er sie möge klein und rein, und seiner innigsten Vereinigung fähig machen: Was man dann nicht ändern oder entweichen kan, muß man getrost von seiner Vaters-Hand und Direction annehmen; Ihm allein alles thun und alles leyden, so gut und stille, als man kan; Ihm sich selbst und seine Sachen kindlich anbefehlen und zutrauen, und bey aller Unruh und Manchfaltigkeit kurtz im Gegenwärtigen bleiben, und die Hertzens-Einkehr und Andacht bestmöglich üben und bewahren. Dann das ist ein Betrug, den der Feind einschiebet, wenn man meynet, man könne nicht recht nach seinem inneren Ruf GOtt dienen, als bis man aus diesen und jenen gegenwärtigen Umständen heraus wäre, da wir doch noch nicht heraus können; wo-durch es dann geschieht, daß man seine Last nur verdoppelt, murriſch und verdunckelt wird, und nach GOttes Abſicht vom Gegenwärtigen den rechten Nutzen nicht hat, und doch drin aushalten muß.

Wir ſollen alle Manchfaltigkeit und alle Gelegenheit zur Verſtreuung und Abziehung möglichſt meyden und entweichen; das wird aber nicht zu aller Zeit, noch einem jeden vergönnet. Wir müſſen manche Schule durchgehen; und da muß mans machen, wie geſagt iſt.

Alles GOtte thun mit inniger lauterer Abſicht, das iſt die rechte Goldmacher-Kunſt, da ein jeglicher Koth (daß ich ſo rede) unter unſerer Hand in das feinſte Gold eines wahren GOttes-Dienſtes, und der bitterſte Wermuth in ſüſſen Zucker verwandelt wird. Die liebe Noth hat mich ſeit vielen Jahren auf dieſe Spur gebracht, mein Bruder! wiewohl ich noch ein Stümpler bin. Getroſt dann nur uns ſelbſt dabey gewagt! Was iſt an uns gelegen? Wird nur unſer GOtt und Freund contentiret, und auch in uns geliebt und geehret, dann mags über den alten Eſel immer hergehen. Der Geiſt dringe und ſencke ſich unter allem nur ſo viel inniger in ſeinen Urſprung hinein, bis die Feſſeln dieſes elenden Leibes und Lebens vollends abfallen!

Nun ich ſchreibe wieder aus Liebe zu viel. Sollte und wollte hierdurch nur berichten ſowohl an dich und deine Mutter, als auch den lieben Bruder M. zu Franckfurt, daß es

GOtt

GOtt hat gefallen, den lieben Bruder H. den dreyzehnten dieses Monats, Abends um zehn Uhr, nach einer vierteljährigen Kranckheit, durch einen glaubigen Tod aus dem Leibes-Kercker zu erlösen. — —

Mülheim,
den 30. Aug. 1746.

NB. Hier folget nun noch ein umständlicher Bericht von der Kranckheit, ꝛc. dieses Bruders; wo-von wir aber dem Leser, um ihn mit keinen unnöthigen Wiederholungen aufzuhalten, nur noch folgende zwey wichtige Ausdrücke mitzu-theilen haben, die der sel. Verstorbene in sei-ner Kranckheit auch noch gethan, und in denen zwey vorhergehenden Briefen nicht zu finden sind, nemlich: Es ist nichts mehr zwischen GOtt und meiner Seele; und: ich glaube, wann dieser beschwerliche elende Körper wird hingefallen seyn, daß dann mein Geist sehr, ja sehr zu GOtt nahen werde.

Der

Der 76te Brief.

Gedancken über einen Verstorbenen. Auf was
Weise ein jeder seinen Ruf erkennen, und das
Ziel seiner Berufung erreichen müsse.

In der Gnade JEsu vielgeliebter Bruder!

Die Nachricht vom plötzlichen Hingang unseres Freunds N. hatte nicht nur schon
von weitem mündlich bekommen, sondern die
Wittib des Verstorbenen berichtete mirs auch
mit der Post; worauf jetzt antworte, und auch
den nachgebliebenen Kindern ein Wort zur Erinnerung gebe, weil mir selbige so sehr anlie-
gen: Dennoch war mir auch dein Brieflein
angenehm, weil daraus einige nähere Umstände von diesem Absterben ersehen können.
Die ewige Liebe wirds gut mit Ihm machen. In des Vaters Haus sind viel Woh-
nungen; und nicht alle Gefässe in einem Haus
sind einerley Gattung und Würde; doch alle
haben ihren Gebrauch. Dieser liebe Verstorbene hat sein Gutes gehabt, welches zu lieben,
zu achten und nachzufolgen ist. Uebrigens kan
sich ein Kind GOttes nicht in allen Stücken
nach dem andern abmessen. Mich deucht,
wann wir die Uebung des Gebäts und stillen
Wahrnehmung des Hertzens obzuliegen nicht

ver-

verfäumen, dann kan ein jeder schon seinen
Ruf und das Ziel seiner Berufung erkennen,
welches Ziel er auch erreichen muß, wo anderst
der Geist in Zeit und Ewigkeit zur Ruhe soll
kommen. Vielleicht kommt ein anderer mit
Wenigerem zur Ruh, daß also deſſen Ziel,
Ruf und Fähigkeit oder Hunger ſich nicht ſo
weit erſtrecket. Je höherer Ruf, deſto gröſſeres Vorrecht; aber auch deſto höhere Ver-
pflichtungen. Wie nöthig iſts dann, inne
bleiben und ſeines Rufs wahrnehmen und warten, damit wir unſer Ziel erreichen! und hätten wirs gleich vor unſers Leibes Auflöſung erreicht, ſo würden wir darum nicht dörfen ſtill
ſtehen, ſondern eine noch gröſſere Fähigkeit
bekommen, dann GOtt iſt unendlich, und
ſeine Mittheilung erweitert das Hertz immer
mehr, ꝛc. Doch ich rede ſo was kindiſch hin.
Ich wollte nur ſo viel ſagen: Wir müſſen treu
ſeyn an GOtt, und nicht zu genau nach den
Zuſtänden anderer uns richten.

Mülheim,
den 2. Sept. 1746.

Q 3   Der

Der 77te Brief.

Brüderliches Aufweckungs-Schreiben.

Hertzlich geliebter Bruder!

Weil der liebe Bruder mir eine Zeithero so oft ins Andencken gekommen, so wollte mit dieser Gelegenheit doch hertzlich grüssen, und mich erkundigen nach seinem und seiner geliebten Schwester Zustand. Wie gehts auf dem Pilger-Wege? Halten wir unser seliges Ziel noch unverrückt im Auge? Werden wir auch matt oder verdrossen bey der Nacht, Kälte und anderem Ungemach? Plagen wir uns auch avec un terreur panique & soucy inutile, (mit einer eitlen Furcht und vergeblicher Sorge) von wegen einiger Schwachheit und der Feinde Macht? Oder, trauen wirs dem zu, der uns beruffen hat? Will der liebe Bruder mir mündlich Antwort bringen, wird mirs um so viel lieber seyn.

Die lange und schmertzliche Kranckheit, und den erfolgten Abschied unsers lieben Bruders H. wird er vernommen haben: Selbige Umstände und deren Consequenzen haben alle meine Zeit und Kräften erfordert; sonst hätte schon eher ein Gruß-Brieflein geschrieben, dann mich deucht, wir müssen einander

ander ja nicht fremde werden. Ich liebe ihn,
und verspreche mir eben das von des lieben
Bruders Seite. Es sey nur unser Hertz
gantz für GOtt, und auch kindlich und offen gegen einander! —— Es herrsche und lebe JEsus völlig in uns!

Mülheim,
den 4. Sept. 1746.

Der 78te Brief.

Die Kranckheit einer Freundin hält des Schreibers persönlichen Besuch von Freunden zurück, welche er GOtt durchs Gebät aufopfert
und zum Ernst ermuntert.

In der Gnade JEsu vielgeliebter Bruder!

Dein angenehmes Zuschreiben vom 23ten
pass. und die gar zu freundliche Ausnö-
thigung und Anerbietung von euren werthen
Eltern und euch muß dann doch endlich mit
der Feder beantworten; da ich sehe, daß solches, persönlich zu thun, göttliche Vorsehung nicht will zulassen.

Die Umstände und Gefolgen der lang-
wührigen Kranckheit und des erfolgten Sterbens des lieben Bruders H. machten, daß
Q 4   ich,

ich, nachdem es alles vorbey war, ziemlich
zu thun fand.   Jetzt bindet mich die Liebe
abermals, daß keine Freyheit auszureiſen finden kan, wegen der zunehmenden Kranckheit
unſerer Freundin, der Hausfrau von H. K.
Sie ſcheinet nun völlig die Lungen-Sucht
zu haben, und muß faſt den gantzen Tag
ſchon liegen: Da man dann nichts anders
als ein Eilen zum Uebergang in die Ewigkeit vor Augen ſiehet, ſo darf ich ihr meine
geringe Liebes-Dienſte, und das Vergnügen, ſo ſie glaubet, in meinem Zuſpruch zu
finden, nicht entziehen.   Sonſt leydet ſie mit
vieler Geduld, und iſt bis hierzu zu allem
Willen GOttes übergeben, wünſchende nichts,
als vor ihrem Ende völlig zubereitet, und
von aller Ausſchweifung in Sinnen und Vernunft abgeſchieden, und zu GOtt im Geiſt
geſammlet zu werden: Sie und ihr Haus
laſſen dich, deinen Bruder und Eltern hertzlich grüſſen.

Uebrigens kan ich ſagen, daß mirs erquicklich würde geweſen ſeyn, daſelbſt einige
Tage mich zu retiriren ; dann ich bin von
eurer und eurer lieben Eltern Neigung völlig
überzeugt, ob ich mich gleich keiner Liebe
werth achte.   Ich liebe auch euch ſämtlich
in dem HErrn, und euer Zuſtand iſt mir
nicht gleichgültig; ich weiß aber eure Liebe zu
mir nicht beſſer zu beantworten, und die
meine zu euch allen nicht beſſer zu bezeugen,
als daß ich euch in meinem ſchwachen Gebät

dem

dem HErrn aufopfere, daß Er euch kräftig
ergreiffen, zu sich ziehen, und zu Menschen
nach seinem Hertzen machen wolle; damit
dieses seligste Liebes=Wesen ewiges Vergnü=
gen in uns, und wir hinwiederum in Ihm
allein, und auch einer am andern haben mö=
ge: Dergestalt opfere ich euch alle noch un=
term Schreiben unserem guten GOTT auf
vor seinem Angesicht. HErr! du wun=
derbarer, alles regierender GOtt! deine
Liebes=Direction hat uns in dieser frem=
den Welt mit einander bekannt werden
lassen; es sey zum Segen und zu deiner
Verherrlichung in uns! Kan ich dem
Verlangen der lieben Freunde kein Genü=
gen leisten, sie dißmalen persönlich zu
besuchen, ach! so besuche du an meiner
Statt alle Hertzen dieses Hauses mit dei=
ner kräftigwirckenden G n a d e, Segen
und göttlichem F r i e d e n! Entreiß sie,
samt mir, völlig ihnen selbst, und dem
Betrug dieser Eitelkeit, um dir ergeben
zu seyn unverrückt, und noch hier zu er=
fahren die Glückseligkeiten deines Dien=
stes, und göttlicher Gemeinschaft, Amen,
JEsu! Uebrigens, lieber Bruder! ersuche
ich, deinen lieben Vater und deiner lieben
Mutter nebst meinem hertzlichen Gruß meine
Erkänntlichkeit vor ihre geneigte Ausnöthi=
gung zu bezeugen.

Nichts wird mich so sehr erfreuen, als
wann ich gute Nachrichten von ihrem Ernst

Q 5

in

in der wahren GOttseligkeit vernehme; Sie
werden alt, und ich bin und werde schwach:
Bald ists Abend, und wir sind noch wenig
avancirt; darum haben wir alle Ursach den
Schlaf aus den Augen zu wischen, und unser Hauptwerck ernstlicher vorzunehmen. Die
sichtbare Phantastereyen werden bald wie ein
Traum verschwunden seyn; warum sollten wir
uns länger darnach um sehen? Lasset uns
auch einmal anfangen, für unsern GOtt
zu leben, der uns so liebreich zu sich hinein
ruffet, und uns gerne aufnehmen und wesentlich vergnügen will in Ewigkeit, wo wir
uns nur in seine Arme hinein werfen. Nun,
ich wünsche ihnen und uns mit einander die
Erfahrung dieser Seligkeit. Der HERR
selbst preise sich unsern Hertzen an, und ver-
bittere uns alles Uebrige!

Daß sichs mit deiner Unpäßlichkeit wieder was gebessert, ist mir lieb. Es müsse
alles zum Guten mitwircken! Einträchtige
Leibes-Bewegung und ein ruhiges Gemüth
in der völligen Ergebung an GOTT rathe
mehr an, als vieles Mediciniren. Ich grüsse nochmals gar hertzlich deine liebe Eltern,
dich und deinen Bruder, und bleibe

Dein

Mülheim,   verbundener Mitpilger.
den 15. Sept. 1746.

Der

Der 79te Brief.

Erbaulicher Bericht vom Kranckseyn und Sterben der Ehefrau H.-K.

In der Gnade JEsu hertzlich geliebter Bruder!

Hierdurch muß dir und deinem Haus, und auch durch dich unsern lieben Mitgliedern in S. und eurer Gegend, bekannt machen, daß es dem HErrn gefallen hat, unsere liebe Schwester K. verwichenen Sonntag Abends, ein wenig nach neun Uhr, aus dem elenden Gefängniß ihres Leibes zu sich über zu nehmen, da wir eben ihre Seele durchs Gebät aus unsern Händen in die treue Hand ihres Erlösers niederlegten. Ein klein halb Stündgen vorher hatte ich auch mit ihr und den Umstehenden gebätet, welches sie noch völlig verstanden, bevestiget, und ihr glaubiges Vertrauen zu GOtt in Christo dabey ausgedruckt hatte; das letztere Gebät aber wird sie nicht oder wenig verstanden haben, wie ich dencke.

Die letztere Zeit ist es ihr recht sauer worden, und deßwegen ließ ich etliche Tage vorher die bekanntesten Kinder zusammen kommen, um sie in gemeinschaftlicher Gebäts-

Fassung

Faſſung dem HErrn aufzuopfern; welches
auch Montags abermals geſchehen wäre, wo
nicht der HErr wider unſere Erwartung (aber
nicht wider ihre Hofnung) mit ihrer Auflöſung geeilet hätte. Ihr Grund iſt bis zu
Ende in kindlichem Vertrauen zu dem HErrn
erhalten worden, und ihr innerer Wille völlig übergeben zu allem Leyden; aber nach
dem natürlichen Theil fiel es ihr ſauer und
lang, ſo daß ſie auch in der Nacht vor dem
Sonntag übereilte Ausdrückungen ausgeſtoſ-
ſen, die nicht nach Geduld ſchmäckten; worüber ſie ſehr bekümmert wurde, ohnangeſehen ſie es alsbald abgebätet, und auch zu
ihrer Tochter geſagt: du muſt GOTT für
mich bitten, daß Er mir dieſe Sünde vergeben möge!

Wie ich Morgens zu ihr kam, ſtreckte ſie
von weiten ihre beyde Hände aus, und be-
klagte ihren Fehler in der Geduld, und verlangte brüderliche Handreichung; und wann
ich ihr die Hand ein wenig loßgelaſſen, rief
ſie als wieder: Bruder, Bruder! ſo den
Tag oft geſchahe. Ja, ſagte ich, du heißſt
mich Bruder, und ich bin und bleibe es
auch, ob du ſchon in der Geduld einen Fehler begangen; ſo bleibt dann auch GOTT
dein Vater ꝛc., wodurch ſie kindlich und
geſtärcket wurde. Ich fragte ſie; ob ſie ſo
Schmerzen im Haupt habe? Ich dencke
nicht daran, ſagte ſie, auch an allen
übrigen Schmerzen und Benauthcit
nicht;

nicht; nur bin ich bang, daß ich ungeduldig möchte werden, GOtt beleidigen,
und den Kindern zum Anstoß seyn. Unter allem aber blieb ein ruhiges Vertrauen
zu GOtt in Christo mit innigstem Verlangen nach seiner ewigen Gemeinschaft. Etwa
um fünf Uhr Abends sagte sie unter anderen
auf Befragen zu mir: Es wäre ihr bisweilen vorgekommen, als wann sie jemand bey sich hätte, den sie umfaßte
und küßte: Wer sollte das wohl seyn?
Ich sagte: Wer sollte das anders seyn, als
JEsus? 2c. Worauf sie noch was sagte, so
ich nicht verstunde, aber mit den Worten
beschloß: ich todter Klotz. Bey sechs Uhr
Abends ging ich heim, da zwar ihre Hände anfiengen kalt zu werden, allein ich dachte auf ein Fieber, nicht aber, daß die Auflösung so nahe wäre: Da ward ich vor acht
Uhr wieder hingerufen, weil sie gern wollte
ich sollte sie beym Hingang begleiten, so
dann auch nach ihrem Begehren geschehen ist,
indem sie, in meiner, und noch einiger Freunde Gegenwart, um gemelte Zeit gar sanft
unterm Gebät entschlafen.

Sie hat denselben Tag noch von mir begehrt, daß ich euch und andern Mitgliedern,
alsbald nach ihrem Hingang, solches möchte
bekannt machen, damit auch durch euch dem
HERRN gedancket werden möchte für alle
Gnaden, Leyden, Beystand und selige Auflösung aus dem Kercker des Leibes. Sie,

die

die ſo geſchäftig geweſen iſt, armen Leyben=
den vielfältig zu dienen, und ſie zu erquicken,
mehr als man glauben ſollte, und die auch
manchmal den lieben Heyland als einen
Gaſt, in ſeinen Gliedern, beherberget hat,
wird auch gewiß in den ewigen Hütten ein
erquickliches Ruhe=Plätzgen finden, obgleich
aus Gnaden. Der HERR vergiſſet gewiß
nicht des Wercks des Glaubens und der Ar=
beit der Liebe, obsgleich ſeine Geſegneten ver=
geſſen. Matth. 25, 37=39. Hebr. 6, 10.

Aus Mangel der Zeit muß ich ſchlieſſen.
Ich umfaſſe dich im Geiſt der Liebe, und
grüſſe dich und dein Haus, auch die S. Kin=
der zärtlich in dem HErrn, der unſere einige
Hofnung, unſere Liebe und unſer Leben ſey in
Ewigkeit! O! laſſet uns Ihm unſer Gantzes
einräumen, damit dieſes unermeßliche ewige
Gut unſer Gantzes auch erfülle, ziere und be=
ſelige! Ach! wie iſt es ſo ſchön und vergnügt,
mit Ihm allein ſeyn, auſſer Ort und Zeit!
Dahin ruft Er freundlich hinein, und da ha=
ben wirs alle in Einem. Sela!

— Ich kränckle wieder ſeit einigen Tagen,
hab auch dieſe Nacht kaum einige Ruhe gehabt;
und jeder Tag bringt mir auch ſein Werck mit.
Ach! wann wir nur unſern Freund contentiren,
was iſt dann an uns gelegen? Nochmals hertz=
lich gegrüßt im HErrn! Bätet für mich!

Dein

Mülheim,   verbundener ſchwacher
den 24. Oct. 1746.   Bruder.

Der

Der 80te Brief.

Die Gnade wirckt beydes, zur Reinigung vom Bösen und zur Mittheilung des Guten in uns. Was bey dem schädlichen Selbstwollen und wircken zu thun.

In der Gnade JEsu hertzlich geliebter Bruder!

Aus deinem Angenehmen vom 16ten Octobr. ersehe mit Vergnügen deine Gesundheit und Wohlergehen nach dem Körper und denen äusseren Umständen; und freue mich auch darüber, daß die Gnade ihr Werck noch in dir hat, und du derselben gern völliger Raum lassen willt, welcher Sinn ja auch von der in uns wirckenden Gnade entstehet.

Nachdem uns der leutselige GOtt, und unser höchstes Gut nun in dem süssen Namen JEsus Immanuel so innig-nahe ist, um uns täglich aus allem Uebel und Quaal zu erlösen, und in sein Haus und göttliche Gemeinschaft einzuführen; so liegt alles so gar an der Wirckung dieser seiner Gnade und seines Geistes in uns, daß es fast keine Seele so glauben kan, wie es ist. Allein, weil diese Gnade zweyfältig in uns wircket, eines Theils durch Entdeckung und Reinigung vom Bösen, andern Theils durch Mit-

theilung

theilung des Guten und Vereinigung mit
dem höchſten Gut, ſo müſſen wir hieran
auch unſern Gefallen haben, und dieſer bey-
derley Gnaden-Arbeit Raum laſſen wollen,
weil doch alles Gnade iſt, und auf unſer
gründliches und ewiges Heil zielet.

Du ſprichſt: Das Selbſtwollen und
Wircken ſey dir wie angebohren. Es iſt
wahr, mein Bruder, des Zeugs iſt dir und
mir wohl mehr angebohren, und nicht nur
wie angebohren; aber ſolches als bös zu erkennen, und ſich nach der Erlöſung davon
zu ſehnen, das iſt uns nicht angebohren,
ſondern von der Gnade. Wie uns dann in
der vergangenen Zeit unſere angebohrene Eigenſchaften zur Luſt und falſchen Leben geweſen ſind, ſo ſeyen ſie uns hinführo zum Creutz
und Tod! Laß uns mit Gelaſſenheit an dieſem Creutz hangende mit jenem Schächer
gedencken: Wir leyden, was unſere Thaten werth ſind, aber beym Geſicht uud Gefühl des Böſen uns nicht lang aufhalten,
ſondern uns zu dem Heyland kehrende (der
uns noch näher iſt als jenem) mit Vertrauen
ſchreyen: HErr! gedencke meiner! All unſer Elend ſoll uns nur forthelfen aus uns
ſelbſt, um ſo viel lediger und vertraulicher zu
erſincken in unſer nahes Heil, und mit Gelaſſenheit auf deſſen Offenbarung zu warten.

Daß ſichs mit dem Lernen deiner Profeßion gut ſchickt, und du auch dort zur Ab-
ſterbung des eitlen Lebens Gelegenheit haſt,

iſt

ist mir lieb: Solche Gelegenheiten sind ja sicherer und heilsamer für uns, als die Gelegenheiten zur Verlockung in die Eitelkeiten. Nur die verderbte Natur samt allem hohen und steiffen Sinn dabey gewaget, um mit geschlossenen Augen JESU nachzufolgen in seiner unansehnlichen Gestalt! Es wird lauter Herrlichkeit nach dem Inneren Menschen aus solchen Demüthigungen gebohren.

—— —— Dich im Geist umfassende verbleibe

Dein

Mülheim,   verbundener schwacher
den 8. Dec. 1746.   Mitbruder.

Der 81te Brief.

Aufmunterung zur Creutzes-Nachfolge JESU.

Hertzlich geliebte Freundin in JEsu!

Ich grüsse dich in dem Namen JEsu hertzlich wieder. Dein Brieflein ist mir recht lieb gewesen. Du thust wohl, daß du einfältig bist. Du kanst meiner, obgleich schwachen, doch brüderlichen Fürbitte versichert seyn.

Sey nur getrost in GOtt, und vertraue kindlich auf seine allmächtige Gnade.

Zweit. B. III. Th.   R   GOtt

GOtt hat dich beruffen mit einem heiligen und innigen Ruf. Er iſt getreu, dir durch alle Proben hindurch zu helfen; ja, das wird Er thun. Dein redlicher Sinn, nur JEſum und ſein Creutz zu wollen lieben, o! wie ſo ſchön, wie ſo GOtt gefällig iſt der! Derjenige, welcher ſolchen Sinn in dich geleget hat, der wird ihn auch erhalten und beſtätigen. Vergiß dann nur muthig die Welt mit allen ihren falſchen Gütern und eingebildeten Vergnügungen! JEſus ſelbſt will deines Hertzens Troſt, und dein Theil ſeyn in Ewigkeit; deß freue ſich dein Hertz, und ſinge getroſt aus dem 51ten Lied: Hats dieſer hier, hats jener dort, das ſollt du mir mit Einem Wort Allein und Alles
(bleiben.)
(werden.)

Verachte ungeſtöhrt die einfallende eitle Gedancken und Zerſtreuungen. Was du nicht vorſetzlich willſt, noch mit Wohlgefallen in dir hegeſt, darin mißfälleſt du GOtt auch nicht. Du muſt dich anſehen als eine, die gewürdiget iſt, nicht ein Kind dieſer Welt zu bleiben, ſondern ein Kind GOttes und der Ewigkeit zu werden. Sey getroſt, meine Tochter, in GOtt, dem du angehöreſt! Ich verbleibe 2c.

Mülheim,
—— —— 1747.

Der 82te Brief.

An eine beängstigte Seele; um Sie durch Vor-
haltung der Liebe JEsu zu beruhigen.

Hertzgeliebte Freundin!

Es geschieht nicht aus Haß, sondern aus
Liebe, daß GOtt dergleichen Beängstigungen über euch kommen läßt. Ich mercke, Er will eure Seele mit Macht von der
Welt zu sich ziehen: O welche Gnade! Wer
sollte sich einem solchen GOtt nicht gantz ergeben? Der Hund darf die Schäflein wohl
erschröcken und jagen, aber er darf sie nicht
auffressen noch beschädigen. Diese von GOtt
euch zugeschickte Furcht soll euch auch nur
zum Hirten jagen, der euch schon in Noth
und Tod bewahren wird. O! laufet dann
zu Ihm, dann Er liebet euch. Laufet zu
Ihm, dann Er ruffet euch. Laufet zu
Ihm, und verlasset den Betrug dieser Welt,
dann JEsus allein gibt Leben und Vergnügen. Er ist der gute Hirt, der in brünsti-
ger Liebe sein Leben für euch, sein Schäflein,
gelassen hat. Dencket viel an diese grosse
JEsus-Liebe! Dencket doch, was Er nicht
für euch gethan und gelitten hat! Um euch
und mich zu suchen, ist Er vom Himmel gekommen. Eure und meine Sünden haben

Ihm

Ihm unzählig viel Seufzer, blutigen Schweiß,
Noth und Tod gekostet; damit ihr nur die
Vergebung eurer Sünden und ewiges Leben
haben möchtet.   Nun kommt Er auch an
euer Hertz, um es von der Welt zu sich zu
ziehen.   Liebet, liebet dann diesen süssen Heyland, der euch so sehr geliebet hat! Bittet
Ihn zu dieser Zeit viel, daß Er euch eure
Sünden alle vergeben, und sich an eurem
Hertzen bekannt machen wolle.   Ich hoffe,
euch in der Fürbitte mit einzufassen.   Seyd
nicht bange, GOtt hasset euch nicht.   Dencket von dem guten GOTT nichts Arges,
sondern lauter Gutes, und bleibet seinem
Ruf getreu bis in den Tod! In Ihm bleibe ich

Euer

Mülheim,   geneigter Fürbitter.
————— 1747.

Der

Der 83te Brief.

Brüderliches Erweckungs- und Aufmunterungs-Schreiben.

Vielgeliebte Brüder!

Ich wollte durch diese Zeilen dich und dein Haus hertzlich grüssen. Seyd gegrüsset in der Kraft des Namens JEsu, der uns mit dem unlängst angetretenen Jahr in seiner Gnade erneure, und unsere Hertzen mit seiner Liebe aufwecke und beselige, um den kurtzen Weg, der uns von der Reise durch diese Wüste noch übrig ist, ohne Umsehen und ohne Schläfrigkeit fortzusetzen, ja so viel mehr zu eilen, und unser Gantzes dran zu strecken, je mehr wir vor Augen sehen, daß das Ende aller Dinge und unsers zeitlichen Lebens herzu nahet.

Ich weiß, daß JEsus uns liebet; Und ach! daß es alle Hertzen wüßten, wie so zärtlich, wie so verwunderlich dieses in sich selbst höchstselige Gut seine Geschöpfe liebt! Aber eben das beuget und schmertzet mich um so viel mehr, daß wir seine grosse GOttes-Liebe nicht einmal mit der Gantzheit einer kleinen menschlichen Liebe beantworten, und durchs schädliche Hinab-Sincken ins Sinnliche und Aeussere uns taub machen

R 3   lassen

laſſen gegen die Stimme unſers Freundes,
und träg und matt in ſeinem glückſeligen
Dienſt.

Liebe Brüder! ich unterwinde mich ja
nicht, euch zu lehren, da ihr ſelbſt die Wahrheit erkennet durch eine längere Erfahrung.
Nur erinnere ich als einer, der ſelbſt ſo oft
geglitten, die ſchlüpferige Oerter zu vermeyden mit mir. Wir haben uns ſo lange gekannt, und werden uns mit GOTT ewig
kennen und lieben; und die Welt hat uns
ſo lange davor gekannt, erkannt und angeſehen, daß wir uns dem HErrn und ſeinem
Dienſt ergeben: Da fiel mir des Heylandes
Wort ein: Da der Bräutigam verzog,
wurden auch die kluge Jungfrauen ſchlä-
ferig. Nicht, als wann ich ſolches auf euch
deuten wollte, das ſey ferne!. Es muß uns
aber doch eine Warnung ſeyn, daß wir in
keinem Stück die erſte Liebe verlaſſen, ſondern nur das Gebrechliche, das in der erſten
Liebe geweſen iſt. Nein! die Wahrheit, der
Dienſt und die Liebe unſers GOttes müſſen
nimmer alt werden; täglich ſollen wir uns
im HErrn erneuren und erneuren laſſen. Es
muß uns nicht einfallen, als wann wir ge-
förderte Chriſten wären: Keineswegs! Heute
wollen wir anfangen, um dem HErrn unſere Lebens-Zeit, Kraft und Hertz zu geben,
und uns beſſer in Acht zu nehmen, daß wir
(auch unter gutem Vorwand) nicht zu viel
auskehren, ſondern mit den wahren Iſraeli-
ten

ten auf die Hut des HErrn warten im wahren Hertzens = Gebät, und die Wolcke im Aug behalten, die freundliche, heilige GOttes = Gegenwart, damit wir nirgend nach unserem Sinn, sondern genau nach dem Wort des HErrn unsere Reise durch die Wüste fortsetzen mögen, in allem inneren und äusseren Wandel, wie im Vorbild 4 Buch Mos. 9, 17. bis zu Ende davon bezeuget wird.

In diesem kindlichen Sinn geb ich euch aufs Neue die Hand, meine Brüder! einander Gesellschaft zu leisten, und in Liebe und Geistes = Handreichung mit GOtt einander treu zu bleiben, so lang wir mit einander hier wallen: Versehe mich von euch ein Gleiches.

An Bruder H. wollte schreiben, werde aber verhindert; es sey dann dieses mit an ihn und andere Bekannte geschrieben!

Dein Brieflein, Bruder N., hab ich zu seiner Zeit wohl erhalten, und war mir lieb, darin von eurem sämtlichen Zustand etwas zu sehen; Besonders ging mir und anderen sehr zu Hertzen der schwere Creutzes = Weg, wodurch jene ungenannte Patientinn geführet wird. Der mitleydigste Heyland stärcke sie im Leyden, und heilige es an ihrer Seele! Er besuche zu dem Ende ihr Hertz immer kräftiger mit seinem göttlichen Licht, Gnade und Gegenwart, als wodurch alles Bittere zur heylsamen Artzney, und alles

R 4 Thrä-

Thränen-Waſſer in Freuden-Wein kan verwandelt werden: Ich habe ihren Zuſtand
auch andern geſagt, damit ſie, nebſt uns,
ihrer vor GOTT gedencken. Ich grüſſe ſie
unbekannt, wie auch die Freundin N. von
der ſie bedienet wird. ———

Voriges Jahr hat der HErr ein paar
aus unſerer Mitten hier weggenommen; es
iſt aber darum, GOtt Lob! unſere Anzahl
ſeitdem nicht vermindert. Unlängſt ſind etliche junge Hertzen gerühret und erweckt, welche Blümlein ein gutes Anſehen haben, obs
gleich Winter iſt. Bätet mit, daß der
HErr dieſe junge Pflantzen wolle begieſſen
und bedecken!

Mülheim,
den 13. Jan. 1747.

Der 84te Brief.

**Aufmunterung zu einem mehr aufgeheiterten kind-
lichen Wandel vor GOtt.**

In JEſu hertzlich geliebte Schweſter!

Es iſt Zeit, daß du einmal ein Wort an
mich ſchreibeſt, ſonſt hätte dich daran erinnern wollen, wie ſchon etliche Wochen in
Gedancken gehabt, habs aber nicht gekonnt.
Ja,

Ja, meine liebe Tochter! meyneſt du, daß ich deiner vergeſſe, und nicht fragen ſollte, wie dirs gehet? Darzu hat der HERR unſeren Hertzen zu viel Gemeinſchaft unter einander gegeben; eine Gemeinſchaft, wovon ich glaube, daß Er ſelbſt der Grund iſt, und die demnach durch keine Zufällige wird unterbrochen werden.

Aber! wann ich dir ein l. Bruder bin, warum biſt du dann auch mir nicht ein einfältiges Kind, und ſchreibſt mit teutſchen Worten, was dir dann nun wieder fehlet? Oder, ſoll ich das nur allzeit ſo errathen? Oder, haſt du nicht gern, daß ich dein Elend wiſſe? Ich glaube ja, du ſollteſt wohl mögen leyden, daß ichs wüßte, du willſt aber, der HErr ſoll mirs zu erkennen geben: Allein, ich bin kein Prophet; und dir iſts nützlicher, wann du ſelbſt einmal einfältig heraus ſagſt, was dich betrübt, und dann auch wieder dich ſelbſt vergiſſeſt, um nur den ſüſſen Heyland anzuſehen.

Ich ſehe es gar ungern, daß du traurig und bedrängt wandelſt. Der HErr hat dich nicht aus der Welt berufen, um dich traurig und elend, ſondern um dich glückſelig zu machen von Nun an in ſeiner ſüſſen Liebe und in ſeinem ſchönen GOttesdienſt. Die Welt mag traurig leben, ꝛc. Hat das Fleiſch Leyden; Thut des Heylands Joch der Natur was weh; Kommen Proben und Anfälle: Sollten wir darüber trauren, und nicht vielmehr

R 5

mehr uns erfreuen im Geiſt? Weil uns eben dieſe Dinge ein Beweis ſeyn können, daß wir noch auf dem rechten Weg ſind. Will der Heyland uns durch innere Leyden und Entblöſſungen führen; was hinderts? Wir wiſſen ja, daß Er in ſeiner Liebe unveränderlich iſt, und daß wir auch nur unveränderlich in der Liebe bleiben ſollen. Du weißſt wohl die Faſten-Reglen Matth 6, 16. und 17. Gehets uns auch inwendig was knap, darum muß man nicht ſtracks ſauer ſehen; ſondern ſalbe dein Haupt und waſche dein Angeſicht, daß Welt, Natur und Feind es nicht juſt mercken, ſondern allein der Vater im Himmel. Haben wirs auch hie oder da nicht recht gemacht; auch darüber keinen ſo groſſen Lermen gemacht! eben als wann wirs mit einer langen Unruh und Trauren wieder verſöhnen müßten. Nein! nur den Fehler bekannt, mit einem ruhigen Mißfallen ſich davon abgekehrt, und dann das liebſte Kindlein JEſus vertraulich umarmet, und ſo dann alles vergeſſen!

Du verlangſt Erinnerungen deines Verhaltens; ich weiß nicht, wie du ſolches meyneſt. Ey! liebe nur; dann haſt du Reglen genug. Dein Gebät ſey Lieben, das iſt, in Abgeſchiedenheit von allem Geſchaffenen den GOtt im Grunde umarmen, und dem GOtt dich laſſen, der dir innig und allezeit nahe iſt. Thue, rede, ſchweige, leyde, verläugne alles nur mit der einfältigen Abſicht, GOtt zu gefallen aus Liebe. Dann iſt der HErr mit
dir

dir zufrieden, und kanst Ihm dann zutrauen, daß Er das Uebrige selbst in dir ausführen werde. Hüte dich vor allen Anstrengungen des Kopfs, sonderlich da das Haupt jetzt schwer ist. Sag lieber dem HErrn ein paar Liebes-Worte, und bezeug Ihm, daß du gern wollest leyden um Seinetwillen.

— — Ich vergesse deiner nicht, liebe Schwester, sey nur kindlich und bäte auch für mich, der jetzt recht gekränckt im Kopf, und täglich fieberhaft bin. Auch meine Hausge-nossen grüssen.

Dein

Mülheim,   verbundener Bruder.
den 3. Febr. 1747.

Der 85te Brief.

Anspornung zur Mildthätigkeit, und zu mehre-rem Ernst in der Gottseligkeit.

N. N.

Ich sehe aus eurem Schreiben mit Leydwe-sen und Wehmuth, daß ihr euer Schif-lein noch herum schleuderen lasset auf denen ungestümmen Meeres-Wellen der Welt-Hän-del. Ach! mein lieber Bruder, es ist für euch nicht mehr, die Güter dieser Welt zu samm-len,

len, ſondern vielmehr ſolche mit beyden Händen auszuſtreuen. Weſſen wird das ſeyn,
das du geſammelt haſt? Die Zeit zum Säen
iſt bald dahin; laſſet uns ſolche nicht verſäumen, dann zu ſeiner Zeit werden wir auch ein-
ſammlen und erndten ohne Aufhören. Gal. 6.
Merckt auf euren inneren Beruf, und erleich-
tert euer beſchwertes Hertz durch eine redliche
Uebergebung in die Nachfolge des armen Lebens JEſu.

Es freuet mich, daß ihr noch geſinnet ſeyd,
Chriſto ſein Creutz zu wollen nachtragen, und
die Zärtlichkeit der Natur dabey zu wollen wagen: Laß uns alſo thun, lieber Bruder, in
GOttes Namen, und heute den Anfang machen; aber laß uns uns ſelbſt keine Bürden auf-
laden, die nicht in GOttes Ordnung ſind,
und nur den Geiſt ermatten. Verläugnung
iſt der erſte Glaubens-Artickel, das edle Creutz
der zweyte; und die Nachfolge JEſu Chriſti
der dritte. Ich ſchreibe was kurtz und rauh:
aber eure Liebe wird es zum Beſten deuten;
ich finde mich darzu gedrungen, obgleich kaum
Zeit zum Schreiben habe.

Eure Frau, welche ins beſondere und hertzlich grüſſe, die ſollte ſich billig mit ihren Elenden
was weniger, und mit dem ſüſſen Heyland
was mehr beſchäftiget halten, ſo gut ſie nur
kan: Sie gebe ſich über, wie ſie iſt, und faſſe
ein gutes Hertz zu demjenigen, der ſo viel Hertz
und Liebe zu ihrer Seele gehabt, daß Er
sein

sein Blut vergossen, selbige zu erlösen. Ich
grüsse euch und alle Bekannten gar hertzlich

Euer

Mülheim,   schwacher Mitbruder.
den 14. Aug. 1747.

Der 86te Brief.

Kräftige Aufmunterung zum Glauben an den
HErren JEsum bey Gelegenheit einer grasfirenden Seuche.

Mein Hertzens-Bruder!

Gestern, wie ich um Mittag von meiner
Reise kam, fand ich nebst andern auch
deine beyde Briefe vom 12ten und 15ten dieses. Den Inhalt konnte leicht errathen, weil
schon Samstags in S. gehöret hatte, so wohl
die besuchende Hand GOttes über C. als auch
das Absterben der lieben Schwester J. Er ist
der HErr, dessen Wege heilig, und dessen
Absichten auf Gnade und Liebe hinaus gehen,
sonderlich in Ansehung seiner Kinder, denen
gewiß kein Härlein wird gekräncket werden,
ohne seinen väterlichen Liebes-Willen. Sähen wir das Ende der Wege GOttes, wir
würden die Wege selbst auch von Hertzen,
ja mit danckbarer Bewunderung anbäten:

Da

Da wir nun das gütige und weiſe Ende
GOttes Jac. 5, 11. nicht allezeit können ſehen, ſo ſollen wirs doch glauben, und uns
im Glauben ſeinen Händen überlaſſen, anbätende, liebende und verherrlichende all ſein
Thun.

—— —— Sobald ich in S. hörte, daß
dieſe Kranckheit dort graßirte, da fühlte ich
doch, daß mich C. mit anginge, und habe
nicht unterlaſſen können, öffentlich und ins
Geheim eurer vor GOtt eingedenck zu ſeyn,
ſo ſchwach es auch ſeyn mag. Der HErr laſſe dieſe ſeine Beſuchung eine kräftige Buß-
Stimme an manches Hertz ſeyn, die eine bleibende Bekehrung wircke! Ach! du Liebhaber der Menſchen, was ſucheſt du wohl
anders? Und, wie ſo bald gereuet dich
der Straffe, wann ſich nur die Hertzen
dir wahrlich ergeben! Joel 2, 13. Ja!
der HErr wircke bleibende Bekehrungen durch
die innerlich-wirckende Gnade! Sonſt ſchlagen wohl oft die Waaren der Welt zur Zeit
der Noth mächtig ab; aber wann die Noth
vorüber iſt, ſchlagen ſie auch bald wieder auf.
GOttes Kinder, denen zu ſolcher Zeit auch
die Nichtigkeit des Zeitlichen, und die Wichtigkeit GOttes und der ewigen Güter aufs
neue einzuleuchten pfleget, die ſollen ſich indeſſen ſolche Umſtände wohl zu Nutz machen,
um in ihrer Uebergebung völliger zu werden.

Ich habe hertzlich gewünſchet, und wünſche
es noch, daß der HErr mir, und meinen C.

Mit-

Mitberufenen den Glauben des Hauptmanns zu Capernaum schencken und erhalten möge! Luc. 7, 8. JEsus ist der HErr, die Kranck- heit ist Knecht, und gehet auf sein Geheiß: Ja, das ist gewißlich wahr. Das natürliche, menschliche Ansehen, Ueberlegen, Reden und fürchterliche Erwarten eines Dings, sonder- lich eines Creußes, einer Kranckheit oder des Todes setzen nur das Gemüth in eine schäd- liche Confußion, Zerstreuung und Kleinmü- thigkeit. Lasset uns nicht die Dinge in sich selbst, sondern unsern guten, süssen Heyland in allen Dingen und Wegen ansehen, und mit Vergessung unserer selbst und aller fürch- terlichen Vorstellungen uns durchs Gebät nur mit Ihm beschäftigen, und durchs Einsamm- len und Bleiben im Geist Ihm unsere Seelen anvertrauen! In solcher Gemüths-Fassung können wirs abwarten, was der HErr mit uns und den Unseren möchte vorhaben. Da sind wir empfänglich der göttlichen Gnade, Kraft, und alles Guten, und könnens un- serm guten GOtt so kindlich zutrauen, daß Er uns die Nothdurft geben werde zur Stunde, da wirs bedürfen; ohne uns vor der Zeit zu ängstigen. Uebrigens so bleibts dabey, wir haben hier keine bleibende Statt. Es ist Mit- ternacht, da eine fast allgemeine Schlaf- Sucht so wohl kluge als thörichte Jungfrauen überfällt, und wenig Kraft zum thätigen in- wendigen Christenthum verspühret wird. GOt- tes Barmhertzigkeit läßt zu guter Letzt die

Stimme

Stimme ſeiner heran nahenden Gerichte von
Auſſen, und die Stimme ſeiner überzeugenden
lockenden Gnade von Innen vernehmen, um
uns munter zu halten; Es heißt nun: Der
Bräutigam kommt; gehet heraus Ihm
entgegen! Nun! ſo wollen wir dann ſeinem
Liebes-Ruf gemäß aus uns ſelbſt und dem
Schatten-Weſen und Betrug dieſer Welt
heraus gehen, und durch die unverrückte Uebung des Hertzens-Gebäts unſerm ſüſſen Heyland entgegen gehen, der wohl will unſer
Bräutigam werden, der uns auch zu ſeinen
Bräuten, und zu Kindern einer anderen Welt
durch ſich ſelbſt bereiten will. Gelobet und
geliebet ſey ſein Name!

Dem Freund N. welchem ſo hertzlich einen
neuen Segen und Gnade zur Aufweckung
wünſche, grüſſe ich hertzlich. Das Abſterben
ſeiner l. Frau ſehe ich an als einen Schlag der
göttlichen Barmhertzigkeit, ſowohl für die
Verſtorbene, weil der HErr ſie vor lang-
wührigen und ſchweren Leyden und damit verknüpften Proben hat bewahren wollen; als
auch für unſern lieben Freund und Bruder
ſelbſt, weil mich deucht, GOtt hat noch was
mit ihm vor, worzu dieſer Weg GOttes
über ihm ſehr förderlich ſeyn kan: Aber das
Gebät iſt ihm und uns vonnöthen. Sag
ihm dieſes von meinetwegen nebſt hertzlichem
Gruß. Zeit und Schwachheit laſſen nicht
zu, an ihn zu ſchreiben. Ich grüſſe auch
die übrige, die ich nicht nenne. JESUS
segne,

ſegne, ſtärcke und erhalte uns vor Ihm im
Frieden!

Dein

Mülheim,   verbundener ſchwacher
den 26. Sept. 1747.   Bruder.

Der 87te Brief.

Liebes-Abſicht GOttes bey Züchtigung der Seini-
gen. Anweiſung wie ſich dagegen zu betragen.

Mein hertzlich geliebter Bruder iu der Gnade JEſu!

Ob ich gleich nichts Sonderliches zu ſchreiben habe, ſo finde mich doch angedrungen, zu melden, daß mir deine beyde Briefe
vom 10ten und 13ten dieſes zu empfangen
angenehm geweſen ſind, und nicht allein mir,
ſondern auch den übrigen Mitgliedern hieſelbſt,
welche mit mir Theil genommen an euren daſigen Umſtänden. Gelobet ſey der HErr,
daß Er verwundet und auch wieder heilet,
und mitten unter ſeinen Gerichten ſeiner ſcho-
nenden Barmhertzigkeit und Güte eingedenck iſt.

Die Könige der Erden ſagen: Sie führen
nur Krieg um des Friedens willen; ob das
wahr iſt, und wie ſie es verſtehen, laß ich

Zweit. B. III. Th.   S   ihnen

ihnen über. Aber von unſerem Liebes-GOtt und Friedens-König iſt es die allerhöchſte Wahrheit. Er thut ſeinen Geſchöpfen nicht von Hertzen weh, und wann unſer Zuſtand es unumgänglich erfordert, dann thut er nur weh, damit er möge wohl thun. Er ſchläget nicht, als damit er möge umarmen und erfreuen können. Er bedarf und ſuchet keine Unterthanen ſeinetwegen, und doch ſuchet er ſie, als wann er ihrer bedürfte: Er ſuchet ſie aber nur, damit Er ſeine Unterthanen ſelbſt frey, herrlich und glückſelig machen möge; und ſo werden wir auch nach dem Maaß, daß unſere Hertzen Ihm wieder wahrlich unterthan werden. Und, wann ſeine Herrſchaft in uns recht groß wird, dann iſt des Friedens in der Seele kein Ende; Jeſ. 9, 7. Dann wer hat Ihm je widerſtanden und Frieden finden können? Hiob 9, 4.

Wie ſo hertzlich wäre es dann nicht uns mit einander, und allen N. ins beſondere, zu gönnen und anzuwünſchen, daß wir bey dieſen im Schwang gehenden, und noch über uns ſchwebenden göttlichen Züchtigungen und Gerichten uns fein ſtille niederſetzten vor unſers GOttes allprüfenden Augen, um es Ihn aufſuchen und ausrotten zu laſſen, wo wir bisher grob oder ſubtil ſeinen rechtmäßigen Anforderungen an unſeren Hertzen widerſtanden haben. Ach! ruft uns nicht der Geiſt zu: Leget doch die Waffen
      nieder,

nieder, ihr thörichte Kinder! Widerstrebet
nicht länger eurem Wohlthäter, und unter-
werft euch mit Wahrheit eurem GOtt, damit es euch nicht zu heiß werde! Sehet doch,
wie es ihn so geschwind gereuet, daß er die
Ruthe brauchen müssen, und wie so glücklich
ihr werden köntet, wann ihr Ihm zu Fuß fie-
let, und mit Abschwörung aller fremden Herren euch zu seinen Unterthanen unbedingt dahin geben würdet!

Nun dann, mein liebster Bruder! so wollen wirs mit GOtt machen, noch völliger uns
unserem gütigsten GOtt unterwerfen, und solches auch allen übrigen hertzlich mit gönnen
und erbitten. O JEsu! dein Königreich
zukomme! dein Will geschehe! und der
unsere müsse sterben und begraben werden!
Amen. Creutz ist ein Liebes-Pfand aus des
Geliebten Hand, rc.

Dein

Mülheim,   schwacher Bruder.
den 13. Oct. 1747.

Der

Der 88te Brief.

Rath und Unterricht an eine Schwester bey zunehmender Kranckheit ihres Bruders.

Liebe Schwester in JEsu!

Ich hab immer gedacht, du würdest mir mit ein paar Zeilen berichten, wie dirs jetzt als gehet, sonderlich bey gegenwärtigen Umständen mit der Kranckheit deines Bruders. Ich weiß, du schreibst mir im Geist bisweilen ein Brieflein, so mir auch angenehm, aber nicht allezeit genug ist. Du must nicht allezeit warten wollen, bis der Sturm vorüber, und du nur schöne Sachen kanst schreiben. Ich melde dieses nicht darum, daß ich dich just dringen will zum Schreiben. Nein! wann du glaubst, es sey nicht nöthig, oder wann es nicht mit innerer Freyheit geschehen kan, und der Geist dadurch von etwas Bessers abgezogen wird, dann thu es nicht; ich will dir nur zeigen, daß du frey magst seyn.

Ich kan dich so hertzlich dem liebsten Heyland aufopferen, meine Tochter, und mich mit dir im Geist vereinigen; laß dich nur drinnen im Geist bewahren und halten, und keine Störung, Kleinmüthigkeit, oder düstere Furcht dich daran hinderen. Solche jetzt genannte Dinge mögen wir wohl leyden, wann es seyn soll,

soll, aber nicht lieben oder hegen; sie müssen nicht ins Innere eindringen: Daselbst theilet der HErr Liebe, Frieden, Vertrauen, und alle Tugend mit, als Früchte des Geistes JEsu, wovon ich wünsche, daß dein Hertz voll und blühend gefunden werde. Ich wünsche dir Kraft und Gnade bey jetzigen Umständen. Siehe keine Dinge so natürlich an, sondern in GOTT und im Glauben, dann kommt uns alles anderst vor; auch selbst das Kranckseyn und Abnehmen deines Bruders, darin gehe nicht mit der Natur zu viel ein: Daß die Natur einige Empfindung bey solchen Umständen gewahr wird, das ist nicht sündlich, wann es in den Schrancken bleibet; man muß seine Schwachheit bekennen, aber sich doch dabey in Acht nehmen. Sähest du GOTTes liebenswürdige heilsame Absichten auch hierunter und mit deinem Bruder, o! wie würdest du mit mir anbäten, lieben, loben, und dich mit Freuden damit vereinigen! Da du nun solches so nicht siehest, so must du es glauben, und eben das im Glauben thun. Es ist nicht zu viel, daß du dem Heyland deinen Bruder giebest, du verlierest ihn dadurch nicht, und JEsus ist auch noch besser, als zehen Brüder, (Lies 1 Sam. 1, 8.) dancke vielmehr dem HErrn, daß Er sich deiner annimmt.

Mir wird nicht Zeit gelassen zum Schreiben, und bin vierzehn Tage her auch fast zum kleinsten Brieflein untüchtig; dennoch mußte

S 3   ich

ich dich einſt grüſſen. Sey getroſt in GOtt, liebe Schweſter, und gedencke auch

Deines

Mülheim,   schwachen, doch in GOtt
den 16. Nov. 1747.   verbundenen Bruders.

Der 89te Brief.

**Troſtvolle Anweiſung an einen krancken Bruder:
daß JEſus ſein Heyl und ewiges Leben ſey.**

Hertzlich geliebter Bruder N.!

Deine anhaltende und zunehmende Leibes-Schwachheit habe ich eines Theils mit-leydig vernommen; dann weil ich dich liebe, ſo nehme ich von Hertzen Theil an deinen Ley-den; weil ich aber deine Seele unvergleichlich mehr liebe, als deinen Leib und natürliches Le-ben, ſo vereinige ich mich mit den liebens- und anbätungswürdigen Abſichten GOTTes über dir. Ja, in dieſem Theil tröſtets und erfreuets mich nicht wenig, daß der ſüſſe GOtt und Menſchen-Freund es ſo gut mit dir ge-meynet, und es ſo herrlich hinaus führet. Er ſahe deine Gefahr, und rückte dich mit Macht vom Herunter-Stürtzen zu ſich; weil Er aber ſtarck rückte und anfaßte, ſo ſoll der tödtliche Körper eine kleine Weile das Leyden fühlen,

zu

zu seiner Zeit aber und in Ewigkeit, mit samt
der unsterblichen Seele, dem theuresten Erlöser für seine Erhaltung dancken und unendliche
Ehre geben. Und sollte dann gleich dieses
Jammervolle Schatten-Leben aufhören, das
soll uns nicht betrüben. JEsus ist der wahr-
haftige GOtt, und das ewige Leben, ein
freyes vergnügendes, unveränderliches, trium-
phirendes Licht- und Liebe-Leben, gegen welches dieses Leben, und alles, was Lust und
Leben genannt wird, nur Noth und Tod ist.

Dieser ist der JEsus, lieber Bruder, der
für dich sein Blut und Leben hat dahin gegeben; sollten wir nicht willig seyn, auch ein
wenig mit Ihm zu leyden? Dieser ist der JE-
sus, der dich gesuchet, und dich suchende gemacht hat: Eben dieser JEsus will dein Heil
und dein ewiges Leben seyn. O! wie ist Er
deinem Hertzen so nahe! Merckst du es nicht,
wie so manches Ach und O! er in deinem
Inneren erwecket? Wie er dich von allem
Vergänglichen, ja auch von all deinem Elende zu sich ruffet und hinein ladet, indem er
auch ein so demüthiges inniges Neigen in dir
erwecket, das nur JEsum begehret zu haben
und zu lieben: Also mache es dann, liebes
Kind, gib diesem Liebes-Ruf von Hertzen
Raum! Thue es ohne Bedencken, und bäte
an die ewige unverdiente Gnade, die dir an-
geboten und geschencket wird. Umsonst sollen dir alle deine Sünden ausgetilget, und
der Schooß der göttlichen Gnade und Liebe

S 4 offen

offen geſtellet ſeyn, weil JEſus für dich gebäten. O! ſo ſchmiege und ſencke dich in dieſen
Liebes-Schooß hinein, ſo wie du biſt; thue
es den gantzen Tag, ja bis in Ewigkeit: Er
ruffet, ſuchet und erwartet dich den gantzen
Tag als ein Hirte; ſuche und erwarte du Ihn
auch den gantzen Tag als ſein Schäflein, und
lege dich recht auf Ihn und in Ihn, bis daß
er dich auf ſeine Achslen nehmen, und in den
ewigen Schaafſtall der Herrlichkeit hinein tragen wird. Amen, Halleluja!

Ich grüſſe und küſſe dich im Geiſt; ich
lege dich in JEſu Arme nieder, und werde in
meinem Gebät deiner nicht vergeſſen. Die
hieſige liebe Kinder grüſſen dich auch gar hertzlich, und wünſchen dir, nebſt mir, die beſtän-
dige Unterſtützung, Gnade und Segen des
HErrn JEſu, bis zum ſeligen Ende! Getreu
iſt Er, der dich berufet; Er wird es auch thun.
Ich verbleibe

Dein

Mülheim,   geneigter Fürbitter und
den 16 Nov. 1747.   Mitbruder.

Der

Der gote Brief.

Anmuthigung zur Mildthätigkeit aus Cypriano. Ein Exempel der wunderbaren Vorsorge GOttes über die Seinen. Vom recht Bäten und vom Geheimniß der Kindheit JEsu.

In unserm süssen Heylande hertzlich geliebter Bruder!

Dein Angenehmes vom 16ten dieses habe den 22ten richtig erhalten. — —

Wo ich sonst mit dienen kan, das melde nur in brüderlicher Freyheit. Ich hoffe nicht, daß ich etwas zu lieb würde haben, daß ichs nicht von Hertzen einem Bruder hingäbe: Wäre es anderst bey mir, dann wäre es nicht recht. Halten drückt; Loslassen erquickt.

Daß der HErr deine Hand-Arbeit segnet, dafür sey Er gedancket! Durch die Abgeschiedenheit bleibt es ein Segen, da sonst leyder die Menschen durchs Vesthalten ihnen selbst den Segen zum Fluch machen: Deswegen thust du wohl, daß du gerne ausfliessen lässest. Lasset uns Gutes thun, weil wir Zeit haben, da Paulus Gal. 6. eigentlich auf die Wercke der Liebe und Barmhertzigkeit zielet. Die Tage vor dem Fest sagte ich zu etlichen Vermögenden: Herberget gern

S 5

eine

eine Maria, einen Joſeph, dann habt ihr
JEſum mit eingenommen. Denckt herum,
ob ihr nicht was im Haus habt, womit
das arme, nackte, verkältete, hungerige Kind
JESUS zu dieſer Zeit kan bedeckt und erquickt werden? JEſum in denen Dürftigen
zu ſehen, darzu gehöret ein kindlicher Glaube. Juſt fällt mir ein, was der heil. Märtyrer Cyprianus ſehr erwecklich an einem Ort
von dieſer Materie redet:

„Machet, ſpricht er zu den Eltern, den
„unſterblichen GOtt zum Vormund eu-
„rer Kinder: Ihre Erbſchaft iſt in
„Sicherheit, wann ihr ſie GOtt zu be-
„wahren gebet. Das iſt recht für ſeine
„liebe Pfänder (er meynet die Kinder) aufs
„Künftige Vorſorge gethan, ꝛc. Und an
einem andern Ort ſpricht er: „Meine liebſte
„Brüder, die ihr eine hertzliche Furcht GOt-
„tes habt, und die ihr, nachdem ihr nun
„die Welt verſchmähet, und unter die Füſſe
„getreten, mit dem Gemüthe zum Oberen
„und Göttlichen aufgerichtet ſtehet, laſſet
„uns mit völligem Glauben, mit andächti-
„gem Hertzen, und mit ſteter Beſchäftigung
„im Guten dem HErrn unſere Dienſt-Ge-
„fliſſenheit erweiſen! Laſſet uns Chriſto irdi-
„ſche Kleider geben, die wir himmliſchen
„Kleider-Schmuck empfangen ſollen! Laſſet
„uns Ihm Speiſe und Tranck dieſes Lebens
„reichen, die wir mit Abraham, Iſaac und
„Jacob zum himmliſchen Hochzeit-Mahl ge-
                                    „langen

„langen sollen! Lasset uns vieles säen, damit
„wir nicht wenig erndten! — — Welch
„eine Glorie, meine liebste Brüder, wird
„es nicht seyn für die, welche Gutes gewir=
„cket! welch eine grosse und höchste Freude!
„wann der HErr sein Volck wird anfangen
„zu mustern, und unserer Treue und Gut=
„thaten die verheissene Verehrungen wird
„austheilen, und für was Irdisches das
„Himmlische, für was Zeitliches, das Ewi=
„ge, für was Geringes was Grosses wieder
„geben: Wann er anfangen wird, uns dem
„Vater aufzuopfern, welchem er uns durch
„seine Heiligung wieder herstellet hat; wann
„er uns die Ewigkeit und Unsterblichkeit
„schencken wird, worzu er durch die Leben=
„digmachung seines Bluts wiederum bereitet
„hat! — — Diese selige Wircksamkeit im
„Guten, meine liebe Brüder, ist eine für=
„trefliche und göttliche Sache; — — eine
„Sache, die in der Macht stehet dessen, der
„sie ausübet; eine grosse und eine leichte
„Sache, wordurch man auch ohne die Ge=
„fahr der Verfolgung die Krone des Frie=
„dens erlanget. — — Die wir dann nun
„angefangen haben, grösser zu seyn, als die=
„se Zeit und Welt, lasset uns unsern Lauf
„nicht aufhalten durch einige Begierde dieser
„Zeit und Welt. Wird uns dann entwe=
„der der Tag unserer Auflösung, oder der
„Tag der Verfolgung gegürtet, hurtig,
„und in dem Kampf dieses Wercks lauffen=
„de

„de antreffen, ſo wird der HErr in keinem
„Stück ermanglen, unſere treue Dienſte zu
„vergelten.   Denen, die im Frieden über-
„winden, wird er die weiſſe Krone für
„ihre Wercke ſchencken; und denen, die in
„der Verfolgung ſiegen, wird er die Pur-
„purrothe Krone für ihre Leyden doppelt
„erſtatten.   Amen!

Ich weiß nicht, lieber Bruder, wie ich
darzu komme, daß dir ſo vieles daher ſchreibe aus einer fremden Sprache und einem alten Buch.   Ich wollte nur ein Sprüchlein
anführen; weil mirs aber ſchmäckte, ſo dachte ich, es würde dir auch nicht mißfallen,
ein erweckliches Wort von einem der erſten
Chriſtlichen Lehrer und Märtyrer JEſu Chriſti anzuhören, welcher im Anfang ſeiner Bekehrung ſeine Güter, und Anno 258. ſeinen
Kopf und Blut Chriſto dahin gegeben hat.
Die erſte Chriſten waren That-Chriſten,
und gaben nichts deſto weniger dem Blut
Chriſti alle Ehre: Laſſet uns ihnen nachhun-
gern!

Der Sturmwind iſt auch hier gewaltig
geweſen, und hat an Häuſer und Bäumen
viel Schaden gethan; wie auch durch gantz
H. von woher mir unter anderen geſchrieben
wird, daß etliche Tage vorher daſelbſt (nemlich in A.) auch ein harter Brand ſey geweſen, bey einem Becker; wordurch zwey
Häuſer ſeyen in die Aſche geleget worden.
Bey dem Becker habe ein frommes
Menſch)

Mensch auf einer Kammer gewohnt, welche Kammer mit allem, was dieser Person zugehöret, sey bewahret worden; ausgenommen ein Spiegel, welcher zersprungen sey, wie man ihn habe wollen hinaus tragen. —— —

Daß du dich in Ansehung deines Gemüths-Zustandes selbst nicht recht verstehest, glaube ich wohl; gehe darum doch, mit mir, nur zum Arzt; der verstehets: Wir verstehen doch auch so viel, daß wir kranck sind. Ach! Bäten, bäten, das ist unsere allgemeine Artzney, und zwar ohne Kunst und Regel; nur so, wie wir können. Das gebrechlichste Gebät ist besser, als die beste Zerstreuung. Das Ueberlegen über uns selbst macht uns noch elender und düsterer. Durchs Gebät nahen wir zu GOTT, und werden empor gehalten: Aber, um wohl zu können bäten, muß der lautere Sinn aus dem falschen Leben der Natur und Eigenheit redlich heraus gehen und hungeren. Wer es mit der Natur will halten, der kan nicht bäten. Wers mit GOtt hält, der bätet; und wer bätet, der hält es mit GOTT, und GOtt mit Ihm; und da sieget der kindliche Glaube endlich. Doch du weißt es wohl.

Die Geheimnisse der Geburt und Kindheit JEsu (sagst du) haben nicht so viel Eindruck auf dein Gemüth, als wohl sonst zu dieser Jahres-Zeit: Vielleicht sind wir auch daran selber Schuld? Dennoch ist JE-

sus

ſus eben Anbätungs = und Liebenswürdig,
und ſeine Geheimniſſe von der Krippen an,
ein tiefer Abgrund, da die Engel gelüſtet
hinein zu ſchauen. O JEſu! wie kan es
ſeyn? Ein GOtt! ein Kind! im Elend
mich ſuchen, ſich mir zu geben, und
von GOtt und Menſch Einen zu machen.
Sela! Zwiſchen mir armen Hirten=Knaben
und dem Bethlehemitiſchen Stall erhebt ſich
auch oft ein Nebel, daß ich nichts von
Bethlehem ſehe; ich will doch hingehen: Je=
ne Sonne wird ſchon allen unſern Nebel und
Düſterheit vertreiben. Manchmal iſt doch
auch GOttes gute Hand darunter, weil wir
bisweilen zu viel beym Sinnlichen und Bild=
lichen der Geheimniſſe ſtehen bleiben, und
gleichſam damit ſpielen; da dann wohl das
Kind JEſus ſein Bild uns kan entnehmen,
um ſich ſelber uns zu geben, eben wie die
Heil. Mutter Maria das Kind JEſus vor
der Geburt nahe genug unter ihrem Hertzen
trug, und doch nichts von Ihm ſahe, auch
wohl keinen deutlichen Begrif von dem Ge=
heimniß hatte: ſie bätete an; ſie liebete; ſie
gab ſich dahin: So wollen wirs dann auch
machen! Die ſinnliche Andachten ſcheinen öf=
ters mehr zu ſeyn, als ſie ſind; die verſtänd=
liche, d. i. bloß geiſtliche Andachten hinge=
gen haben mehr Weſentliches in ſich, als ſie
ſcheinen. Wer nichts will, als GOtt, hat
nirgend zu fürchten.

Nun

Nun muß ich abbrechen. Ich grüße dich nochmals hertzlich, mein lieber Bruder! Gedencke auch meiner, wie ich ein Gleiches zu thun begehre. — — Den Freund W. grüsse auch von mir gelegentlich: JEsus selbst besuche, segne und umfasse seine unsterbliche Seele mit ewiger Gnade, Amen! Andere Bekannte daherum grüsse auch

Dein

Mülheim,   verbundener schwacher
den 24. Dec. 1747.   Bruder.

Der 91te Brief.

Was für geistliche Vortheile uns durch die Einleibung JEsu Christi in unsere Menschheit zugewachsen. Anbätung dieser Göttlichen Liebe.

Hertzgeliebter Bruder N.!

Ob ich gleich so schwach bin, so finde mich doch bewogen, dich durch meine Hand und Hertz zu grüssen, in dem hochtheuren Namen JEsus Immanuel, und dir seine beständige Gunst, Beystand und GOttes Gegenwart vor seinem Angesicht anzuwünschen.

Ja,

Ja, lieber Bruder! es iſt die Wahrheit,
daß der wunderbare menſchliebende GOtt in
unſere tödtliche verlohrene Menſchheit ſich in
Chriſto eingeſencket, und uns Menſchen-Kin-
der angenommen hat. So bald wir uns
von Hertzen bekehren, und mit unſerer Glau-
bens-Begierde uns in ſeine Gnade hinein
wenden, um von Ihm allein unſer Heil und
Seligkeit zu erwarten. O! dann haben wir
in Ihm die Vergebung aller unſerer Sünden, und einen offenen Weg zu GOTTes
Gemeinſchaft; dann gehören wir Chriſto an
mit Leib und mit Seele, womit wir Ihn
dann können machen laſſen, was Ihm beliebt, dann wir ſind nicht mehr unſer ſelbſt.
Er kreutziget, reiniget, und ziehet uns dann
immer mehr in ſich. Er thut und leydet
ſelbſt in uns, da wir nur als Kinder in Ihm
bleiben, und uns Ihm überlaſſen ſollen. Wir
ſind dann in Chriſto nach unſerem Maaß,
und ſingen dann im wahren Glauben: Ich
bin ein Glied an deinem Leib, des tröſt
ich mich von Hertzen, von dir ich unge-
ſchieden bleib in Todes-Noth und Schmertzen, ꝛc. Da laß dann den elenden Körper
erkrancken, verzehren, und hinfallen. Chriſtus iſt die Auferſtehung und das wahre
ewige Leben: Er kan nicht laſſen noch verlieren, was ſein iſt: Er ziehet den Geiſt zu
ſich nach Ablegung dieſer irdiſchen Hütte,
und wird auch nicht das Geringſte von unſerem Leib zurück laſſen, das er nicht zu
ſeiner

feiner Zeit, durch die Kraft feiner Auferfte-
hung, wieder herrlich und ohne Fehl darftel-
len wird.

Nun, fo lobe, liebe und bäte mit mir
an diefen groffen und füffeften GOTT und
Heyland, der fich dein erbarmet hat; überlaß dich feinen treuen Händen, und verlier
dich mit allen deinen Sünden und Unwürdigkeiten in das unerfchöpfliche Meer feiner
göttlichen Liebe. Leyde gern, dann Er wird
dir beyftehen. Nur noch eine kleine Zeit,
dann werden wir ewiglich rühmen und bewundern, was Er an unferer Seele gethan
hat. Amen, JEfus!

Ich grüffe nochmals hertzlich und bleibe

Dein

Mülheim,   verbundener fchwacher
den 18. Jan. 1748.   Mitbruder.

Der 92te Brief.

Tröſtlicher Zuſpruch und Segens-Wunſch an einen Krancken.

Hertzlich geliebter Bruder N.!

Noch einmal finde ich mich bewogen, dich mit Hertz und Hand zu grüſſen in der Kraft des Namens JEſu Chriſti, und dir aus ſeinem offenen Hertzen zuzuwünſchen alle Gnade, Frieden und Unterſtützung von Augenblick zu Augenblick. Er, der ſich deiner angenommen, wird dir hindurch helfen, und ſein Werck ſelbſt in dir vollenden: Vertraue Ihm deinen elenden Leib, deine Seele, und deine ewige Seligkeit. Wünſche nichts, als dieſen deinen erbarmenden GOtt zu lieben, anzubäten, zu loben und zu verherrlichen, hier in den Leyden, und dort in den Freuden, die Er uns aus Gnaden bereitet hat.

Der groſſe Hoheprieſter JEſus, zur Rechten des Vaters, der hebe ſeine Hände auf über dir, und ſegne dich mit ewigem Segen, damit du ein verſöhntes, gereinigtes, und GOtt angenehmes Kind der Ewigkeit werdeſt und bleibeſt, und als ein ſolches vor dem Throne GOttes mögeſt dargeſtellet werden. Ja, Amen, mein lieber HErr JEſu CHriſte! du biſt unſer wahres und

ewiges

ewiges Leben, auch wann dieses Schatten-Leben verschwindet; bleibe bey mir,
und bey dem lieben krancken Bruder!
Vergönne uns dieses grosse Glück, daß
wir uns bald mit Freuden vor deinem
Angesicht wieder grüssen, und dich vollkommen und ohne Ende lieben und anbäten. Amen! Amen!

Dein

Mülheim,   verbundener Bruder.
den 1. Jan. 1748.

Der 93te Brief.

Von der Seligkeit und Freyheit des Dienstes
GOttes. Hertzlicher Wunsch und Verbindung
zum neuen Jahr. Aufmunterung zum Sterben mit Christo.

Hertzlich geliebter Bruder in der Gnade JESU!

Weil ich von Bruder S. vernommen, daß
auch ihr euch so viel an meinem schlechten Leben gelegen seyn lasset, und bey meiner
letzt überstandenen Schwachheit Nachfrage
habt gethan nach meinem Zustand; so finde
mich geneigt, euch mit ein paar Zeilen von
meiner Hand hertzlich für solche Liebes-An-
T 2   gelegen-

gelegenheit zu dancken, und anbey ſehen zu
laſſen, daß ich durch GOTTes Güte noch
lebe, wiewohl noch lange nicht wieder im
Gewöhnlichen bin.

Dem HErrn ſeyen unſere wenige Lebens-
und alle Liebes-Kräften wahrlich und auf
ewig aufgeopfert! Lieber nicht leben und nicht
ſeyn, als nicht für unſern GOtt leben und
ſeyn. Unſer Geiſt und armes Hertz hat eine ſo mächtige einerſchaffene Beziehung und
Sympathie auf GOtt, unſern ſeligen und
anbätungswürdigen Urſprung, daß, je reiner, inniger und völliger wir uns Ihm hingeben, und Hertz, Abſicht und alles auf
Ihn richten, deſto mehr Leben, Weite und
Vergnügen werden wir inwendig erfahren.
O ja! ſein reiner Dienſt gibt allein wahre
Seligkeit und Freyheit, die ſonſt keiner kennen oder finden wird am andern Ort.

Nun, wohlan dann, mein lieber Bruder! Laß uns dann jetzt anfangen, für GOtt
zu ſeyn, und unſer Liebſtes dabey wagen,
in ſeinem Namen! O groſſe Gnade! berufen zu ſeyn, einen ſolchen GOtt zu lieben,
und Ihm zu dienen. In deinem Letzteren
vom 9ten paſſato erſucheſt du um einen
Neu-Jahrs-Wunſch. Nun, der HERR
hats gehöret, was damals, und ſchon vorher, a ein armes Hertze dir, deinen lieben
Eltern, deinem Bruder und allen übrigen
Bekannten daſelbſt von Seiner Majeſtät zum
Neuen

Neuen Jahr zugewünschet hat: Sein allge=
genwärtiger Geist des Lebens wird verhoffent=
lich meinen hertzlichen Wunsch überbracht
haben, und selbst alles Gute in unseren Her=
tzen versiegeln! Was ich allererst gesagt, sey
unsere Neu=Jahrs=Abrede und Verbindung:
Jetzt wollen wir anfangen, gantz für
GOTT zu seyn. Vernunft, Fleisch und
Blut sollen nicht mehr gelten im Rath.
Abgeschiedene, innige Hertzens=Kinder wol=
len wir werden. Getreu ist Er, der uns be=
ruffen hat, der wird es auch thun, und wir
wollens Ihn in uns thun lassen.

Du fragest: Ob ich dich in diesem
Neuen, wie im verwichenen alten Jahr
dem Tod wölle übergeben haben? Aller=
dings, lieber Bruder! Eben weil ich dich
liebe, so verlange ich, daß du mit mir mö=
gest sterben, um das Leben zu erreichen,
das mit Christo in GOtt verborgen, und
ein Anfang des ewigen Lebens ist. Wir sind
darzu gesetzt, und mit Christo zu gleichem
Tod gepflantzet. Ich halte nicht viel davon,
daß man Sterbenden so viel Hertz=Stär=
ckungen gibt, und dardurch ihre Noth und
Sterben verlängert. Nur frisch hinein! es
wird so tief nicht seyn. Wir kommen nicht
zu kurtz: In GOtt werden wir schon reich=
lich ersetzt finden, was etwa dem Fleisch an
einem Theil abgehen möchte. Inzwischen
sollen wir nur im abgespehnten Sinn bey

Ihm

Ihm aushalten, und ſeinem geheimen Zug
uns lediglich überlaſſen.

Ich wollte nur eben grüſſen, und ſchreibe mit laufender Feder, im duncklen Abend,
noch ſo viel. Grüſſe gar hertzlich von mir
deinen lieben Vater und Mutter; der HErr
ſegne und erwärme ihre Hertzen mit ſeiner
Liebe bey dieſer kalten Winters-Zeit! Auch
grüſſe ich hertzlich alle diejenige, welche dort
geſehen habe: JEſus ſegne ſie alle, und för-
dere ſein Werck in ihren Hertzen, daß nicht
ein einiges umkomme! Deinem Bruder A.
habe zu ſeiner Schwachheit auch Glück und
Segen gewünſcht, und ich thue es noch von
Hertzen.

Ich erſuche, daß du mich künftig ſo nennen wolleſt, wie ich mich von Hertzen unter-
ſchreibe

Dein

Mülheim,   verbundener ſchwacher
den 1. Febr. 1748.   Mitbruder.

Der

Der 94te Brief.

Danckſagung für GOttes Gnade, über das ſelige
Abſterben eines l. Bruders; nebſt wichtigem
Zuruf an deſſen Geſchwiſtern.

Hertzlich geliebte Geſchwiſter N. N.!

Verwichenen Mitwoch bekam den Brief,
welcher vorigen Tags über D. war geſandt, und die Nachricht von unſers H. be-
vorſtehendem nahen Uebergang in ſich hielte;
und da dachte ich, er iſt ſchon aus der
Sterblichkeit erlöſet, wie ſolches dann auch
durch Nachricht über Creveld letzt verwichenen Montag, und durch euer Letzteres vom
12ten dieſes beveſtiget wird.

Nun, was ſollen wir ſagen? Und was
ſollen wir thun? Euch condoliren nach der
Welt Brauch, das kan ich nicht, weil ihr
keine Urſache habt, über ſeinen Hingang nach
der Welt Brauch zu trauren. Euch gratu-
liren ſchickt ſich auch nicht; dann ob ihr
gleich nach einem Theil Urſach habt, euch
gar ſehr zu erfreuen, mit mir und allen Engeln, daß unſer guter Hirte ihn, als ein
Schäflein, das irre ging, ſo gnädiglich ge-
ſuchet, ſo liebreich gefunden, und ſo geſchwind
in Sicherheit auf ſeinen Achſlen heim getra-

T 4   gen

gen hat; ſo habt ihr, zwar nicht ihn ſelbſt,
doch an ihm etwas Liebes und Angenehmes,
mit mir, verlohren, nemlich ſeine leibliche
Geſellſchaft; und dieſer Verluſt (auch mit
Gelaſſenheit getragen) bringt Leyden. Das
will ich dann thun; ich will euch des Hiobs
Lobgeſang vorſingen, mit der Erinnerung,
mir getroſt nachzuſingen. Der HErr hats
gegeben, der HErr hats genommen, der
Name des HErrn ſey gelobet! Ach ja!
des HErrn Name ſey innigſt und ewig gelobet, daß Er uns dieſen Bruder gegeben,
welchen wir nicht hatten, da ihn die Welt
noch hatte. Er ſey gelobet für alle Gnade,
die Er ihm gegeben auf alle Weiſe, bis ans
Ende; und für alle Liebe und Geduld, die Er
euch und anderen gegeben, während ſeiner
Kranckheit! Ja, gelobet ſey der Name des
HErrn, daß Er dieſes Schäflein genommen,
damit es von keinem Wolf genommen werden möchte! und daß Er uns hat laſſen ſehen,
daß Er ſelbſt und kein Fremder es weggenommen! Es iſt alſo dieſes Pfand nicht entnommen; der HErr hats in ſeine Hand und in
Verwahrung genommen, da wirs zu ſeiner
Zeit mit unendlicher Freude wieder ſollen finden. Und was wir auch Liebes und Angenehmes in ſeiner leiblichen Gegenwart verlohren haben, das ſey auch dem HErrn mit ſtiller Gelaſſenheit aufgeopfert, und ſein Name
gelobet, der uns Gelegenheit giebet, Ihm
was Liebes aufzuopferen!

Und

Und so ist dann nun unser gefundenes
Schäflein auch geopfert; wir lassens nun liegen in des HErrn Hand: In Ihm, unserm
stets und innigst-gegenwärtigen GOtt sollen
wir auch das wieder suchen und reichlich finden, was wir an unsers Bruders Gegenwart
verlohren haben; Er ist uns mehr dann zehen,
ja zehentausend Brüder, die in Ihm alle
leben.

Es müsse dann auch dieses Abscheiden euch
und uns allen eine erneurte Anspornung seyn zur
Abscheidung von allem dem, was uns in diesem elenden Leben noch binden und aufhalten
könnte! zur Ewigkeit! zur Ewigkeit! zur
Ewigkeit! ruffen uns alle solche Stimmen.
Ach, liebe Kinder! lasset uns eilen, uns dahinein zu wenden. Mercket auf den, der uns
drinnen ruffet: Ihr drey werdet bald zwey,
und dann Einer nur übrig seyn; liebet euch
hertzlich die kurtze Zeit, welche ihr noch beysammen lebet. Beuget, schmieget, waget
euch dabey. Suchet, euer gantzes Vergnügen, Trost und Leben in GOtt inwendig zu
haben! Lasset da diese elende Welt mit aller
ihrer verführischen Waare, und werdet mit
mir Kinder der Ewigkeit, so werden wir
ewig Freude an einander haben: Dünckt
euch, ihr wolltet lieber wieder vier als drey
seyn, so nehmet JESUM zum Vierten
an und ein; und muß ja auch ein vierter
sichtbarer Bruder wieder da seyn, so rechnet

T 5   dann

dann mich mit darunter, der ich mich von Hertzen nenne

Euer

Mülheim,   verbundener, doch auch
den 15. Febr. 1748.   ſchwacher Bruder.

Der 95te Brief.

An eine Mutter, von der unverdienten Gnade, daß der Heyland JEſus in ihr Haus und Hertz einkehren wolle, und wie ſie ſich an GOtt gewöhnen müſſe.

Werthgeſchätzte und geliebte Mutter!

Ich grüſſe euch mit dieſer meiner Hand und mit meinem Hertzen, und bitte den lieb-
ſten Heyland, daß Er ſelber meinen geneigten Gruß und Segens-Wunſch mit Nachdruck an euer Hertz wolle überbringen zur Erquickung, Stärckung und Aufmunterung in ſeinem Dienſt und in ſeiner Liebe! Ach ja! in eben dem Augenblick, da ich euch vor ſeinem Angeſicht in Mülheim grüſſe, iſt er auch in N. eurem Her-
tzen nahe, und wird euch gerne mit ſeiner Liebe beſuchen; das ſollen wir ihm einfältig zutrauen, und ihm unſere Hertzen mit hungeriger Liebes-
Begierde öfnen.

Was

Was dünckt euch? meine liebe Mutter! Ist das nicht eine grosse und recht unverdiente Gnade, daß der liebreiche Heyland JEsus auch noch euer Haus und Hertz will besuchen, und zu eurem Heyl bey euch einkehren? Ja, das ist gewißlich wahr, er will eurem Haus und Hertzen Heil wiederfahren lassen in Ewigkeit. Wie sollen wir es dann machen? Sollen wir dann aus einer unzeitigen Höflichkeit sagen? Gehe von mir hinaus, dann ich bin ein sündiger Mensch! O nein! Damit wäre uns gar nicht geholfen. Lieber wollen wir sagen: Komm herein du Gesegneter des HErrn, dann ich bin ein sündiger Mensch, und weiß auch ohne dich nimmer besser zu werden. Komm herein, o liebster, langmüthigster Heyland! Ich habe dich nur gar zu lange an meines Hertzens-Thür warten und anklopfen lassen; ich mercke doch, es ist dir darum zu thun, du willst mir h e l f e n und mich lieben. Nun, so komme dann, ich will mein armes Hertz dir geben, so wie es ist. Siehe, hier ist des HErren Magd, mir geschehe, wie du gesagt hast!

Also, liebe Mutter, wollen wirs machen, und uns an unsern GOtt gewöhnen. Lasset euer Hertz den gantzen Tag sein geheimes Gespräch mit dem HErrn haben, dann er ist euch den gantzen Tag gegenwärtig. Seyd nicht so schüchtern, dann GOtt ruft euch zu sich. Er weiß wohl, daß wir elend sind, drum

wallet

wallet ſein Hertz in Mitleyden. Sagt und
klagt ihm alles, was ihr auf eurem Hertzen
habt; könnt ihrs nicht ſagen, dann laßt ihn
doch euer Hertz ſehen. Ihr könnt nicht zu
einfältig mit GOtt umgehen; das einfältigſte
Geſpräch eures Hertzens iſt ihm allezeit angenehm. Er mercket genau auf alle die geheime
Seufzer und innige Begierden, die zu ihm geſchickt werden. O! wann wir ungläubige
Kinder es wüßten, wie der HErr die Leute ſo
lieb hat; gewiß! wir würden alle unſere Luſt
an ihm, und an ſeinem Dienſt haben.

Ich grüſſe auch insbeſondere unſern lieben
Vater, den Herrn N. JEſus beſuche ſein
Hertze, daß es auch noch im Alter grünen möge
in allem Guten! Sagt ihm von meinetwegen:
Mich deuchte, ſein Bißgen übriges Leben
müſſe ein Rüſttag und ein Vor-Sabbath
auf die Ewigkeit ſeyn: Seine Wercktage ſind
zu Ende; alle Welt kan mit ihm zufrieden
ſeyn, daß er in äuſſeren Geſchäften ſein Werck
vollendet habe. Jetzt mache er in GOttes
Namen Feyer-Abend, und laß die Todten
ihre Todten begraben, um JEſu zu folgen,
ſeiner Gnade ungehindert Raum zu laſſen,
und, mit uns, nur für GOtt und die Ewigkeit den kleinen Reſt der Zeit anzuwenden.

Ich grüſſe auch alle übrige Bekannte, die
ich vorigen Sommer dort bey euch geſehen.
Ach! daß kein eintziger verlohren werde, ſondern ich ſie alle vor GOtt mit Freuden wieder
ſehen möge. Meine Seele freuet ſich, und
lobet

lobet den Höchsten, so oft ich daran gedencke, wie ich so wunderlich und sonderlich mit euch, vielgeliebte Mutter, und mit eurem Hause bin bekannt worden in dieser fremden Welt. Ach ja! davon soll auch allein der HErr ewiglich Ehre, und unsere Seele Freude haben in Ihm. Amen JEsu!

Mülheim,
den 20. Febr. 1748.

Der 96te Brief.

Stärckung des Sinnes, gantz für GOtt zu wollen seyn. Wie das sanfte Ansehen auf den Gekreutzigten, das beste Mittel wider alle Versuchungen sey.

Hertzlich geliebter Bruder im HErrn!

Wann die Zeit es zuläßt, wollte wohl mit Wenigem auf dein Angenehmes vom 14ten April antworten: Du solltest aber nur fein teutsch schreiben, dann die Briefe an mich kommen keinem, als mir selbst, in Händen.

Erneuere und stärcke dich von Zeit zu Zeit in dem unverfälschten Sinn, den GOtt dir gegeben, hinfüro allein für ihn und für die Ewigkeit zu seyn und zu leben! Zur Zeit des
Gebäts

Gebäts thue ſolches durch eine bedachtſame, einfältige, nackte Offenlegung in der göttlichen Gegenwart eines ſolchen Freundes, der nicht flattiret, noch vorrücket; zur Zeit der Geſchäf- ten aber geſchehe es durch ein einfältiges Er- inneren ſeiner Gegenwart, und durch einen friedſamen Blick, der eben das bezeuget, nemlich: daß du ohne Vorbehalt und ewig ſeine ſeyeſt.

Dieſer redliche Sinn, gantz GOttes zu wollen ſeyn, und in keinem mehr ſich ſel- ber zu wollen ſuchen oder leben, muß beym Gebät und gantzen Wandel zum Grunde lie- gen; ſonſt iſt alles ohne Kraft, ohne Frucht, und nur ein oberflächig-gezwungenes Ding. Wage dich gantz dabey, lieber Bruder! der HErr wird deine Kraft ſeyn.

Die Verſuchungen anlangend, ſelbige muſt du nicht direct und mit Anſtrengung beſtreiten, ſondern indirect; das Auge und die Andacht davon ruhig, aber mit Wahrheit, abwen- dend, und nur möglichſt verachten, vergeſſen oder friedſam leyden, was du nicht ändern kanſt. Das ſanfte Anſehen des Gekreutzig- ten, wovon du meldeſt, iſt ein unvergleichliches Mittel wider alle Verſuchungen: Mallaval ſpricht davon p. 165.

Cette penſée eſt la mort des pen- ſées,

Le cœur s'abſorbe en cet *acte* puiſ- *ſant*.

Et

Et quand de soins les ames sont
pressées,
Ce *doux regard* plus que tout est
pressant.

Welches ins Teutsche übersetzt also heissen kan:

„Diß Dencken kan in Tod all die Gedancken bringen;

„Das Hertz verlieret sich in dieser kräft-
gen That.

„Und wann die Sorgen auch das arme
Hertz hart drängen,

„Noch einen stärckern Drang der sanfte
Blick dann hat.

Er nennet es zwar eine kräftige That, aber
doch auch einen sanften Blick; um uns zu
verstehen zu geben, daß alles eigene Anstren-
gen unsern Thaten die rechte Kraft nicht kan
geben, sondern die Aufrichtigkeit des Glaubens, welche GOtt durch einen sanften Blick
ansiehet, und von ihm alles erwartet. Nimm
dich deßwegen, lieber Bruder! in Acht vor
allen Anstrengungen mit Kopf, Brust, oder
auf andere Art: Es sind dieses gutmeynende
Luftstreiche. Verachte, vergiß deinen Feind,
so gut du kanst; dann ist er überwunden.
Leyde nur, und, in dein Nichts ersuncken,
laß alles gehen, wie es gehet, dann kan der
Feind dir nichts thun, und ein anderer wird
in dir und für dich streiten. Von Welt und
Sünde

Sünde abgewandt GOtt in ſich und mit ſich machen laſſen, das iſt nichts weniger, als eine falſche Ledigkeit.

Auch darfſt du an der andern Seite nicht ſcrupuliren: ob nicht vielleicht das einfältige Erinneren und Anſehen des Gekreutzigten eine etwa zu wirckſame oder zu bildliche That für dich ſey. Prüfe den Baum an ſeinen Früchten. Du ſpüreſt ſonderbaren Nutzen dabey; das iſt ja genug, um zu glauben, daß GOtt dich darauf führet, und ſeine Gnade dabey wircke. Wann ich durch ein Gemählde des Gekreutzigten, ja durch eine natürliche Beſchäftigung mich vor Sünde und böſen Bildern wüßte zu bewahren, dann würde ich willig ſolche Mittel ergreiffen; ja, was mich auch ſonſt ſtärcken, aufwecken und erbauen könnte, dem würde und werde ich allem ohne Bedencken Raum geben, aber mich an nichts binden, als an GOtt allein.

Getroſt, mein lieber Bruder, in GOtt! der uns geliebet und berufen hat: Er wird es auch thun. Ich grüſſe hertzlich dich und die l. Schweſtern, und bleibe

Dein

Mülheim,   verbundener ſchwacher
den 2. May 1748.   Bruder.

Der

Der 97te Brief.

Daß die schönste Reglen vom Selbst-Vergessen
wenig helfen, wann GOtt wolle, daß wir
uns selbst sehen und fühlen sollen.

Hertzlich geliebter Bruder N.!

Dein mir Angenehmes vom 4ten dieses habe
wohl erhalten. Ich hab dirs gar nicht
übel gedeutet, daß du von E. nicht wieder
hierhin gekommen, weil ich mir die Ursache
davon schon so vorgestellet hatte, wie du solche
berichtest.

Mit N. will ich mit erstem der Sache wegen sprechen, so nachdrücklich als ich kan:
Inzwischen wird mans göttlicher Direction
überlassen müssen, und kanst du zum Voraus
dennoch den Schluß der Rechnung mit des
Heylandes Worten machen: Mein Reich
ist nicht von dieser Welt.

Ich hätte ja, nach GOttes Willen, gewünschet, daß dein dißmaliger Besuch mit
Vergnügen und Beruhigung, nicht aber mit
Bedrucktheit abgegangen wäre. — — Ich
hoffe doch nicht, daß die Ursach deiner Bedrucktheit an meiner Seite gewesen; einmal
mit Wissen und Willen ist solches nicht geschehen. Mein Hertz ist einfältig gegen dich,
so viel ich mich kenne. Halte nur in GOttes

Zweit. B. III. Th.   U   Namen

Namen aus bey jetziger Gemüths-Bedrucktheit und Leyden! Mich deucht, mein Hertze ſagt mirs, lieber Bruder, daß ſolcher Weg gegenwärtig nöthig und nützlich ſey. Es iſt wohl wahr, daß man nicht auf ſich ſelbſt ſehen, und den Grund ſeines Heils und Vertrauens nicht in ſich ſelbſt und ſeinen eigenen Beſchaffenheiten ſetzen müſſe. Auch iſt es gut, daß man (wann GOtt Freyheit und Vermögen gibt) Hertz und Gemüths-Auge ſanft und vertraulich über ſich ſelbſt zum HErrn erhebe, und der natürlichen Kleinmüthigkeit nicht zu viel nachhänge: Allein, wann GOTT will, daß wir uns ſelbſt ſollen ſehen und fühlen, dann helfen die ſchönſte Reglen vom Selbſt-Vergeſſen wenig; und, wann er unſere Flügel beſchneidet, dann hilft kein Trachten zum Auffliegen. Man muß ſich ſchicken und bücken, ſo gut man kan, bis GOttes Stunde kommt. Aus der Hertzens-Kleinheit wächſt endlich das reine Vertrauen zu GOtt. Doch du weißſt es ſelbſt wohl, was ich ſo dahin ſchreibe.

—— —— Gedencke meiner, ich thue mit GOtt ein Gleiches.

Dein

Mülheim,   verbundener ſchwacher
den 7. Jun. 1748.   Bruder.

Der

Der 98te Brief.

Trost und Muthgebung an ein leydend Gemüthe, um in Stürmen, Ohnmacht und Elend die Hülfe des HErrn friedsam zu erwarten.

In der Gnade JEsu hertzlich geliebter Bruder!

Da ich in der Eil an deinen Vater ein Brieflein geschrieben, so soll dieses zum Couvert dienen.

Du wirst schon versichert seyn, daß mir deine Brieflein allemal angenehm sind, wann gleich meiner Umstände wegen nicht jederzeit mit der Feder antworte. O! wie so oft bin ich mit meinem Hertzen bey dir! und bitte den HErrn, daß Er dir sagen, ja geben wolle, was ich dir gerne sagen und geben möchte, wann es in meinem Vermögen wäre. Ich weiß, daß du jetzt Unterstützung und Gnade nöthig hast; ich weiß aber auch, daß der HErr dir nahe ist, und alles Nöthige wird geben, dich selbst vesthaltende mit verborgenen Händen. Nur getrost, lieber Bruder! Wir sind des HErrn, und wollen unwiederruflich sein bleiben, dem Lamme folgende, wo es mit uns hingehet.

Alle Stürme und Schüttlungen sollen nur zu tieferer Gründung dienen; und die Erfah-

rungen

rungen eigener Ohnmacht und Elendes müſ-
ſen mit friedſamer Erwartung der Hülfe des
HErrn getragen werden, die zu ſeiner Zeit im
Geiſt erſcheinet. Solche Führungen bahnen
den Weg zu einem thätlichen oder weſentlichen
Ausgang aus uns ſelbſt, damit GOtt unſer
Leben und Alles werde, nach dem Maaß un-
ſerer Fähigkeit.

Die Gebrechlichkeit, womit wir alle
Stände tragen, muß uns demüthigen, aber
nicht beunruhigen: Alles iſt Gnade. Verän-
der: nicht leicht und ohne Noth deine An-
dachts-Uebungen oder andere Umſtände, wegen der inneren Blöſſe und Untüchtigkeit.
GOtt weiß ſchon, was des Geiſtes Sinn
iſt. Röm. 8. Und das acceptirt er nach ſeiner
Gütigkeit. Die redliche Liebe ſucht nicht ſich
ſelbſt, ſondern den Geliebten zu contentiren;
und es iſt eine gar edle Sache, auch unſerem
GOtt gleichſam auf ſeine eigene Koſten zu dienen. Er, unſer GOtt, iſt zu aller Zeit gleich
nahe, gleich anbätungs- und liebenswürdig:
Laſſet uns ihm auch zu aller Zeit mit gleicher Dienſtgefliſſenheit ergeben bleiben. Amen,
JEſu!

Ich leſe immer mit vieler Angelegenheit,
was du mir von der Beſchaffenheit daſiger
Gemüther berichteſt, und mit ſonderbarem
Vergnügen, wann es etwas Gutes iſt: Grüſſe
gelegenheitlich alle mit Namen von mir; ach!
der HErr wolle ſie beſuchen, ſegnen, und das
Fünck-

Füncklein in ihrer aller Hertzen anblasen, daß an jenem Tage kein einiger von ihnen vermißt werde! Amen. Verbleibe durch Gnade

Dein

Mülheim, verbundener Bruder.
den 13. Jun. 1748.

Der 99te Brief.

An einen Kaufmann, der in seinem Alter noch er-weckt worden, die weltliche Geschäffte dran zu geben.

N. N.

Dero mir von Hertzen angenehmes Zuschrei-ben vom 7ten pass. hätte ja nach Bil-ligkeit ehender sollen beantworten; da ich aber wenig im Vermögen, und doch viel Credito-res habe, so wissen geübte Handelsleute, wie Sie sind, schon aus der Erfahrung, daß es mit der Bezahlung so geschwind nicht her-gehen kan. — —

Allerdings, mein werther Freund, ist ihrem Haus und ihrem Hertzen einige Jahre her spe-cialiter Heil widerfahren; davor liebet und lobet meine Seele den HErrn, welcher in Zeit und Ewigkeit (wie ich vertraue) die Ehre davon ha-ben wird. Weil es dann nun die gütige Di-

U 3 rection

rection GOttes ſo gefüget, daß ich mit ihnen
und ihrem werthen Hauß noch in meinen letzten Jahren in eine ſo vertrauliche und heilſame
Bekanntſchaft hab gerathen ſollen; ſo brauche
ich auch alle Freyheit gegen ſie, hertzlich geliebter Freund, und ruffe ihnen im Geiſte zu:
Kommet, laſſet uns dann den lieben, der uns
zuerſt geliebet hat! Ja, kommet, wir wollen
jetzt redlich anfangen, für unſern GOtt zu leben, und ihm den kurtzen und ſchwachen Ueber-
reſt unſers zeitlichen Lebens gantz widmen!
Dann ſo ſehe ich die Sache an; ſie und ich
ſind abgenutzt, mein lieber Freund: In Anſehung der Welt ſind wir Emeriti; ihre, der
Welt Händel, gehen uns nicht mehr an. Es
mögen die Todten ihre Todten begraben: Wir
folgen unſerem ſüſſeſten Heylande nach, der
uns zu ſich und zu einer beſſeren Welt berufen, und geſchickt machen will. Mit einem
Wort; mich deucht, das Ende dieſes zeitlichen
Lebens muß der Anfang eines ewigen Lebens
bey uns werden. Ach, HErr JEſu! das
wircke du doch ſelbſt in meinem Hertzen, und
in dem Hertzen meines lieben Freundes N.
Amen!

Nun ſollte ich noch bald vergeſſen, den
Haupt-Inhalt ihres Schreibens zu beantworten. Ich verſichere, daß ich alle Geneigtheit
in mir finde, ihrem Begehren in Anſehung
meines Beſuchs ein Genügen zu leiſten, wann
anderſt der HErr eine Thür zu auswärtigem
Beſuch eröfnen möchte: Allein für gegenwärtige

tige Zeit wüßte mit Ruhe meines Gemüths nicht einen Tag abzukommen, und habe öfters kaum Zeit, ein Brieflein zu können schreiben. Wir wollen sehen, was GOtt künftig geben wird. Inzwischen kan ich nicht unterlassen, ihr werthes Haus öfters im Geist zu besuchen, und alle Vermehrung göttlicher Gnade und Segens von Oben aus Grund meines Hertzens zu erbitten. Ich opfere sie samt dero lieben Hausfrau, Söhnen und Gesinde auch noch diesen Augenblick dem HErrn innigst auf, und verbleibe, 2c.

Mülheim,
den 13. Jun. 1748.

Der 100te Brief.

Einem Reisenden wird die Nahbeyheit JEsu als daß einzige Nöthige angepriesen.

N. N.

Dein Brieflein vom 10ten dieses war mir um so viel angenehmer, weil daraus nicht nur deine Besserung von einem zugestossenen Fieber, sondern auch deine Reise nach A. ersahe: GOtt sey für alles gelobet! Im Geist hab ich dich begleitet, und seine göttliche Majestät gebäten, daß er sich deine Reise möge gefallen lassen, selbige mit seinem Segen

U 4   beglei-

begleiten, und dich beydes nach Leib und Seel
bewahren möge! wie ich noch aus Grund meines Hertzens thue. JEſus ruffe dir vielfältig
im Geiſt und mit Kraft zu: Siehe, ich bin
bey dir. Nur dieſes Eine iſt auch in A. für
dich zu ſehen, da andere Leute ſo viel Raritæten und Antiquitæten zu ſehen finden. Ach!
du groſſes, ſeliges, und allein vergnügendes Weſen, reiß unſere Liebe und Hertzens-Andacht gantz zu dir, daß wir aller
Orten, und zu aller Zeit, und in allen
Dingen nur dich ſehen, und nur dich lieben, der du unſers Hertzens eigentlicher
Vorwurf und ewig genug biſt!

— — Meinem Vetter N. war dein Gruß
und Andencken erfreulich: Er iſt etliche Tage
her mercklich ſchwächer geweſen, ſo daß er
meiſt hat müſſen liegen. Nach dem Inwendigen bleibt er GOtt und deſſen Willen und
Weg über ihm ergeben, obgleich dieſe Uebergebung etliche Tage her nicht mit ſonſtigem
Muth und Vergnügen von ihm ſelbſt wahrgenommen wird, ſondern das Gemüth was
entblöſſet und im Druck ſtehet: Dieſes wird
nur zum Fortgang und tieferer Gründung dienen; der Grund der Uebergebung bleibet einerley. Die Zeit läßt nicht zu, ein Mehreres zu
ſchreiben. Es lebe und herrſche JEſus immer völliger und abſoluter in uns! Mein Vetter und wir grüſſen alle hertzlich.

Mülheim,
den 17. Jun. 1748.

Der

Der 101te Brief.

*Der innere Mensch muß durch die Widerstrebung
des äusseren Menschen nur gedemüthiget werden, und nicht ermüden um GOtt zu suchen.*

N. N.

Kaum wollens meine Umstände auch heute
zulaſſen, daß ich dein Angenehmes vom
29ten paſſ. mit ein paar Zeilen beantworte.

Mit Mitleyden vernehme deine noch anhaltende Leibes-Schwachheit und Leyden;
sehe ich aber die heilige und liebenswürdige
Absichten GOttes darunter an, dann muß
ich alles mit ſtiller Anbätung unterſchreiben:
Das thue auch deine Seele, lieber Bruder,
und gehe nur mit geschloſſenen Augen ein
in diese Absichten GOttes über dir, welche
nicht anderſt als gut ſeyn können; Röm. 8,
28. und 29. Ja, sie sind so groß und für-
treflich, daß ein bißgen vorübergehendes Leyden wenig dagegen zu achten iſt. Ich sage,
deine Seele, d. i. dein innerer von GOTT
geschenckter neuer Wille ſoll unterſchreiben;
dann es liegt wenig daran, wann gleich im
äuſſeren oder unteren Theil allerhand Wi-
derstrebungen gefühlet werden: Auch dieses Gefühl gehöret mit zum Leyden eines
Christen; wodurch die Seele unvermerckt

U 5   gede-

gedemüthiget, arm und klein gemacht wird,
und unter allem widrigen Gefühl ſich heimlich in die ſo nahe Gnade und Kraft ihres
Erlöſers erſencket, oder doch darnach hungerende und darauf gelaſſentlich wartende endlich von der Gnade völliger durchdrungen
wird, und den Sieg erhält durch den, der
ſie von Innen belebet. Dieſes jetztgenannte
Erſencken, Hungern, Warten, ꝛc. iſt das
eigentliche Werck des Glaubens, dem ſich
GOtt endlich gewiß zur Ueberwindung ſchencket. Unterſcheide alſo nur beſſer den inneren Menſchen von dem äuſſeren, und wandle
mit GOTT getroſt fort! Die Natur wird
ja wohl nie wollen leyden; ſie muß ſterben.
Weg mit aller falſchen Zärtlichkeit! Weil
unſere Zeit kurtz iſt, ſo müſſen wir gerade
zu wandlen, der Natur entgegen.

Wundere dich nicht, lieber Bruder! daß
du dich noch ſo entfernt von GOtt und deinem Ziel erkenneſt: wir ſind weiter vom Ziel
verirrt geweſen, als wir wußten. Eben
der HERR unſer GOTT iſt es, der uns
dieſes läßt ſehen, und ohne unſer Wiſſen
uns dergeſtalt immer näher führet. O ja!
er iſt uns unausſprechlich nahe; er bemühet
ſich unaufhörlich mit uns; er ſorget wunderbarlich für uns. Er hat dich und mich ſo
viel Jahre bey unzähligen Weigerungen ge-
ſuchet, und endlich uns ſelbſt auch ſuchende
gemacht, daß es wohl Schande iſt, ſich
noch zu beklagen, wie du in deinem Brief
thuſt,

thust, daß dir GOtt noch so unbekannt, ohnerachtet du ihn schon so lange gesuchet. GOtt ist es, wie ich sage, der uns suchen macht; GOtt vergnügt sich in unserem Suchen. Wer GOtt gefunden, der hat einen solchen Schatz gefunden, welchen tausend Jahre gesucht zu haben, einem nicht zu viel noch zu lange düncken wird. Nur redlich fortgefahren, und nicht so bald ermüdet! Man sucht durchgehends GOtt lange, ohne ihn zu finden; und unvermuthet läßt er sich finden ohne Suchen.

Das Singen des Abends mit deinem Bruder rathe ich, an sich eben nicht abzubrechen; sondern unmaßgeblich erst ein wenig aus dem Neuen Testament oder einem andern Buch zu lesen; sodann ein Liedchen singen: wornach sich ein jeder nur alsbald retiriren könnte, um in keine verstreuende Discourse zu gerathen. — — Seyd sämtlich von uns hertzlich gegrüsset.

Mülheim,
den 8. Aug. 1748.

Der

Der 102te Brief.

Brüderliche Theilnehmung mit einem in innerer Blöſſe und Verſuchung ſtehenden Gemüthe: Von der ſchädlichen Selbſt-Liebe. Von den Tagen der geiſtlichen Schöpfung. Wichtiger Zuruf und Segens-Wunſch an einige Neu-Erweckte.

Jn unſerem ſüſſen Heylande hertzlich geliebter Bruder!

Heute würde dich mit meiner Hand gegrüſſet haben, wann gleich dein Angenehmes
vom 30ten Septembr. nicht erhalten hätte.

Nein, mein lieber Bruder, ich vergeſſe
deiner wohl gar nicht, würde ſolches auch
(wie mich deucht) nicht können thun, wann
gleich in Jahr und Tag nichts von dir hörete. Daß du mir nahe am Hertzen liegſt,
iſt dem Hertzens-Kündiger bekannt: Woll-
teſt du mir das Unrecht anthun, und daran
zweiflen, das würde mich betrüben. Es
wäre aber doch nicht zu verwunderen, da du
wohl gar ſollteſt z w e i f l e n können, ob der
HErr, unſer Heyland dich noch liebte, oder
deiner nicht vergeſſe? Wer im Düſtern wandelt, ſiehet die Bäume für Geſpenſter an.
Auch in meinem armen Gebät vergeſſe ich
deiner nicht; allein, weil ich mein Gebät
wahrlich dafür halte, wie ichs nenne, nemlich

lich arm ꝛc. so erwarte du auch von meinem, als meinem Gebät nichts Grosses,
alles aber von der unendlichen Liebe und
Barmhertzigkeit GOttes, der dich keineswegs lassen noch loßlassen wird.

Ich nehme in Wahrheit Theil an deinem jetzigen schmertzlichen und fürchterlichen
Zustand; ich weiß, wie dir darin zu Muth
seyn müsse; der HErr aber, dem wir uns
ergeben, weiß und siehets auch: Er hat die
drey Männer im feurigen Ofen unversehrt
erhalten; ich trau es ihm zu, er werde dich
auch in den Flammen der Versuchungen bewahren.

Wann ich deinen Zustand in dem von
GOtt geschenckten Licht ansehe, so kan ich
jetzt viel weniger fürchten, als in voriger
Zeit; ich sehe GOttes Hand darin. Es ist
wahr, was du schreibest, du bist mehr an
dich selbst, als an diß und das gebunden.
GOtt sey Danck! daß er dich solches mit
Schmertzen läßt fühlen. Aber vielleicht bist
du an dich und in dir selbst gebunden auf
eine Art, die du noch nicht deutlich kennest.
Wir sitzen am schädlichsten in uns selbst gefangen durch die Liebe zu uns selbst, durchs
Vertrauen auf uns selbst, durchs Erwarten
von uns selbst ꝛc. Und solches dencken wir
dann wohl nicht, weil dieses Selbst unter
einer gantz anderen Larve vor unsere Augen
kommt. Wir sehen Unzufriedenheit über
unser Böses, Kleinmüthigkeit, Mißtrauen
an

an GOtt, Unluſt zu allem; ꝛc. weil wir
uns ſo und ſo elend finden, und anſtatt der
verhoften Förderung noch zurück zu gehen
ſcheinen: Wir dencken aber nicht, daß die
Liebe zu uns ſelbſt hinter dieſer Larve ſtecke.

Sey nur getroſt, mein Bruder! Genug,
daß dein innerer Wille nicht mit Vorſatz
und Bewußtheit zuſtimmet, oder Gefallen
hat am Böſen: Genug, daß es dir zur Laſt
und nicht zur Luſt iſt, und daß dich all dein
Jammer und Elend nur veranlaſſet, dich in
wahrer Bekänntniß deines Nichts ſo viel
nackter und vertraulicher in GOttes Schooß
zu erſencken und fallen zu laſſen, in welchem
allein deine gründliche Erlöſung, und alles
wahre Gut weſentlich zu finden iſt. Siehe
dich an als einen, der GOtt angehöret mit
Leib und Seele; demnach hat der HERR
auch Freyheit, über dich, als über ſein eigen
Gut, zu diſponiren. Vergiß möglichſt dich
ſelbſt und das Bild des Böſen. Raiſonire
nicht über GOttes Führung, der öfters durch
Koth ſehend, und durch häßliche Seiffe rein
macht.

Was du bey der Schöpfung anmerckeſt,
dienet gar ſehr hierhin. Unſere Erde iſt
und entdecket ſich ja wüſt und leer, (eigentlich ein confuſer Chaos) und mit lauter
Finſterniß auf der Tiefe. Der lebendige
und lebendigmachende Geiſt hat ſeine ſechs
Tage, daß er ſchwebet, wie eine Henne
über den Eyern, auf den Waſſern unſerer
                                        Elen-

Elenden, bis sich alles nach und nach schei-
de, und endlich ein schönes Gebäude zu GOttes Lust und ewiger Beruhigung in uns
hervorkomme. Amen! HErr, das vollende in uns! Unser Hertz und Wille sey
dir wahrlich unterworfen, wie der Thon
seinem Töpfer ist! Amen.

Wegen meiner Ueberkunft hätte gern eher
meinen Entschluß überschrieben; allein die
göttliche Vorsehung hats verhindert, und
mir seitdem alle Hände voll gegeben, daß
gar nicht schreiben können. Aus Mangel
der Zeit melde nicht alles, was mich verhindert hat, und noch verhindert; dann die ro-
the Ruhr continuiret noch immer. —
Ich werde also für diesesmal meine Reise
dorthin müssen fallen lassen. O! wie so
hertzlich gern vergnügte ich euch alle in diesem
eurem Verlangen! Und, wie würde es mich
vergnügen, den Glauben, die Liebe, die Treue,
den Fortgang in der Heiligung, sowohl in
eurem werthen Hause, als auch in denen
übrigen jungen Pflantzen, die mir auf dem
Hertzen liegen, zu mögen sehen! Keine eintzige Seele von allen denen, die ich gesehen,
wird bey mir vergessen; der HErr wolle sie
an meiner Statt so viel kräftiger besuchen
mit dem Geist der Gnaden und der Zucht,
sie überzeugende, unterweisende, erweckende,
tröstende, nachdem es ein jegliches Hertz in
seinem besonderen Zustand bedarf! Er, der
HErr suche und rufe sie heraus aus allem,

wo

wo ſie ſich verſtecken und erhalten wollen,
durch ſeine Allmachts-Stimme, wie Er unſern erſten Eltern that: Adam! wo biſt du?
Ach! er laſſe nicht zu, daß ſie einen eintzigen
ruhigen Tag ſuchen oder finden, als allein
in ihm, und in der völligen Uebergebung
an ihn!

Nein, liebſte Seelen! ihr findets ſonſt
an keinem Ort: Bey JESU allein iſt es,
was euer Hertz wünſchet. Er werde euch
alle Tage wichtiger! Eilet! Brauchet Ernſt,
und waget alles dabey, daß ihr die theure
Perle ſeiner innigen und ewigen Gemeinſchaft
im Geiſt erreichet; dann es iſt bald Abend!
Mein Hertze grüſſet und ſegnet euch alle,
und einen jeglichen ins beſondere. Ich werde eurer vor GOTT nicht vergeſſen, dann
eure unſterbliche Seelen ſind mir theuer,
wiſſende, daß ich eure Angeſichte nicht vergeblich geſehen habe. Unſer groſſer Hoherprieſter JEſus trage eure Namen auf ſeinem
Hertzen! Er faſſe und ſegne euch mit der
Kraft ſeiner göttlichen Liebe, daß ihr, mit
mir, würdiglich wandelt eurem hohen Beruf, und Menſchen nach GOttes Hertzen
werdet! Amen.

Lieber Bruder! ich ſchreibe dieſes ſo in
der Eil aus meinem Hertzen, da immer gehindert und abgeruffen werde. Grüſſe alle
und jede ins beſondere. Grüſſe hertzlich von
mir deine liebe Eltern; JEſus ſtärcke und
erquicke ſie, und mache ihr Alter recht frucht-
bar

bar und gesegnet! Deinen lieben Bruder A. grüsse ich gleichfalls gar hertzlich; GOtt sorget für ihn, und stößt ihn öfters an. Schließlich grüsse ich auch dich in verbundener Liebe, mein Bruder! Der HErr sehe auf dich, und vollende es!

Dein

Mülheim,   schwacher Mitbruder.
den 3. Oct. 1748.

Der 103te Brief.

Das reine Vertrauen auf GOtt quillet sanft durch alle Hindernissen. Des Schreibers Verhalten in ausserordentlichen Dingen, so wohl bey Gesunden als bey Krancken.

Meine hertzlich geliebte Schwester in JESU!

Ob ich gleich noch nicht hab dürfen schreiben seit meiner letzteren Kranckheit, so folge doch der innigen Neigung, um dich mit ein paar Zeilen gar hertzlich zu grüssen, und zu sagen, daß mir dein angenehmes Schreiben richtig zur Hand gekommen. — —

In Ansehung dessen, was du von dir selber schreibst, so bleibe nur in dem Sinn und Grund unbesorgt, daß du nemlich bey

Zweit. B. III. Th.   X   aller

322 Geiftliche Briefe.

heiten und Elenden zwar gantz nichts auf
dich selbst, aber unendlich viel auf GOtt
vertrauest und von seiner Güte erwartest:
Diese Lection ist so licht und bald nicht aus-
gelernt, als man dencken sollte. Das reine
Vertrauen auf GOtt allein ist wie ein stilles klares Waffer aus der Ewigkeit; oft
vermischt sich was unreines Waffer damit;
oft verdeckt sichs gar, aber es scheidet nach
seiner Art alles Unreine, d. i. alle Absichten
auf uns selbst, immer mehr ab, und quillet
sanft durch alle Hindernisse hindurch, und
nimmt die Seele mit in seinen Ursprung.
Lasset uns das Gute und Böse in uns sehr
unschuldig, sehr im Vorbeygehen, und so
wenig als möglich ist, ansehen! GOtt ist
allein gut, und ihn ansehen macht gut.

Was anlangt dein Verhalten in Ansehung des verstorbenen Vetters N. so kan
überhaupt nicht sagen, daß du dich anderst
als nach GOttes Willen darin betragen
hast; du konntest ihn in dem Zustand, worin er war, nicht von dir abweisen; wäre
auch nicht gut gewesen. Ob du nun gleich
unwiffend warest, ihm zu rathen, so gibt
einem doch GOtt bey solchen Umständen
das Nöthige um eines armen Dürftigen
willen. Zu dem Ende befiehlt man sich GOtt
kindlich an, und trauets ihm dann einfältig
zu, er werde geben zu dencken und zu reden,
was ihm gefällig ist. Kommt man dann

aus

aus solchen Gelegenheiten, dann muß man sich wieder vor GOtt demüthigen, und nicht mehr dran dencken wie es gegangen ist.

Ob dasjenige, so deinem Vetter begegnet, in Ansehung der zwo gesehenen Personen göttlich gewesen sey oder nicht? daran ist wenig gelegen, das aber ist gewiß, es ist ihm von GOttes wegen und zu seiner Stärckung begegnet; und deßwegen war es gut, daß du ihm nur bey allem zu beruhigen und im Vertrauen zu GOtt hast suchen zu stärcken. Gesetzt, es wäre ein Traum gewesen, und er hätte es vor eine göttliche Erscheinung gehalten, und wäre durch solche vermeynte Erscheinung aufgemuntert und im Vertrauen gestärcket worden, so wäre gar kein Schade dabey. Ja, wann ichs gewiß als einen Traum oder Einbildung hätte erkannt, so würde ich mir ein Gewissen darüber gemacht haben, ihm solches zu sagen, damit er die gute Frucht und Nutzen nicht verlieren möchte. So mach ichs meist bey ausserordentlichen Dingen, die mir vorkommen; ich sehe, was der Baum für Früchte trägt? Nur mit dem Unterscheid, daß ich bey gesunden und ausser besonderen Proben stehenden Personen, wegen des Versuchers und der Eigenheit, es immer dahin lencke, daß man bey den ausserordentlichen Dingen selbst nicht lang stehen bleibe, sondern hübsch die Frucht einsammle: Bey Sterbenden nach GOtt Hungerenden aber muß man sonderlich

X 2   das

das Füncklein des Glaubens anzublaſen ſuchen. Ach! die arme Hertzen ſtecken ohnedem tief genug im finſteren Mißtrauen; der Feind ſtößt auch nur tiefer drein, damit das Gemüth in unruhiges Zagen komme und von GOtt weg bleibe: da ſollen wir zu ſolcher Zeit den lieben Engeln Hülfe leiſten, als welche JEſu und denen nach ihm hungerenden armen Seelen ſo gerne Hertz-Stärckungen guter Gedancken und des Vertrauens zu GOtt zubringen. Luc. 22, 43.

Nun bin ſchon recht müde. Mein Hertze grüſſet dich, liebe Schweſter, und wünſchet dir des HErrn Segen aus ſeinem Heiligthum zu allem, was nöthig iſt. Amen! JEſu! Gedencke auch meiner vor GOtt. Einige hieſige Kinder, die mich in der Kranckheit kamen ſehen, haben auch zu grüſſen erſucht.

Dein

Mülheim,   verbundener ſchwacher

den 12 Dec. 1748.   Mitbruder.

Der

Der 104te Brief.

Wie man sich im Stande der Finsterniß und Leyden zu verhalten habe. Daß GOtt die Seinige so weislich vor eigener Anmassung zu
bewahren wisse.

In der Gnade JESU hertzlich geliebte
Schwester!

Dein Angenehmes vom 26ten Nov. habe
seiner Zeit wohl erhalten, aber just wie
ich kranck und äusserlich im Finstern war.
Ich hab in manchen Jahren keinen so ernstlichen Anfall leiblicher Kranckheit gehabt, so
daß ich auch gedachte, obs vielleicht mit mir
hier zum Ende gegangen wäre? Es waren
Fiebere und ein starcker Husten, samt anderen
Zufällen. In drey Wochen bin ich nicht mehr
als einmal von der Kammer gekommen, und
saß oder lag im Finstern, weil Haupt und Augen kein Licht leyden wollten. Jetzt bin ich
wieder etwas besser, doch noch nicht aus gewesen, weil doch fieberhaft, flüßig und schwach
im Haupt bleibe. Hilf mir dem lieben GOtt
dancken für seine väterliche Züchtigung. Ich
kan sagen, daß mirs erkänntlich ist. GOtt
segne mirs! daß die beäugte Frucht nicht ver-
welcke, sondern reif werde.

X 3 Was

Was du sonst schreibest von deinem jetzigen Stand der Finsterniß und Leyden, solches habe dem HErrn in meinem Gebät dar-
gelegt, hoffe es auch durch seinen Beystand
ferner zu thun. Ich nehme so gern Theil an
dem Wohl und Weh meiner Mitglieder, womit mich die Vorsehung bekannt gemacht hat.
Allein! was soll ich sagen? liebe Schwester!
Dieses Leben ist, um zu leyden, und jenes unendliche Leben, um zu geniessen,
sonderlich für uns, die wir einem gekreutzigten
Heyland aus Gnaden angehören, auf die
Condition, daß unser Theil nicht in diesem
Leben seyn solle. Es kan zwar seyn, daß der
Zustand deines Körpers, bey zu weniger Bewegung, das Gemüth mit ängstiget, verfin-
stert und beschweret: Es komme aber von dieser oder jener Seite, so ist es doch Leyden,
und Leyden von GOtt. Packe in GOTTes
Namen nur auf, und trage dein Creutz getrost
dem HErrn nach; Er wird im Verborgenen
helfen, das traue ich ihm zu.

Wir müssen leyden; wir sagen, daß wir
auch wollen leyden; aber wir arme, eigenlie-
bige, oder doch gemächliche Kinder wissen
tausend Einwendungen vorzubringen, warum
wir uns just ins gegenwärtige Leyden nicht
wohl bequemen können; bald haben wir diß,
bald jenes daran auszusetzen, und machen
uns dadurch die Last nur schwerer. Laßt uns
einfältig von GOtt annehmen, was kommt,
uns ihm anbefehlen, und ihn für uns wählen

laffen

laſſen. Wir koͤnnen die zwey à drey Tage
dieſes elenden Lebens nicht nuͤtzlicher zubringen,
als im willigen Leyden. Sagſt du: ich bin
nicht willig; dann kan ich dir nicht glauben.
GOtt hat dir doch einen willigen Geiſt gegeben, obgleich das Fleiſch ſchwach iſt. Aber
das ſagſt du: Du falleſt aus der einen
Suͤnde in die andere. Das waͤre nun nicht
gut, wann es Wahrheit waͤre; ich dencke
aber, du macheſt dir in jetziger Finſterniß auch
manche fuͤrchterliche Vorſtellungen, und bil-
deſt dir Suͤnde ein, wo keine iſt, ſonderlich
wann du viel unterſuchen und raiſonniren willſt.
Dem ſey, wie ihm wolle; in der Finſterniß
kan man leicht Fehltritte thun, ob man ſie
gleich nicht gerne thut: Deßwegen bekenne
dich uͤberall (ohne Unterſuchen) ſchuldig. Er-
ſencke dich mit Vertrauen in JEſum, ſo gut
du kanſt, und vergiß die Dinge dann wieder:
Auf dieſe Weiſe erreicht GOTT ſeinen Endzweck durch deine Entbloͤſſung.

Man verurſachet ſich aber in ſolchen Zu-
ſtaͤnden unwiſſend manche Fehler und Leyden,
eben dadurch, daß man nicht leyden will;
davon kommt heimliche Unzufriedenheit, Traurigkeit, und Verdruß, welche Eigenſchaften
man uͤberall mit nimmt, und in alles einfuͤh-
ret, ſo daß einem vieles nicht recht iſt, und
daher durch Unwillen manches verſehen wird.
Sey derhalben nur zufrieden, liebe Schweſter,
mit der gegenwaͤrtigen Fuͤhrung uͤber dir!
Eine Seele, die nicht Welt, nicht Suͤnde,

X 4 ſondern

ſondern nach dem Grunde nichts anders will, als gantz für GOtt, und nach ſeinem Hertzen ſeyn, die hat im Finſtern nichts zu fürchten, und iſt nimmermehr von GOtt verlaſſen, ob es ihr gleich ſo düncket.

Du ängſtigeſt dich, obwohl ohne Grund, über den Spruch: Wer mich liebet, der hält meine Gebote; ſo leyde dann, und erfülle dieſes Gebot JEſu, und beweiſe dadurch, daß du ihn liebeſt. Ach! welch eine edle Liebe iſt es, leyden wollen ohne Empfindung der Liebe. Du denckſt, es ſey dein Armüthgen nun verlohren, woran du zwölf à dreyzehn Jahr geſpahret haſt; keineswegs! Der himmliſche Vater hat die Spardoſe in Verwahrung genommen, um dir ſelbige ſeiner Zeit mit Gewinn wieder zu geben, ſamt der Erbſchaft; dann es iſt wahr, wir bekommen öfters Sparpfennige, aber die Kinder müſſen nicht immer mit der Spardoſe ſpielen, ſondern auch in die Schule gehen: Weil aber dumme Kinder öfters allerhand nichtsnützige Sachen mit in die Spardoſe thun, ſo wirft das der Vater wohl weg; laſſet uns nicht unwillig darüber werden! bey ihm ſind unſre Sachen am beſten verwahret.

Ach, mein GOtt, wann ich anſehe den Jammer unſerer tief eingedrungenen Eigenheit, und wie ſo ſubtil ſich dieſes Gift in alles einmiſchet, und machet, daß wir unvermerckt Diebe der heiligen Dinge werden, indem wir uns anmaſſen deſſen, was GOttes iſt; ſo

muß

muß ich anbäten und preisen die Wege der göttlichen Weisheit, welche ihre Kinder in diesem Leben vielfältig durch die Wege der Leyden und inneren Armuth führet, zu unserer Bewahrung.

Wage dich dann dabey, liebe Schwester! Suche nicht das Deine in dem Dienst GOttes: Liebe nicht mehr nach kindischer Art: Vertrau deine Seele GOtt an, und laß ihn sie bewahren; du aber arbeite, leyde, und lobe GOtt in dem Leyden, dann jetzt ist ers so würdig, als vorhin. Noch ein wenig! bald kommt das Ende.

Ich schreibe so ohne Besinnung, da nur eben grüssen wollte. Ueberhaupt wirst du meinen Sinn doch fassen können. — — Ich kan nun nicht mehr schreiben, weil gantz müd und matt bin. JEsus lebe!

Dein

Mülheim, verbundener schwacher
den 12. Dec. 1748. Mitbruder.

X 5 Der

Der 105te Brief.

Aufmunterung zu einem innigen abgeschiedenen Wandel.

Hertzlich geliebter Bruder in unserm süssen Heylande!

Sowohl deinen Neu=Jahrs=Brief aus S. (dessen Inhalt der HErr erfülle nach seinem Wohlgefallen) als auch deinen Angenehmen vom 10ten dieses aus dem B. habe seiner Zeit richtig erhalten: ich darf aber die Feder noch wenig gebrauchen, obgleich nach der Kranckheit genug damit zu thun hätte; dennoch muß ich dich hertzlich grüssen, und dich auch mit der Feder meiner einfältigen und innigen Liebe versicheren.

Es war bey meiner Kranckheit zwar ein Umstand, der da machte, daß ich auch auf einen Uebergang dachte; sonst würde die Kranckheit in sich bey einem stärckeren Körper, als der Meinige ist, so wichtig nicht gewesen seyn: doch habe in etlichen Jahren keinen so ernstlichen Anfall gehabt. Ich dancke GOtt vor diese gnädige Züchtigung, die mir gut gewesen. Mein Hertz und Sinn will unverrückt und völlig ins Ewige. Alles Leben, das nicht mit Wahrheit ein Leben vor GOTT ist, kommt

mir

mir höchst unwerth und thöricht vor. Lasset
uns Leben, Zeit, Kraft, Körper und was wir
hier haben, für GOtt wagen und anwenden,
dann bald haben wirs nicht mehr!

GOtt will auch dich, lieber Bruder! mehr
in eine wahre Abgeschiedenheit einführen, um
sich dir nach seinem Wohlgefallen zu können
mittheilen. Wandle einfältig, und laß dich
durch GOttes Führung inwendig vereinfältigen, und aus den Sinnen in den Geist einleiten.
Unser Reich ist nicht von dieser Welt, sondern
inwendig in uns. Wo dieses Welt-Sinnen-
und Vernunfts-Reich ein Ende hat, da fängt
GOttes Reich in uns an: Doch können wirs
nicht ergreiffen, es muß sich offenbaren; wir
nähern uns aber demselben durch die redliche
Folge in den Wegen der Verläugnung, des
Leydens und des Gebäts.

Du bittest mich um Vergebung, 2c. Ist
was da, zu vergeben? Dann sey es dir von
gantzem Hertzen geschencket, und dir ein ewiger
Segen aus der Fülle JEsu von mir zugewünschet! Ob ich gleich auch vorhin nichts zu vergeben bey mir gefunden, sondern brüderliche
und kindliche Liebes-Vereinigung; so ist mirs
dennoch lieb, daß du dich wohl willst beugen
und unterwerfen. Meiner Hertzens-Neigung
und Angelegenheit an deiner Seelen Förderung
kanst du versichert seyn: aber mein Licht und
Vermögen sind gering. Lasset uns in allem
auf GOtt sehen und Vertrauen!

Ich

Ich grüſſe dich zärtlich, auch von hieſigen Bekannten. Deinen Vater, Mutter und ſamt und ſonders die geruffene Hertzen daſelbſt grüſſe ich gleichfalls mit aller Angelegenheit. Ich darf nicht mehr ſchreiben. Verbleibe

Dein

Mülheim, treu-Verbundener.
den 19. Dec. 1748.

Der 106te Brief.

Daß wir nach geſchehener Uebergabe an GOtt, der Führung JEſu wirckender und leydender Weiſe folgen müſſen, und wie ſolches geſchehe.

Hertzlich geliebter Bruder in der Gnade JESU!

Dein Angenehmes vom 12ten Nov. habe der Zeit wohl erhalten, und öfters im Geiſt beantwortet, da ſolches mit der Feder zu thun bisher bin verhindert worden; auch bin noch wenig zum Schreiben im Stand.

Lieber Bruder! Wir ſind des HErrn. Von dem Augenblick an, da wir uns ihm mit redlichem Hertzen ergeben haben, gehören wir ihm zu mit allem, was wir ſind, und nicht
mehr

mehr uns selbst: Dafür mögen und müssen
wir uns halten. Hiebey bleibt es; oder wir
müßten einen so solennen Wiederruf thun, als
die Ergebung zuvor gewesen ist, wofür uns
der HErr wohl wird bewahren. Es bleibt
dabey! sag ich, und als solche siehet uns
auch GOtt aus Gnaden an. Indeßen sind
wir noch nicht fertig. Der Sinn muß gründlicher aus allem heraus, das Hertz von den
Eigenheiten gereiniget, und die gantze Liebes-
Neigung und Absicht lauterer auf GOtt allein
gerichtet werden, um der innigen Vereinigung
mit GOtt fähig zu seyn: Dahin zu gelangen,
haben wir uns JEsu und der Führung seines
Geistes anvertrauet, dann er ist unser Selig-
macher. An unserer Seite ist dann nichts zu
thun, als nur, daß wir nach dem Maaß unsers Lichts und Standes bey ihm bleiben, und
ihm folgen beydes wirckender und leydender
Weise.

Laß dein Hertz, deine Hertzens-Neigungen und Hertzens-Gedancken kindlich und frey,
aber doch mit Wahrheit dem innignahen GOtt
zugewandt seyn. Folge mit einer ruhigen,
aber bedachtsamen Zustimmung denen Ein-
drücken und Neigungen, die er dir geben möchte, deine Lust, Liebe und Leben von allem zu
scheiden und auf ihn allein zu wenden: Er sey
wahrlich HErr und Meister in deinem Hertzen,
und dein Wille und alles werde ihm ohne
Raisonniren unterthänig! nach der Anweisung,
die er dir von Zeit zu Zeit darzu geben möchte:

Diese

Dieſe Anweiſung iſt gar was anders, als das
ungewiſſe, ångſtliche, unruhige Treiben, ſo aus
eigenem Nachdencken und Scrupuliren entſtehet. Die Anweiſung oder Führung des Geiſtes
JEſu iſt ein inniger ruhiger Eindruck, Neigung,
oder auch wohl ein inniges Licht, wordurch
die Seele zu GOtt geleitet wird; worzu nicht
Nachdencken, ſondern eine einfältige Hertzens-
Stille und Sammlung nöthig iſt. Dieſes
lehret uns nicht eben groſſe und auſſerordentliche Geheimniſſe, ſondern nur das Eine Geheimniß, wie wir uns ſelbſt ſterben, und
GOtte leben ſollen. Dergeſtalt folget man
dem HErrn wirckender Weiſe.

Leydender Weiſe folgeſt du ihm, wann
du alles, was dir vom Morgen bis zum Abend,
mittelbar oder unmittelbar, nach Leib oder
nach Seele begegnet, mit Reſpect und Willigkeit von GOtt ſelbſt annimmſt, als etwas
Dienliches und Gutes für dich: Dahin gehören unter anderen die Umſtånde deiner leiblichen Kranckheit. GOtt weiß es am Beſten,
lieber Bruder, was dir gut iſt; ob du ihm
beſſer in Schwachheit oder Geſundheit dienen
kanſt? Dahin gehören auch die damit ver-
knüpfte Dunckelheiten, fürchterliche Vorſtellungen, Traurigkeit, Erfahrung eigener
Schwachheiten und eigenen Unvermögens,
dich ſelbſt zu verlaſſen; ſinnliche Triftigkeiten
und Zerſtreuungen in den Gedancken. Bey
dieſen und anderen dergleichen Dingen folgeſt
du GOtt leydender Weiſe, wann du ſolche
Dinge

Dinge leydeſt aus Unterwerfung an GOTT, und zwar ſo friedſam, als dir möglich iſt, zuſtimmende in dein Nichts und Elend, aber dich in Gott neigende, oder ihm überlaſſende mit Vertrauen, daß dein Heil von ihm kommen werde, nach ſeinem Wohlgefallen. Von dem aber, was in ſich böſe und ſündlich iſt, ſcheidet ſich der Wille mit Wahrheit ab; man leydets zwar auch, aber alſo, das GOttes Auge kan ſehen, man approbire es nicht. Von düſterer natürlicher Traurigkeit ſcheidet man ſich auch möglichſt, hängt ſolcher wenigſtens nicht nach, ſondern ſucht ſich lieber auf eine oder die andere Weiſe was zu helfen, aber mit Gelaſſenheit und Unſchuld. Die Triftigkeiten leydet man, ohne ihnen zu folgen. Kan man denen ſinnlichen Zerſtreuungen im Gebät nicht entweichen, dann Verachtet man ſolche, und bleibt in der Hertzens-Meynung ruhig bey GOtt, und trägt ihm zu lieb ſolche Dornen-Kron.

GOTT ſorget für dich, lieber Bruder! ſchmiege dich nach ihm vom Morgen bis zum Abend, und was du nicht kanſt, das lerne. Der HErr wird es ausführen. Laßt uns uns ſelbſt und das Unſere in dieſem kurtzen Leben nicht ſuchen, auch nicht in dem Dienſt GOttes, ſondern wahrlich GOtt allein. Ach! wird GOTT nur vergnügt, dann ſollen wir gern unſer leibliches und geiſtliches Vergnügen entbehren wollen. Es gehet alles wie ein ſchlechter Traum vorüber. GOtt iſt unſere

Selig-

Seligkeit; in ihm werden wirs ewig gut haben. JEſus lebe und verkläre ſich in dir,
ſonderlich auch zu dieſer Zeit, da wir uns abermals feyerlich erinneren ſollen der Leutſeligkeit
GOttes in der Offenbarung ſeiner Liebe bey
der Menſchwerdung und Geburt ſeines Sohnes. Deinen Vater, Mutter, Bruder,
auch übrige beruffene Gemüther, alleſamt grüſſe ich gar hertzlich und wünſche, daß ſie auch
im Winter wachſen und grünen mögen in der
Gnade! Verbleibe

Dein

Mülheim,   verbundener ſchwacher
den 19. Dec. 1748.   Mitbruder.

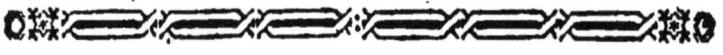

Der 107te Brief.

Aufmunterung zum Leyden und Lieben.

Hertzgeliebte Schweſter in JEſu!

Sitzende in der Stille vor dem Angeſicht
unſers liebſten Heylandes, grüſſet und
ſegnet dich meine Seele in ſeinem Namen,
und wünſchet dir aus ſeiner ſo nahen Fülle
alles, was dich wahrlich vergnügen, ſtärcken
und ihm angenehm machen kan. Sey nur
gantz getroſt und zufrieden in deinem Leyden!
JEſus leydet mit dir; JEſus leydet in dir,
und

und du leydeſt in= und mit ihm, und biſt ja
nicht alleine. Auch ich leyde mit dir, mein
liebes Kind! Im Geiſt finde ich dich nahe.
Komm dann nur mit mir, und laß uns
unſer höchſtes Gut anbäten! Laſſet uns lieben
und lieben laſſen von dem, der ſo nahe iſt! In
ihm haben wir alles, wann wir ihm unſer Al=
les geben: Ihm biſt du unwiderruflich ergeben
mit Leib und Seele; darum ſorge nur nicht,
dann du biſt ſchon in ſeiner Hand.

Leyde und liebe dann, wie ein Kind in
ſeiner Mutter Schooß; da bleibe gantz ſtill
und willenlos, ja bilderlos: Er wird dich
ſchon ſelbſt bilden, wie du ſeyn muſt. O! wie
ſo einfältig, beugſam, unſchuldig und kind=
lich will Er dich machen! O! wie ſo abſolut
will er dein HErr und Meiſter, dein Leben
und dein Alles ſeyn! Ueberlaß dich dann nur
mit ſüſſem Vertrauen ſeiner Hand, und gib ſei=
nen Wirckungen ungezwungen Raum; er iſt
getreu, er wird es ausführen. Ich grüſſe dich
abermals meine Tochter, und verſichere dich
meines brüderlichen Andenckens und meiner un=
verrückten Geiſtes=Gemeinſchaft. Opfere mich
auch dem HErrn auf! Ich bleibe ꝛc.

Der ſüſſe Name JEſus ſey
Dir ewig ſüß und täglich neu,
Zum Lieben und zum Leyden kräftig,
Und zur Vollendung ſehr geſchäftig!

Mülheim,
—— —— 1749.

Der

Der 108te Brief.

Unsere Leibes-Baufälligkeit soll uns umsehend machen, nach der göttlichen Behausung durch Gebät, Glauben und Liebe.

Hertzlich geliebter Bruder in dem, der sich nicht geschämet, unser Bruder zu werden.

Beyde deine angenehme Brieflein vom 16ten und 23ten Decembr. habe zu seiner Zeit wohl erhalten, und mit hertzlichem Segens-wunsch im Geist beantwortet.

Ich dancke mit dir dem HERRN von Hertzen, daß er deine und meine äussere Hüt-te bis ins Neue Jahr erhalten, und, wie es scheinet, eine kleine Stütze an das baufäl-lige Gebäude angelappt hat. Wie lang aber die Stütze halten wird, weiß der HERR. Inzwischen verspüren wir beyderseits wohl so viel, daß sich nicht viel darauf zu verlas-sen; die Hütte bleibt wanckend und krachend: Darum wollen wir bey der vorigen Resolu-tion bleiben, und uns umsehen nach einer besseren und beständigern Behausung in den Himmeln; 2 Cor. 5. Diese ist ein unver-gleichlicher Bau aus GOtt, und bestehet in der göttlichen Klarheit, herrlichen Unsterb-lichkeit,

lichkeit, und unsterblichen Herrlichkeit, die in Adam weggewichen und verblichen, in der Menschwerdung und Geburt CHristi aber wieder in die Menschheit eingeführet ist.

Durch Gebät, Glauben, Lieben und Einkehr vereinigen wir uns mit diesem so nahen GOtt=Menschen und gloriösen göttlichen Kindlein, der dann unser Elend in sich verschlingt, und uns seine Klarheit mittheilt, wie eine kalte schwartze Kohle von einer sich zu ihr nahenden glüenden Kohle angezündet und schön gemacht wird; da hat dann die Kohle nicht mehr ihr schwartzes, sondern ein schönes gläntzendes Kleid.

Nun! darnach Seufzen wir auch, daß wir dieses Kleid anziehen mögen bey Leibes Leben, und daß, ehe wir uns, durch den leiblichen Tod, noch ausziehen, alles Schwartze und Sterbliche von dem Leben der Klarheit in JESU möge verschlungen seyn! 2 Cor. 5, 4. Daß auch dieses nun angefangene Jahr darzu kräftig möge gesegnet seyn, wünschet meine Seele mit innigster Angelegenheit dir und unsern beyden Schwestern vor dem Angesichte GOttes; gleichwie ich auch für mich selbst solches sehnlich wünsche: Zu dem Ende vereinige ich mich mit euch aufs Neue, um einander zu fassen, und Lieb und Leyd zusammen zu tragen. Amen JEsu! — —

Ich

Ich muß in Eil ſchlieſſen; nebſt hertzlichem Gruß

Dein

Mülheim,   verbundener ſchwacher
den 2. Jan. 1749.   Mitbruder.

Der 109te Brief.

Segens-Wunſch an einen Krancken, in langwierigen Leyden. Freuden-Bezeugung über den Ernſt einiger Erweckten, und über die Beugung einer Freundin. Rath- und Muthgebung in Dürre und Dunckelheiten.

Hertzlich geliebter Bruder!

Ich will ſehen, ob ich im Stande bin, auf dein Angenehmes vom 4ten dieſes das Nöthige zu antworten.

Daß GOttes Weisheit, Langmuth und Güte den lieben alten Vater bishero erhalten, ja einiger maſſen erquicket hat, iſt mir lieb zu vernehmen; dann der GOtt, der ſein Leben bis hierzu erhält und verlängert, durch die Fürbitte ſeines Sohns, der wird auch ſehen, daß ihm ſolches nöthig, gut und nützlich ſeyn möge. Es wircke dann der HErr durch ſeine Gnade unabläßig in dem Hertzen des Patienten, damit alle noch übrige Tage,
Stun-

Stunden und Augenblicke dieses zeitlichen Lebens und Leydens nur eine gesegnete fruchtbare Zeit der Schmeltzung und Zubereitung zum ewigen Leben seyn möge! Ich bedaure zwar von Hertzen sein langwieriges Leyden, worunter GOTT ausharrende Geduld und unbedingte Uebergabe in seines Schöpfers und Töpfers Hand schencken wolle! Allein die gesegnete Frucht, die wir daraus hoffen und erbitten, wird alles Leyden reichlich ersetzen: Er stehe nur bey, und züchtige in Gnaden, damit wir nicht mit der Welt verdammt werden! 1 Cor. 11, 32. Es werde der Leib gekreutziget, damit der Geist erhalten werde am Tage des Gerichts! Ich ersuche dann, den lieben Vater gar hertzlich von mir zu grüssen, und ihn meiner fortwährenden Angelegenheit an dessen In= und äusserem Zustand, meiner Affection und Fassung im Gebät zu versicheren. — —

Das Allerangenehmste in deinem Brief war mir dieses, daß ich überhaupt daraus verstunde, daß meine dasige liebe Mitberufene noch ernstlich waren. O! mein GOTT! du weißst es, welch eine Erquickung und Labsal es meiner Seele ist, wann ich dergleichen gute Zeitungen erhalte. Der HErr JEsus segne und erhalte sie alle in seinem Namen, welche ihm in dasiger Gegend gegeben sind, daß keines verlohren werde, sondern der redliche Wandel und Ernst dasiger Erweckten noch manche andere herzu bringe!

Y 3

bringe! Ich grüſſe ſie ſamt und ſonders,
meine Seele ſegnet ſie, und ihr Andencken
iſt mir wichtig und tröſtlich.

Die N. grüſſe insbeſondere hertzlich von
mir: ich habe längſt ausgeſehen, gehungert
und gewartet, ob ſie dann nicht einmal näher kommen, und ſich redlich erklären würde. Nun iſt mirs um ſo viel lieber, daß
ich noch den Troſt haben ſoll, und ſie ſich
in ſo weit bloß gegeben hat. Ja, ich ver-
gebe es ihr von Hertzen, was auch etwa
Widriges in ihr gegen mich möchte aufge-
ſtiegen ſeyn, und falle mit ihr dem HErrn
zu Fuß, ihn flehentlich bittende, daß er ihr
nicht allein dieſes, ſondern auch alle ihre übrige von Kindheit an begangene Sünden und
Fehler in ſeines Sohnes Blut vollkommen
vergeben, ihr Hertz in ſeiner Gnade beruhigen, und mit ſeiner GOttes-Liebe erfüllen
wolle, damit ſie, wie die Maria Magdalena, den JEſum nun auch viel möge lieben, da er ihr viele Sünden vergeben hat.

Nun ſollte ich, lieber Bruder, auch noch
etwas ſagen auf das, ſo du von dir ſelbſt
ſchreibeſt; allein die Zeit iſt hin, und ich bin
ſchon gantz müde. Und würcklich hab ich
dir in Anſehung deiner Dunckelheit, Dürre,
Leyden und Proben nur das zu repetiren,
was du auch in deinem Brief anrühreſt,
nemlich, ſo gut du kanſt, dich leydend zu
halten, und mit friedſamer Geduld die Hülfe und Erlöſung vom HErrn zu erwarten;
wobey

wobey ich noch setze: Das Böse und alle
Anfälle möglichst zu verachten und zu vergeſſen; das Gebät, ſo gebrechlich es auch
ſeyn mag, nicht zu unterlaſſen; zufrieden zu
ſeyn mit dem gegenwärtigen Willen und
Führung GOttes, ohne Abſicht auf eigenes
Vergnügen.

Ich befehle dich der treuen Aufſicht und
Leitung unſers guten Heylandes, ſitzende als
vor ſeinen Augen. Sey getroſt in ihm, Er
wird es ausführen, und endlich als König
alles Widrige zum Schemel ſeiner Füſſe legen, und ſeinen Thron in unſern armen Hertzen aufrichten. Amen! Ich grüſſe und bleibe durch Gnade, ꝛc.

Mülheim,
den 6. Febr. 1749.

Der 110te Brief.

Muthgebung an ein in Proben und Leyden ſte-
hendes Gemüthe.

Hertzlich geliebter Bruder!

Ich muß durch dieſes nur antworten, daß
ich auf dein mir Angenehmes vom 2ten
dieſes nicht im Stand bin zu antworten. Ich
faſſe dich, mein Bruder; ich nehme Theil
an

an deinen Proben und Leyden, und traue dem HErrn zu, er werde dich im Verborgenen veſt halten, und dir durchhelfen. Stimme zu in dein Nichts; Erwarte alles Gute vom HErrn, und überlaß dich ihm, ohne zu ſehen, wo du hinkommſt. Den übelriechenden Miſt unſerer Elenden wird ſeine Weisheit noch wiſſen zu brauchen, daß ſchöne Blümlein daraus wachſen.

Grüſſe hertzlich ſämtlich erweckte Seelen daſelbſt; ſie ſind mir nahe. JEſus ſegne und ſchütze ſie! Ich höre als einmal gern, wie ſie ſtehen. Ich bin, ꝛc.

Mülheim,
den 8. Mertz 1749.

Der 111te Brief.

Daß GOtt einem jeglichen ſeiner Kinder etwas von denen Leyden JEſu Chriſti mittheile, und zu was Ende ſolches geſchehe.

Hertzlich geliebter Bruder!

So wohl dein Angenehmes vom 17ten dieſes als auch Letzteres vom 25ten habe ſeiner Zeit richtig bekommen.

Daß du ſo abwechslend in kräncklenden Umſtänden bleibeſt, erſehe einer Seits mit

brüder-

brüderlichem Mitleyden; anderer Seits muß
ich darin anbäten das untadeliche Wohlgefallen der ewigen Liebe, welche diesen Weg
der Leyden und des Kränckens für dich erwählet, ihn darin zu ehren, und durch
denselben zu ihm gebracht zu werden, nachdem seine Hand dich durchs Leyden wird
vollendet haben in seiner Ordnung.

Für einen jeglichen seiner Hausgenossen
und Kinder ersiehet der HErr einen Weg
und Werck, worin er seinen GOTT und
Heyland soll ehren, und ein Theilgen von
dem Leben, Leyden, Lieben, von der Armuth, rc. JEsu Christi, das er an sich soll
tragen, um in Zeit und Ewigkeit in einem
solchen Kleid und Glantz zu GOttes Lob zu
prangen, und durch eine solche Lieberey zu
zeigen, daß er zum Leibe CHristi gehöre.
Wir haben dann hiebey nichts zu thun,
mein lieber Bruder, als nur daß wir mit
kindlicher Liebe und Respect annehmen, was
uns mit väterlicher Liebe und aus wohlbe-
rachtem Rath von Tag zu Tag, von Stund
zu Stund gegeben wird; dann gewiß! das
ist das Beste; das werden wir in jenem
Licht mit seligster Verwunderung erkennen.
Ja, schon hier wollen wirs im Glauben bekennen, daß der HErr GOtt sey, dem
wir angehören, und daß er uns gemacht
habe, und machen müsse, und nicht wir
selbst, zu seinem Volck und zu Schafen
seiner Weide. Lies einmal diesen 100sten

Y 5   Psalm,

Pſalm, und glaube es nur kindlich, daß der
HErr gut und freundlich bleibe auch mit=
ten in den Leyden.

Daß du jetzt deine Zerſtreuungen, deine
Anklebungen, und mit einem Wort dich
ſelbſt viel entdeckeſt, iſt nicht zu verwunde=
ren; wann das Vögelein will auffliegen,
fühlt es den Faden, der ihn gebunden hält.
Bleibe nur ein girrendes Turtel = Täublein;
der HErr wird deine Bande zerbrechen, die
du nicht mehr mit Luſt, ſondern mit Laſt
trägeſt. Ach! mein GOtt! könnten wirs
dir doch nur fein alles zutrauen, und
lieſſen uns nur ſo viel nackter und hertz=
licher in dich hinein fallen, je weniger
wir Gutes in uns ſelbſt fänden! Nun
du muſt und wirſt auch dieſes geben.
Amen!

Ich grüſſe dich und unſere Schweſtern
hertzlich. JEſus ſey in eurer Mitten! und
ich bin auch öfters im Geiſt da.

Dein

Mülheim,　　　　verbundener ſchwacher
den 27 Mertz 1749.　　　　Bruder.

Der

Der 112te Brief.

An einen Krancken; daß die ihm widerfahrene
Gnade von GOtt sey: nebst einigen Verhal=
tungs=Reglen in Ansehung seines Inwendi=
gen.

In JEsu hertzlich geliebter Bruder!

Ich sehe aus deinem sonst Angenehmen den
Zustand deiner Kranckheit, und auch die
Beschaffenheit deines Gemüths.

Die Gnade, womit dir GOtt unter den
Fiebern inwendig begegnet, ist gewiß von
ihm; du hast keine Ursach daran zu zweiflen.
Die dunckle Stille und geheime Beruhigung
nach dem Grunde hat ihr Zeugniß genug=
sam bey sich, daß etwas Ewiges und Gött=
liches dem Geiste nahe ist, nemlich GOtt
selbst, unser höchstes, ewiges, allvergnügen=
des Gut.

Du thust wohl, daß du deine Attention
und Neigung möglichst abgeschieden und zur
Ewigkeit gelencket hältest; wie solches auch
dein jetziger Ruf und Neigung erfordert:
Nur strenge dich nicht mit zu vieler Gewalt
an, um dich in diese oder jene Stellung zu
setzen. Genug! daß Hertz und Andacht nichts
will, als was GOtt und ewig ist. Uebri=
gens schmiegest du dich nach GOTT, und

nimmst

nimmſt an die Geſtalt, die Neigung und
ihn ſelbſt, ſo wie es ihm gefallen möchte.
Die Ausſtreckung deines Geiſtes, dich' mit
dieſem ewigen Gut zu vereinigen, iſt GOttes Werck, und ſcheidet von ſelbſt von allem ab.

Mein lieber Bruder! reflectire doch nicht
auf deine Unfähigkeit oder Unreinigkeit, GOtt
weſentlich zu können ſchauen, wie du ſprichſt.
Wen GOTT fähig und rein will machen,
der iſt es gar bald. Es muß dich ſehr vergnügen, daß du in dir nichts Gutes haſt,
und daß du GOTT kanſt die Ehre geben,
und von ihm in Zeit und Ewigkeit, alles
erwarten. Ach mein GOtt! Du allein biſt
gut; du allein biſt groß, und unſerem
Geiſt ſo weſentlich nahe. O! wie ver-
gnügend iſt dieſe groſſe Wahrheit! Bleibe
auch meinem lieben Bruder weſentlich nahe,
und vergnüge ſeinen Geiſt hier und ewig durch
dich ſelbſt. Mache ihn gut, rein und deiner
fähig, indem du ihn in dich einnimmſt, und
laß ſeinen Geiſt, ſich ſelbſt vergeſſende dich
allein groß machen in Ewigkeit. Amen
JEſu!

Dein

Mülheim,   treu-verbundener Bru-
den 29. Mertz 1749.   der.

Der

Der 113te Brief.

Anbätung des Lammes, durch deſſen Blut uns GOtt ſo innigſt nahe iſt. Wie ſich bey Mittheilung der Gnade und in Zerſtreuung zu verhalten.

In JESU unſerem ewigen Heil lieber Hertzens-Bruder!

Aus deinem und Bruder F. Brief erſehe ich, daß du ſchwach biſt, ſonderlich das Haupt. Es werde GOttes Kraft in deiner Schwachheit mächtig auf alle Weiſe! Was liegt am äuſſeren Menſchen, ob der abnimmt und verweſet? Der Innere Menſch nehme nur zu, und vereinige ſich ſo viel inniger mit dem unſichtbaren Gut, das allein gründlich und auf ewig vergnüget!

Anbätung, Danck und ewiges Lob ſey dem Lamm, das geſchlachtet iſt! durch deſſen Blut uns dieſes ewig vergnügende Gut ſo innigſt-nahe gebracht iſt, und wir freye Erlaubniß haben, ohne Bedencken zu ihm zu nahen, und mit geſchloſſenen Augen uns ihm zu überlaſſen. Ach ja! du ewige Liebe! dir allein haben wir alles zu dancken. Du liebeſt uns, nur weil du ſo gut und weſentlich Liebe biſt. Mach uns durch dich ſelbſt gut und liebenswürdig, da wirs durch uns ſelbſt nicht

sind

ſind noch werden können; damit du in einer gantzen Ewigkeit Ehre und Wohlgefallen in uns haben mögeſt! Amen.

Daß dir GOtt mit ſeiner Gnade und Liebe noch zuweilen beſonders begegnet, ſehe ich mit Erkänntlichkeit. Seine göttliche Majeſtät weiß gar wohl, was du nöthig haſt; und was du nöthig haben wirſt, wird er dir bis zum Ende deines Wegs gewißlich geben; das kanſt du ihm kindlich zutrauen: Laß dich durch ihn ſelbſt bewahren im Gegenwärtigen. Die Affecten, Eigenliebe, und Zerſtreuungen, wovon du meldeſt, zeigen nur, was du in dir ſelbſt biſt und vermagſt. Stimme einfältig und ohne Allarm zu, daß du biſt, wie du biſt. Erſenck dich, oder laß dich ſo viel bloſſer fallen in die Gnade, in die ſo nahe Liebe, da iſt es weit. Und dergeſtalt bringt alles, auch dein Elend, Frucht auf die Ewigkeit, ob du es gleich nicht allezeit ſo ſehen und fühlen kanſt.

Ich grüſſe und küſſe dich im Geiſt, und opfere dich angelegentlich dem Anfänger und Vollender des Glaubens auf. JEſu! du ſieheſt es; du wirſt es erhören um dein ſelbſt willen. Sey getroſt im HErrn, mein lieber Bruder! Er wird es ausmachen für dich und in dir. Alle hieſige Kinder grüſſen auch hertzlich.

Dein

Mülheim,　　　　　treu-verbundener
den 5. Jun. 1749.　　　　Bruder.

Der

Der 114te Brief.

Segens-Wunsch an einen Krancken. GOtt ist selbst das Warum seiner Güte und Liebe über uns.

In unserem süssen Heylande JEsu hertzlich geliebter Bruder!

Ob ich gleich von S. diese Woche keine
Nachricht von deinem Zustand bekommen habe, so finde mich dennoch gedrungen,
dich hertzlich zu grüssen mit diesen Zeilen:
Ja, ich begehre solches zu thun vor dem
Angesichte und in der Kraft des hochgebene-
deyten Namens JEsu, dem überfliessenden
Quell-Brunnen alles Lebens und Wohllebens.
Ach JEsu! segne und besuche du selbst meinen lieben krancken Bruder, bleibe mit- und
in seinem Geist, und sey ihm alles, was er
in seinem jetzigen Zustand bedarf!

Lieber Bruder! GOtt ist gut; und er ist
auch dir gut; das weiß ich: Und das Warum seiner Gutheit, Liebe und Gewogenheit
gegen uns ist er selbst, und nicht wir oder
etwas des Unseren. So lang wir das Warum, oder etwas Gutes in uns selbst suchen,
so lang sind wir bedrängt und unruhig, und
werden wie zurück gestossen.   Ersencke dich
nur

nur als ein gantz nackter, mit ſüſſem kindlichen Vertrauen, in dieſes freundliche Menſchliebende Weſen, ohne nach dir ſelbſt umzuſehen. GOTT ſelbſt will hinführo nur dein
Vorwurf ſeyn: Er will dir alles ſeyn, und
alles Uebrige ſoll dir wie nichts ſeyn. Ueberlaß dich dann, mein Bruder, ohne Bedencken ſeiner ewigliebenden Hand und Leitung.
Laß alles da; laß dich ſelbſt da; ſo wird
ſein göttlicher Schooß dich in ſich einnehmen, und mit ſich ſelbſt vergnügen: Er, der
Getreue wircke es ſelbſt in dir!

Ich grüſſe dich nochmals in verbundener
Liebe. Meine Hausgenoſſen und übrige hieſige Kinder grüſſen dich gleichfalls angelegentlich; wir alle vereinigen unſer Gebät
mit dem deinigen im HErrn. — — Ich
bleibe durch Gnade

Dein

Mülheim, treu-verbundener ſchwa-
den 12. Jun. 1749. cher Bruder.

Der

Der 115te Brief.

Tröstlicher Zuspruch im Leyden. Daß die widerwillige Zerstreuungen dem Gemüthe nicht schaden.

In unserem theuren Heylande JEsu hertzlich geliebter Bruder!

Ob ich gleich auf dein Angenehmes nichts Sonderliches zu sagen habe, so muß dich, mein lieber Bruder, doch wieder mit der Feder, wie mit meinem Hertzen grüssen.

Gelobet sey der HErr, der es vergönnet, daß wir hier zusammen Gesellschaft und Gemeinschaft haben zur Stärckung im Glauben und Leyden! Der auch zu seiner Barmhertzigkeit in Christo die gewisse Hofnung gibt, daß wir einander bald die vollkommenste und süßste Gesellschaft und Gemeinschaft leisten werden in der Herrlichkeit und Seligkeit. Das Leyden währet nicht lang mehr, und wircket mit GOTT diese ewige und über alle Massen wichtige Herrlichkeit. Er selbst, der HErr, ist bey dir in der Noth. Er selbst träget dich, und was du zu tragen hast. Und es gefällt ihm sehr, daß du ihm kindlich zutrauest, er werde solches thun, und alles wohl machen.

Weil deine Zerstreuungen (es sey nun, daß solche vom Fieber oder sonst entstehen) dir

nicht zur Luſt ſondern zur Laſt ſind, ſo iſt kein
ſo mühſames Abkehren dabey nöthig; ſolches,
oder auch anderes Elend, friedſam und kind⸗
lich vor GOttes Angeſicht gelitten, dienet zur
Befreyung, und ſchadet dem Gemüth nicht,
ſondern es wircket durch GOtt, was es wir⸗
cken ſoll: Kanſt du aber durch ein einfältiges
ſanftes Abkehren oder Einkehren aus dem
Schwarm heraus kommen, dann iſt es gut;
der innere Grund iſt weit davon entfernet; in
demſelben wird GOtt mit ſeiner Nahheit und
Einfluß alle nöthige Unterſtützung geben, und
ins Geheim ſein göttliches Werck vollenden,
auch wann du es nicht ſehen könnteſt. O!
er iſt getreu, er wird es auch thun. Amen,
JEſu!

Alle hieſige liebe Kinder grüſſen gar hertz⸗
lich nebſt mir. Wir dencken an dich mit
brüderlicher Theilnehmung. JEſus, unſer
Hoherprieſter trage dich und uns alle auf ſei⸗
nem Hertzen!

Dein

Mülheim, verbundener Bruder.
den 19. Jun. 1749.

Der

Der 116te Brief.

Friedens = und Segens = Wunsch an einen Kran=
cken, um GOtt zu lieben im Leyden bis zum
letzten Athems = Zug.

Mein lieber Hertzens = Bruder!

Ich grüsse dich hierdurch gar hertzlich, und
wünsche, daß JEsus dich an meiner Statt
besuchen möge. Er segne dich! Er gebe dir
Frieden! Er stärcke und vergnüge dich mit
sich selbst, und sey dein wahres und ewiges
Leben! Er allein ist dir genug und ewig genug.
Er allein ist der sichere Grund, worauf du
mit kindlicher Freymüthigkeit zu GOtt nahen,
und dich in den Abgrund der ewigen Liebe
kanst fallen lassen. Schleuß dann dein Auge
für dir selbst wie für allem anderen Schatten=
Wesen dieser Sichtbarkeit zu! Liebe, liebe,
und laß dich dem GOtt über, der dich so sehr
geliebet hat, und von dir nichts des Deinen be=
gehret. O! du ewiges, inniges, und al=
lein wesentliches Gut! sey du allein unsere
Stütze, unser Trost, und unser ewiges
Leben, auch wann dieser Schatten ver=
schwindet. Gib Gnade, dich zu lieben im
Leyden, und auch im letzten Athemzug
noch zu lieben, und in deiner Liebe dich

Z 2   ewig=

ewiglich zu verherrlichen! JEsus, JEsus,
JEsus!

Ich grüsse und küsse dich nochmals zärtlich
im Geist, im Vertrauen, daß solches bald
vergnügter vor GOTTES Angesicht geschehen werde.

Dein

Creveldt,   verbundener Bruder.
den 24. Jun. 1749.

Der 117te Brief.

An denselben: von GOttes liebenswürdigem Endzweck in seinem Leyden. Auf was Weise er
nun denselben lieben und sich sonst verhalten
müsse.

In unserm grossen Erlöser JEsu hertzlich geliebter Bruder!

Dein voriges angenehmes Brieflein habe
bey meiner Wiederkunft von Creveldt
gefunden, und jetzt erhalte dein letzteres. Es
will mir zwar bisweilen leyd thun, daß du bey
so grosser Schwachheit doch noch schreibst;
weil ich aber mercke, daß du es nach deiner
inneren Neigung thust, so ist mirs auch lieb.

Gelobet sey der HERR! der dich in der
Schwachheit so gnädiglich erhält und unterstützet;

ſtützet; ja, gewißlich mehr, als unſere blöde Augen ſehen können, und zu einem ſehr Anbä=tungs= und Liebenswürdigen Endzweck. Er beweiſet damit, daß er dich liebet; er bewei=ſet aber auch damit, daß er noch was zu thun habe, und du ihm im Leyden noch ge=fallen könneſt. Nun, du ſüſſe gute Liebe! liebe uns dann, weil es dir ſo gefällig iſt. Mache uns durch dich ſelbſt lie=benswürdig in deinen Augen, und zeige es uns, wie wir dich im Creuß lieben und ehren ſollen. Wir opferen uns ſelbſt unſere Zeit und unſere Ewigkeit dir, un=ſerem Urſprung auf! Es ſey alles für dich! O! du Abgrund aller Güte! Zeuch durchs Creuß in dich hinein, u. ſ. w.

Ich ruffe dir dann noch eben das zu, mein lieber Bruder, was ich aus Creveldt ſchrieb: Liebe, liebe den Liebenswürdigen, der dich geliebet hat. Aber thue es alſo, wie du kanſt, und wie es dein Stand mit ſich bringt! Gern wollen leyden; Gern wollen ſo ſeyn, wie du biſt; Gern wollen dich GOtt anvertrauen, mit Drangebung deiner ſelbſt, das iſt GOtt lieben; weil ſolches alles ge=ſchieht aus Reſpect gegen GOTT, und im Glauben, daß in ihm allein dein Heil ſey.

Ob du durch ein ſanftes Erſencken, oder auf eine andere Art von einfallenden Gedan=cken und Bildern abkommſt, darauf kommt es nicht an; geſchähe es auch durch den Weg

Z 3 einer

einer natürlichen Schwachheit, oder Ermü-
dung des Haupts und der Sinnen. Auch iſt
es unnöthig, expreß dich ſo oder anderſt zu
üben, um dich mit GOtt zu vereinigen. Du
muſt dich ſo verhalten, wie du kanſt, und
wie du geneigt wirſt, du magſt dich erſencken,
erheben, oder ſo bleiben, wie du biſt, oder
ſonſt anders dich betragen. GOtt iſt überall
nahe, und das, wobey du Ruhe, Stärckung
und Unterſtützung im Glauben findeſt; das iſt
gewiß das Beſte. JEſus formire dich ſelbſt
nach ſeinem Hertzen! In ihm bleibe ich dir
unverrückt nahe im Leben und im Sterben, ja
ewiglich. Alle Kinder hieſelbſt grüſſen.

Dein

Mülheim,   verbundener Bruder.
den 3. Jul. 1749.

Der 118te Brief.

An denſelben; daß die Liebe JEſus uns vereinige,
im Lieben und Leyden mit ihm ſelbſt und untereinander.

In JEſu, unſerem ewigen Heil, hertzlich
geliebter Bruder!

Nun, es ſey der HErr gelobet, der Odem
und Kräfte noch bis dahin erhält, daß
ich

ich noch deinen eigenhändigen Gruß bekomme!

JEsus liebete die Seinen, die in der Welt
waren, bis ans Ende, und er gibt uns auch,
daß wir einander eben also lieben, und mit
einander leben und sterben, wahrlich Theil
nehmende einer an des anderen Umständen,
und einer des andern Last mit tragende. Ich
kan einfältig sagen, mein Bruder! daß du
mir nahe bist, und ich dich fasse, und viel
erinnert werde, dich jetziger Zeit unserem getreuen GOtt aufzuopfern. Wann du mit
mir glauben kanst, daß JEsu hohepriesterlicher
Geist mich Unwürdigen deiner also erinnere,
dann kan es dir zum Trost und Stärckung
dienen.

Ja, lieber Bruder! dieser Geist JEsu ist
es selbst, wodurch du unter allen Proben
und Leyden inwendig so unterstützt und gehalten wirst. Nein! du leydest nicht alleine:
JEsus mit- und in dir träget die Last. Und
gleichwie er sich aus Gnaden deiner angenommen hat; also ist dein Leyden eine Gemeinschaft seiner Leyden; und sein göttlicher Einfluß in alle deine geist- und leibliche Umstände
macht, daß du durch alles hindurch kommst,
und gewiß dein Ziel und ewige Erlösung erreichen wirst. Lob und Ehre sey dem grossen
Heylande!

Du bleibst nur ihm überlassen, auf die
Weise, wie er selbst solches von Zeit zu Zeit
Z 4   giebet;

giebet; läſſeſt ihn mit dir machen; erwarteſt nichts von dir, ſondern alles von ihm; du ſtimmſt zu in dein allgemeines Nichts und Elend, damit JEſus allein deine Stütze und alles für dich und in dir ſey. Ja, es muß dir recht wohl gefallen, daß du in dir nichts biſt und nichts haſt, damit du es alles in JEſu haben mögeſt: Er wird ſchon all dein Elend vernichten; ſeine göttliche Gnade wird dich ſchon von allen Stützen auf dich ſelbſt wunderbarlich abbringen, um mit kindlichem Vertrauen dich bloß und auf ewig in ihn loß zu laſſen. Daß Seine göttliche Majeſtät ſol- ches ausführen wolle, bitte ich angelegentlich. JEſus, JEſus!

In ihm ſey hertzlich gegrüſſet und geküſſet, wie von mir, alſo auch von denen übrigen hie- ſigen Kindern.

Dein

Mülheim,   treu- verbundener ſchwa-
den 10. Jul. 1749.   cher Bruder.

Der

Der 119te Brief.

An denselben; GOtt zu vertrauen, und sich selber in den Beängstigungen loß zu lassen.

In JEsu, unserem süssesten Heylande, hertzlich geliebter Bruder!

Ich grüsse dich abermals in dem Namen JEsu, und als sitzende vor seiner heiligen Gegenwart: Er segne dich mit Liebe und Frieden aus dem Heiligthum, und bleibe dir, als dein wahres und ewiges Leben und Heil unverrückt nahe!

Ich habe in meinem Vorigen nicht darum ein und andere Bezeugung gethan, als wann von einem Zweifel an deiner Seite etwas wüßte, oder vermuthete: ich schreibe jedesmal nur so einfältig, wie mirs gegeben wird. Ueberhaupt weiß ich, daß es dem HErrn angenehm, und dir heilsam ist, wann du dich jetzt und bis ans Ende bewahren lässest in einem sehr unschuldigen Kinder-Vertrauen zu seiner unveränderlichen Liebe und Treue, ohne Grund darzu in dir selber zu suchen. Was dir nöthig ist, und wie es dir nöthig ist, wird GOtt von Zeit zu Zeit geben oder nehmen, und alles wohl machen; dann wir gehören ihm zu, und du bist jetzt sehr par-

Z 5   ticulier

ticulier in ſeiner Hand: Er ſey gelobet,
daß er dich von Zeit zu Zeit mit ſeiner Gnade und Liebe beſucht, und nach Nothdurft
ſtärcket!

Die zwiſchenkommende Leyden, Dunckelheiten, oder Beängſtigungen müſſen mit dienen, dich nur immer nackter und unſchuldiger
loß zu laſſen, um allein in JEſu gefunden zu
werden. Durch dieſes ſüſſe, unſchuldige,
nackte Loßlaſſen wirſt du allein aus aller Be-
klemmung heraus kommen, und in GOttes
Schooß Sicherheit und Weite finden. Dieſes Loßlaſſen ſcheinet ein Verlieren, oder gar
ein Verlorengehen zu ſeyn; aber man verlieret
nur ſein Eigenes, und findet GOtt, und in
ihm alles: Wann demnach Unruh oder Be-
ängſtigung ankommt, dann neige dich nach
der Seite der Loßlaſſung, und wage es nur
ohne Scrupuliren, dich ſo bloß fallen zu laſſen, wann du gleich nicht ſieheſt wohin?
Kommt dir aber der HErr vor die Zeit nicht
zu Hülf im Loßlaſſen, dann leide, und trage
dich ſo friedſam, als du kanſt, und halte im
Schmeltz-Tiegel mit Vertrauen aus. Ach
der HErr iſt bey uns in der Noth; er ſiehet
uns, auch wann wir ihn nicht ſehen. O wie
deutlich und nachdrücklich wirſt du ſolches einmal bewundern! Bald iſt es gethan, da alle
Decke, Dunckelheit und Enge auf ewig wird
verſchwunden ſeyn. Getroſt, mein Bruder!
die ſelige Ewigkeit nahet herbey. JEſus lebe
ewig in deinem Hertzen! Ich grüſſe und küſſe
im

im Geist, samt allen hiesigen Kindern, ꝛc. Wir alle fassen dich in unsere Fürbitte.

Dein

Mülheim,   treu= und ewig verbun=
den 17. Jul. 1749.   dener Bruder.

Der 120te Brief.

An denselben; Aufmunterung zum Ausharren im Leyden.

In JEsu, unserem ewigen Heil, hertz= lich geliebter Bruder!

Es erquicket mich noch jedesmal, wann ich deine Hand sehe, wiewohl mirs leyd thut, daß du dich so viel bemühest: Wie unaus= sprechlich wird es dann nicht erquicken, wann wir einander in jenem herrlichen Reich un= sers GOttes grüssen und umfassen werden, in höchster Freude und Wonne! O! wie wol= len wir da unserem grossen Erlöser zu Fuß fallen, und mit ewiger Anbätung den Ab= grund seiner unverdienten Liebe und wunder= baren Gnade verehren, und uns mit einan= der in diesem Ungrund der göttlichen Liebe seliglich verlieren.

Mich deucht, der Heyland ruft uns holdselig zu: Könnt ihr dann nicht eine
Stunde

Stunde mit mir leyden? Ach ja, HErr JEſu! wir wollen es, und mit dir können wir es. Sey du dann mit uns, daß wir nur mit dir leyden, bis wir mit dir überwinden! Und weil du für uns gezittert und gezaget haſt, ſo ſiehe nicht an, wann unſere arme Natur bisweilen fürchten will: Dir und allem deinem Wohlgefallen ergeben wir uns unbedingt, und begehren es zu thun mit geſchloſſenen Augen. Führe dein Werck aus durch dich ſelbſt, und um dein ſelbſt willen, du unſer getreuer und vollkommener Erlöſer! Ja ich wills thun, ſpricht dein Geiſt in unſern Hertzen. Amen!

Ich, und alle die hieſige liebe Kinder grüſſen dich hertzlich, und wir verſichern dich unſerer brüderlichen Handreichung im Geiſt.

Sey getroſt in GOtt, mein Bruder! und ehre den HErrn im Leyden und Vertrauen: Er wird dir dein tägliches Brod nach aller Bedürfniß darreichen. Der Grund unſerer Hofnung iſt JEſus, der uns geliebet, und ſich ſelbſt für uns dahin gegeben hat; ihm verlangen wir zu leben, zu leyden und zu ſterben, und ihn zu verherrlichen erwarten wir eine unendliche Ewigkeit. JEſus! JEſus! JEſus!

Dein

Mülheim,   ewig-verbundener Bruder.

den 24. Jul. 1749.

Der

Der 121te Brief.

Segens-Wunsch an denselben, und daß er sich nicht selbst und seine Beschaffenheit, sondern den süssen Heyland ansehen müsse.

JEsus segne dich aus seinem Heiligthum!

In demselben hertzlich geliebter Bruder!

Abermals habe deinen schriftlichen Gruß noch empfangen. GOtt sey gelobet für seine Güte! Aus seiner so nahen Fülle begehre ichs zu nehmen, womit ich dich wieder grüsse, und im Geist segne.

Friede sey mit dir, mein Bruder! JEsus, unser süsses Leben, sey das Leben und der Friede deines Hertzens! Es nehme alles ab, es falle alles hin, nur JEsus bleibe ewiglich in dir dein Leben, deine Hofnung, dein ewiges Heil! Amen. Es breite sich dein Inwendiges aus im stillen Vertrauen, und dein Geist lege sich süßiglich zur Ruhe nieder in den mütterlichen Schooß dieser ewigen Liebe, die uns geliebet hat, und liebet, und lieben will, ohne und wider all unser Verdienst.

Was du mir durch den Bruder F. deines Gemüths wegen berichten lässest, begreife ich genugsam; es ist dabey nichts zu fürch-

fürchten. Folge ſanft und kindlich deinem
Zug im Umgang oder Zukehr zu GOTT,
ohne ſo genau darauf zu dencken, wie du
dich darin verhälſt. Der HErr weiß ſchon,
was du willſt und beäugeſt, und dein Sinn,
ewig ſein zu bleiben, und immer völliger in
ihm erfunden zu werden, der iſt ihm in JE-
ſu angenehm. Genug! wann du dir nur
ſelbſt keine unnöthige ja ſchädliche Aengſt-
lichkeit macheſt, durch Ueberlegung auf dich
ſelbſt, oder durch viel Anſtrengung in deiner
Uebung: Ich ſage, es iſt genug, wann du
dich dafür ein wenig in acht nimmſt. Uebrigens nimm mit Zuſtimmung an die Beſchaffenheiten, ſo wie ſie dir gegeben werden, ſie ſeyen bloß oder ſchmackhaft, traurig oder freudig, und überlaß dich der Liebe
in allen, und über alle Beſchaffenheiten.
Jetzt können leicht bisweilen aus der Schwachheit der Natur ſo einige Aengſtlichkeiten entſtehen: Du nimmſt alles von GOtt an, mit
möglichſter Zufriedenheit, da es dann alles
mitwircken muß. Die bloſſe und unempfind-
liche Beſchaffenheiten, oder da man ſo nicht
viel unterſcheiden kan, ſind öfters die edelſte.
Nur, wie mehr geſagt, haſt du nicht nöthig,
dich ſelbſt und deine Beſchaffenheiten viel zu
beſehen. Mache es kindlich, wie du gezogen
wirſt; mache es, wie du kanſt. Siehe unſern ſüſſen Heyland an, der ſo innigſt-nahe
iſt, auch wann du am meiſten bloß biſt;
bäte an dieſen deinen HErrn und GOTT;

bewun-

bewundere seine Liebe zu dir; vergnüge dich
in allem, was er ist und thut; freue dich
darüber, daß du sein Opfer bist, und verliere dich gantz in diesem Liebes-Abgrund,
der in deinem Inwendigen sich wesentlich eröfnen, und dich einnehmen wolle! Amen
JEsus!

Wir alle grüssen hertzlich, und bleiben
vereinigt, und ich bleibe

Dein

Mülheim,   ewig-verbundener schwa-
den 31. Jul. 1749.   cher Bruder.

Der 122te Brief.

GOttes Wohlgefallen ist der Seelen eintzige Ruhe
und Seligkeit. Wunsch an Eltern und kurtze
Erinnerungen an einige aufgeweckte Gemüther.

Mein hertzgeliebter Bruder in JEsu!

Da eben ein freyes Stündgen habe, finde
mich bewogen, dich mit ein paar Zeilen
zu besuchen, und in JEsu Namen zu grüssen. Er selbst segne dich aus seinem Heiligthum, und spreche dir Frieden ein!
Lieber Bruder! mein Hertz ist viel bey
dir; was ich aber so von Zeit zu Zeit für
Ein-

Eindrücke von dir oder deinem Stand habe,
darauf baue ich ſo viel nicht; ich vergeſſe
ſolches auch bald wieder. Nur, wann du
mir ſo aufs Gemüth geleget wirſt, dann
opfere ich dich dem HErrn auf, daß er
dich anſehen, und ſich deiner annehmen, und
dir das geben möge, was ich mir ſelber wünſchen würde!

Du begehreſt, nichts zu wollen, als
ihm zu gefallen, wie du ſchreibeſt. Ja!
Amen! es verſchwinde, und werde durch die
Liebes- und Creutzes-Flammen verzehret, wo
noch ein anderes Wollen und Begehren
möchte aufkommen wollen! In dieſem Sinn
allein wirſt du, mit mir, deine Ruhe und
deine Seligkeit finden können. GOttes ewige Liebe in Chriſto hat uns für ſich erkaufet und erwählet, und iſt nun gewißlich in
unſerem Innerſten unausſprechlich nahe und
ſtets geſchäftig, (wir mögens wiſſen und
fühlen, oder nicht) uns gantz für ſich hin
zu nehmen, und nach ſeinem ewigen und
liebſten Gefallen zu bereiten. Laßt uns ihm
ſuchen nahe zu bleiben im Geiſt, damit er
unſerer recht mächtig werde, und wir im
Geiſt den rechten Geſchmack in ſeinen heiligen Wegen behalten, und unſer eigenes
Gefallen vergeſſen und hingeben mögen, um
in ſein Gefallen einzugehen! Dann das verſichere ich dich, mein lieber Bruder! wirſt
du es nicht daſelbſt im Geiſt, mit mir finden, ſo findeſt du nirgend, was dich vergnüget.

gnüget. GOtt kennet die Schwäche, die du im sinnlichen Theil hast, drum muß er dich an der Seite durch ein kleines Creutzgen, wie mit einer Dornhecke, bewahren, oder dich doch etwas in der Blösse lassen, damit du so viel sicherer und gerader wandlen mögest. Nun, wir sollen uns selbst nicht achten; wir sind des HErrn, genug! wann wir ihm gefallen, und an ihm allein unser Wohlgefallen haben.

Es war mir lieb, einige Nachricht von dasigen lieben Hertzen zu empfangen: JEsus segne sie!

Deinen l. Vater und Mutter grüsse ich hertzlich, und wünsche ihnen, daß sie im Alter, mit uns, wieder begierige säugende Kinder werden mögen! Grosse Leute essen zwey bis drey mal den Tag; aber die kleine Kinder müssen oft, und fast stets, an der Brust liegen. Ach mein GOtt! mach uns doch recht dürftig, begierig und kindlich, daß wir bäten ohne Aufhören, damit wir wachsen am Inwendigen, je mehr der äussere Mensch abnimmt. Den lieben Bruder A. grüsse brüderlich; die süsse Liebe tingire ihn immer mehr!

Die N. wende nur alle ihre Lebhaftigkeit aufs Gute, und übe sich, so gut sie kan! Sie mag ihren Sinnen wohl so immer einen guten Vorwurf geben, es sey im Lesen; im Erinnern dieser oder jener Wahrheit; ein Versgen zu singen; oder mit dem gegenwärtigen GOTT ein Wort zu reden, damit ihre Sinnen nicht zu viel herum flatteren: Doch muß ſie auch allgemach lernen, unter den widerwilligen Zerſtreuungen was ſtill ſeyn, warten, und den anſehen, der Wind und Meer gebieten kan.

Zur N. habe das Vertrauen, daß ſie den innigen Fußpfad erblicket. Ihr Aeuglein bleibe nur eingewandt, und folge dem, der ihr da begegnet, ſo wirds immer ſchöner werden.

Die N. bitte ich um JEſu willen, ſie werde doch nicht matt noch muthlos im Kampf! Sie iſt wahrlich zu was Rechtſchaffenes berufen; ſie verkaufe doch um das Beſte der Welt die ihr angebotene Perle nicht, die ſie immer köſtlicher erkennen wird.

GOtt erbarme ſich über die N. und werde ihr zu mächtig, daß ſie wie ein Brand aus dem Feuer geriſſen werde! Ich kan ihrer noch nicht vergeſſen, ſondern ſehe ſie mit jammerendem Hertzen an. Ach JEſu, reiß ſie zu dir!

Dieſe jetzt genannte, und die mich ſonſt dort haben kennen lernen, die ich aber aus Mangel der Zeit nicht benenne, grüſſe hertzlich von mir. JEſus, unſer guter Hirte, der ſein Leben für uns arme verlohrne Schafe dahin gegeben, und uns nach ſeiner Barmhertzigkeit mit einem heiligen Beruf berufen hat, der bewache, bewahre und führe ſie alle,

alle, mit uns, daß keines dahinten bleibe, sondern wir uns mit unendlicher Freude vor seinem Angesicht wieder begegnen! Amen JEsu!

Nun muß abbrechen, dich hertzlich grüssende und küssende im Geist der Liebe JEsu, der unser Innerstes immer mehr durchdringe! Ich bleibe durch Gnade.

Mülheim,
den 7. Aug. 1749.

Der 123te Brief.

Ein tödtlich Krancker wird gantz auf die Gnade und auf die unendliche Liebe GOttes hingewiesen.

In JEsu, der uns geliebet und sich selbst für uns übergeben hat, hertzlich geliebter Bruder!

Mein Hertze grüsset und segnet dich abermals, und rufet dir zu: Verlasse dich gantz auf die Gnade! Erwarte alles, was du in Zeit und Ewigkeit nöthig hast, von der Liebe, die wahrlich gantz unendlich ist, und die sich als unendliche Liebe von dir wird finden und erfahren lassen. Die beschwerliche Decke des elenden Körpers hinderts,

A a 2   daß

daß wir in das Hertz der wunderbaren Liebe
GOttes ſo nicht koͤnnen hinein ſehen. O
ja, mein GOtt! wer glaubts, daß du
die ſuͤndige Menſchen alſo liebeſt? Wer
glaubts, daß du ſo umſonſt liebeſt?
Wer glaubts, daß du auch liebeſt, wann
du ſcheineſt zu betruͤben? Und wann wirs
glaubten, o! wie wuͤrden wir anbaͤten,
und vor tiefer Verwunderung verſtum-
men, ohne an uns ſelber zu dencken!

Es vergnuͤge ſich dann dein Hertze darin,
mein Hertzens-Bruder! daß du einem ſolchen GOtt angehoͤreſt, daß du ihm zu lieb
noch ein wenig leyden kanſt. Bald wird die
dunckle Decke des toͤdtlichen Koͤrpers wegfallen, dann werden wirs klar ſehen, und
mit ewiger Verwunderung ſehen, was wir
jetzt glauben. Gehe getroſt hin zu ihm, als
deinem GOTT, der ewig und ohne Ende
deine gantze Seligkeit ſeyn will. Amen Halleluja! Ich kuͤſſe dich im Geiſt, ich bleibe
dir nahe, und finde mich bewogen, dich viel
aufs Hertze JESU zu legen: Hieſige Kinder ſagen eben daſſelbe. Ich bleibe unauf-
hoͤrlich

Dein

Muͤlheim,   verbundener Bruder.
den 7. Aug. 1749.

Der

Der 124te Brief.

Letztes Trost-Schreiben an denselben, sich kindlich loß zu lassen in die mehr als mütterliche
Liebe JEsus.

In JEsu, unserm süssen Heylande, hertzlich geliebter Bruder!

Ich muß doch ein paar Zeilen schreiben, dich
grüssende und küssende in der Liebe JEsu:
Wir sind nicht abgeschieden; ich finde dich
nahe im Geist, und kan dich in meinem
Hertzen umfassen und segnen, wie ichs dann
auch noch in diesem Augenblick thue.
Ich sehe es mit Erkänntlichkeit, wie unsere getreue Liebe dich so heimlich unterstützet,
vereinfältiget und hindurch träget: Nun, sie
wird es schon durch sich selbst ausführen,
und dich bey ihr behalten, bis du in die
ewige Weite kommst. O! wie ist der HErr
unser GOTT so unbegreiflich gut! Wie so
wunderbar ist seine Menschen-Liebe in Christo JEsu! Wann er Gnade gibt, daß wir
uns so gantz und kindlich in ihn loßlassen,
o! dann ist seine Liebe und Zärtlichkeit mehr
als mütterlich. Ach ja, mein GOtt! du
bist wohl gantz ein anderer GOtt, als
der düstere Unglaube dencket; was ver-
langest du dann von uns, o HErr! wir

sind

ſind elende und nackte Kinder, das Werck deiner Hände, ſo du mit hohem Rath hervor gebracht, und dir mit theurem Preis wieder erworben haſt, zu deinem ewigen Lob! Nimm uns dann ſo nacket in dich ein; dann du biſt es allein, dem wir uns anvertrauen. JEſus! JEſus!

So bleibe dann nur, mein liebſter Bruder, wie ein nacktes kleines Kindlein im Schooß des getreuen Heylandes liegen, der dich liebet, mehr als du kanſt glauben. Siehe dich ſelbſt nicht an; er liebet dich, weil er Liebe iſt, und weil es ihm alſo gefället: Gehe zu ihm mit kindlicher Freymüthigkeit, dann durch JEſu theures Blut iſt die Pforte geöfnet, ja weit geöfnet. Amen! JEſus ſegne dich! JEſus umfaſſe dich mit ſeinen Liebes-Armen, und halte dich ewiglich! Ich grüſſe dich nochmals zärtlich, nebſt hieſigen lieben Kindern. Wir gedencken deiner.

Dein

Mülheim,   ewig-verbundener ſchwa-
den 14. Aug. 1749.   cher Bruder.

Der

Der 125te Brief.

Trost-Schreiben an eine Freundin über das selige Absterben ihres leiblichen Bruders.

Lazarus, unser Freund schläft!

Meine liebe Schwester in JEsu!

Das sanfte Einschlafen unsers l. Bruders J. P. beweget mich, dich bey jetzigen Umständen zum Trost zu erinneren an die obige Worte unsers süssen Meisters, und daß ja der sogenannte Tod der Gläubigen in Wahrheit nur ein sanfter Schlaf sey. Er schläft und ruhet nun von aller Arbeit, Last und Leyden dieses Lebens im Schooß der ewigen Liebes-Mutter, wie ein Kind, das sich müde geweinet; wie ein Wanders-Mann, nach geendigter Reise, wie ein Krancker, nach überstandenem Schmertz und Fieber, in einen erquicklichen Schlaf einsincket. Nun ist es vorüber: Nun wird er erquicket: Nun ist er in die Weite eingegangen.

Es sey dann ferne von uns, daß wir ihn todt zu seyn glauben! Sachte, liebe Schwester, sachte! dein Bruder schläft. Wir wollen nicht viel Weinens machen. Er ruhe im Frieden! Das Vergnügen, mit ihm zu können sprechen, unter vielem Jammer und

Leyden,

Leyden, iſt doch auch ſo groß nicht, daß
wirs nicht vertauſchen ſollten mit dem Vergnügen, ihn ruhen zu ſehen in JESU
Schooß. Dein Bruder ſoll wieder aufer-
ſtehen, ſpricht JEſus zu dir Joh. 11, 23.
Es fällt uns nicht ſo leicht, einen Schlafenden wieder zu ermunteren, als es dem
HErrn JEſu fallen wird, unſern entſchlafe-
nen Bruder morgen früh wieder aufzuwecken
durch ſein mächtiges Wort: Lazare, komm
heraus!

Inzwiſchen ſey verſichert, meine liebe
Schweſter, daß ich von Hertzen Theil nehme
an allem dem, was du bey dieſem Abſchied
unſers Bruders, und denen damit verknüpften Umſtänden fühleſt. JEſus ſtärcke und
ermuntre dich, damit du das, was du nach
der Natur fühleſt, mäßigen und überſteigen
mögeſt durch das, was du glaubeſt. Die
Gnade, welche GOtt unſerem ſelig-Verſtor-
benen erwieſen, iſt mir wohl am beſten bekannt. Wir ſind ſchuldig, ſolche zu erkennen, und mit vergnügter Anbätung, Lob,
Liebe und Danck GOttes Wege über ihm
zu preiſen, und ſeinen Hingang uns ſtärcken
und aufmuntern zu laſſen. Sey dann getroſt, liebe Schweſter! bald werden wir ihn
wieder ſehen. JEſus, unſer Hertzens-Freund,
werde nun noch völliger bey uns der Einige, der Bleibende, der Allgenugſame!
unſer Geiſt und Sinn gehe hinführo ſo viel
freyer und ungetheilter ins Ewige hinein, je
mehr

mehr uns entnommen wird, was uns hier lieb
gewesen! Und was sonst noch unser Hertz binden könnte, das breche die Liebe JEsu ent-
zwey, damit wir, wie die Adler frey auffliegen, und im Lichte leben mögen, von Nun
an; Amen JEsu!

Ich gedencke deiner lieben Schwester, und
grüsse dich zärtlich; meine Hausgenossen und
übrige liebe Kinder thun ein Gleiches. Die
liebe Schwester C. M. (welcher eben dieses
gesagt und gewünschet sey) grüsse ich auch mit
brüderlichem Hertzen. Lazarus ließ zwo
Schwestern nach, die JEsum liebten, und
von ihm geliebet wurden. JEsus selbst kan
die Stelle des schlafenden Freundes Lazari reichlich ersetzen, so bleiben dann doch drey. Das
will er und das wird er thun. Ja Amen!
Und ich bleibe auch bey euch. Es hatte zwar
der liebe Bruder F. mich erinnert, ein Wort
an dich zu schreiben; allein ich hatte in dem
Stück keinen Erinnerer nöthig: Die Liebe und
Angelegenheit in dem, was dich betrift, drung
genugsam darzu an. Sey getrost in GOtt,
und verliere dich mit allen deinen Gebrechen in
dem Abgrund seiner Liebe!

Ich bleibe durch Gnade

Dein

Mülheim,   verbundener Bruder.
den 21. Aug. 1749.

Aa 5   Der

Der 126te Brief.

Versicherung an eine in inneren Leyden stehende Person: daß diß der Weg seye, daß JEsus mit leyde, daß sie in ihr Elend mit einstimmen, so viel bloßer auf GOtt vertrauen, und das Gebät nicht unterlassen müsse.

N. N.

Beyde deine angenehme Brieflein vom 9ten und 27ten passato habe richtig erhalten. Ich sehe, daß es GOTT gefällt, dich dein Elend, deine Gefangenschaft und deine Ohnmacht dir zu helfen, schmertzlich fühlen und erfahren zu lassen. Ich nehme wahrlich Theil an deinen Schmertzen; ich weiß, wie einem zu Muth ist, der in solcher Klemme steckt, und JEsus weiß es noch besser, und stehet bey. Die von der Gnade so innigst erweckte Begierden und Neigungen treiben kräftig an, aus sich und allem Verderben auszugehen, um allein GOTTE zu leben. Man soll; man will; man trachtet; man fällt aber stets wieder herunter, und wo man sich an einem Ende entweichet, so findet man sich am andern. Man weiß in etwa, wie man sich dabey zu verhalten; allein man kan sich nicht allezeit die gute Dispositionen geben, die man sich wünschet.

Womit

Womit soll ich dich dann trösten und stärcken? Damit, daß ich dich versichere: Es ist
der Weg; Und damit, daß ich dir sage: ich
leyde mit dir; und (welches unendlich mehr ist)
JESUS leydet mit dir und in dir;
und, es ist eben das Werck seiner Gnade und
seines Geistes, daß du in solcher Arbeit und
Presse steckest, wodurch du an der einen Seite ein hertzliches Verlangen nach dem Leben
GOttes, und an der anderen Seite die Un-
möglichkeit, dir solches zu geben, und das gerade Gegentheil erfahren must.

Halte doch aus in GOttes Namen, mein
lieber Bruder, und laß den Muth nicht sincken! Das Vertrauen entfällt einem wohl einmal, man muß es aber darum nicht wegwerfen. Hebr. 10, 15. GOtt zeiget, daß alles
Gnade sey; und der schönste Beweis, daß es
von GOtt sey, was man Gutes hat, oder gehabt hat, ist, weil man sichs nicht geben kan,
wann man will. Stimme ein in die Erfahrung deiner Elenden und deines Unvermögens,
und gib GOtt die Ehre. Nicht, daß dir
das Böse sollte gefallen, oder du es solltest
thätlich ausüben; keineswegs! das wäre
Sünde: Aber das Gesicht, Gefühl und die
Entdeckung dessen, was du bist, muß dir in
so weit gefallen, und dich nicht in eigenliebigen,
eigenwilligen Verdruß und Unwillen setzen, als
wodurch öfters aus einer blossen Versuchung
eine wirckliche Sünde wird. GOttes Absicht
ist nur, daß es die Seele demüthigen, ge-
schmei-

ſchmeidig und zum Verlaſſen ihrer ſelbſt fähig
machen ſoll: Geſchicht es aber, daß Verdruß,
Zorn oder Traurigkeit das Gemüth ſchon
wircklich eingenommen haben; oder, daß auch
ſonſt ein mercklicher Fehltritt vorgegangen, ſo
iſt immer nur dieſelbe Artzney zu brauchen,
nemlich einſtimmen in ſein Elend und Nichts,
und nachdem man um Vergebung gebäten,
ſich ſtillen und dulden, ſo gut und ſo friedſam,
als man kan, und ſich angewöhnen, ſo viel
bloſſer auf GOTT zu vertrauen, je weniger
man Grund des Vertrauens in ſich ſelber
findet.

Unterlaß die Uebung des Gebäts nicht,
ohnerachtet dirs mühſam fällt. Der HErr
ſiehet uns, auch wann wir ihn nicht ſehen,
und merckt auf unſers Hertzens Neigung. Es
wird bald beſſer werden. Sey vergnügt,
wann du nur GOtt vergnügeſt, und den vergnügen wir, wann wir ihn wollen vergnügen,
und thun, was wir vermögen. Ein wenig
Leſen iſt doch auch nicht undienlich, wann du
gleich nicht den Nutzen ſpühreſt, wie ſonſt, ja
wann auch gleich die Andacht unvermerckt ſich
zerſtreuet, daß du nicht weißſt, was du geleſ-
ſen haſt: Es läßt doch wohl einige Nahrung
nach, und bewahret vor was Schlimmers.
Nur bey gar zu ſtarcker Muthloſigkeit, und
einigen anderen Verſuchungen würde mich eben
ſo ſehr nicht darzu zwingen, ſondern nachdem
ich dem Gebät eine Weile obgelegen, lieber
ein äuſſeres Werck vornehmen; dann weil du
dir

bir keine gute Dispositionen kanst geben, oder
viel Reglen wahrnehmen, so würde dich zu
dieser Zeit viel dergleichen Lesen nur hinderen.

Nun der HErr stärcke, und erhebe dich
über dich selbst, daß du im kindlichen Vertrauen bey ihm aushalten, und die gewisse
Verheissung erlangen mögest! Getreu ist er,
der dich berufen hat; er wird es auch thun.
Du bist mir viel gegenwärtig, und ich gedencke deiner in meinem unwürdigen Gebät; erwarte auch von dir ein Gleiches.

Ich grüsse dich in brüderlicher Liebe und
bleibe, 2c. 2c.

Mülheim,
den 9. Oct. 1749.

Der 127te Brief.

Aufmunterung nicht vom Creutz herab zu steigen;
im Leyden lernt man leyden, und daß der
Schmeltzer unser Freund sey. Verhaltungs-
Regel in Versuchung wider die Bruder-Liebe.

N. N.

Es ist wahr, daß ich einer Seits mit brüderlichem Mitleyden, anderer Seits aber
auch mit stiller Anbätung der weisen und heilsamen Wege GOttes deinen Zustand und
Leibes-

Leibes=Schwächlichkeit anſehe. Was ſoll
ich ſagen? Ich kan einmal dir nicht ſagen:
Steig herab vom Creutz! Keineswegs! ſon=
dern halte aus mit möglichſter Ruhe und Ver=
trauen! Diß iſt der Weg; des HErrn Hand
iſt in dem allem, und unterſtützet im Verbor=
genen. Ueber ein Kleines wird kommen, der
da kommen ſoll, und nicht verweilen.

Unſer Abriß, den wir uns Anfangs vom
Chriſten=Stand machen, iſt ziemlich mangel=
haft; wir vergeſſen öfters die Creutz=Striche.
Wir wollen leyden, o ja! aber als Helden.
Es ſoll kein verächtliches Leyden; es ſoll kein
ſo unbilliges ſeltſames Leyden; es ſoll kein ſo
gar peinliches oder dunckles Leyden ſeyn; es
ſoll nicht von der Seite kommen. Wir wol=
len leyden, aber nicht das, was wir leyden:
Alles andere Leyden kommt uns erwünſcht
vor, ausgenommen das Leyden, ſo wir haben.
Kurtz! wir wollen gar nicht leyden, und auch
das nicht mit Geduld leyden, daß wir uns ſo
unleydſam finden.

Courage! mein Bruder! im Leyden ler=
net man leyden; und wann die Widerſtrebung
ſich todt gearbeitet, dann ſchmäcket der Geiſt
die ſüſſe Frucht, die aus der bitteren Wurtzel
hervor wächſt. O! zarter, reiner, und innigſt
ruhiger Geſchmack des Geiſtes, ſo aus Creutz
und Leyden gebohren, und nicht ſo leicht, wie
andere ſüſſe Mittheilungen, von der Eigenliebe
verdorben wird! Es wird einem zwar, wanns
darauf ankommt, alles dunckel, ſo daß man
die

die Kostbarkeit der Leyden und die Frucht derselben nicht so vor sich hat; doch stärcket und
beruhiget der HErr durch zwischen kommende
Blicke, nachdem es Noth ist, ja erhebet
wohl gar über die Einsichten und Empfindlich-
keiten der Natur.

Ich bitte dich, laß doch den weisen und
gütigsten GOtt mit dir machen! Raisonnire
nicht über seinen Weg, noch über das Leyden;
bequeme dich nach ihm, und diene ihm nach
seiner Weise, und gerade in dem, worin du
bist, so wird eben das Gegenwärtige deine
höchste Förderung und dein Friede werden!
Nein! lieber Bruder! dein Vertrauen so wohl,
als sonstige Einsichten von GOttes Wegen
sind keine Einbildungen gewesen: Es muß aber
alles durchs Creutz bewähret und reif werden,
und darunter kommts gewiß mit dem sonst
gemachten Concept wohl allemal nicht überein; die Sache selbst aber kommt ohne Fehl,
und zwar unglaublich-edler, als sie verheissen
war. Das herrliche Land Canaan wird verheissen, und in der Hofnung verlassen wir
Egypten; inzwischen muß manches in der Wüste sterben, und diese Hofnung in manchen
Proben gerüttelt werden, auch manchen Abend
und Morgen erleben. GOTT hält dennoch
Wort, und die Kinder, die in der Wüsten
gebohren werden, ererben das Land, das von
Milch und Honig fleußt. Psalm 69, 36. und
37. Meßias und sein Reich war lang verheissen, erwartet und aufs majestätischste vorgebildet:

gebildet: Es kam doch endlich, aber als ein
armes Kindlein.   Die Jünger ſelbſt hatten
noch viel von ſeinem Reich im Kopf; bald
wars damit wie aus; bald dachten ſie: Nun
wirds doch noch kommen: Es kam auch; aber
es accordirte nicht mit ihrem groben Concept:
Sein Reich war nicht von dieſer Welt, ſondern es kam inwendig in ihnen durch die ſelige Erfahrung der Herrſchaft JEſu in ihren
Hertzen, und ſeines Friedens und göttlicher
Herrlichkeit, wogegen alle Reiche dieſer Welt
nichtswerthe Phantaſien ſind.

Noch einmal; getroſt! mein Bruder!
weiche nicht; gib dich dem Herrn gantz preis,
ohne deiner Natur und Eigenheit geſchont zu
wollen wiſſen.   Er weiß am beſten, wann,
wie und wo das eigene Leben anzugreiffen.
Du leydeſt nicht allein.   Ich grüſſe dich gar
hertzlich.

P. S. Dieſen Brief wollte eben verſieglen,
wie deinen Angenehmen von vorgeſtern erhalte, worauf dann noch dieſes kürtzlich bey-
füge.

Schreibe ohne Raiſonniren und Scrupuliren, ſo oft du Neigung darzu findeſt; es
wird mir jederzeit recht lieb ſeyn, obſchon nicht
allemal mit der Feder kan antworten: Man
faſſet doch einander durch GOttes Gnade,
und hätt es ſonſt keinen Nutzen.

Werde nicht muthlos; oder trage doch
die Muthloſigkeit mit ſo vieler Befriedigung,
als möglich iſt, dann ich kan mit Wahrheit
ſagen:

sagen: ich sehe keine Gefahr in deinem Weg. Du siehest die Hand nicht, die dich führet und unterstützet. Das Gold soll gereiniget werden; da verursachet das Feuer Leyden und Noth; man siehet kein Gold mehr, sondern nur Unreinigkeit: Die Surface, oder der obere Theil wird gantz damit bedeckt. Solche Menschen sind wir. Es muß hervor kommen; wir müssens sehen ja fühlen: das ist der Eigenliebe ein bitterer Trunck. Man hat sich wollen rein machen, und wird nun erst recht unrein. Hätte man nicht den unauslöschlichen Hunger nach GOtt und seinem Leben empfangen, dann wärs noch erträglicher: Allein der Schmeltzer ist und bleibt unser Freund. Er siehet zu, wie lang es währen und wie weit es kommen soll. So lernt man in die pure Gnade sich sencken, und die Nothwendigkeit eines gantz neuen Grund-Lebens aus JEsu erkennen. So lernt man sich schmiegen und beugen. Hier muß es endlich die Vernunft aufgeben, und nur blindweg vor GOTT und Menschen Schuld bekennen, auch wo man eben nicht Schuld sehen kan.

Du fragest: ob es nicht besser wäre, dich zu erklären gegen diejenige, so dir (wie du meynest) Leyden verursachen? Antwort, ja! das ist besser im Fall, wann dir ein und derselbe Vorwurf einige Zeit, oder Tage nach einander Verdruß machet, und es dir will zu schwer fallen. Und auch alsdann; wann du Ursache zu dencken hast, daß ein anderer (als

z. E. Bruder N.) deine Unzufriedenheit mercket, und es auch gerne änderen ſollte, wann
ers nur wüßte. In ſolchen Fällen ſage ich,
iſts am beſten, daß du davon redeſt ſo beſcheiden, als du kanſt; nicht zwar hauptſächlich
und allein, daß du Erleichterung bekommen
mögeſt, ſondern ein gröſſeres Uebel des Argwohns und der bitteren Wurtzel vorzubauen;
und, damit ein anderer nicht auch Noth bekomme, der uns leyden ſiehet, und nicht
weiß, womit ers ſoll helfen, weil wir verſchloſ-
ſen ſind.

Aber alles und jedes zu ſagen, was einen
quälet, und was einem nur Verdrießliches von
anderen in Gedancken beygebracht oder vorge-
ſtellet wird; oder, wo es ein anderer, nach
unſerem Bedüncken, oder auch in der Wahrheit, nicht recht macht, da würde kein Ende
ſeyn, und öfters das Erklären von einem puren Nichts ein wirckliches Leyden machen;
dann die herbe Kräften ſitzen in uns; wann
nun dieſe das leydende Gemüth umtreiben,
da kommt einem alles Verdrießlich vor; und
wo eins aus dem Weg iſt, da iſt ſchon wieder
was anders da.

Ueberhaupt iſts alſo in den mehreſten und
kleinen Proben beſſer, du duldeſt dich nur
was; ſo verſchwindet manches, ohne davon
zu reden, und hernach ſehen wirs im andern
Licht ein. Es iſt gewiß, daß andere (in ſpecie
Bruder N.) dir nicht mit Vorſatz zu leyden
                                    machen

machen werden, obgleich so vorkommen kan.
Inzwischen, wann GOtt uns will exerciren
und Leyden machen, dann muß öfters ein anderer, wider sein Vornehmen, so thun oder
so reden, daß es uns just wehe thut. Manchmal aber wird es auch in unserer duncklen
Imagination vom Versucher so vorgemahlt
und vergrössert, daß wohl wenig oder nichts
dran ist. Uebrigens bitt ich dich, suche dir
nicht viel zu helfen, wann die Affecten aufgebracht sind; du wirst noch einmal so verdrießlich dadurch werden. Zustimmen in dein
Nichts und Ohnmacht; in die pure Gnade
dich ersencken, und langmüthig die Hülfe des
HErrn erwarten, ist übrig genug. Wann
des HErrn Stündlein da ist, kommt die Erlösung. JEsus mit dir mein Bruder!

 Mülheim,
den 18. Dec. 1749.

    Der

Der 128te Brief.

Von der hohen Gnade der Menschwerdung JEsu Christi, und auf was Weise Er auch in uns gebohren werde. Wer nichts will als GOtt, der ist nie ohne GOtt. Einladung gen Bethlehem.

Mein lieber Bruder!

Da ich unsern Br. N. in seiner Schwachheit mit einem Brieflein besuchen wollte; so muß dich zugleich mit Hertz und Feder grüssen, und dir für die jüngst ertheilte Nachricht vom Zustand dasiger Mitberufenen hertzlich dancken.

Das süsse GOtt-Kind JEsus grüsse, segne und besuche ihrer aller und unsere Hertzen aufs Neue, besonders auch in diesen Tagen! da GOtt seine wundervolle, unergründliche, tiefe Menschen-Liebe in der Menschwerdung und Geburt JEsu Christi unsern armen Hertzen aufs neue anpreisen und einflössen will. Ach! daß wirs alle durch ein Ritzgen gleichsam sehen könnten, wie des ewigen, seligen GOttes Hertz und Liebes-Wille sich um unsert willen beweget, und zu unserer Wiederbringung in die Menschheit eingedrungen ist, und ausgebohren hat, um das verlorene Heil und göttliche Liebe-Leben durch diesen

sen Canal und Weg uns wieder zu communiciren; gewiß! wir würden erstaunen vor Anbätung und Gegenliebe. Die Pforte ist nun
im Geist so nahe, so offen; GOtt begegnet
uns nun im Innersten mit lauter Wohlwollen, und anziehender Liebes-Begierde: Er
siehet uns nun an als Freunde, als Verwand-
te in Christo. Es liegt nur am Oesnen, am
Annehmen dieser hohen Gnade; und daß,
gleichwie er unserer Nacht und Tag erwartet
und begehret, mit Wohlwollen und Liebe-
Verlangen, wir hinwiederum unser innig-
stes Wohlwollen und Liebes-Verlangen nur
in Abgeschiedenheit zu ihm hinein wenden,
und hinein gewandt bewahren lassen: So
kan es nicht fehlen, GOTT und Mensch
werden einander im Geist begegnen, umfassen, verbinden, und Christus auch in uns
gebohren werden, warum es alles zu thun
ist. Ach ja! süsses JEsulein, der du
keinen Raum in der Herberge fladder-
hafter, unruhiger und eitler Menschen
findest; mache dir Raum im armseligen
Stall unserer Herzen; herrsche freymäch-
tig in uns! Dein Leben sey nur unser Leben,
und das Unsere sterbe mit dir! Deine
Kleinheit, deine Abgeschiedenheit, deine
Stille, deine Unschuld, deine Abhänglichkeit, und dein ganzer JEsus-Sinn
werde der unsere, und uns wie natürlich-
eigen! O GOtt-Kind, das wir verehren,
mache uns auch zu Kindern, Amen!

Nun,

Nun, ich ſchreibe zu viel mit kranckem
Haupt, da nur grüſſen wollte. Drey oder
viermal habe Tage gehabt, da ich gedachte,
die Natur hätte unter der Schwächung und
Kränckung des Gehirns müſſen erliegen. Meiſt
gehe und ſtehe doch noch, wie wohl auch einen
Tag hab liegen müſſen. O! wie gut iſt
GOtt! und wie gut iſt alles, was er thut!
Wir ſind nur beruffen und erwählet, daß wir
ſeine Anbäter, und Anbäter ſeiner Wege und
Wercke ſeyn ſollen. Kinder raiſonniren kurtz:
Ja, Vater! dann alſo iſt es wohlgefällig
vor dir.

Auf dasjenige, was du von dir ſelbſt
ſchreibeſt, ſage ich nur: Es iſt ſo gut, lieber
Bruder, daß du ſucheſt vergnügt zu ſeyn mit
dem, was der HERR gibt oder nicht gibt.
Wer nichts will als GOtt, der iſt nie ohne
GOtt, und nie auſſer ſeiner Führung. Es
iſt wahr, nach einem Theil iſts noch ſehr vermiſcht: Jetzt aber iſts genug, alles Fremde,
was im ſinnlichen oder unteren Theil vorgehet,
nicht ſonderlich zu beſehen, es einfältig nicht
für das Seine zu erkennen, und ſo wieder ver-
ſchwinden zu laſſen; ſo ſchaft es noch von
hinten nach Nutzen: Man lernt ſich kennen;
der Wille wird gebrochen; der innere Menſch
wird unvermerckt vom äuſſeren geſchieden,
und man wird allgemach eine geheime Beruhigung und Zufriedenheit gewahr, die der
Seele Nahrung, Kraft und Leben mittheilet;
ohnerachtet es nicht allemal ſo wahrnemlich
iſt, wie vorhin. Grüſſe

Grüsse Vater und Mutter gar hertzlich
von mir, und ich lade sie, als ein armer Hir-
ten-Junge auch mit nach Bethlehem ein:
Kommt, laßt uns hingehen gen Bethlehem und die Geschichte sehen, die uns der
HErr hat kund gethan! Ich meyne aber
das Bethlehem eines armen, niedrigen Hertzens, welches allein fähig ist, GOttes ewige
Liebe in der Geburt Christi zu erkennen und
zu geniessen. Ich wünsche ihnen beyden (mit
uns) die Verheissung, dem alten Simeon
geschehen, daß sie nicht eher sterben, bis der
liebe Vater wie Simeon, und die liebe Mutter mit Hanna das Glück haben, JEsum
auf ihren Armen, und im Hertzen zu haben.
Amen!

Grüsse auch alle die übrige liebe Mitberufene gar hertzlich von mir. JEsus-Immanuel
segne sie alle aus seinem Heiligthum, und flösse
ihrer aller Hertzen sein göttliches Liebe-Leben
ein, daß sie alle, mit uns, rechte Christ-Kin-
der werden, worin GOtt hier und ewig sein
Wohlgefallen habe, Amen! Ich grüsse und
küsse dich, mein Bruder, im Geist der Liebe.
JEsus segne und erfülle dich!

Mülheim,
den 18. Dec. 1749.

Bb 4   Der

Der 129te Brief.

Von verschiedenen Hindernissen, sich über sein Inwendiges zu erklären. Aufmunterung zur
treuen Folge der Stimme JEsus.

In der Gnade JEsu hertzlich geliebte
Schwester!

Dein Angenehmes vom 21ten Novembr.
habe wegen leiblicher Schwachheit nicht
beantwortet, und dann, weil mir die übrige
Zeit gar abgenommen wurde. Im Geist
habe dich (wiewohl gebrechlich) so viel öfter
besuchet, und deine Seele dem Anfänger und
Vollender unsers Glaubens aufgeopfert:
Dann ich wünsche nichts hertzlicher, als daß
du dem HErrn gantz gewidmet, ihm recht
vertraulich, dir selbst aber, und dem, was in
die Sinnen fällt, immer fremder werdest.

Daß du dich bey deinem letzteren Hierseyn
in Ansehung deines Inneren nicht nach Vergnügen meynest erkläret zu haben, davon weiß
ich nicht mehr. Man muß sich schlecht und
recht erklären, wie man kan, und es so von
GOtt annehmen, von dem wir dependiren,
und nicht von Menschen. Und wann wir
uns dann nicht erklären können, dann fügt
es dennoch der HErr wohl, daß uns muß gesagt oder nicht gesagt werden, was uns dienlich

lich ist. Manchmal sind wir nicht daheim, manchmal will man nur so was Schönes sagen, welches GOtt dann nicht zuläßt; manchmal sind die Zustände so beschaffen, daß man nichts sonderliches davon zu sagen findet; manchmal suchet man durchs Sagen eine Stütze, welche der HErr vor die Zeit nicht geben will. Man muß nur jederzeit im Gegenwärtigen einfältig zu Werck gehen, so gut mans weiß und kan, übrigens alles von GOtt nehmen, und sich mit Zurückdencken nicht aufhalten.

Es hat mich erfreuet zu sehen, daß die Stimme des Freundes seinen inneren Ruf bey dir erneuret, und vertiefen will. Nun dann! folge im Blinden dem Lamme, wo es mit dir hingehet. Es gehe hinführo mehr ins Völlige und Gantze hinein, wobey allein Friede und Freyheit und wahre Gemeinschaft mit JEsu gefunden wird! Dem Creutz und Verläugnung scheuenden, sich selbst suchenden, natürlichen Theil lasset uns recht fremde werden, um im Geist die zarte Stimme der Liebe zu können vernehmen, und seine Vertraulichkeit zu geniessen, die das wenige Natur-Leyden unendlich überwägen: Aber der Eigenliebe wird dieser Tisch nicht gedeckt. Der innere Liebes-Zug macht das Auge vor dem Selbst schliessen, neiget zum Ausgehen aus sich selbst, und läßt erfahren, das da, wo man sich selbst verlieret, GOtt wahrlich gefunden werde. Uns selbst müssen wir überall

miß-

mißtrauen, und darum dem göttlichen Führer
ſo viel mehr anhangen, bey dem wir allein
Licht, Kraft und Gutes erwarten können,
dann er iſt getreu.

Ich grüſſe hertzlich von uns allen dich und
dein gantzes Haus, auch N. und N. — —
Ich bleibe durch Gnade

Dein und ihrer aller

Mülheim,　　　ſchwacher Mitbruder.
den 27. Dec. 1749.

Der 130te Brief.

**Sich zu gewöhnen, alles was uns begegnet, in
GOtt anzuſehen.**

Hertzgeliebte Schweſter!

Hierdurch hab ich dich grüſſen, und dir
GOttes Frieden und Beruhigung in ſeiner innigen Nahheit anwünſchen wollen.

Weil wir GOtt lieben, ſo müſſen wir ja
auch alle ſeinen Willen lieben. O! wie ſchön
und wie gut iſt GOtt und alles, was er thut!
Gewöhne dich daran, meine Tochter, alles,
was kommt, in GOTT anzuſehen, und in
dieſem ewig-liebenden GOtt zu ruhen, und
dich immer wieder zu beruhigen über die Zufälle.

Alle

Alle Dinge auſſer GOTT gehen vorbey. Er, der unſer ſüſſer GOtt und unſer Ruhe-punct iſt, bleibet ewiglich, der er iſt.

Dein letzteres Brieflein habe empfangen. Es iſt ſo gut. Vergiß nur alles wieder, und nimm auch dergleichen Dinge gantz einfältig von GOtt an, der in allem unſer Beſtes be-äuget. Ich habe keine Zeit, mehr zu ſchrei-ben. Im Geiſt bleiben wir zuſammen.

Dein

Mülheim,   Verbundener.
—— —— 1750.

Der 131te Brief.

An einen Freund, über das ſel. Abſterben ſeiner Mutter.

Mein hertzlich geliebter Bruder!

Jetzt erhalte den Deinen vom 29. Decembr. und in demſelben die unvermuthete Nach-richt von unſerer lieben Mutter Erlöſung aus dieſem Elend und tödtlichen Leibes-Leben. Der Wille des HERRN geſchehe! Dieſen Willen lehre er uns auch hierin anbäten, gutheiſſen und loben mit kindlichem Hertzen, als ſolche, die da wiſſen, daß alle ſeine We-ge nichts anders als Güte und Wahrheit

ſind,

ſind, und ſeyn können. Er weiß, warum
er ſo thut; und diß glaubende können wir
die Hand auf den Mund legen.

Die gute Faſſung ihres Gemüths, worin
ſie gelitten und hingegangen, hab ich mit
vieler Erkänntlichkeit, und nicht ohne Bewegung geleſen. Wir ſollen ja dem HErrn
dafür dancken, daß er ihr Hertz in ſo vieler
Beruhigung und Vertrauen erhalten, als
geſchehen, und nicht zugelaſſen hat, daß ſie
viel hat können über ihre innere und äuſſere
Umſtände reflectiren, damit das Gemüth
nicht ohne Noth beunruhiget oder zerſtreuet
würde, worzu die Schlafſucht vielleicht mit
hat dienen ſollen. Nun, der HErr hat alles wohl gemacht, der erquicke ihre Seele
vor dem Angeſicht ſeiner Herrlichkeit, Amen!

Unſern lieben alten Vater grüſſe ich gar
hertzlich, und bezeuge demſelben, daß ich von
Hertzen Theil an dieſem Verluſt nehme.
Wie ſo gern hätten wir ihm dieſe ſeine,
dem Anſehen nach ſo nöthige, Gehülfin noch
ferner zu ſeiner Hülf gegönnet! Allein GOttes untadeliche Gedancken ſind nicht wie die
unſere geweſen: ich vertraue, der wirds auch
in dieſem Stück verſehen. Es erfreuet mich,
daß der liebe alte Vater ſich noch ſo Chriſt-
lich faſſen kan. Nun, es wolle GOTTes
ewige Liebe in Chriſto ſein Hertz ſo viel mehr
zu dem Ewigen ziehen, und ihn, mit uns,
aufwecken, alle ſeine Zuflucht zu dem unſterblichen GOtt zu nehmen, damit er indeſſen

Gnade

Gnade und Gemeinschaft einen gründlichen, bleibenden Trost und Vergnügen wieder finden möge. Ach! mein JESU, tröste und stärcke du unsern lieben Vater, und laß sein Hertz erfahren, daß du allein besser bist, als das allerbeste. Amen!

Mit Br. A. Schwachheit, Schmertzen, und empfindlichen Leydens-Umständen habe brüderliches Mitleyden. JEsus besuche und erquicke ihn an meiner Statt, und segne alles zum Hauptzweck: Grüsse ihn gar hertzlich von mir.

Weil ich mir leicht vorstellen kan, daß zu dieser Zeit vieles auf dich, lieber Bruder anfallen wird, so gedencke ich in Schwachheit deiner. Der HErr, der die Umstände weiß, wird dir das Nöthige geben. Du thust wohl, daß du auch für uns bätest; wie auch wir thun.

Ich bleibe auch so schwach, daß mir öfters Sehen, und Hören und alles peinlich ist. Ists nicht ein elendes Leben? Und doch ist Creutz und Leyden noch das Beste, so dieses Leben giebet. Ach JEsu! lehre uns dich lieben, so lieben wir auch dein Creutz, und können uns dabey wagen.

Ich grüsse und umfasse dich mit meinem Hertzen, und bleibe durch Gnade.

Mülheim,
den 1. Jan. 1750.

Der

Der 132te Brief.

Von des Schreibers Leyden; von der Verheissung
beym Leyden, und daß wir dadurch JESU
ähnlich werden, da Er uns seinen Sinn, seine
Kraft, ja alles Gute mittheilet.

N. N.

Sowohl dein Angenehmes vom 23ten als
das von Bruder E. vom 27ten Jan.
habe seiner Zeit wohl erhalten, aber nur im
Geist können beantworten, welches auch
nicht unterlassen habe.

Seitdem der Bruder N. hier gewesen,
hat es auf meine äussere Hütte mächtig an-
gestürmet; und ob ich gleich noch nicht tüchtig zum Schreiben bin, so dauchte mich
doch, es wäre nicht recht, wann ich euch
meine Umstände nicht communicirte.

Am 18ten Jan. bekam einen ungewöhn-
lichen Zufall, der mich gantz ausser Stand
setzte, und mich, weil ein ziemlich Fieber dabey, ins Bett legte. Es war ein sehr empfindlicher Fluß aufs Haupt. Etwa zwölf-
mal in einer Minute kamen solche empfindliche Stiche ins Gehirn, als wann ein Pfeil
wäre hinein geschossen worden: Dieses hielte
acht Tage an, doch hatte nur den ersten und
zweyten Tag ein starckes Fieber dabey. Allgemach

gemach kamen auch die Stiche nicht mehr
so immer, sondern fünf à sechs mal in einer
Minute. Die folgende Tage wußte ich des
Morgens nicht so viel davon, sondern es
kam nur Nachmittags und Abends. Jetzt
weiß GOtt Lob! nichts mehr von solchen
Schmertzen, wie wohl noch den Fluß im
Haupt! und auch Zahn-Schmertzen habe;
es ist aber doch leidlich.

Du siehest also, daß wir auch im äusseren Leyden einige Aehnlichkeit haben, und
gute Brüder sind: Ob ich nun gleich dencken
kan, daß deine Beschwerden grösser sind,
so kan ich doch um der Gleichheit willen so
viel mehr Mitleyden mit dir haben. Nun,
es ist doch eine schöne Verheissung, daß denen, die GOtt lieben und angehören, alles,
ja alles zum Guten mitwircken müsse. Es
gehet nur alles über das äussere Theil, oder
über das alte und eigene Leben, und macht
uns JEsu ähnlich. Wir haben nichts zu
thun, als uns mit ihm und seinem unum-
schränckten Wohlgefallen zu vereinigen, so
wie GOtt Gnade darzu gibt, und in ihm
die kleine und grosse Leyden anzusehen. Sollt
ich den Kelch nicht trincken; den mir
mein Vater gegeben hat? Dergestalt ist
dann unser Leyden kein bloß natürlich noch
böses Ding, sondern eine Gemeinschaft der
Leyden, die in Christo sind, der uns aber
auch mit dem Leyden seinen Sinn und seine
Kraft communiciret, daß wir unter, und
durch

durch die Leyden klein, rein und herrlich werden, ob wirs gleich nicht allemal ſo ſehen
koͤnnen. Es iſt wahr, wir koͤnnen uns weder zur Zeit der Leyden, noch zur andern
Zeit keine gute Gemuͤths-Faſſung geben;
wir muͤſſen ſolches nicht einmal probiren,
ſondern uns ſelbſt dalaſſende in unſern ſo innig nahen GOtt uns einſencken, oder loß
laſſen, in kindlicher Einfalt und Vertrauen.
Je mehr Schwachheit und Elend in uns
verſpuͤhret wird, deſto mehr ſind wir verpflichtet darzu. Was ſuchen wirs lange in
uns? Was ſorgen wir? Was aͤngſtigen wir
uns? In unſerem ſo innigſt-nahen Heylande iſt es alles und allein zu finden; ja zu
finden, nicht eben zu ſuchen. Wir ſuchen
bisweilen aus Unverſtand was Gutes, ſo wir
unwiſſend ſchon haben. JEſus und alles
Gute muß nicht ſo ſehr geſucht, als nur gefunden werden. Wann wir was wollen ſuchen und machen, dann gehen wir in unſer
Eigenes ein; nur ſollen wir JEſum, und
in ihm alles Gute, gantz nahe glauben, finden, haben, lieben, und ihn allein alles in
uns ſeyn laſſen. Der HErr lehre und gebe
uns die Sache!

So, wie du, lieber Bruder, deinen Sinn
ausdruͤckeſt, bey deinen Leyden und bey der
Erfahrung deines Eigenen, ſo ſich unter-
miſcht, gefaͤllt mir wohl. Halte in GOttes
Namen nur aus unter ſeiner Hand. Plage
dich nicht mit kuͤnftigen Beſchwerlichkeiten.

Der

Der Weg heißt wohl schmal und dem eigenen Leben fällt es schwer, von seinem Recht abzustehen; allein, wann der HErr sich offenbaret, dann wird das Schwere leicht, und das Enge weit. O JEsu! O Liebe! verdienest du dann nicht unser ganzes Herz? Und, ist es zu viel, ein paar Tage dir dein Creutz helfen tragen?

Deinen lieben Vater grüsse meinetwegen gar hertzlich. Es freuet mich, daß er sich so gut fasset, und gerne sein Bestes thun will, sich zur Reise anzuschicken: Ich bitte angelegentlich, daß JEsus ihm seine Tage recht gesegnet seyn lasse, und er mit seiner Gnade mitwircke. — —

Ich grüsse und umfasse dich, lieber Bruder, und verbleibe durch Gnade.

Mülheim,
den 5. Febr. 1750.

Der

Der 133te Brief.

An einen frommen Schul-Diener. Anweisung
mit dem Hertzens-GOtt umzugehen, und auf
was Weise er sein Amt GOtt heiligen und den
Kindern nützen könne.

In der Gnade unsers theuren Heylandes
hertzlich geliebter Freund!

Meine anhaltende Leibes-Schwachheit, welche um diese Jahres-Zeit heftiger zuzu-
setzen pfleget, und die überhäufte mündliche
und schriftliche Anläufe anderer Gemüther
haben verhindert, daß E. E. angenehmes
Zuschreiben vom 1ten Jan. nicht ehender als
heute beantworten können.

Daß ich das Vergnügen gehabt, mit
E. E. verwichenen Sommer bekannt zu werden, sehe als eine gute Schickung göttlicher
Liebes-Direction an; das sollen wir nicht so
als von Ohngefähr kommend ansehen, sondern einfältig glauben, unser guter Hirte habe
solches expreß so gefüget, und etwas zu unserem wahren Nutzen und Heil darunter verborgen. Nun dann! es sage unser Hertz:
Warum hat der HErr das gethan? Es
schweige unsere Seele dem HErrn, und lege
sich vielmals vor seinem Angesicht offen, mit
innigster Begierde, in seinen liebsten Willen
einge-

eingeleitet zu werden; da sich dann gewiß unser so naher und guter Hirte nicht wird unbezeugt, sondern seine lebendigmachende Hirten-Stimme, nach unserem Stand und Bedürfniß, vernehmen lassen, um uns auszuführen aus uns selbst und allem Geschaffenen, und einzuführen in seine innige und ewige Gemeinschaft, da der Geist allein Leben und volles Genügen findet.

GOtt hören, und GOtt folgen ist alles, was zu thun ist, ja wir leydens noch mehr, und lassen es in uns thun, als daß wirs selber thun sollten. Nur nahe gekommen! Nur einfältig gehungert, geglaubet, geliebet, und ohne Kunst mit dem Hertzens-GOtt umgegangen, und ihm Hertz, Willen und Verstand, ja unser Gantzes wahrlich in seine Macht gegeben! O grosses Glück! daß wir dieses dörfen thun; und noch grösseres Glück, wann wirs mit der That also thun. HErr JEsu! der du uns mit deinem Blut dir hast erkaufet, nimm uns wahrlich und ewig für dich hin, Amen!

Werther Freund! daß er sein Amt gern GOtt heiligen will, ist von GOtt, und demselben angenehm. Der HErr will demnach, daß er sich selbst und seine Arbeit, samt untergebener Jugend, hertzlich und vielfältig ihm anbefehle, und in allem durch den heiligen Geist seine Absicht reinigen und vereinfältigen lasse, um Amt und Alles immer lauterer dem HErrn zu thun; so wie wir

in der Natur gewohnt ſind, alles uns ſelbſt,
und mit Abſicht auf uns ſelbſt zu thun. Iſt
alsdann das Auge einfältig, ſo wird der
gantze Leib des äuſſeren Wercks ſchon
Licht, und dem HErrn angenehm werden.
GOtt braucht unſerer Wercke nicht; er wiegt
ſie nach dem inneren Werth, nicht nach dem
Anſehen. GOTT zu lieb und Ehren einem
Kinde das A b c gelehret, iſt wichtiger vor
GOtt, als predigen, Länder regieren, und
viel Groſſes und Schönes thun mit Abſicht
auf ſich ſelbſt. Ich würde ohnmaßgeblich
rathen, die Kinder das zu lehren, was ich
gedächte, daß ihnen heut oder morgen im
Leben dienlich ſeyn könnte; mit gar unnöthigen, oder nur vereitlenden Sachen aber mich
gar nicht aufhalten. Iſt nur das Gemüth
vor GOtt andächtig, und im Hauptwerck
unſers Gnaden-Berufs redlich und gantz geſinnet, dann wird einem ſchon im Gegenwärtigen ein Wort, oder ſonſt was in den
Sinn gegeben, ſo den Kindern erbaulich:
Und wann wir auch nicht direct was Gott-
ſeliges ſollten ſagen, ſo erbauet doch ſolcher-
geſtalt Weſen und Wandel, uns ohnwiſ-
ſend. Wann ſäugende Kinder kranck ſind,
dann gebe ich vielfältig nur den Müttern die
Artzney. Schuldiener ſind ſolche Säug-
Ammen; ihr Stand, Wandel und Weſen
hat einen Einfluß auf die untergebene Jugend; mehr als man dencken ſollte. Die
Worte, die geſprochen werden, thun es ſonſt
nicht.   Uebri-

Uebrigens wünsche ein Hertz voller Liebe JEsu, wie zu eigener Seelen Vergnügung und Heil, als auch um die Lämmergens dem HErrn zu erziehen und zu weyden. Ich grüsse gar hertzlich, und bleibe unverrückt

Meines hertzlich geliebten Freundes

Mülheim,   von Hertzen ergebener
den 19. Febr. 1750.   Freund im HErrn.

Der 134te Brief.

Brüderlicher Zuruf: den grossen GOtt zu lieben, anzubäten, und der Huth des HErrn zu warten. Seufzer.

Mein Hertzlich geliebter Bruder!

Dein Angenehmes vom 27ten Febr. habe seiner Zeit wohl erhalten. Obgleich nichts Erhebliches zu schreiben habe, und sonst Wercks genug auf mich wartet, so finde mich doch jetzt geneigt, dich ins besondere, mein lieber Bruder, mit Hertz und Feder zu grüssen, welcher Neigung ich dann nur folgen will.

Mein Hertz grüsset und küsset dich im Namen JEsu, und ruffet dir zu: Komm mit mir, und lasset uns lieben und anbäten unsern GOtt, den nahen, den grossen, den

    unver-

unveränderlich-guten GOtt, der unsern Geist zu seinem Heiligthum erkohren, und uns Elende zu seinem seligen Dienst im Geist beruffen hat. Gibt der HErr eben nicht allemal einen klaren und offenen Eingang ins Heiligthum, so bleibe doch unser inneres Gemerck der Liebe dahin gewandt, zu warten der Hut des HErrn, und Raum zu geben allem seinem Wohlgefallen und Bewegen. HErr rede! dein Knecht höret.

Ich habe den HErrn gebäten, er möchte dein Hertz umzäunen und abgeschieden bewahren, damit nichts Fremdes in sein Heiligthum eindringen und solches einiger massen profaniren (entheiligen) möge! Er wirds auch thun; das traue ich ihm zu, und den Geist mit seinem göttlichen Leben durchdringen, welches allein verdienet, Leben genannt zu werden. Ich grüsse hertzlich alle, welche zu nennen die Zeit nicht zulässet. Ach mein JEsu! du grosser Hirte deiner Schafe! du bist ja einem jeglichen dieser Hertzen wesentlich nahe, sage selbst einem jeden ins Hertz, was ihnen zu sagen ist! Du hast sie dir mit deinem Blut erkaufet: weyde, leide, und bewahre sie, daß kein einziges umkomme! Ich grüsse dich zärtlich, lieber Bruder, und verbleibe durch Gnade, 2c.

Mülheim,
den 19. Febr. 1750.

Der

Der 135te Brief.

Anmuthigung zu einer tiefern Ueberlaſſung, und
zur Aufopferung einer krancken Schweſter.

Meine in der Gnade JEſu vielgeliebte
Schweſter!

Geſtern erhalte durch den lieben Bruder N.
eine ſolche Nachricht von eurer und der
lieben Schweſter E. Kranckheit, daß ich faſt
zweiflen muß, ob ihr dieſe Zeilen zu leſen im
Stand ſeyn werde:? Ich finde mich dennoch
gedrungen, E. E. zu ſchreiben, ohne eigentlich was zu ſchreiben zu haben.

Daß ich mit euch leyde; daß ich euch durch
den hohenprieſterlichen Geiſt Chriſti ſuche zu
faſſen, und dem HErrn darzubringen, das
wiſſet ihr. Daß ihr das Leyden von GOtt
in der Liebe nehmen, mit GOtt in der Liebe
tragen, und GOtte in der Liebe aufopferen
ſollet, iſt E. E. auch bekannt. Vielleicht ſinds
noch andere Lectionen, die jetzt aufzuſagen ſind?
O! wie ſorget die Liebe für uns! O! wie
gängelt ſie uns, und wie weiß ſie uns ſo ſachte
dahin zu bringen, wo ſie uns haben will! Laſſet uns folgen mit geſchloſſenen Augen: Laſſet
uns ihrer guten und treuen Hand uns nicht
entnehmen durch ſtöhrende Furcht und Zurück-

Cc 4 ſehen

ſehen auf uns ſelbſt! Eure Ueberlaſſung ſoll durch dieſe Verſuchung vertiefet werden. Der HErr ſähe gerne, daß ihr euch, leiblich und geiſtlich, in allen ſeinen nur möglichen Willen ſuchtet zu ergeben, ſtellende euer Wollen und Nicht-Wollen in ſeine Hand; dieſes wird dem Geiſt Weite geben, und eine Ruhe, die übernatürlich iſt: Er ſelbſt wirds euch weiſen und geben. GOtt ſtärcket die Schwachen, und bekleidet die Nackten; laſſet uns dann um Schmuck und Kraft uns nicht viel umſehen, damit wirs alles in JESU mögen finden!

Soll ich noch mehr rathen? Dann müſſet ihr dem HErrn auch noch ein ander Opfer bringen. Vielleicht nehmet ihr euch der lieben Schweſter E. Kranckheit zu ſehr an? Vielleicht ſeyd ihr zu ſehr befürchtet, der HERR möchte ſie zu ſich nehmen? Fürchtet nicht! der HErr wird hierin nichts anders thun, als was gut iſt, und zwar ſowohl euch als ihr. Aber das ſähe der HErr gerne, daß ihr ſie aufopfertet, und ſie ihm ja ſo lieb gäbet, als ſelber behieltet; wann es alſo ſein Wille ſeyn ſollte. Seyd in JEſu Namen getroſt mitten unter euren Leyden, Schwachheiten und Elenden! O! GOtt iſt allein genug: Sehet ihn an, lobet ihn, liebet ihn, und freuet euch in ihm! Und, wann ihr meynet, ihr könnet nichts von alle dem, was ich hier ſage, dann leydet, weil es euer GOtt will, der alles iſt. Ich dencke auch nicht, daß ihr jetzt ſterbet.

Laſſet

Lasset der lieben Schwester E. meinen hertzlichen Gruß wissen, und daß ich sie im Geist suche zu fassen, und dem liebsten Heyland anzubefehlen. Er hat uns aus Barmhertzigkeit bey der Hand gefasset, und in seinem für uns vergossenen Blut uns die Vergebung unserer Sünden und einen freymüthigen Zugang zum Vater Hertzen geschencket, beydes im Leben und im Sterben; O Gnade! Was wollen wir mehr? als nur, daß wir in ihm bleiben, und seiner uns zubereitenden, reinigenden und forthelfenden Hand uns kindlich überlassen.

Ich grüsse nochmals im Namen JESU euch, liebe Schwester! die francke Schwester E. —— —— Der HErr JEsus sey mit eurem Geist! In ihm bleibe ich durch Gnade

Euer

Mülheim, treu-verbundener schwa-
den 6. Mertz 1750. cher Mitbruder.

Cc 5   Der

Der 136te Brief.

Wie nöthig die Beharrlichkeit in der Uebung des
Gebäts und der Einkehr, sonderlich auch in
Zeiten der inneren Entblössung, Dürre und
Dunckelheit seye.

In der Gnade JEsu werthgeschätzter lieber Bruder!

Ob wir gleich schriftlich wenig correspondiren, so kan doch in Einfalt vor GOtt
sagen, daß ich dich liebe, und mich im Geist
mit dir vereiniget finde, auch daß mir dein
letzteres Schreiben vom 17ten Jan. angenehm
gewesen. Ich mercke zwar wohl, daß du dir
eine zu schöne Idée von mir machst; allein so
ists der Liebe Art, und ich wünsche mirs zu
nutz zu machen. Deine Gemüths-Beschaffen-
heit, wovon du mir ein und anders brüderlich
eröfnest, habe gesuchet und werde suchen, dem
HErrn in meinem Gebät darzubringen, nach
der Gnade, die ich von ihm selbst erwarte.

Daß die Beharrlichkeit in der Uebung des
Gebäts und Einkehr von solcher Wichtigkeit
sey, kan uns, nächst der Erfahrung, bloß
des Versuchers List und Bemühung, um uns
davon abzulocken und darin träge zu machen,
sattsam lehren: Er weiß, daß durch diese selige
Uebung allein sein finsteres Reich in der Seele
noth-

nothwendig zerſtöhret wird, durch den unvermerckten Einfluß des Lichts, der Liebe und des
Lebens JESU; und daß alle Blumen und
Früchte der ſchönſten Gnaden und Tugenden
bald von ſelbſt verwelcken, wann er ſie nur
von dieſer ihrer Wurtzel abbrechen kan. JE-
ſus allein iſt Mittler und Canal, wodurch
das göttliche Leben und Kräfte in unſere aus
der Art geſchlagene und zum Guten erſtorbene
Menſchheit wieder müſſen eingeflöſſet werden:
Durch die Uebung des Hertzens-Gebäts (als
in welchem Glaube, Liebe, Hofnung, ꝛc. ſich
concentriren) werden und bleiben wir mit ihm
vereiniget, und in Ihm gewurtzelt; da der
Hunger, Liebes-Begierde und innige Zunei-
gungen gleichſam unſere Wurtzlen ſind, wodurch wir aus JEſu unvermerckt Saft und
Kraft empfangen, ob mans gleich nicht allemal ſo deutlich ſehen und fühlen kan, wie das
zugehet, und ob das geſchiehet? O laſſet uns
bäten, und uns zur Hertzens-Einkehr ſchicken! Das gebrechlichſte Gebät iſt heilſamer,
als die beſte Zerſtreuung. Viel ſcheinbares
Gute läßt uns der Feind machen; ja er treibt
noch wohl dazu, nur daß wir das Gebät unterlaſſen.

Ich werde durch des lieben Bruders Schreiben nur darin beveſtiget, was mir meine eigene Erfahrung, und die Erfahrung bey anderen
vielfältig gelehret hat; wie nemlich der Verſucher ſonderlich die Zeit der Entblöſſung,
Dürre und Dunckelheit in Acht nimmt, die

Seele

Seele von der unverrückten Uebung des Gebäts, und mithin von ihrer Kraft abzubringen;
da dieſes doch eben die Zeiten ſind, da wir zu
dem gröſten Fortgang und Ausgang aus uns
ſelbſt könnten bereitet werden, wann wir nur
bey dem HErrn wüßten auszuhalten, und uns
nach ihm zu fügen. Ich will ſagen: Daß,
wann wir auf die ſonſt gewohnte Art mit der
Gebäts-Uebung nicht könnten fort kommen,
wir dann auch nicht mit ſteifem Eigenwillen
und Anſtrengung veſt hielten, was der HErr
uns beliebt zu entnehmen, ſondern uns ſchmie-
geten, in unſere Nacktheit und Armuth ruhig
einwilligten, unſeren Geſchmack, Licht und
Vergnügen ſeinem Vergnügen und Wohlgefallen aufopferten, und dieſes ſein Wohlgefallen unſer Gebät und unſere Speiſe ſeyn lie-
ſen: Siehe, da würden wir von einem ſolchen
Loßlaſſen, Entblöſſen und gleichſam Verlieren
mit der Zeit den Gewinn erfahren, und zu einer tieferen, oder beſſer geſagt, reineren Einkehr, Gebäts-Art, und Vereinigung mit
GOtt fähig gemacht werden; welches eben die
Abſicht GOttes iſt.

Das iſt aber unſer Elend und unſere
Schwachheit, daß wir ſo ſehr mit der Eigenliebe durchdrungen ſind, und uns ſelbſt ſuchen, eben indem wir meynen, GOTT zu
ſuchen: Finden wir dann für uns ſelbſt nichts,
kein Licht, Geſchmack, oder ſonſt was Angenehmes, da bilden wir uns ein, wir könnten
GOtt nicht finden, werden müde und muthlos

los, und suchen wohl gar für dieses Selbst
Nahrung in andern Dingen, da sie uns in
GOtt und dem Guten nicht mehr so vergönnet wird. Ach! mein GOtt! wie so höchst-
ungeziemend ist dieser Sinn einem Hertzen,
das sich deinem reinen Dienst und deiner Liebe
gewidmet hat! Zerstöre diesen Grund der Eigenliebe, daß wir in deinem Dienst nicht uns,
sondern wahrlich dich suchen, nicht unser Vergnügen, sondern dein Vergnügen, dann du
bist unser Ende, und in dir, nicht in uns, ist
alle unsere Seligkeit. Amen!

Ehe der Pfingsttag gekommen, konnten
die liebe Jünger ohne die leibliche sichtbare Gegenwart JEsu nicht lang in der Stille aushalten. Ich gehe hinaus fischen, sagte Pe-
trus; die Zeit fiel ihnen lang in der Einsamkeit: So gehts auch uns; man gehet hinaus
fischen in einem Buch, bey einem Menschen 2c.
und es ist Gnade, wann man in solcher Nacht
nirgend was fangen kan, und der Heyland
einem noch begegnet, und, wie den lieben
Jüngern, die Fruchtlosigkeit alles eigenen Ge-
suches zeiget. Mit Furcht, mit Schaam,
mit tiefer Erkänntlichkeit der göttlichen Langmuth und Güte erinnere ich mich dessen, was
mich die eigene Erfahrung in diesem Stück
wohl gelehret hat; daß nemlich die Versäum-
niß der Gebäts-Uebung so wichtig, und daß
man zur Zeit der inneren Dunckelheit und Dürre so leicht in diese Versuchung gerathen kan.
Man merckt den Schaden so bald nicht; allgemach

gemach aber kommt man weiter und wohl bisweilen ſo weit von der Spur ab, daß man
kaum Muth hat, je wieder zurecht zu kommen. Eine Seele ohne Gebäts-Uebung iſt
wie ein einzeles Schäflein ohne Hirten. Der
Verſucher weiß ſolches; er bedienet ſich der
dunckeln und bloſſen Gemüths-Ständen, daß
er die Seele von ihrem Hirten entferne; da
ſpannt er ſein Netz liſtig auf, bringt das Gemüth in Zweifel und Verwirrung, ſtellt ihm
dieſes oder jenes Scheinbare vor, treibt es zu
mancherley Veränderung an, es ſolls mit dieſer Uebung, in dem und dem Stand, an
dieſem und jenem Ort, bey einem ſcheinba-
ren Haufen oder Secte einmal verſuchen;
wodurch in dieſen und vorigen Zeiten ſo manche redliche Seelen bey dunckler Nacht ſind betrogen worden; zu unſerer Warnung, daß
wir im Dunckeln und Dürren nicht leicht einige Veränderung müſſen vornehmen, ſondern
da bleiben, wo wir ſind.

Laßt uns nur in JESU Namen immer
wieder Muth faſſen, daſelbſt wieder anfangen,
wo wir aufgehöret, und uns präcis wieder
alſo betragen, wie wir vor der Abweichung
gethan haben! Die wunderbare Güte unſers
GOttes bedienet ſich aller Dinge, auch ſo gar
unſerer Fehler und Sünden, zu unſerem Beſten: (Angebäten ſey ſeine Weisheit!) von
Hinten nach müſſen wir uns auch ſelbige beſtmöglich zu nutz machen, und einen guten Vorrath

rath der gründlichen Selbst=Verschmähung
davon auflegen; ob wir gleich keineswegs un=
ser Böses damit zu beschönen, sondern mit
allem Fleiß zu vermeyden haben. Röm. 6, 12.
Unser Nichts, im Licht erkannt, wircket
Demuth, aber eine Demuth, auf welche wir
bisweilen ein wenig hochmüthig werden: Unser
Nichts aber, durch die Erfahrung erkannt,
läßt der Eigenliebe keinen Schlupfwinckel üb=
rig; Man muß bloß da stehen, und seine
Schande bekennen.   Viele Menschen reden
von Verläugnung der eigenen Gerechtigkeit,
die noch wohl wenig oder keine Gerechtigkeit
haben: Aber bey treugesinnten Seelen schleicht
dieses Gift am ersten mit ein, daß man in
seine Treue, in seine Verläugnungen, in seine
Tugenden und Gnaden, in seine Gebäts=
Uebungen unvermerckt seine Gerechtigkeit und
sein Vertrauen setzet, und nicht so bloß in
GOtt allein; und da kan dann von hinten
nach der liebe Heyland mit unserem Koth uns
die Augen öfnen, wovon aber seine Wunder=
Hand allein die Ehre, und wir die Schande
haben.   Die Erfahrung unserer Schwachhei=
ten, Elenden und unseres allgemeinen Nichts
muß uns nicht kleinmüthig machen, sondern
Anlaß geben, uns auszuleeren von uns selbst,
uns selbst zu verlassen, uns so viel nackter,
und also auch so viel wesentlicher in GOtt zu
kehren, damit er uns mit sich selbst erfülle,
und alles das in uns werde, was wir selbst
nicht haben, oder leisten können.   Und dahin
will

will uns GOtt haben, damit kein Fleiſch ſich
rühme vor ſeinem Angeſicht, ſondern Jehova
allein unſere Gerechtigkeit, und unſer Ruhm
ſey. Siehe, lieber Bruder! ſo würde die
Nacktheit, Ausleerung und Loßlaſſung, worzu die Erfahrung unſerer Elenden uns Anlaß
geben, uns von Hinten nach der edelſten Gebäts-Art und Vereinigung mit GOtt fähig
machen. Gelobet ſey die wunderbare und unendliche Menſch-Freundlichkeit unſers GOttes
in Chriſto JEſu!

Weil im Schreiben immer gehindert, und
durch Beſuch und Geſchäfte immer auf was
anderes geführet werde, ſo mag dir mein
Schreiben wohl was unordentlich und undeutlich vorkommen. Ich habe nur meine einfältige Liebe und die Vereinigung mit dem, was
dich die Salbung ſelber lehret, zeigen wollen.
Laſſet uns, lieber Bruder, fortfahren, bey
dieſem allein ohnfehlbaren Lehrmeiſter der
Wahrheit zur Schule zu gehen, und immer
mehr recht kleine Hertzens-Kinder werden! O
ja, es iſt Wahrheit, was uns die Salbung
lehret; und es iſt keine andere Wahrheit, als
dieſe. Ich grüſſe und küſſe dich im Geiſt der
Liebe. Gedencke meiner vor GOtt, wann
dirs gegeben wird; ich begehre durch GOtt
ein Gleiches zu thun.

Grüſſe meinetwegen hertzlich die liebe Mitglieder in N. Ich ſchicke ihnen öfters einen innigen Segens-Wunſch zu: JEſus erwärme
und belebe ihre und unſere Hertzen mit ſeiner

ſüſſen

ſüſſen Liebe! Amen! Ich bin und bleibe
ſchwächlich, daß wenig zu ſchreiben im Stand
bin: Auch dieſe Schwachheit heißt mich abbrechen. Durch Gnade bleibe ich

Dein

Mülheim,   treu-verbundener ſchwa-
den 12. Mart. 1750. cher Mitbruder.

Der 137te Brief.

Wie man ſich in äuſſern und inneren Leyden auch
in den Verſuchungen zu verhalten.

N. N.

Daß ich dein Angenehmes vom 7ten dieſes
richtig bekommen, iſt dir bekannt. Ich
muß doch wenigſtens einige Zeilen mit der
Feder antworten, da ſonſt meinen Correſpon-
denten jetzt nur im Geiſt antworten kan.

JEſus liebet dich, darum läßt er dich
ein wenig mit aus ſeinem Kelch trincken,
und bewahret dich von allen Seiten. Durch
die leibliche anhaltende Leyden ſoll das Leben
der Sinnen und Natur (es ſträube ſich ſo
ſehr als es wolle) eingehalten und ausgehun-
gert werden; und durch die innere Dürre
und Leyden bewahret der HErr vor der Eigenliebe, daß ſelbige nicht ſein göttlich Werck

Zweit. B. III. Th. D d   ver-

verderbe, welches ſeine göttliche Hand unter
dem allem im Verborgenen fortſetzet. Laß
die Liebe nur mit dir machen! Liebe und leyde, ſo gut du kanſt; beſiehe es aber nicht
alle Augenblick, wie gut ſolches geſchehe?
Der HERR wird dir dein tägliches Brod
ſchon darreichen, wie du nun und dann nach
den Proben erfähreſt. Eigenes Sorgen und
Anſtrengen ꝛc. überwindet den Feind nicht,
ſondern demüthiges, ruhiges Einſincken in
die verborgene Kraft Chriſti, ohne ſich der
Feinde und ſeiner ſelbſt anzunehmen. Die
Mutterhand, wodurch das Kind am Leit-
band gehalten wird, ſiehet man nicht, doch
wird man in den Gelegenheiten eine Macht
gewahr, die uns vor dem Fall bewahret.

Sind die Verſuchungen von ſolcher Art,
wie du meldeſt, dann thut alle Heftigkeit
im Widerſtreben auch Traurigkeit und Un-
wille, nur mehr Schaden. Die Einkehr in
ſein Hertz will da auch ſelten helfen. Ein
demüthig, mündlich Gebät; ein Vermeyden
der Vorwürfe; eine etwas applicirende (oder
Nachdencken erforderende) Beſchäftigung,
oder gar eine gute Application des Verſtands
thun noch wohl am beſten gut. Ach! der
HErr ſorget und bewahret uns mehr, als
wirs glauben können, und wird endlich mit
ſeinem göttlichen Leben in uns ſiegen über
alles Leben der Natur und Eigenheit. Amen!

Mülheim,
den 23. April 1750.

Der

Der 138te Brief.

Wie es die Seele machen muß, wann GOtt ihr
die Gnade thut, und sie sich so fühlen läßt,
wie sie von Natur ist.

Sehr liebe Freundin und Schwester!

Ich muß dir hiemit auf dein Brieflein antworten, aus welchem ich sehe, wie es dir
gehet, nemlich daß du dich jetzo so todt und
ungefühlig, auch so zerstreut und äusserlich
so unruhig befindest. Liebe Schwester siehe,
so will GOtt uns mehr und mehr an uns
selbst bekannt machen, und offenbaren, was
wir von Natur in uns selber sind. Findest
du dich so todt, siehe, so findest du dich also,
wie du schon von deiner Geburt an bist. Findest
du dich so ungefühlig und unempfindlich, so
fühlest du dein hartes und steinernes Hertz,
das du von Kindheit an bey dir getragen
hast. Findest du dich verstreut, siehe, so
sind wir leyder! vorhin gewesen, habens aber
nicht so gefühlt noch gewußt.

Aber, liebe Schwester, ist dieses nun
nicht GOttes Gnade? sich selbst nun zu finden und zu erkennen, so, wie man inwendig
in sich selber ist in der Wahrheit. Ja gewiß! eine grosse Gnade vor viel tausend andern elendigen Menschen. Und das ist auch

Gna-

vsnade, wann du dieſes als eine groſſe Gnade erkenneſt und ſchätzeſt, auch wann du dich
gern ſo findeſt, wie du biſt, und dir lieb iſt,
dich alſo zu finden, wie du im Grunde biſt.
Dann dieſes iſt das beſte Mittel, daß du
dich im Grund des Hertzens beſtändig zu
JEſu wendeſt, und dem Zug der Gnade
folgeſt; ja, daß wir uns ſo, wie wir uns
finden, mit allem unſerem Elend, Todigkeit,
Finſterniß, Ungefühligkeit, Härtigkeit und
Zerſtreutheit vor GOtt darſtellen, dahin legen, und ſagen: „Siehe, o GOtt! alſo bin
„ich; ich kan mich ſelbſt nicht ein Haar än-
„dern noch beſſer machen. O GOtt! welch
„ein abſcheulich, unrein, fluchwürdig Nichts
„bin ich! welches du noch zu dir zieheſt mit
„verborgenen Zügen der Gnade; u. ſ. w.

Uebergib dich mit völliger Uebergab an
den getreueſten Vater, und in die vollkommene Gnade JEſu, daß er dich führen und
zubereiten wolle nach ſeinem allerbeſten und
allerweiſeſten Belieben und Wohlgefallen, und
wie er es mit dir machen wird in Zeit und
Ewigkeit. Sencke dich dann in ſein Liebes-
Hertz beſtändig, und bleibe darin, nicht hö-
rende, was die finſtere Vernunft und Welt
vorbringen und ausdencken. Er will uns
durch Creutz von Innen und Auſſen ihm
gleichförmig machen, daß wir dem leydenden
und armen JEſu ſollen ähnlich werden, der
nicht ſo viel in der Welt hatte, da er ſein
Haupt hinlegte. Nun dann, liebe Schweſter,

ster, laßt uns gern mit JEsu arm seyn, ja uns recht freuen, daß wir nichts haben, so werden wir alles haben: Jehova, JEsum und sein gantzes Himmelreich und ewige Herrlichkeit. Er lasse deine eintzige Freude seyn, dich nahe zu JEsu zu halten! wozu dir alle Gnade wünschet

Dein

Mülheim,　　　　　schwacher Mitbruder.
den 6. May 1750.

Der 139te Brief.

Des Schreibers Gedancken und Rathgebung an einen frommen Prediger, über die Erweckungen in seiner Gemeine und sich hervorgethanen ausserordentlichen Bewegungen.

Wohl-Ehrwürdiger, Hochgelehrter, Insonders Hochgeehrter Herr Prediger!

In der Gnade vielgeliebter Freund und Bruder!

Dero Geehrtes vom 13ten Junii ist mir theils etwas spät eingehändiget; theils bin ich auch durch Leibes-Schwachheit und sonstige Arbeit verhindert worden, daß Ihnen

D d 3 　　　nicht

nicht eher als heute darauf habe antworten
können.

Es iſt die Wahrheit, wir haben einander in ſo langer Zeit perſönlich zu ſehen nicht
Gelegenheit gehabt: Dennoch habe als nun
und dann von ihnen und dem Zuſtand ihrer Gemeine gehöret, mich über dem Guten
mit erfreuet, ſowohl ihrer Perſon als Gemeine angelegentlich des HErren Segen an-
gewünſchet; und mit einem Wort, ich habe
abweſend mehr Affection zu Ihnen in meinem
Hertzen gefunden als damals, wie wir einander perſönlich gekannt. Der HErr JE-
ſus, der groſſe Oberhirte ſeiner Schafe ſtärcke und ſegne ſie in ihrem ſo wichtigen Amt,
und rüſte ſie aus mit Ernſt, der mit Liebe
gemäßiget iſt, und mit Liebe, die von göttlicher Weisheit dirigiret wird, Schafe und
Lämmer dem HErrn zu weiden, und durch
Gnade (die der HErr darreiche) Aufſicht zu
haben, daß weder zur Rechten noch zur
Lincken beyſeit ausgetreten werde, Amen!

Es iſt ja GOttes Hand und Bewirckung
bey denen daſigen Erweckungen, wofür man
dem HErrn nicht genug dancken kan: ich
zweifle im Geringſten nicht daran. Dann
obgleich eben nicht alle Blüthe zur reiffen
Frucht kommt, ſo freuet man ſich doch billig, wann man viel Blüthe ſiehet. Manche,
die nun und dann in dergleichen Dingen in
ihrer Hofnung fehlgeſchlagen, wollen hernach
nirgend mehr trauen, welches nur die Frucht
des

des natürlichen Unglaubens ist, wovon auch
Fromme wieder können angefallen werden.
Wer die Wunder-Kraft göttlicher Gnaden
an seiner eigenen Seele, bey gründlicher Bekehrung und ferneren Bewirckung derselben,
erfahren hat, der kan selbige nach Menschen-
Sätzen und Gedancken nicht mehr einschrän-
cken; der bekommt die wahre Liebe des Nächsten, welche demselben nicht nur alles Gute
wünschet, sondern auch alles hoffet und glaubet, wo nur das Geringste hervor zu kommen scheinet. Zwar haben sonderlich Diener
Christi nöthig, um wahre göttliche Weisheit
zu bitten, die Geister zu können prüfen, ob
sie aus GOtt sind? fürnemlich in diesen Tagen: Allein, wo wir nicht volle Gewißheit
haben, müssen wir das Sicherste erwählen,
und es lieber zwantzigmal verschmertzen, daß
wir im alles Hoffen gefehlet, als einmal,
daß wir uns im alles Verurtheilen ver-
gangen.

Wann ich ihnen nun auf dero Begehren meine unvorgreifliche Gedancken von dasigen auserordentlichen Bewegungen communiciren soll; so kan nicht läugnen, daß in
meinen Augen sowohl diejenige fehlen, welche
alles als bös ausschreyen, als auch die andere, welche alles und bey allen so gar hoch
erheben. Man muß zwar alles respectiren,
was von GOtt kommt; aber man kan eine
Gnaden-Wirckung GOttes, z. E. die An-
klopfung, die anfängliche Ueberzeugung zu

hoch

hoch aufnehmen, und ſchon für die wirckliche
Bekehrung und Wiedergeburt halten, zu ei=
genem oder anderer Schaden. Von Vor=
nen kan man ſchwerlich ein unfehlbares Ur=
theil von ſolchen auſſerordentlichen Gaben fäl=
len; darum haben Ew. Wohlehrw. meines
Erachtens von der Cantzel weislich erinnert,
daß man den Baum an den Früchten ſollte
kennen lernen. Einige dergleichen (doch in
einigen Umſtänden verſchiedene) Dinge hab
ich geſehen, die ich glaubte Betrug zu ſeyn,
da auch der Ausgang mich in ſolcher Mey=
nung geſtärcket. Andere hab ich geſehen, die
ich für gewiß mußte glauben, daß von ei=
nem übernatürlichen Urſprung herkamen, oder
auch ſonſt eine gute Afficirung und Rührung
der Gnade zum Grund hatten, doch aber
nichts Sonderliches nachlieſſen, wenigſtens
nicht ſo, wie man wohl gehoft hatte. Bey
einigen war es der Anfang zu einer wahren
und bleibenden Hertzens= und Lebens=Aen=
derung, da wegen der Plötzlichkeit und Gröſſe
ſolcher Veränderung (indem aus einem Sau=
lus ein Paulus, aus einem Stein ein Kind
Abrahams werden ſollte) der gantze äuſſere
Menſch angegriffen wurde, die Gnade bis
in die Sinnlichkeit, und gar auf andere Per=
ſonen mit überfloß, und der neue Wein in
denen bisher alten Schläuchen ein ſo gewal=
tiges Gähren erweckte. Man hat aber auch
Exempel, daß ſolche Dinge eine Zeitlang gut
waren, aber nicht gut blieben, weil ſie von
den

den Seelen selbst, oder von andern gar zu
groß gemacht wurden. Man muß also
hauptsächlich sehen auf die Frucht, und das
Wesentliche, in der Bekehrung und im Christenthum stets unterscheiden vom Ausserordentlichen und Zufälligen, ohne dennoch auch
dieses zu verwerfen: Dann in denen Zeiten
der besonderen und gnädigen Heimsuchung
GOttes, wann so an einem Ort eine besondere Erweckung vorgehet, da läßt GOtt
vielfältig so was Sonderliches und Wunder-
liches mit hinzu kommen, die Aufmercksam-
keit der Menschen aufzuwecken, damit (wie
am Pfingst-Tag geschahe) die Leute herbey
laufen, stutzen und durch den Lerm mit ins
Gedräng kommen.

Sollte ich ihnen nach dero Verlangen
ferner meinen ohnmaßgeblichen schlechten
Rath bey dieser Sache schreiben, so ist es
dieser:

In Ansehung der groben Welt, oder
auch der Lästerer, würde mich sowohl öffentlich als sonderlich, in Worten und in der
Aufführung, teutsch und ohne Scheu erklären, daß ichs mit dem verachteten Häuflein
hielt, und ich GOttes Krancke noch besser
achtete als der Welt Gesunde. Dadurch
werden sie Freymüthigkeit und Gnade vor
GOtt und in ihrem Amte bekommen; gesetzt, daß auch als eine kleine Schmach und
Probe darauf folgte, wie dem Herrn Prof.
N. widerfahren, nur weil er sein Urtheil in

D d 5   Sachen

Sachen der Inſpiration, die in der Kirche mit eingeredet, ſuſpendiret. Sein Reſponſum und Species facti habe geleſen.

In Anſehung der Erweckten ſelbſt, würde rathen, deren Hertz und Vertrauen durch einen freundlichen einfältigen Umgang auf alle mögliche Weiſe zu gewinnen und zu erhalten. Haben die Seelen kein Hertz und Vertrauen zu ihnen, ſo können ſie wenig oder nichts bey ihnen gewinnen; und umgekehrt, beugen ſie ſich, ſchmiegen ſie ſich, machen ſie ſich aller Knecht, ſo werden ſie, in und nach GOTT, über ihre Hertzen Meiſter werden. Tragen ſie die Eigenſinnigen, und geben eine Weile nach; ſeyen ſie langmüthig mit Schwachen, Gebrechlichen, und Irrenden, um ſie allgemach ins Gleiſe zu lencken. Und o! wann ich auf dieſen Punct komme, da kan ich ſie im hertzlichen Mitleyden faſſen, und ihnen (nebſt anderen, die an Seelen arbeiten) nichts weniger als die Geduld und Liebe Chriſti zuwünſchen, um Schafe und Lämmer recht zu weiden. Denn durch ſtrenge und herrſchſüchtige Behandlungen haben die Prediger ſo viele Separatiſten gemacht. Doch, damit ich nicht vom Ziel abkomme, ſo deucht mich, (wann die Seelen nur erſt Vertrauen zu ihnen haben) würde insbeſondere diejenige, welche die auſſerordentliche Bewegungen haben, glimpflich ſuchen zu erinneren: daß zwar ihre Sachen und Vorgeben im Grund recht

gut

gut wären, und sie sich mit ihnen über die
erwiesene Gnade freueten; ob sie sich aber
nicht ein wenig in öffentlicher Kirche oder
vor den Leuten könnten inhalten und mäßigen, um der Unordnung willen, und damit
das Werck GOttes um so viel tiefer möchte
gegründet werden, je weniger es solchergestalt
Schau gestellet würde. Ich würde sie fragen, fürnemlich diejenige, welche so gar freu-
dige Bewegungen, Gelächter u. d. gl. hätten, ob sie nicht bisweilen Regungen der Eigenliebe und des Selbstgefallens, solcher Dinge wegen, in sich verspüreten? und sie freundlich dafür warnen, weil sonst das Gute leicht
verdürbe, und dem Versucher Eingang gegeben würde. Ich würde auch andere, zu
welchen ich glaubte, daß sie Vertrauen hätten, darzu brauchen, ihnen dergleichen Erinnerungen zu geben, und glimpflich verhüten,
daß sie der ausserordentlichen Dinge wegen
nicht zu sehr erhoben würden, sondern daß
in allem nur auf das Wesentliche des Glaubens, der Liebe, des Gebäts, der Verläugnung, Summa der Hertzens- und Lebens-
Veränderung gesehen würde. Was aber
von den Ausserordentlichkeiten durch glimpf-
liches freundliches Erinneren nicht kan ver-
hütet werden, oder, wo die Seelen ihrer
selbst nicht mächtig sind, sich inne zu halten,
da würde ich mich die Furcht GOttes auch
zurück halten lassen, etwas zu hindern, damit ich nicht schiene, den Geist zu dämpfen
1 Thes-

1 Theſſal. 5. und dem Heiligen in Iſrael Gräntzen zu wollen ſetzen. Pſ. 78, 41.

Ein Gleiches findet man ſchon in der Lebens = Hiſtorie von Luthero , Höttinger, und von dem berühmten Dominicaner Taulero , da einsmal viertzig Menſchen wie todt auf dem Kirchhof liegen blieben. Vor etwa viertzig Jahren begab ſich eben dergleichen im Schweitzeriſchen Berner Gebiet , nach der Relation daſigen Herrn Predigers. Vor einigen Jahren nennete man in Franckreich einige Leute zum Spott Convulſionaires, (d. i. Leute, die von dem Krampf ſtarcke Zuſammen = Ziehungen haben) mit denen eben dergleichen mag vorgegangen ſeyn. Vor etlichen Jahren that ſich in Pommern auch dergleichen hervor, ſo der vorige König in Preuſſen hat laſſen unterſuchen, und richtig befunden. Von dem, was in Neu=Schottland paßirt iſt , nichts zu gedencken. Am nachdencklichſten aber iſt, daß eben jetzt zu gleicher Zeit präcis dergleichen Erweckungen und auſſerordentliche , mit daſigen übereinkommende Bewegungen ſich auch hervorthun zu Aalten, etwa ſechs Stunden von Rees, im Zütphenſchen gelegen, wovon der daſige reformirte Prediger N. in dieſem laufenden Jahr eine Nachricht zu Zütphen drucken laſſen, mit Approbation der Theologiſchen Facultät zu Harderwyk; woraus ich vielleicht noch einige Worte extrahire, und hiebey ſchlieſſe, um die Gleichförmigkeit zu zeigen.

In

In Ansehung der Obrigkeit können Ew. Wohl-Ehrw. sich wohl nicht anderst aufführen, als wie Sie nach dero Schreiben bereits gethan haben; allenfalls könnte derselben auch obbemelte Geschichte aus ihrem Taulero vorgehalten werden. — —

Hier haben sie also, was mir in der Eil über diese Sache beygefallen. Handle ich etwa vermessen, daß eine Privat-Person, wie ich bin, einem im Amt stehenden Prediger scheinet zu wollen Rath geben; so belieben sie wenigstens einen Theil der Schuld meiner Vermessenheit ihrer Demuth vorzurücken, die mich dazu veranlasset hat. Schließlich grüsse Ew. Wohl-Ehrw. hertzlich, und empfehle sie göttlicher Gnaden-Regierung und Aufsicht. JEsus segne dero Person und Familie! Er segne die ihnen anvertraute Hertzen und ihre Arbeit an denselben! Unser Leben, unser Arbeiten, unser Reden geschehe immer lauterer aus GOtt, vor GOtt in Christo JESU! Mich in dero Fürbitte anbefehlend beharre

Ew. Wohl-Ehrw.

Mülheim,
den 3. Julii 1750.

&c. &c.

Der

Der 140te Brief.

Vom Untergang des eigenen Lebens, und vom Warten auf die Offenbarung des Lebens GOttes in der Seele. Alles liege an GOttes Erbarmen.

N. N.

Es wird mir immer mehr klar, daß GOtt deine Seele liebet, und particulier sein Aug auf dich gerichtet habe, dir zu helfen, dich zu bewahren, und allgemach dahin zu bringen, daß du dein Leben und Vergnügen allein in ihm, und in der unbedingten freywilligen Unterwerfung unter allen seinen göttlichen Willen stellest: Dahin zielen alle Leyden und Beschwerden; und daraus entspringet hauptsächlich alle Traurigkeit, Mißvergnügen und Unempfindlichkeit, weil nemlich das eigene Leben seinen Untergang vor sich siehet, und doch noch nicht meynet, daß solcher so vest beschlossen sey, und ohne Capituliren vor sich gehen werde. Einmal, so vermuthe ich, daß es bisweilen Stunden gebe, da dem eigenen Leben wieder so ein wenig Hofnung müsse ankommen; wodurch es dann hernach so viel härter fällt, wann GOttes süsse Liebes-Hand wider ans Creutz heftet, und dahin führet, wo man nicht will.

Nun

Nun es sey diesem verderbten Theil ein
vor allemal angekündigt, daß sich der edle Geist
und Geistes-Wille seiner hinführo nicht mehr
wolle annehmen, oder einige vertraute Gemeinschaft mit ihm pflegen. Nein, mein lieber
Bruder! wir wollen von der Seite keinen
Trost, Leben noch Vergnügen mehr erwarten, noch, wann sichs präsentiren sollte, angreiffen. Und fürwahr! wir habens auch
nicht nöthig. O! nur noch ein wenig abge-
spehnt unterm Creutz ausgehalten, und dem
treuen und wahrhaftigen GOtt beym glaubigen
Warten die Ehre gegeben, so wird sich bald
ein weit anderes, wahrhaftes, einig-beseligen-
des Leben, Trost und Vergnügen dem Geiste
näheren und mittheilen; ein Leben, wovon ein
Viertelstündgen Genuß und Erfahrung genugsam ist, ein hundertjähriges Warten und Leyden zu überwägen. Zu seiner Zeit wird alles
leicht, was vorhin so schwer, und unglaublich nahe und wie natürlich, was einem vorhin wie ein tiefer Abgrund, und wie eine nicht
zu erreichende Sache vorschwebete.

Alles liegt an GOttes Erbarmung, freyer
Mittheilung und Bewirckung. Nimm nur
an und stimme zu alle Wirckungen und Züge,
die GOtt dir giebet, ja folge auch solchen
Zügen, aber nur so weit, als sich deren Kraft
erstrecket, und sodann leyde dich, schmiege
dich, und warte. GOtt gibt beyde das Wollen und das Vollbringen nach seinem Wohlgefallen; aber manchmal gibt er lange vorher

das

das Wollen, ja aufrichtiges, inniges, brün=
ſtiges Wollen, ehe noch dieſes Wollen das
Vollbringen, oder die gewollte Sach errei=
chen kan: Diß iſt eine Pein, aber auch eine
reinigende beugende Pein. Endlich muß man
erfahren, daß es nicht liege am Wollen:
GOttes Erbarmen muß die Sache geben,
und nicht unſer Wollen ſie ergreifen. Ja, das
Wollen ſcheint bisweilen, wie die Blume am
Baum, abzufallen, und in eine heilige Gelaſ=
ſenheit zu ſincken, um der Frucht ſelbſt Platz
zu machen.

Nur getroſt, mein lieber Bruder! ich finde
nicht anderſt, als daß der HErr dich führet;
halte es bey ihm aus, ſo friedſam als du
kanſt. Beſiehe dich ſelbſt, und wie ſchwer dirs
fällt, nicht zu ſehr. Dem Heyland iſt es un=
vergleichlich=ſchwerer gefallen, dich und mich
zu erlöſen, und er trägt noch unſere Laſt: Ach!
laſſet uns ihn lieben, dann er hat uns erſt ge=
liebet! Dem lieben alten Vater bitte ſonder=
lich auch meinen hertzlichen Gruß zu vermelden.
JEſus beſuche, erquicke und ſtärcke deſſen
Hertz mit ſeiner Gnade und göttlichen Liebe,
damit ſein Alter dieſer Zeit eine Kindheit und
Lebens=Anfang der Ewigkeit werde! Amen
JEſu!

Mülheim,
den 6. Julii 1750.

Der

Der 141te Brief.

Muthgebung, das Leyden von GOtt anzuneh=
men, und sich mit dessen Willen zu vereini=
gen.

N. N.

Dein Angenehmes vom 6ten Julii konnte
wegen ausserordentlicher Entkräftung un=
möglich beantworten, da auch just mit frem=
den Besuch besetzet war. Ich bin so schwach
gewesen, daß kein Vermögen hatte, nur an
das Geringste zu dencken, oder mich auf zehen
ordentliche Worte zu besinnen. Jetzt ists
GOtt Lob! was erträglicher; doch mit Ab=
wechslungen, weil aber dem Körper die erfor=
derliche Ruhe nicht gelassen wird, bleiben die
Kräfte hinsinckend.

Daß dir die damalige Reise nach S. so
übel bekommen, thut mir leyd: Indessen
wird unser Ober=Aufseher und Führer ohne
Zweifel seine heilige und auf dein Heil zielende
Absichten darunter gehabt haben. Wann er,
der HErr, uns will exerciren, creutzigen, oder
unter dem Creutz was lehren, dann hilft kein
Expliciren und Defendiren, sondern sich getrost
abandonniren, und auf Jhn selbst, nicht aber
auf ein Werckzeug der Leyden sehen, und seine

Zweit. B. III. Th.   E e   Natur

Natur und Vernunft dabey wagen. Dieses
kan überhaupt sagen, weil du dich auch nicht
speciel erkläreſt, worin die Sache beſtanden,
ſo mir auch vielleicht zu wiſſen nicht nöthig iſt.
Lerne dich dann als ein wenig ſchicken und beugen, und aus deiner inneren Beſchäftigung
mit GOtt ſo viel ſüſſe Kraft ſchöpfen, daß
alle herbe, verdrießliche Kräften der Natur be-
ſänftiget und verkindlichet werden.

Ich dancke deßwegen dem HErrn, daß
er dir einen Hertzens-Hunger und ſtille Neigung gibt zur Vereinigung mit ſeinem Willen, und zur Einſinckung und Verlierung in
dem Meer ſeiner Liebe. Folge nur ohne Bedencken dieſer allgemeinen und dunckeln Neigung, die doch Hertz und Neigung von allem Geſchaffenen abziehet, und dem Geiſt
auf eine geheime Art Nahrung und Kraft aus
ſeinem Urſprung einflöſſet, ob man gleich
nicht ſo darüber raiſonniren kan. Es iſt wohl
wahr, daß der innere Wille ſich aufrichtig
von allem ſcheiden muß, ehe er ſich gründlich mit GOtt vereinigen kan: Es iſt aber
auch wahr, daß GOtt uns vielfältig zuvor
kommt, und durch einen gnädigen Zug zu ſeiner Vereinigung anlocket, und daß das kindliche Folgen dieſes Zugs der beſte und leichteſte
Weg iſt, wahrlich von allem geſchieden zu
werden. Wage dich dabey, lieber Bruder,
und ſey bey aller Erfahrung deiner Elenden getroſt in GOtt! Wir werden umſonſt und edel-
müthig geliebet; laſſet uns umſonſt und edel-
müthig

müthig wieder lieben.   Ich grüſſe und umfaſſe dich im Geiſt.

Mülheim,
den 23. Julii 1750.

Der 142te Brief.

Von der Schwere und Leichtigkeit der Ueberlaſſung.

Mein lieber Bruder!

Ich kan nicht unterlaſſen, dir auch noch direct meinen Hertzens-Gruß zu überſchrei-
ben.   Ich hätte dieſer Tagen bald gedacht,
meine Kräfte würden ſich nicht wieder erhohlt
haben ;   nun ſcheint es doch wieder was zu
beſſern.   GOtt ſey in allem geliebet und gelobet!

Ich finde alle Vereinigung mit dir in meinem Hertzen, und muß dem HErrn bisweilen
innigſt dafür dancken, daß er uns einander
hat begegnen laſſen.   Ich vertraue es ziemlich
beruhiget, daß des liebſten GOttes Endzweck
darunter noch völliger wird erreicht werden.

Allerdings muſt du noch mehr aus den
Sinnen und aus dir ſelbſt heraus, um wahrlich geiſtlich zu werden, aber leyde dich darunter mit friedſamer Vernichtigung.   Es iſt

nicht

nicht nöthig, so starr darauf zu sehen, wo du
heraus must, als nur den unvermerckten geheimen Wirckungen dich zu überlassen, die dir
weisen, wo du hinein must. Du begehrest,
ich möchte dir den Vers

Helas! que l'abandon est une chose dure,
Puisqu'il faut sans fin surpasser la Natûre.

(Ach welch ein hartes Ding ist die Ueberlassung
weil man ohne Ende die Natur überwinden muß.)

änderen, und die Klag-Zeichen auslassen; ich
will GOtt darum bitten, aber wann es soll
erhöret werden, muß auch dieses dein Begehren in die Ueberlassung gehen. Mit der Feder
will ich dirs jetzt schon änderen:

L'abandon fait est doux; mais la naissance
est dure.
Qui cede à Dieu ses droits surmonte la
nature.

D. i.

„Die Ueberlassung ist leicht, nachdem sie
geschehen,
„Doch hart und schwer eh' sie ist ausgeboh-
ren nur;
„Wer GOtt nur kan sein Recht vollkomment-
lich abstehen,
„Besiegt und überwindt zuletzt noch die
Natur.

Getreu

Getreu ist er, der uns berufet; in ihm und als vor seinem Angesicht grüsse und embrassire ich dich, lieber Bruder! Grüsse auch alle dasige liebe Mitberufene mit Namen: ich vergesse keines derselben. Meine Hausgenossen grüssen auch.

Mülheim,
den 23. Julii 1750.

Der 143te Brief.

Des Schreibers Aehnlichkeit und Unähnlichkeit mit Lazarus. Von der Gnade Kindermäßig zu leyden. Christus müsse nicht hie oder da, sondern im Hertzen gesucht und gefunden werden.

In unserem süssen und alles versüssenden Heyland hertzlich geliebte Schwester!

Ich bin dir hertzlich danckbar, daß du mich in meiner Schwachheit mit einem angenehmen Brieflein hast besuchen wollen. In Ansehung mancher gehabten Schwären und Ausschlags, auch damit verknüpften Schmertzen und Fieber mag ich wohl ein klein wenig Aehnlichkeit mit Lazarus gehabt haben: Aber meine Empfindlichkeit, mein lecker Essen

E e 3   und

und Trincken und Lager, ſamt anderen Be-
quemlichkeiten; auch das Mitleyden anderer,
wann ich ein wenig leyde, accordiret gar
nicht mit Lazarus ſeinem Zuſtand. Nichts
deſto weniger iſt es doch wahr, daß ich durch
der Engel Dienſt, ja von GOttes Liebe
ſelbſt getragen werde, verhoffentlich denſelben
Weg, wohin Lazarus getragen ward. Gelobet ſey der HErr! Die gehabte Geſchwüre
ſind nun meiſt wieder weg, der Ausſchlag bey
nahe auch. Nur am Abend und des Nachts
läßt mich die Schärfe im Geblüt wenig ruhen. Nun etwa acht Tage her habe um die
andere Nacht ein mercklicher Fieber, daß bis
vier oder fünf Uhr kein Schlaf konnte Statt
finden; es ſcheint doch nun ein paar mal ge-
linder geweſen zu ſeyn. Das Haupt und
überhaupt die Natur ſind doch gar ſchwach
darunter, daß manchen Tag gehabt habe, da
kein kleines Brieflein würde haben ſchreiben
können, wie dann ſchon vorigen Poſttag dieſes Wenige ſchreiben wollte, war aber wegen
des Haupts nicht im Stand darzu.

Nun! das gehöret ſo mit zum Weg,
und man läßt es alles ſo hinter ſich wie ein
unebenes, oder kothiges Plätzlein auf dem
Wege. Die ſüſſe Ewigkeit iſt unſere Heimat,
und der alles verſüſſende JEſus unſere Geſellſchaft auf dem Weg. O Gnade! O Liebe!
Ich erinnere mich einer Zeit, da ich meynte,
heldenmäßig zu können leyden. Jetzt wünſchte
ich dir und mir die Gnade recht kindermäßig
zu

zu können leyden. Ein Kind trägt nichts,
als was es gegenwärtig fühlt, ohne zu unter-
suchen, was es fühlt; er weiß nicht, wie Geduld oder Ungeduld aussiehet; es weint,
wanns die Leyden fühlt, und im Augenblick
lacht es, wanns die Mutter siehet: Ist der
Schmertz vorüber, da denckt es weiter nicht
an das, was gewesen ist, oder kommen könnte; die Beschäftigung mit seiner lieben Mutter nimmt so gar alle seine Andacht hin, daß
es nichts übrig hat, an sich selbst und an andere Dinge zu gedencken.

Liebe Schwester! meynest du, daß der
HErr dir und mir ohne Ursach einen schwachen Kopf gibt? Wir sollen einfältige Hertzens-Kinder werden: Die Kinder haben so
ihre eigene Theologie und Lebens-Art, und
doch vertragen sie sich gut mit allen andern,
die nur nicht gar zu unruhig sind. Du schreibst
von den verschiedenen Gerüchten und Begriffen, da der eine ruft hierhin, der andere dorthin. Nun, das ist wahr, wann Kinder und
schwächliche Leute viel solch Schreyen anhören
und herum sehen, da können sie confus und
schwindelicht werden; und wann sie sich ins
Gedräng der Leute wageten, gar die Mutter
aus dem Gesicht verlieren. Was gehts aber
uns an, ob man ruft: Hier ist Christus!
da ist Christus! da Christus selber in der
Schrift und im Hertzen ruft: Gehet nicht
hinaus! Man muß es zwar mit unpartheyi-
scher Liebe ansehen, wann der eine denckt, er

E e 4 könne

koͤnne in dieſem, der andere, er koͤnne in einem anderen Mittel, Uebung oder Weg einige
Staͤrckung, Huͤlfe oder Aufmunterung in der
Haupt=Sache erlangen: Allein es muß keine
Sectirerey daraus werden; man muß anderen
nichts wollen aufdringen, und jederzeit die
groſſe Wahrheit veſt halten, daß Chriſtus
nicht hie oder da, in dieſem oder jenem, ſondern allein im Hertzen muͤſſe geſucht und gefunden werden, durch Baͤten und Sterben.
Sonderlich koͤnnen innige Hertzen, d. i. Seelen, die einen Zug zur inneren Hertzens=Samm-
lung, Stille und zum innigen Anhangen an
GOtt haben, und die durch eine kleine gluͤck-
liche Erfahrung wiſſen, daß ihr GOtt und
hoͤchſtes Gut, ihr Leben und gantzes Heil ihnen
ſo unausſprechlich nahe ſey in dem ſuͤſſen Namen JEſu; ſolche Seelen, ſage ich, koͤnnen
nicht mehr ſo triftig ſeyn, ſich hie oder da,
in dieſes oder jenes mit ihrem Suchen und Leben einzugeben, und wann ſie es thun, ſo
erndten ſie doch keine bleibende Frucht. In
den Anfaͤngen ſucht eine Seele es aller Orten:
Sie kan nicht anderſt, ſie muß ſo thun; aber
Gemuͤther, die wirckſam ſind, oder ein ſtar-
ckes Leben in der Sinnlichkeit haben, die koͤn-
nen beym immerwaͤhrenden Herauslaufen,
Wircken und Treiben wohl eine ſchoͤne Perle
verſchertzen. Kurtz! wir muͤſſen alles Gute
werth achten, aber uns deſſen nur bedienen,
um durch den naͤchſten Weg zum hoͤchſten
Gut zu gelangen.

Es

Es ist derhalben sehr gut, liebe Schwester, daß du alles läßst wegfallen, und ohne
über diß und das zu urtheilen, oder Durch-
ficht darin zu verlangen, dich nur mit mir zu
JEsu hinein wendest, und in möglichster Abgeschiedenheit, von dir selbst und allem Geschaffenen, auf seine göttliche Bewirckung und
Offenbarung drinnen wartest. O! in ihm
haben wir alles. Es sterbe nur die Natur!
Das eigene Leben sey ein Brand-Opfer seiner
Liebe, und unser Leben und Athem-holen sey
nur JEsus! JEsus! JEsus! Amen!

Ich weiß nicht, warum ich so schreibe?
Da ich eigentlich auch nicht weiß, worauf du
in deinem Brief zielest. Meinen Sinn wirst
du schon verstehen; ich muß so ohne Nachdencken handlen. Ich grüsse dich hertzlich samt
Deinen Hausgenossen ꝛc. Gedencket meiner,
wie ich auch in Schwachheit thue.

Dein

Mülheim,   verbundener schwacher
den 28. August 1750.   Mitbruder.

E e 5   Der

Der 144te Brief.

Unterscheid des Lebens der Sinnen und des Lebens in den Sinnen. Angelegenheit wegen einiger erweckten Seelen.

Mein Bruder!

Wie oft ich auch dir und dem lieben Bruder A. ein Liebes-Brieflein im Geist geschrieben; so ist doch täglich so viel in den Weg gekommen, daß es mit der Feder bisher nicht geschehen mögen. Jetzt muß doch wenigstens sehen lassen, daß noch lebe und liebe, und ich bin mit GOTT gewiß, daß dieses letztere länger als das erstere aushalten wird.

Deine Brieflein sind mir jederzeit angenehm gewesen; dann ob ich gleich selbst elend bin, so liegen mir doch immer meine Mitberufene so an, und einige wie aufm Hertzen; welche dort zu diesen letzteren zähle, will nicht sagen. In deinem letzteren vom 27ten Octobr. hoffe ich, daß du dich wirst verschrieben haben, wann du willst klagen, daß du so viel in den Sinnen lebest, ꝛc. Es soll vielleicht heissen, daß deine Sinnen leben: Aber, daß du solltest in den Sinnen leben kan so völlig nicht glauben; dann das ist, seine Lust, sein Leben und Vergnügen in den Sinnen, in sinnlichen

Vor-

Vorwürfen und Afficirungen gerne suchen,
welches böse wäre, und dem Leben des Geistes entgegen stünde. Aber das Leben, die
Bewegungen, und Affecten der Sinnen, und
das Ausschweifen der Sinnen mit Last fühlen,
das ist ein Leben der Sinnen, nicht aber unser Leben in den Sinnen, ob es zwar leyder
unser gewesen ist. Wir haben diese Lampe
angesteckt, und können sie nicht mehr auslö-
schen; da wir aber kein Oehl mehr darein
giessen, so mag sie in GOttes Namen, und
zu unserer Schande, brennen und stincken,
bis sie erlöschet. Bisweilen denckt man, die
Lampe gehe aus; plötzlich erhohlt sie sich mit
grösserem Schein, als wann sie neues Leben
kriegte, aber da ist es auch bald geschehen.

Das Leben in deinen Sinnen, verhoffe
ich, werden auch nur solche Todes-Convul-
sionen seyn. Inzwischen ist es ungemein vergnügter, wann entweder der erste Ernst, oder
die erstere Liebes-Empfindungen das Leben der
Sinnen betäuben und überwinden. Wann
die Sonne scheint, dann siehet man die Lampe
nicht, auch nicht, wann man starck räuchert;
doch brennt die Lampe wieder, so bald der
Dampf oder die Sonne weg ist. Oder auch,
es ist vergnügter, wann der Zug zur Einkehr
die Seele verbirget ins Verborgene des An-
gesichts GOttes, da man entfernt und Schuß-
frey vor allen Anfällen der Feinde und auch der
Sinnen lebet. Wird aber eines sowohl als
das andere geweigert, und man findet sich
                                        wie

wie ins Elend vertrieben im Sinnen-Reich;
man kan ſich auch nach ein- und anderma-
ligem Verſuch nicht helfen, da muß man
leyden ſo friedſam, langmüthig und ſüß-ver-
traulich, als möglich iſt, und auf die Hülfe
des HErrn warten: Und wer ſo vor GOTT
ausharret, wird nicht zu Schanden werden,
ſondern der Geiſt, der immer unvermerckt in
ſeinen Urſprung durch den Glauben geneiget
wird, der wird nach und nach von den Sinnen und allem Uebrigen geſchieden, und mit
Chriſto vereiniget, der unſer wahres Leben iſt.
Die Einkehr, das Leben im Geiſt, die Vereinigung mit GOTT müſſen wir, wie du
weißſt, mehr in uns wircken laſſen, nach der
Weiſe GOttes, als ſolche ſelbſt wircken wollen, nach unſerer Weiſe. Inzwiſchen müſſen
wir durchs Gebät unſer Hertz dem HErrn zu
ſeiner Werckſtätt darſtellen.

Für die Nachrichten von dem Zuſtand der
daſigen lieben Mitberufenen bin hertzlich danckbar. Grüſſe alle und jede nach Gelegenheit
von mir: ich vergeſſe ihrer in meinem armen
Gebät nicht. Daß der HERR der lieben
Freundin N. Leyden und ein williges Hertz
zum Leyden gibt, iſt ein Beweis, daß JEſus
ſie liebet; ſie liebe ihn nur wieder, und all ihr
Thun und Leyden ſey der Liebe geopfert. Eure
N. und N. grüſſe auch hertzlich; ſie möchten
wohl unaufhörlich anbäten und lieben den,
der ſie umſonſt geliebet hat, und gern noch
mehr lieben will. Ich möchte für Freuden
weinen,

weinen, wann ich höre, daß unsere N. sich wieder hübsch aufmacht. Ich erinnere mich einer Zeit, da recht bange war, sie möchte in dem Schlaf bleiben. JEsus, unser grosser Hohepriester und Aufseher segne und bewahre auch sein Häuflein in dasiger Gegend, daß keines möge dahinten bleiben! Amen JEsu! — —

Ich grüsse gar hertzlich und bin, ꝛc.

Mülheim,
den 5. Nov. 1750.

Der 145te Brief.

Vom verborgenen Leben so der Feind zu hindern suchet. Aufmunterung zum Kinder-werden, wie auch die Blutsaugers zu meyden.

Mein lieber Bruder!

Ich dancke dir noch hertzlich für deinen brüderlichen Geburts-Tag-Wunsch, und dem HErrn für alle die Jahre, und in diesen Jahren unverdient erwiesene Barmhertzigkeiten: Ihm sey ferner mein Bißgen noch übriges Leben und Lebens-Kraft zu seinem Dienst und zur Vollendung seines Wercks aufgeopfert; worin ich auch deine Fürbitte mir ausbitte.

Wollte

Wollte GOtt! daß ich das verborgene Leben in GOtt mehr mit einem wichtigen Vorbild angeprieſen hätte! Daß ichs mit Mund und Feder ſo ein wenig gethan, iſt mir zwar nie leyd worden: ich ſchätze aber den ſelig, der nur GOtt allein bekannt, ſein Gantzes drauf wendet, beym alltägigen Sterben und Bäten, dieſen geheimen Schatz in immer reinerem Genuß zu erfahren. O! wie iſt der Tauſend-Künſtler ſo geſchäftig, uns im Reich der Sinnen, Phantaſie und Vernunft verwickelt und occupirt zu halten, nur daß wir dieſes Hertzens-Leben in GOtt und mit GOTT, und die in demſelben liegende Realitäten, und Kräften jener Welt nicht recht erblicken und ſchmäcken mögen.

Wir wollen dann, lieber Bruder, aufs neue mit GOtt Kinder werden, zum Hertzen eilen, und alles vergeſſen, was dahinten iſt, auch alle unſere Kunſt. Ich weiß zwar wenig; könnte ich aber dieſe verſtrichene Jahre wieder anfangen, ich wollte in tauſend Dingen unwiſſend bleiben, die ich nun weiß. Ich wollte auch (quod & tibi dictum velim) nicht ſo viel Blutſaugers anlegen, ich meyne allerhand, nicht zur geraden Hertzens-Sache dienliche, Bücher leſen, die, anſtatt zu ermunteren, nur die Kraft benehmen. Die Gnade allein macht das Hertz veſt, und die Salbung weiſe: Sterben und Bäten iſt die unumgängliche Diſpoſition dazu. O! Macari und deines gleichen Streiter! wie ſelig

lig und wie klug habt ihr eure Jahre und
Kräfte angewandt!

———— ———— Gedencke meiner, lieber Bruder! Wir grüssen alle.

Mülheim,
den 2. Dec. 1750.

Der 146te Brief.

Die geringste Anfänge des Lebens JEsu werden
durch den Glauben groß geschätzt. Eine Hi-
storie aus dem Leben der Altväter.

In JEsu unserm Heylande hertzlich ge-
liebter Bruder!

———— ———— Ich kan unmöglich irgendwo die
kleinste, schwächste und gebrechlichste Anfänge
und Conamina zum Durchbruch des Reichs
und Lebens JEsu, in einer Seele ins besondere, oder in der Kirche überhaupt, mit
geringschätzigen oder gleichgültigen Augen ansehen; nachdem ich mit glaubigen Augen,
GOtt Lob! die Oeconomie GOttes in dem
Werck unserer Erlösung habe einschauen lernen. Vernunfts- und Natur-Trieb will
eilen, und alles Flugs fertig sehen; aber der
Glaube eilet nicht, sondern siehet und gehet
GOtt nach. Es war so vieles und Grosses
tausende

tauſende Jahre vom Meßia und deſſen Reich
verheiſſen, vorgebildet und geweiſſaget, daß
der bloß-natürliche Sinn und Verſtand es
unmöglich beym Kinde zu Bethlehem konnten vermuthen, noch es dem verhaßten und
endlich gecreutzigten Verführer (wie man ihn
nannte) von Nazareth anſehen, daß dieſer
der Mann mit der gantzen Sache wäre;
und, die noch was davon glaubten, woll-
tens ſtracks fertig, und in vollkommenem
éclat haben.   O! Tiefe der Weisheit und
der Erkänntniß GOttes! da es überall ſo
muß durchgeglaubet werden, und der Glaube
allein (der nichts anders iſt, als eine wahre
Niederlegung alles menſchlichen Witzes, Ver-
mögens und Tugend zu den Füſſen GOttes) Preis und Krone erlanget. — —
    Was ich meyne, ehedem in denen Le-
bens der Altväter geleſen zu haben, iſt dieſes.   „Ein heiliger Altvater hatte einen
„Jüngling zu ſich genommen, der ſich, zu
„des Alten beſonderem Troſt, ſehr wohl
„verhielte, und ſich in allen Stücken der
„Gottſeligkeit mit ſonderbarem Ernſt übte.
„Ein vermeynter heiliger Engel erſchien dem
„Altvater, ihm unter anderem kund zu thun,
„daß ſein Jünger ein verworfener Menſch,
„und all ſein Ernſt und Bäten fruchtlos
„ſeyn würde.   Der Alte, ſolchem Engel
„glaubend, gerieth in äuſſerſte Schwermü-
„thigkeit, welche ihn ſonderlich zu bitteren
„Thränen bewegte, ſo oft der Jüngling vor
„ihn

„ihn kam. Der Jüngling merckte es, daß „er seinetwegen traurete; bath, ihm die Ur- „sach zu sagen; und wie nach langem An- „halten, der Alte es endlich sagte, was ihm „vom Engel verkündiget worden, antwortete „der Jünger: Lieber Vater, gebt euch „meinetwegen zufrieden! es mag drum „seyn, was endlich GOtt mit mir be- „liebt zu machen, so will ich ihn den- „noch lieben, und ihm dienen die gantze „Zeit meines Lebens. Aus welcher beru- „higten Gestalt und Antwort dann der Alte „erkannte, daß der erschienene ein betrüglicher „Engel gewesen. — —

Der liebe Bruder gedencke meiner inson- derheit vor GOtt. Ich bin in wichtigen Umständen, und viel elender und untüchtiger, als andere glauben können. Der Körper wird auch gantz matt und wie ruinirt durch man- cherley Bemühungen. Ich sehe meine Feh- ler und Untüchtigkeit, und bin doch noch zu scrupulös mich zu entziehen. Der HERR dirigire alles, und helfe uns, daß wir nur ihm gefallen, dann ist an uns wenig ge- legen.

Mülheim, den 15. Dec. 1750.

Der 147te Brief.

Von der leydentlichen Reinigung des untern oder sinnlichen Theils, und wie man sich darinnen zu verhalten.

N. N.

Ich hoffe doch jetzt einen Augenblick Zeit und Vermögen zu finden; auf dein mir Angenehmes vom 28ten passato zu antworten; wäre es gleich nur mit wenigen Zeilen.

Du hängst, lieber Bruder, unter der reinigenden Hand JEsu am Creutz. Ich fasse dich in mitleydender treuer Liebe: Allein, wann ich dir die Einsicht von deinem Zustand geben könnte, die ich von demselben habe, so würdest du gewiß Muth behalten, und nur alle Gewitter über dich hergehen lassen. Es ist eine leydentliche Reinigung des Unteren Theils; die Sinnen, die Einbildungs-Kraft, und das gantze thierische Theil empören sich bisweilen darwider: Allein eben durch ihre Empörung und Triftigkeit werden sie allmälig ihre Stärcke verlieren, wann du nur recht leidentlich bleibst. Ich sage: es ist eine leydentliche Reinigung; es spricht also von sich selbst, daß hier keine Wircksamkeit zu paß komme. Sich selber wollen helfen, besehen, beklagen, mit Unruh

bewah-

bewahren, mit Heftigkeit bäten u. d. gl irri-
tiret manchmal nur mehr, und GOtt erreichet seinen Endzweck nicht, welcher, nebst
der Reinigung des unteren Theils, die Entdeckung und Zerstörung der Eigenliebe ist.

Abandon und Delaissement sind (so wie
du davon redest) unterschieden, wie Activ
und Paßiv. Jenes, nemlich sich GOtt übergeben, aufopferen und Preis geben zu allem
seinem Wohlgefallen, aus cordatem redlichem Willen, ist gar was anders, als aus
Ohnmacht und Confußion sich lassen sincken,
und der Erbarmung und Bewahrung eines
anderen sich überlassen, den man weder kennet noch siehet, der aber im Grunde heimlich fordert, wir sollen ihm gewonnen geben,
und gestehen, daß wir nichts sind und nichts
vermögen. Dieses letztere, meyne ich, ist
Delaissement, und die Haupt-Artzney deiner Kranckheiten. Trage dich und die verschiedene Empörungen so ruhig als dir möglich ist, mit einer stummen Einwilligung in
dein allgemeines Nichts; das ist, daß du
mit innigster Wahrheit glaubest, ein solcher
zu seyn, wie du bist, und daß du deine
Hülfe und dein Gutes lediglich von GOtt
müssest und gerne wollest erwarten.

Weil auch der HErr mit im Spiel ist,
so ists jetzt nicht so dienlich, durch Unterre-
dung- und Erklärungen diesem oder jenem,
wahrem oder eingebildeten, Unrecht und Un-
billigkeit, sonderlich wann es nicht in deine

Pflicht

Pflicht einlauft, zu wollen abhelfen; dann gemeiniglich reüſſirt man da nicht; und ſcheinet man, reüſſirt zu haben, ſo iſt man doch nicht recht beruhiget, weil man nemlich den Feind nicht am rechten Ort getroffen. Die aufgebrachte Natur-Kräfte in uns waren der Grund alles des Uebels, welche nicht durch Thun, ſondern durch Leyden und Loßlaſſen müſſen überwunden werden. Es iſt wohl wahr, GOtt bedient ſich wohl der Menſchen und Gelegenheiten, aber damit haben wir nichts zu thun: Er hat der Knechte viel; acceptiren wir den einen nicht, dann ruft er einem andern.

Im Gebät muſt du dich auch verhalten, wie du kanſt, nicht wie du willſt; überhaupt nicht zu heftig. Kanſt du nicht ſo oder anders einkehren, oder tief ſincken, (wie du dich ausdruckeſt) dann bleibe willenlos, wie du biſt, aus Ehrerbietung gegen GOTTes Wohlgefallen, und ſtelle dich durch keinerley Anſtrengung anderſt.

Ich ſcheine dir Reglen zu geben; weil du aber jetzt ſchlecht Reglen beobachten kanſt, ſo füge ich noch dieſe Regel zum Schluß dabey: Daß, ſo oft du bemerckſt, daß du es nicht deinem jetzigen Stand gemäß gemacht haſt, du ſolches nicht durch Unruh und Verdruß, ſondern durch eine friedſame Vernichtigung wieder ſucheſt gut zu machen. Sey getroſt, ſey ausgebreitet, mein Bruder, vertraue dich GOtt unendlich an; halte
nur

nur unter seiner Hand aus, und glaube,
daß ich deiner in Schwachheit nicht verges=
sen werde.

Mülheim,
den 7. Jan. 1751.

Der 148te Brief.

An denselben, der Neigung und Offenherzigkeit
im Schreiben zu folgen. Theilnehmung der
Leyden. Ursache derselben. Aufmunterung
zur Ueberlassung.

N. N.

Es ist mir jedesmal angenehm, wann durch
ein Brieflein einige Nachricht von deinem
Aeusseren und Inneren erhalte, obgleich nicht
so oft mit der Feder antworten kan. Ge=
brauch in Ansehung meiner alle Freyheit; re=
flectire so viel nicht über dein Schreiben und
dessen Motif. Es ist und soll eigentlich nicht
geschehen, um der Leyden loß zu werden,
ohnerachtet solches der schwachen leydenden
Natur einfallen könnte. Weder dein noch
mein Schreiben kan in dem Leyden eine
Aenderung oder sonst Trost und Hülfe lei=
sten, als nach GOttes Willen; und, wann
Der es so will, dann muß es auch uns

Ff 3   recht

recht und lieb ſeyn, weil wir mit GOtt zu thun haben. Man folget in Einfalt der Neigung und Offenhertzigkeit, welche GOtt gefällt, und nie ohne Segen iſt.

Ich habe mehr brüderlich Mitleyden mit dir in den mancherley Bedrängniſſen, Proben und Leyden, als ich ſage, und dieſes Mitleyden beweget mich, daß ich deine Seele und deine Leyden vielfältig dem HErrn anbefehle. Ich weiß, daß es dir öfters ſauer wird, ich weiß aber auch, daß der HERR mit im Spiel iſt, der mitleydiger iſt, als wir alle, und dem ichs gantz ruhig zutrauen kan, er werde dir die nöthige Kraft und Gnade vermerckt oder unvermerckt einflöſſen.

Ich will nichts dagegen ſagen, daß nicht eins und anders aus der üblen Diſpoſition des Körpers entſtehen könne; allein, wann GOtt will, daß wir ſollen kranck ſeyn, und daß unſere Kranckheit dieſe oder jene Beneblung, Irritation, Verſuchung oder Leyden dem Gemüthe verurſachen oder veranlaſſen ſoll; ſiehe, was ſollen wir dann anders machen, als daß wir alles und uns GOtt beſtmöglich überlaſſen? Du biſt in der Hand GOttes, mein Bruder! Seel und Leib ſind ihm übergeben. Nichts überkommt dir von Ohngefähr, ſondern deine Leyden ſind eine Conſequentz und Effect deiner Uebergebung an GOTT: Und das Verharren in dieſer Uebergebung, und das Vertiefen darin, durch die Ueberlaſſung, iſt das beſte Mittel, und

die

die beste Weise, wohl zu können leyden.
Du solltest ja deine Uebergebung nicht begehren zu widerrufen, mit dieser Condition, daß
du der Leyden loß würdest? Ja gewißlich!
GOtt dirigiret deinen Weg und alles, was
auf dich kommt, und wird selbst in dir die
Last tragen, wann du dich in ihm loß lässest.

Ich sehe in deinem so beschwerlichen Stand
nichts an sich Sündliches, nichts in sich Ge-
fährliches, nichts, daß du wirckfamer Weise
änderen könntest: Drum laß den HErrn,
der ja HErr und Meister in uns seyn soll,
nur mit dir machen! Du kanst ihn jetzt mit
nichts besser vergnügen, als wann du best-
möglichst gut heissest und vergnügt bist mit
ihm und mit allem, was er thut. Laß das
düstre Bild fahren, als wann GOtt wider
dich wäre, oder dich verlassen hätte. Wer
nach seinem Inneren nichts will, als GOtt,
ist nie von GOtt verlassen. Nein! Er ist
nicht wider dich, sondern mit dir, sonst
könntest du es nicht aushalten; sonst hättest
du nicht die Beruhigung, die du bisweilen
erfährest. Nur noch ein wenig ausgehalten,
so wirst du es bald auf eine weit gründ-
lichere Weise erfahren, als du je hast vermuthen können. Inzwischen sey es uns eine
grosse Sache, ein wenig zu mögen leyden,
einem solchen GOtt zu gefallen! Ich grüsse, rc.

Mülheim,
den 18. Merz 1751.

Ff 4   Der

Der 149te Brief.

Der HErr iſt langmüthig mit den Seelen, wir müſſen es auch ſeyn, doch wird Ernſt und ausharrende Gedult erfordert.

Mein lieber Bruder!

Dein mir Angenehmes vom 13ten hujus habe mit Wenigem zu beantworten. Die Specification dortiger bekannten Gerufenen iſt mir zu meiner Nachricht lieb und gut, aber zu meiner Freude und Vergnügung müßte ſie viel ſchöner ſeyn. Nun! es wird bey manchem gewiß noch kommen, und ich weiß mich ſchon zu beſcheiden, daß viele zwar Berufene, aber wenige Auserwählte ſind. Es läßt ſich nicht erzwingen. Der HErr iſt langmüthig; wir müſſens mit uns und andern auch ſeyn, (Jac. 5, 7. und 8.) ohne darum der Trägheit der Natur das Wort zu reden. Der gefallene Menſch ſteckt tiefer im Verderben, und die Bande ſind härter, als wirs glauben; es wird Ernſt erfordert, um heraus zu kommen, aber auch ausharrende Geduld im ernſten Lauf. Hebr. 12, 1. (Nimm dieſes auch für dich, mein lieber Bruder!)

Abend und Morgen macht einen völligen Tag, das iſt wahr: Aber ſolcher Umwechslungen

lungen ſind mehr als eine; der ſiebende Tag
brachte erſt den Sabbath, worin der HErr
ruhete. Die Vernunft hätte gedacht, GOtt
könnte Himmel und Erden wohl in einem
Tag ſchaffen, aber ſie verſtehts nicht. Wer
da glaubet, der fleucht, übereilt und zwinget
das Werck nicht. Jeſ. 28. Man iſt ernſtlich und treu im Gegenwärtigen, nach Erfor-
derung unſers Standes, und ruhet ſo auf
dem Eckſtein; glaubts im übrigen kindlich,
was da im Text folget, daß der HErr das
Gerichte wider das Böſe ausführe nach ſeiner Richtſchnur, und die Gerechtigkeit und
alles Gute, nach ſeinem Gewichte, ſo nicht
allemal mit dem unſern accordirt. Unſern
lieben Bruder A. und alle übrige Hertzen daſelbſt begehre ich in JEſu Namen hertzlich
zu grüſſen, wie dann auch dich, lieber Bruder! ins beſondere im Geiſt umfaſſe; du bleibeſt mir nahe. Der HErr ſey gelobet! Gedencke meiner! ich thue ein Gleiches.

Mülheim,
den 22. April 1751.

Ff 5   Der

Der 150te Brief.

Aufmunterung zur Willigkeit im Leyden. Die süße Vereinigung mit GOttes willen wirket viel Gutes.

Hertzlich geliebter Bruder!

Sowohl dein Angenehmes vom 23ten pass. als auch Bruder A. sein Brieflein vom 31ten ditto habe seiner Zeit richtig erhalten. Ihr werdet euch mit Geduld in meine Umstände schicken, daß was langsam antworte, da ich selbst Geduld üben muß. Ich liebe euch (ohne Compliment) zärtlich, und besuche euch viel im Geist.

Daß dich das liebe Creutz auch von Zeit zu Zeit besucht, thut mir zwar eines Theils leyd, doch kan ichs nicht als ein Unglück ansehen. Die Creutzgens, die in solcher Connexion kommen, sind Merckmale der göttlichen Gunst und Erwählung; mache ihnen dann doch keine so traurige Mine. Suche, dich selbst und deine Leyden, und die Empfindlichkeit deiner Natur ein wenig mehr zu vergessen, dich dabey zu wagen, und das Leyden ohne Larve anzusehen. Du bist überaus gesellig, darum hab ich immer angerathen, auch zur dürren Zeit die andächtige Einsamkeit nicht zu verlassen, damit der

Geist

Geist an seinen rechten Vorwurf möchte gewöhnet werden, der alle Gesellschaft reichlich ersetzet: Nun der HERR hat sich dir auch nicht unbezeugt und unbesucht gelassen. Der einfältige reine Glaube aber soll sich nicht weniger an seiner Gesellschaft begnügen lassen und erfreuen, wann er hinterm Vorhang sitzt und schweigt, als wann er redet und sich sehen läßt. Die Ueberlassung und süsse Vereinigung mit GOttes Willen (der allem Selbst-Gesuch unendlich vorzuziehen) bringt uns zu solcher Zeit GOtt näher, als wirs dencken, und disponirt uns zum glücklichen Ausgang aus uns selbst. GOtt verbirgt sich nie vor uns auf eine Art, oder es geschieht, damit wir ihn finden auf eine edlere Art. Aber ach! wo stehen wir dem HErrn nicht im Wege? Drum sollen wir weichen, ausgehen, loßlassen ohne Ende. Wo wir nicht mehr sind, da ist GOTT. Nur getrost! Wir sind und wollen des HErrn seyn. Dieser eine Gedancke kan tausend traurige Gedancken vertreiben bey einem redlichen Liebhaber GOttes.

—— —— JEsus lebe und verkläre sich immer völliger in unseren Hertzen! Ich bleibe durch Gnade.

Mülheim,
den 9. Sept. 1751.

Der

Der 151te Brief.

GOttes Gutheit soll uns bewegen um Ihn zu lieben und unserer selbst zu vergessen.

Hertzlich geliebte Schwester!

Kan ich nicht die Zeit darzu kaufen, dich mit ein paar Zeilen zu grüssen, dann muß ich sie stehlen, und dir in Eil sagen, daß GOtt so gut ist; daß du ihn mit mir doch sollst lieben, und daß ich dich auch noch liebe. Du wirst zwar dencken: Hast du mir nichts anders zu sagen, dann weiß ichs schon. Nun, wann du es weißst, dann wird dirs immer was Neues, und wohl doppelt Porto werth seyn, wann ein Bruder, ders auch weiß, dir schreibt: GOTT ist so gut, so gut, so gut; lasset uns ihn lieben, und nur ihn lieben, und uns in Ihm lieben! Oder besser, ihn nur in einander lieben!

Du bist ein armes schwaches Kind, das weiß ich; und wann ich nicht selbst auch ein solches wäre, dann würde ich wohl einst über deine und anderer Schwachheit bestürtzt werden, daß du so leicht aus der Ordnung kommst. Ich hoffe aber, es werde dir auch gehen, wie den Kindern, die mit Schluck-sen wohl einmal einschlafen, aber mit Lächlen

wieder

wieder aufwachen, wann sie die traurige Bilder verschlafen haben. Ich fange dann wieder meinen alten und doch immer neuen Gesang an: GOTT ist gut, und so gut, daß er auch solche arme und schwache Kinder liebet. Lasset uns nur ihn lieben, und unserer selbst vergessen! Ach ja, mein GOtt! mich deucht, ich liebe dich nicht, so lang ich mich selbst noch sehe und finde, und mit mir selbst beschäftiget bin. Deine Liebe verschlinge immer mehr dieses mich selbst, damit ich nur von dir wisse, und nur du und deine Gutheit alle meine Andacht und Beschäftigung hinnehme, und in dir alles (auch das Wunderlichste) mir recht gut vorkomme, und, wann ich dich so in der Unschuld liebe, alle, alle Dinge zum Guten mitwircken mögen. Röm. 8, 28. Amen JEsu!

—— —— Ich grüsse dich zärtlich, wie auch die liebe Schwester. Hiesige l. Kinder, sonderlich meine Hausgenossen, grüssen gleichfalls hertzlich.

Dein

Mülheim,   verbundener Mitbruder.
den 7. Oct. 1751.

Noch

Noch einige wichtige Verhaltungs = Reglen an eine
beysammen wohnende Bruder = Gesellschaft.

N. N.

Es segne euch der Heyland JEsus, daß
eure Hertzen erfüllet werden mit seiner
Gnade und göttlichem Frieden zur Ver=
herrlichung seines Namens, hier und in
der Ewigkeit, Amen!

Hörts doch nicht aus Gewohnheit an,
sondern mit Einfalt, Andacht und Geneigt=
heit, was euch mit hertzlicher Geneigtheit in
GOttes Namen erinnert wird. Prüfe sich
doch ein jeder dabey, als in der Gegenwart
GOttes, und achte es nicht gering!

I.

Gedencket, daß euer Haus und Hertz eine
Wohnung GOttes, des Allerhöchsten, seyn
soll. Der HErr JEsus selbst will euer Auf=
seher und Vorsteher, und seine heilige Engel
eure Beywohner seyn. Urtheilet daher selbst,
mit welch einer Andacht, Stille, Einfalt und
Lauterkeit ihr sowohl in eurem Aeusseren, als
in eurem Inwendigen, euch zu betragen habt
in der heiligen Gegenwart des HErrn, wann
er bey euch und in euch bleiben soll, und ihr
                                        seiner

seiner göttlichen Gunst und seines Segens in
eurem Leiblichen und Geistlichen wollet theilhaftig bleiben.

II.

Euer Beruf ist, die Welt und deren Geist
in der Wahrheit zu verlassen; eurer verderbten
Natur, und allem eurem eigenen Leben beständ-
dig abzusterben, und Tag und Nacht mit
GOtt umzugehen in euren Hertzen, durch die
Uebung des wahren Gebäts. Sehet, welch
ein heiliger und seliger Beruf! demselben erge-
bet euch von Hertzen und mit grosser Treue.
Diß ist euer Ziel; diß sey auch euer stetiges
Werck!

III.

Bätet nicht nur zu gesetzten Zeiten, sondern wo ihr gehet oder stehet, oder sitzet.
Auch, wann ihr beysammen kommt, so trachtet immer in innigem Verlangen zu GOTT
und dessen Gegenwart euch zu unterhalten,
eben als wann ein jeder für sich allein mit
GOtt im Hause wäre, doch ohne viel äusseren Schein und Gebärden. Und, wann
einer den andern anreden will, es sey bey der
Arbeit, oder bey anderer Gelegenheit, so gedencke er zuvor: Mein Bruder, oder
Schwester ist im Gebät, ich muß ihn nicht
stören; damit alle unnöthige Reden selbst von
geistlichen Dingen, möglichst vermieden werden.

IV. Noch

IV.

Noch eins! Bätet viel und redet wenig. O! das heilige, sanfte, freundliche Stillschweigen, welches GOtt und alle Heiligen so sehr geliebet, das laſſet euch ſonderlich anbefohlen ſeyn! Der Schwätz-Geiſt iſt eine Zerſtöhrung aller chriſtlichen Zuſammen-Wohnungen, eine Auslöſchung der Andacht, eine Verwirrung der Gemüther, eine Verſchwindung der Zeit, eine Verläugnung der göttlichen Gegenwart. Die Liebe, der Gehorſam, oder die Nothwendigkeit müſſen euch den Mund öfnen, ſonſt ſchweiget immerdar. Selbſt im Geiſtlichen erbauet einander mehr mit einem heiligen Wandel, als mit vielen Worten. GOtt wohnet nur in ſtillen Seelen, und da muß auch die Zunge ſtille werden. Sehet die Früchte des heiligen Stillſchweigens: es gibt euch Zeit, Kraft, Sammlung, Gebät, Freyheit, Weisheit, GOttes Beywohnung, und einen ſeligen Frieden.

V.

Einer liebe den andern in Aufrichtigkeit, als GOttes Kinder, und glaube auch, daß der andere ihn liebe, wann gleich nichts, ja das Gegentheil davon erſcheinet. Einer komme dem andern mit unverſtellter Freundlichkeit, Dienſtfertigkeit, und Unterwerfung ſtets zuvor, als wann es dem HErrn geſchähe in aller Lauterkeit. In lauterer Abſicht auf GOtt helfe einer dem andern ſeine Laſt tragen, nach

Leib

Leib und Seel, als wann es seine eigene wäre. Ja mit Freuden und einfältiger Demuth seyd allzeit bereit, einander zu dienen, und gleichsam die Füsse zu waschen, in den mühsamsten und verächtlichsten Diensten.

VI.

Gedencket an das grosse Wort JESU: Ich bin nicht kommen, daß ich mir dienen lasse, sondern daß ich diene. Darum so erwarte eben keiner von dem andern etwas dergleichen, aus Erkänntniß eigener Unwürdigkeit, nach welcher wir nimmer glauben müssen, daß uns von einiger Creatur zu wenig Gutes und zu viel Leyds angethan werden könne. Ein jeder dencke von ihm selbst in Aufrichtigkeit, daß er der Untreueste, Aermste, Ungeschickteste und Geringste sey, der auch deßwegen billig von allen andern nicht anderst als gering geachtet, und vergessen zu werden begehren muß. Seyd bereit, einander nachzugeben in allem. Einer beuge sich unter den andern, um des HErrn willen, dardurch wird die Innigkeit und Ruhe des Hertzens erlangt und bewahret.

VII.

Meydet allen heimlichen Argwohn. Gebet dem Verkläger der Brüder kein Gehör unter euch, und lasset keinerley Groll oder Widrigkeit bey euch herbergen. Deutet alles, was etwa anstößig scheinen möchte, bey euch

selbst

selbst und bey andern, zum Besten. Sehet in andern nur das Gute, selbiges zu lieben, GOtt dafür zu dancken, und es nachzufolgen. Mercket aber gar nicht auf ihre Schwachheiten; oder, wo ihr selbige mercket, so befehlet sie GOtt im Gebät, und sodann vergesset es alsbald wieder, es sey dann, daß ihr darüber gesetzt seyd, sie zu erinnern. Wird jemand von einem Fehler oder Verbrechen gegen seinen Bruder übereilet, so gehe er alsobald hin, und bekenne seine Schuld in unverstellter Demuth: Dardurch wird der Satan unter eure Füsse getreten, die Liebe untereinander gebauet, und GOttes Gunst zweyfach wieder zu ihm gekehret.

VIII.

Suchet doch nichts, als die bescheidene Nothdurft im Leiblichen, und hütet euch vor dem subtilen Betrug des Reichthums. Was soll uns der vergiftende Dreck dieser Welt? Sind wir doch erkauft von der Erden, und zur Ewigkeit berufen. Ach! liebet und übet die schöne Tugend der inneren und äusseren Armuth JEsu! der sorget für uns. Liebet um GOttes willen das Wenige, das Schlechte, das Verächtliche, das Unangenehme, das Beschwerliche in allen Dingen, damit ihr innerlich ungehindert im Umgang mit GOtt, und äusserlich vergnügt im Umgang mit einander leben möget.

IX. Flie-

IX.

Fliehet allen Eigen-Nutz, als die gröste
Pest einer Zusammen-Wohnung. Keiner begehre etwas, das er nicht eben so gern seinem
Mitbruder gönnen möchte, ja noch lieber als
ihm selbst; dann wir sind berufen, uns selbst
zu verläugnen. Keiner habe etwas, weder
Grosses noch Kleines, es sey auch, was es
wolle, daß er nicht alsbald sollte missen, und
dem Bruder geben wollen. Sind wir nicht
dermassen loß von allem Eigenthum, so sind
wir noch Götzen-Diener, und keine wahre
Diener GOttes, und müssen entbehren die
edle, reine, ruhige Freyheit des Geistes, und
ledigen Zukehrs zu GOtt.

X.

Insbesondere glaube ein jeder von euch ein-
fältiglich, daß der Ort, wo ihr jetzt wohnt,
der Stand und das Werck sey, worin GOttes Fürsehung ihn gesetzet, und worin ihn
GOtt gegenwärtig haben wolle, Ihm darin
zu dienen, und in der wahren Heiligung gefördert zu werden, welchen er auch ohne deut-
liche Erkänntniß des göttlichen Willens nicht
verlassen müsse noch wolle. Diß wird euer
Gemüth beruhigen, und tausend unnöthige
Scruppels schädlicher Ueberlegungen und Zerstreuungen abschneiden, womit euch sonst der
Versucher plagen möchte. Diß wird machen,
daß ihr nicht nur euren Ort, Stand und
Werck, sondern auch alle Beschwerden, Ver-

druß

druß und was euch sonst begegnet, mit gantz
anderen Augen ansehen, und als von GOttes
Hand nehmen, und viel freudiger übertragen
werdet. Ja, diß wird sehr förderlich seyn
zur Liebe und zum Frieden unter einander.

XI.

Bedencke aber ein jeder wohl, und lasse
sich durch die Gnade tief eindrucken den eigentlichen Zweck, worzu ihn GOtt insonderheit
in dieses Haus geführet habe, nemlich ihm
darin zu dienen, und in der Heiligung geübt
zu werden. Ihr seyd ja nicht hier, um ruhig
und gemächlich nach dem Fleisch und Eigenwillen zu leben, und GOtt zu dienen nach eigenem Sinn und Phantasie; sondern euer
Fleisch zu creutzigen samt den Begierden und
Gemüths-Bewegungen; eure Natur, Sinnlichkeit, Vernunft, Eigenwill und Selbst-
Liebe dem Gericht und Tod zu überliefern,
und also euch selbst gerade entgegen zu wandlen, und GOTT zu lieben in Lauterkeit und
Innigkeit. Darzu, sage ich, hat der HErr
euch in dieses Haus geführet, daß ihr in
Vereinigung eurer Hertzen und Seelen darnach euch bestreben, und mit Gebät und
Wandel einander darin behülflich seyn sollet;
dann wo zwey oder drey in JEsu Namen beysammen sind, da ist er selbst in ihrer Mitten.
Sehe ein jeder zu, wie er sich hierin übe?
Vergesset diß auch keineswegs, wann GOtt
euch hierin üben will, sondern ergreifet vielmehr

mehr mit groſſer Begierde alle diejenige Vorwürfe und Gelegenheiten, welche euch GOttes liebreiche Hand darreichet, obgenannte
und andere Stücke eures Grund-Verderbens
zu entdecken, anzutaſten und zu zerſtöhren.
Willkomm ſey euch die Stunde, da GOtt
euch einen lieben Freund ſchickt, der euch euren
Feind überwinden hilft! Liebet ja einen ſolchen
Freund von Hertzen. Wer nicht dergeſtalt
ernſtlich geſinnet iſt, ſein eigen Leben dabey zu
wagen, der verdienet nicht den Namen eines
Chriſten, und wird weder hier noch anderswo
ruhig leben, ſondern nur beydes, ſich ſelbſt
und andere verwirren.

XII.

Nehmet euch in Acht vor Zerſtreuung in
Sinnen und Vernunft. Da faſſen euch tau-
ſenderley Verſuchungen, auch unter und wider einander. Redet kaum, und beſchlieſſet
nichts, ſo lang ihr ſo zerſtreut ſeyd, wo ihr
nicht eitel Fehler begehen und Unruh anſtif-
ten wollet, dann ihr ſtehet im falſchen Licht
und in der Confußion der Natur. Lebet ein-
gekehrt im Grund des Hertzens bey GOTT,
wie die unſchuldige Kindlein, die keine Vernunft, aber viel Hertz und Liebe haben. Als
ſolche Hertzens-Kinder ſauget ihr lauter Liebe
aus GOtt; da wird euch alles recht und gut
ſeyn, wie es kommt, und was andere thun
oder reden. Ihr werdet gantz Liebe, und
Sanftmuth und Freundlichkeit gegen einander
wer-

werden. Da werdet ihr getroſt ſeyn in kindlichem Vertrauen zum himmliſchen Vater,
und erfahren, daß ſeine Gebote nicht ſchwer
ſind.

GOtt aber ſelbſt gebe euch in allem Gnade, Weisheit und Kraft, damit es von euch
mit Wahrheit heiſſen möge: Siehe, wie fein
und lieblich iſts, wann Brüder einträch-
tig bey einander wohnen! — — Ja daſelbſt verheiſſet und ſchencket der HErr
Segen und Leben, immer und
ewiglich. Amen!

Zugabe.

Zugabe.

Der
Duisberger Zuruf
an die
Mülheimer.

• *•* *•*

"Ihr Brüder in der Nachbarschaft,
 "Die ihr die Liebe kennt,
"Die Hertz und Sinnen zu sich rafft,
"Und die kein Bann mehr trennt!

2.

 "Freut euch ob der Genaden-Wahl
"Am Fest Immanuel,
"Durch die der erste Liebes-Strahl
"Fiel in die finstre Seel!

3.

 "Verehrt des Vaters ew'ge Lieb,
"Die uns den Sohn geschenckt,
"Die durch des Geistes Liebes-Trieb
"Das Hertz zu ihm gelenckt!

4.

 "Kommt spiegelt euch in Bethle'ms Pracht!
"Wie niedrig, arm und klein!

"Der

"Der Anblick recht beschämt uns macht,
"Was bey uns groß will seyn.

5.

"Seht, wie das Kindlein uns anlacht
"Aus seinem Krippelein!
"Der Anblick neuen Muth uns macht,
"Der Welt verschmäht zu seyn.

6.

"Verneuret euren Liebes-Bund
"Mit diesem Kindelein,
"Und sprecht zu ihm aus Hertzens-Grund:
"Laß uns, HErr! deine seyn!

J. C. H.

Der
Mülheimer Wiederschall
an die
Duisburger.

Ihr Hirten-Knaben dort am Rhein!
Glück zu! zum Jubelschall.
Hört! unsre Bauren-Kirch stimmt ein;
Die Ruhr gibt Wiederhall.

2.

Der Himmel ist in Jubilo.
Wie! habt ihrs auch gehört?

Wir

Wir schlechte Leutgens, jo, jo, jo!
Wie werden wir geehrt!

3.

Geht, sagts doch eurer Synagog,
Daß mans im Stalle findt!
Ein Engel, von dem Himmel hoch,
Belehrte uns vom Kind.

4.

Wir liefen hin, und fundens so.
Er ists; Er ists; fürwahr!
Nun ist das Hertz in Jubilo;
Nun ist die Sache klar.

5.

Wie saßen wir nicht kummervoll
Im Grase manchen Tag!
Wir sä'ten hier im Felde wohl
Viel tausend O und Ach.

6.

Wir dachtens wohl; wir sagtens oft;
Und stillten so die Pein:
Was lang verlangt, was lang gehoft,
Kan doch nicht fern mehr seyn.

7.

Wir habens nun; wir habens nun,
Was Hertz und Sinn verzückt.
Wir habens nun; wir habens nun,
Was ewig uns beglückt.

8.

Es schickt sich für uns schlechte Leut
Diß Kind im Stalle gut:
Wärs Wieglein Gold; wärs Bettlein Seyd',
Wir hätten ja nicht Muth.

G g 5   9. Da

9.

Da lag das liebe Engelein,
So süß auf Heu und Stroh;
Es schlich sich uns ins Hertz hinein;
Da wurds, da wurds so froh.

10.

Sein Freundlich-thun-sein holder Blick
Zog uns zur Krippen gantz;
Doch hielt ein wenig uns zurück
Ich weiß nicht welch ein Glantz.

11.

Wir wurden stracks dem Kindelein
Von Hertzen unterthan;
Die süßte Ehrfurcht nahm uns ein,
Wir mußtens bäten an.

12.

Nun singe laut, Halleluja!
Du gantzes Israel!
Stimmt an der Engel Gloria
Am Fest Immanuel!

Zugabe.

Hörts, liebste Schäflein! hüpft und springt,
Eßt nun das süße Gras!
Nun wird, was unsre Wiese bringt,
Nicht mehr von Thränen naß.

G. Tst.
Am Christ-Tag 1754.

NB. Weil

NB. Weil mir auch noch, vor Endigung dieses dritten
Theils, folgendes Lied mit dem bisher noch unge-
druckten voranstehendem Brief, in gebundener Rede,
communiciret worden; So konnte nicht wohl vorbey,
solchen, um seiner Erbaulichkeit willen, mit dem
Lied hier einzurücken.

**   **   **

Geliebter Bruder,

Den mir GOtt zum Bruder gab!
Es dancket Hand und Hertz für deine Liebes-Zeilen:
Wodurch ich werd erweckt, zu dem mit Danck
zu eilen,
Von dem ich Lebens-Licht, und Gnad, und al-
les hab.

2.

Vor acht und dreyßig Jahr kam ich ins Elend
ein.
GOtt Lob für Athem, Hertz, und Gnad, und
Vater-Pflege!
Doch werd ich recht beschämt, wann ich es recht
erwege:
Schon acht und dreyßig Jahr, und noch nicht
heilig seyn!

3.

HERR! laß den kleinen Rest der Augenblicke
dir
Allein gantz unverrückt hinfort gewidmet werden!
Ich müsse leben dir! Sonst nimm mich von der
Erden,
Und laß mich droben thun, was ich nicht kan
allhier.

4. Soll

4.

Soll Regen, Wind und Sturm in dieser Wü-
steney
Den abgenützten Rock noch eine Weile schleiffen?
Wollst du den Geist zu dir ins himmlisch Wesen
reissen!
Daß nur, was irrdisch heißt, von mir auf Erden sey.

5.

Diß ist mein Sinn und Wunsch: So wünscht
mein Bruder mit.
Es segne ewig ihn mit Kraft dein JEsus-Name,
Auf dessen Anlaß mir in Sinn und Feder kame,
Was hier dein Patient zu deinen Füssen bitt't:

Der acht und dreyßig jährige Krancke zu Bethesda.

Mel. Ermuntre dich, mein schwacher Geist, rc.

Mein Heyland, dem ich offenbar,
Hör, was ich Krancker lalle:
Ich lag schon acht und dreyßig Jahr
Hier in Bethesda Halle;
Ich bin und bleib ein armes Kind,
So kranck und lahm, so dürr und blind;
Wann wirst du endlich eilen,
Selbst meinen Schaden heilen.

2.

Durch Artzt und Mittel dort und hier
Ich wenig Trost erlange;
Kein Wasser sich beweget mir,
Ich hab gewartet lange:

Wird

Wird dem und jenem Rath geschaft,
Durch Menschen- und durch Engel-Kraft,
Ich bleib in einem Wesen;
Du selbst must mich genesen.

3.

Das wars, warum kein andrer kont
Den alten Schaden heilen;
Das wars, warum bis diese Stund
Ich hülflos mußt' verweilen:
Ich sollt verzweifelnd gantz an mein
Und Creaturen Hülfe seyn,
Weil JEsus kommen sollte,
Der selbst mich heilen wollte.

4.

Auf dich allein und auf dein Wort
Ich warte nur auf Erden:
Frag mich nicht lang, wie jenen dort,
Ob ich gesund will werden?
Solch Kränckeln ist mir schlecht Plaisir;
Was nützet andern, mir und dir,
So lau und halb zu leben?
Du kanst mir Kräfte geben.

5.

HERR, meine Noth, und deine Güt,
Die machen mich so dreiste:
Du legst den Willen ins Gemüth;
Komm auch, und Hülfe leiste.
Warum verließ'st du sonst dein Reich?
Besuchtest bey Bethesda Teich

Die

Die Lahmen und die Blinden?
Wars nicht, um mich zu finden?

6.

Mich, der vor andern desperat
Im Elend mußte schweben,
Mich, der vor andern deine Gnad
Sollt ewig hoch erheben.
Kein eignes Wircken hilfet mir;
Drum will ich Sabbath feyren dir:
Ein Wort aus deinem Munde
Sprech zu mir: Sey gesunde!

Noch

Noch ein wichtiger

Neu-Jahr-Wunsch

von demselben Autore.

Zum Neuen Jahr

wünschet mein Hertze uns, und auch insbesondere allen meinen lieben Mitberufenen im B. und daherum, daß unser grosser Hoherpriester, zur Rechten der Majestät GOttes, JEsus, uns aus seinem Heiligthum segne mit allem Reichthum seiner Gnade, seines Friedens und seiner Liebe! daß wir, inniglich durchflossen mit den balsamischen Lebens-Kräften seines holdseligen Namens, den Pilgerweg zur seligen Ewigkeit getrost und gerade fortsetzen mögen, im neuen Jahr erneuret in der seligen Liebes-Verbindung mit unserem GOTT; in der hertzlichen Liebes-Verbindung unter einander; im redlichen Sinn, uns selber und unser liebstes dabey zu wollen wagen, dem zu Lieb und Ehren, der sich selbst und alles für uns gewaget hat!

Er erneure uns in dem Fleiß und in der Andacht zum Gebät, in der Willigkeit zum Creutz und Leyden, in der munteren Wach-
samkeit

samkeit bey dieser schläferigen Abendzeit! damit wir nicht mit den thörichten Jungfrauen überschnellet werden, und uns beym Schein betrogen finden mögen. Kommt, laßt uns munter wandlen! ruf ich euch noch einmal zu. Vielleicht kommt in dem Neuen Jahr, auf die eine oder andere Weise, ein Beschluß, eine Scheidung, da einer dem andern nicht mehr wird zurufen können. ——
O! der HErr wird uns vest halten und bewahren für einer ewigen Scheidung. Daß doch keiner von uns, die wir einander auf dem Wege gefunden haben, möge dahinten bleiben! Nein! wir sollen und wollen einander aufs Neue die Hand der Brüderschaft geben, mit einander in einem Sinn, nach Christo, zusammen zu leben und zu sterben, um dereinst droben auch zusammen Halleluja zu singen vor dem Thron des Lammes! Amen, HERR JESU! das versiegle und erfülle du in uns allen,
Amen!

Ende des dritten Theils.

Ver=

Verzeichniß der Briefe

in

diesem dritten Theil

nach ihrem kurtzen Inhalt.

Hh 2 34. An=

zuhan-

Hh 3　　　　Von

71. Die

Hh4 84. Auf=

H h 5   105. Auf-

Ver-

138. Wie

neh-

Mülheim am Rhein,
gedruckt bey J. A. Schöttler, privil. Büchdr.

I 7 7 5.